信濃小笠原氏

花岡康隆 編著

シリーズ・中世関東武士の研究

第一八巻

戎光祥出版

序にかえて

信濃小笠原氏は甲斐源氏を出自とする名族であるが、中世における一族の歩みは苦難の連続であった。鎌倉時代には有力御家人として位置づけられるも、比企の乱、霜月騒動に巻き込まれたことで二度にわたり惣領職が変転した。南北朝期以降、守護として信濃に入部するも、伝統的な勢力基盤をもたず、その分国支配を幕府権力に強く依存することとなったため、政治情勢の変化と有力国人層の抵抗に翻弄され続けた。室町後期には一族が府中・松尾・鈴岡という三家に分裂して抗争を繰り広げ、その結果として信濃の領国化は挫折することとなる。戦国期には府中家が小笠原家の統一を果たすも、すぐに甲斐武田氏による侵攻を受ける。府中家は信濃を追われ、松尾家は武田氏に服属して松尾の地に復帰した。武田氏の滅亡、織田領国の崩壊とその後の動乱をへて、府中家もどうにか松本への復帰を果たす。そして最終的には、府中家は豊前小倉藩、松尾家は越前勝山藩という近世大名として生き残っていくこととなる。

このような苦難の歴史を反映して、信濃小笠原氏についての史料残存は乏しい。松尾家は勝山小笠原文書を伝えたが、府中家は家伝文書をのこしていない。信濃という地域自体、戦国期以前の文書が少ないことも相俟って、信濃小笠原氏研究にはつねに史料の僅少性という限界がつきまとってきた。それゆえ、九〇年代頃までは専論と呼びうる研究も他の大名家と比べて乏しい状況にあったと言わざるをえない。しかし、近年では新たな視点や研究手法により、信濃小笠原氏の研究は徐々に進歩をみせている。その傾向や特徴としては、①各時代の政治史や制度史研究の成果のなかに小笠原氏の動向を位置づける視点、②信濃以外の地域に分派した一門と信濃小笠原氏が有していた同族ネットワークへの注目、③新史料や未検討史料の活用による新たな事実の解明、といった点が挙げられる。特に、①の視点は東西の境界にあたる信濃国や小笠原氏一族の政治的重要性をあらためて浮き彫りにした。また、②の視点は中世武士の同族意識やそれが果たした具体的な機能について究明する必要性を提起している。信濃小笠原氏は、中世史研究全体に敷衍しうる重要な問題をはらむ素材であるといえよう。

さて、本書は「総論」「第1部　鎌倉・南北朝期の小笠原氏」「第2部　室町前期の小笠原氏」「第3部　室町後期・戦国期の小笠原氏」「第4部　信濃小笠原氏の一門」という構成となっている。総論では、信濃小笠原氏についての研究史と中世を通じた動向について概観した。第1～3部では、中世各時代における信濃小笠原氏についての重要な成果を再録した。第4部では、乏しい小笠原氏一門の研究成果から伴野・大井氏についての成果を再録した。

本書には信濃小笠原氏の研究史上重要な論稿を再録したが、諸般の事情により再録できなかったものも多い。特に城郭に関するものは分量的な理由から再録を見送った。本書に再録できなかった重要成果については、「総論」においてなるべく多くの先行研究を挙げたつもりであるのでご参照いただきたい。

本書の刊行が、今後の信濃小笠原氏研究のさらなる発展につながることを切に願うものである。

末筆ながら、このような機会を与えて下さった戎光祥出版、本書への論文の再録をご快諾くださった執筆者各位、筆者のようなまだまだ未熟な研究者に編者という大役を薦めてくださった黒田基樹氏、本書の編集にご尽力くださった丸山裕之氏・石田出氏に心より御礼申し上げたい。

二〇一五年十月

花岡康隆

目次

信濃小笠原氏

総論　信濃小笠原氏研究の軌跡と成果

花岡康隆

はじめに

信濃小笠原氏の歴史的展開とその特徴について概観することが本稿の目的である。まず、戦前から現在に至るまでの研究史を整理する。その上で、先行研究に依拠しながら、鎌倉〜室町期を中心に一族の動向を概観していきたい。

一、信濃小笠原氏研究の軌跡

1　戦前〜五〇年代

信濃小笠原氏研究の出発点となったのが、市村咸人(1)、栗岩英治(2)、堀内千萬蔵(3)、小山愛司(4)、伊藤冨雄(5)ら、戦前から戦後すぐにかけて活躍した地元研究者による精力的な研究であった。特に体系的に論じたのが、市村・伊藤・小山である。市村・伊藤は、それぞれ伊那地方と諏訪地方の郷土史研究の中で、史料に即した形で鎌倉〜戦国期における小笠原氏の基礎的動向を明らかにした。小山も史料を列挙する形で、小笠原氏の中世を通じての動向や派生した一門について概観している。これらの成果に共通するのは、極力、信頼のおける史料を用いて叙述するという実証的な姿勢である。江戸時代成立の地誌・家譜類に記載された、小笠原氏の信濃土着や信濃守護補任を鎌倉期とする説などに疑義が呈されたことは、この時期の研究水準の高さを示している。

2　六〇～七〇年代

この時期も地元研究者を中心に小笠原氏の動向の解明が精力的にすすめられる。南信地域では、伊那地域における小笠原氏一門の動向や伊賀良荘について論じた宮下操(6)、小笠原氏と伊賀良荘内開善寺や大鑑派僧との関係を明らかにした早苗亮雄(7)、東・北信地域では、小笠原氏一門大井・伴野氏について網羅的にその動向や分派状況を明らかにした桜井松夫(8)、時宗研究の立場から大井氏や佐久郡伴野荘について論じた平林富三(9)、中信地域では、小笠原貞慶の動向について論じた中川治雄(10)など、各地域・時代における小笠原氏の諸動向について、堅実な成果が発表されている(11)。戦前以来の地元研究者による基礎的研究の蓄積は、この時期に相次いで刊行された郡誌などに結実される(12)。

一方、戦前以来の小笠原氏研究が事実関係の究明を中心としていたのに対し、六〇～七〇年代においては、中央の研究成果や手法を採り入れる形で深化されていった点が特筆される。小林計一郎は佐藤進一による守護沿革考証の手法を用いて信濃守護の沿革を明らかにし、その後の信濃守護研究の基礎を築いた(13)。将軍権力や守護領国制研究の進展を受けて、小笠原氏による分国支配の特質について論じたのが湯本軍一(14)や藤枝文忠(15)である。湯本は室町期を中心に検討を行い、小笠原氏による分国支配の将軍権力への依存性、国衙領などの経済基盤の未掌握、信濃の国人領主層の守護に対する自立性といった諸点を指摘した。そして、小笠原氏を「幕府権力との強い依存関係のもとに分国支配を展開した外様弱小守護家」と評価した。藤枝も観応擾乱期の検討を通じて、小笠原氏の信濃支配や領主制の展開は幕府から与えられた守護公権に強く依拠するものであり、それゆえに実力で領主制を展開する有力国人層との対立を生じさせたと指摘する。両氏の研究によって、幕府権力への依存と支配基盤の脆弱性という小笠原氏の分国支配の特徴と、信濃の領国化挫折の要因が明らかにされたといえる。

国人一揆研究が進められるなかで注目されたのが、応永七年（一四〇〇）に信濃の国人一揆が守護小笠原長秀を破った大塔合戦である。藤枝文忠は、合戦前後の守護・国人それぞれの動向を検討し、改めて信濃における国人層の自立性と守護権力の脆弱性を強調している[16]。一方、高村隆は、国人一揆側の地域的・政治的特質を明らかにした[17]。

信濃の地理的特質が小笠原氏の守護支配に与えた影響に注目する研究も七〇年代より登場する。信濃国衙領の分布を検討した石井進は、信濃が府中（現松本市）を中心とする地域と、善光寺や後庁（現長野市）を中心とする地域という政治的二極構造にあったことを指摘した[18]。この構造は、中・南信地域をおさえる守護小笠原氏と、それに抵抗する東・北信地域の国人勢力という対立構造に結びつく。また、小笠原氏が守護領として支配した春近領の構造・性格については、石井進・稲垣泰彦によって本格的な解明がなされた[19]。東国と西国の接点という信濃の地理的特質に注目したのが佐藤進一・藤枝文忠・田辺久子である[20]。これらの研究によって、幕府・鎌倉府双方の政治的影響を受けたことで、信濃の管轄権の移動や守護職の改替という事態が発生し、小笠原氏による領国化を阻害したという理解が通説的なものとなった。

信濃以外に分派した一門の族的展開についての究明もすすめられる。二木謙一は、小笠原流弓馬故実が室町中期に将軍の弓馬師範となった京都小笠原氏の系統によって継承されていったことを指摘した[21]。上原公子は、鎌倉期における小笠原氏一門の分派状況を明らかにした[22]。また、細川氏内衆として活動した小笠原氏一門赤沢氏についての研究[23]は、近年における同族ネットワークの議論の基礎となる研究として重要である。

3　八〇〜九〇年代

六〇〜七〇年代における成果は、『長野県史』[24]や『松本市史』[25]などの叙述として体系化されるに至る。特に『松本市史』は、信濃小笠原氏の通史的叙述として、現段階においても最も優れたものと評価できる。また、小笠原長清公資料検討委員会編『小笠原長清公資料集』（櫛形町〈現南アルプス市〉、一九九一年）は、甲斐・信濃以外の地域に分派した一門も含めた、平安〜南北朝期の小笠原氏関係史料を俯瞰することを可能にした。

個別的な研究成果として特筆すべきは、鎌倉期における小笠原氏の得宗被官としての性格を指摘した熊谷知未の研究である。九〇年代までは、鎌倉期の小笠原氏は北条氏による抑圧を受けていたという理解が通説であった。それに対して熊谷は、小笠原氏の得宗被官としての徴証に注目し、小笠原氏は北条氏と密接な関係にあったと指摘した[26]。

また、一九九二年に紹介された「六条八幡宮造営注文」は、鎌倉中期における小笠原氏の御家人としての存在形態の解明を大きく前進させた[27]。若狭・石見・阿波・遠江・京都など、鎌倉期以降に信濃以外の各地に分派した一門の具体相についての究明が、県外研究者によって本格化したこともこの時期の特筆すべき成果といえる[28]。

それまで乏しかった小笠原氏関係の所領についての研究成果が得られたことも指摘しておきたい。二つの説があった甲斐国小笠原荘の所在地を原小笠原荘に特定した秋山敬[29]、小笠原氏が領した安曇郡住吉荘について論じた後藤芳孝[30]、佐久郡伴野荘と交通路との関係について論じた井原今朝男[31]の研究が挙げられる。『伊那市歴史シンポジウム　信濃の牧・春近領・宿場』(伊那市教育委員会、一九九九年)に収められた諸論稿は、春近領研究の到達点を示した。

その他、信濃小笠原氏の個別的動向を扱った研究としては、小笠原貞慶の織豊政権下での役割について論じた粟野俊之[32]、小笠原氏の内訌に関する史料に再検討を加えた後藤芳孝[33]、文書の相伝・家譜の編纂という視点から一族の動向を捉えなおし、勝山小笠原文書の形成過程を論じた福嶋紀子[34]の研究などが挙げられる[35]。

4 二〇〇〇年代

二〇〇〇年代以降、中世史各分野・時代における研究の進展を受けて、小笠原氏研究も深化を見せている。

鎌倉期については、近年の得宗被官研究の成果を活用し、小笠原氏が御家人と得宗被官両方の性格を有していたことを指摘した拙稿[36]や鈴木由美[37]、東国武士の在京活動や一族内の分担構造についての議論を受けて、小笠原氏の在京活動について論じた拙稿[38]、新史料を用いて大貳局を媒介とした将軍家との関係を論じた井原今朝男[39]、女性という視点から小笠原氏の政治的立場を検討した峰岸純夫[40]・宮澤清香[41]、大井氏一族の活動と一遍の動向との関係を指摘した井原今朝男[42]、などが挙げられる。

南北朝期については、小笠原氏と村上氏の軍事指揮権について論じた松本一夫[43]、東国政治史研究に小笠原氏の動向を位置付けた拙稿[44]、小笠原氏と北信地域との関係に注目した村石正行[45]、南北朝〜室町前期における一門・被官層の出自構成を検討した拙稿[46]、小笠原氏と伊賀良荘開善寺との関係を再検討した祢津宗伸などが挙げられる[47]。

室町期については、幕府の対東国政策における小笠原氏の役割を論じた秋山正典[48]、応永〜寛正期の甲斐の政治情勢と信濃小笠原氏との関係性について明らかにした秋山敬[49]、文安年間の小笠原氏内訌と幕府政治との関係について再検討を加えた拙稿[50]などが挙げられる[51]。

戦国・織豊期については、足利義材政権下での松尾小笠原氏の動向や、信濃没落後の小笠原長時・貞慶父子の動向を明らかにした村石正行[52]の研究がある。また、専論ではないものの、平山優による戦国〜織豊期の信濃国衆の動向を扱った一連の労作[53]は、当該期における小笠原各家の当主や一門・家臣たちの動向を明らかにしている[54]。

二〇〇〇年代以降における重要な分析視角として、同族ネットワークの問題が挙げられる。前述したように、戦前より、京都・阿波・石見など信濃以外の各地に分派した小笠原氏一門についてはその存在が指摘され、研究がすすめられてきた[55]。そのような研究を基礎として近年では、分派した一門同士が有していた同族意識や、それが果たした機能についての研究が進められている。この点に初めて着目したのが井原今朝男である。井原は赤沢氏・一宮氏といった京都や阿波に分派した一門が、信濃守護代や細川氏内衆となって相互に交流しながら中央と地方を結ぶ役割を果たしていたことを指摘した[56]。この提言を受けて村石正行は、戦国期の信濃小笠原氏が京都・阿波・石見などの一門との同族意識を政治的活動に利用していたことを明らかにしている[57]。

同族ネットワークの議論と関連して注目されているのが、小笠原氏と弓馬故実の関係である。近年では、京都小笠原氏だけでなく、小笠原長時や松尾小笠原家などの信濃小笠原氏も弓馬故実の集積を行っていたことが村石正行によって明らかにされている[58]。

最後に、近年の貴重な成果として、東京大学史料編纂所編『東京大学史料編纂所影印叢書四　小笠原文書』（八木書店、二〇〇八年）の刊行を挙げておきたい。信濃小笠原氏研究の基礎史料である同文書群についての鮮明な図版や形態的情報を集成した本書は、今後の研究を大きく進展させるものとなろう。

以上、戦前から現在にいたるまでの研究動向を概観してきた。次章以降では、信濃小笠原氏の政治的動向について、時代順に概観していきたい。

二、平安末・鎌倉期の小笠原氏

1　小笠原氏の成立

小笠原氏は甲斐源氏を出自とする一族である。(59) 源義光の子義清と孫清光は、常陸国那珂郡武田郷に土着して武田氏を称したが、大治五年（一一三〇）の清光の濫行が原因で甲斐に配流されたという。そこで清光の子息たちが逸見・武田・加賀美・安田・安井・曽祢・奈古・浅利・八代といった名字を名乗り、甲府盆地西部を中心に形成されていった武士団が甲斐源氏である。清光の子遠光は、加賀美（現南アルプス市）を本拠として加賀美氏を称し、武田信義、安田義定とならぶ勢力に成長する。

小笠原氏の祖とされるのが、遠光の次男長清である。諸系図によると、長清は応保二年（一一六二）三月五日、甲斐国小笠原館で生まれたとされる。母については、『続群書類従』所収小笠原系図は和田義盛女とするが、義盛が久安三年（一一四七）の生まれであることから年齢的に合わない。『笠系大成』などは三浦義澄女としている。

小笠原という姓は、長清が父遠光から甲斐国小笠原荘を継承し、名字として名乗ったことによるが、かつては比定地をめぐって論争があった。甲斐には原小笠原荘（現南アルプス市）と山小笠原荘（現北杜市）があり、それぞれに長清関係の史跡が現存しているからである。しかし、秋山敬が考証したように、南北朝期に小笠原氏による領有が確認できる、遠光の居館があった加賀美にも近い原小笠原荘を名字の地とみるべきだろう(60)。

長清が小笠原を称する初見は、『吾妻鏡』（以下、『吾』）の元暦元年（一一八四）条からであり、建久六年（一一九五）条までは加賀美姓と小笠原姓を併称、建暦三年（一二一三）条以降は一貫して小笠原姓を称しているが、長清が父の加賀美姓を継承しなかった理由は明らかになっていない。

2　鎌倉前期の小笠原氏

治承・寿永内乱以前の遠光・長清父子は、甲斐を本拠としながら京都の平氏政権と結びついていた。長清が平氏家人として在京していたことを示すのが、『吾』治承四年（一一八〇）十月十九日条である。京都で平知盛に仕えていた長清が母の病気を理由に同年八月に京都を発ち、この日、富士川の頼朝の許に参上したことを記している。

さて、治承四年八月、伊豆で源頼朝が挙兵すると、甲斐源氏のうち武田・安田氏らは頼朝と連動しつつも独立的な動きをみせるのに対して、遠光・長清父子は頼朝に接近していく。このことによって、幕府成立後、小笠原氏は有力御家人として位置付けられていく。

養和元年（一一八二）二月一日、長清は上総介広常の女を妻にむかえている。頼朝の仲介による有力御家人との婚姻の成立は、遠光・長清父子に対する頼朝の信頼を示すものだろう。なお、寿永二年（一一八三）に広常は頼朝に誅殺されるが、広常女は遺領上総国佐是郡内矢田・池和田村を継承し、同村の所当を長清が負担している（『鎌倉遺文』三八号）。その後、承久三年（一二二一）には、矢田尼なる女性が両村を嫡女富塚尼に譲与している（『鎌倉遺文』二七三六号）。宮澤清香は、この矢田尼こそが広常女と同一人物であり、その譲与を受けた富塚尼は、長清と広常女との

間に生まれた女子である可能性が高いとする。(61)

長清は源範頼・義経による寿永二年末からの平氏追討戦に従軍しているが、頼朝が範頼に宛てた元暦二年（一一八五）正月六日の書状（『吾』）に「甲斐の殿原の中には、いさわ殿、かかみ殿（＝長清）、ことにいとをしくし申させ給へく候」と見えることは、頼朝が長清に対して格別な思いを持っていたことを示す事例として著名である。同年八月には、加賀美遠光が信濃守に任官している（『吾』）。この時、大内惟義・足利義兼ら多くの有力御家人も関東御分国の国司に任官しており、遠光の地位の高さを示す。所領については、長清が文治二年（一一八六）までに信濃国佐久郡伴野荘地頭職を拝領している。これが、鎌倉期の小笠原氏一門と信濃との接点となる。その後、隣接する大井荘にも支配を拡大させ、長清の六男時長は伴野荘を継承して伴野氏を、七男光朝は大井荘を継承して大井氏を称していく。なお、大井・伴野氏についての詳細は、桜井松夫の研究を参照されたい。(62)

遠光・長清父子は、女性を介しても源氏将軍家と結びついている。文治四年七月、遠光の息女大貳局が頼家の世話係として初めて幕府に出仕している。この女性は、建久三年（一一九二）八月には実朝の世話係となっている（『吾』）。

頼朝死後も小笠原氏と源氏将軍家との関係は継続し、長清の子息長経は、建久十年以降、源頼家の近習として活動している。しかし、建仁三年（一二〇三）に起こった比企の乱に長経が連座して処罰される。この小笠原氏の政治的逼塞期を支えたのが実朝に仕えた大貳局であり、建保元年（一二一三）五月には、和田合戦の勲功賞として陸奥国由利郡を拝領している。その後、同年八月には長清の活動が再び確認できる（『吾』）。建保四年十一月、大貳局の発願により大日如来・愛染明王・大威徳明王の三像を運慶に造らせ、頼朝の菩提供養を行っていることが、二〇〇七年に公開された金沢称名寺大威徳明王像の胎内文書で明らかとなった。大貳局は、安達盛長との連携によって高野山金剛

三昧院御塔の造営事業も推進している。(63)

3　小笠原氏一門の西国分派と在京活動

承久の乱において、長清は東山道大将軍の一人に任命され、子息等を率いて出陣している。乱後、一門は恩賞として西国地頭職・守護職を獲得し、西国・京都へ進出していくこととなる。(64)

長経は、比企の乱に連座したことで惣領の地位を六郎時長に奪われる形となっていたが、承久の乱後、阿波守護職を獲得する。これを契機に、長経およびその子孫の系統は活動の拠点を京都・西国に移していった。長男の長房は阿波守護を継承し、長房―長久―頼久とその地位を幕府滅亡まで相伝し、阿波小笠原氏として自立していく。(65)赤沢氏の祖となる二男の清経も、在京活動を確認できる。三男長忠の子息長政は建治三年に六波羅評定衆に選任されている。その他、長清の子息藤崎行長は美濃国に所領を獲得し、六波羅評定衆となっている。長清の子息清時は尾張国鳴海荘を得て、その子の長貞も在京活動を行っている。大井朝光は、承久の乱の勲功として得た伊賀国虎武保を高野山金剛三昧院に寄進し、その子の朝氏は在京活動を行っている。

4　鎌倉中・後期の小笠原氏

比企の乱で失脚した長経にかわって惣領となったのが六郎時長である。三寅の関東下向の出迎えに供奉した『吾』承久元年（一二一九）七月十九日条を活動初見とする。これ以降、伴野氏は時長―時直―長泰と惣領の地位を継承して隆盛を迎える。その背景にあったのが安達氏との関係であった。そもそも小笠原氏と安達氏は、大貳局が安達盛長とともに実朝の養育係をつとめていた時期から接点をもっていた。時長の女子は、安達景盛の子息義景の妻となって安達泰盛を産んでいる。建治元年の「六条八幡宮造営注文」では、「小笠原入道（長清）跡」が「鎌倉中」として百貫文を負担している。ここから、鎌倉中期の小笠原（伴野）氏は、鎌倉に常住し、外様御家人のなかでも最上位層の額を負担する地位と経済力を有していたことがわかる。

しかし、弘安八年（一二八五）に霜月騒動で安達泰盛が討滅されると、安達氏と婚姻関係にあった伴野長泰を筆頭とする小笠原氏一門も多数の自害者を出してしまう（「安達泰盛乱自害者注文」）。伴野氏が族滅的打撃を受けた結果、長忠の系統の長氏が惣領職を継承し（『尊卑分脈』）、この系統が南北朝期以降の信濃小笠原氏に繋がっていく。近年、鈴木由美は、『吾』弘長元年（一二六一）正月九日条に北条時宗の被官として見える小笠原彦二郎政氏を仮名の一致から長氏と同定した上で、長氏が惣領職を手に入れたのは、霜月騒動以前から得宗被官として活動していたことによるという見解を示した[66]。一方で筆者は、長氏が六波羅評定衆をつとめた長政の子息であることから、在京して霜月騒動に無関与だったために惣領職を継承することになったという仮説を提示したことがある[67]。

長氏による惣領職継承の背景については、今後さらなる検討を加えていく必要があるが、長氏の系統が北条氏と良好な関係を築いていったことは明らかである。鎌倉時代末期には、長氏の子宗長と孫貞宗が、北条氏と密接な関係を結びつつ有力御家人としての地位を保持する。宗長・貞宗父子は、御家人として元弘の変における笠置城・赤坂城攻めなどの軍役や弓始などの幕府の儀式に奉仕している一方で、得宗家の私的行事にも奉仕している。小笠原氏は御家人と得宗被官、双方の立場を持ち合わせていたといえる[68]。なお、長氏の系統以外にも、伴野氏は北条宗方被官、美濃の藤崎氏は北条時村被官、大井氏は金沢氏被官として、それぞれ活動徴証が指摘されている[69]。

三、南北朝期の小笠原氏

1　小笠原氏の信濃進出

元弘三年（一三三三）、鎌倉幕府に反旗を翻した足利尊氏の呼びかけをうけた宗長・貞宗父子は、他の有力御家人と同様、尊氏に与している。幕府滅亡後、貞宗は建武政権より信濃守護および信濃守に補任される。この背景には尊氏の推挙があったとみてよい。所領については、美濃国中河御厨を宛て行われたことを示す後醍醐天皇綸旨がのこるが（『信濃史料』〈以下、『信』〉五巻二一六頁）、北条氏所領であった信濃国伊那郡伊賀良荘（現飯田市）もこの時に宛て行われたと考えられる。この伊賀良荘が南信における小笠原氏の拠点となる。そして、その後、南北朝内乱が展開するなかで、守護職権を梃子に中信の府中（現松本市）へと勢力を拡大していった。府中における拠点としたのが井川館（現松本市）であったとされる。[70]鎌倉期における小笠原氏の本貫地は甲斐であり、信濃に所領を有していたのも伴野氏と大井氏の系統に限られていた。本来、信濃に基盤を有していなかった貞宗の系統は、建武政権下での守護補任を契機として信濃に進出していったのである。

しかし、北条氏の影響力が強かった信濃では、建武政権成立直後から旧北条氏与党人の蜂起が頻発する。建武二年（一三三五）七月には中先代の乱が起こり、貞宗は北条時行軍の鎌倉への侵攻を許してしまう。その後、乱鎮圧のために東下した足利尊氏が建武政権に反旗を翻すと、貞宗は尊氏に与している。同年九月二十七日には、尊氏より信濃国住吉荘・上総国姉崎社・市河掃部六郎跡（更級郡船山郷か）を宛て行われている（『信』五巻二九五～二九六頁）。

室町幕府が成立すると、貞宗は引き続き信濃守護に補任される。ただし、信濃は東・北信地域を中心とする国人層の自立性が強く、鎌倉期以来の基盤をもたない小笠原氏の守護支配は困難を伴うものであった。特に、北信の村上氏は軍事指揮や使節遵行など守護と同等の権限を行使しており、小笠原氏の一国支配を阻む存在であった(71)。また、信濃は南朝方勢力の抵抗拠点でもあった。南信では、天竜川東岸に拠った宗良親王が知久氏などの国人たちと結んで、西岸を基盤とする小笠原氏に対抗した。

ところで、伊賀良荘には、鎌倉末期に元から渡来して臨済宗大鑑派の祖となった清拙正澄を開山とする、信濃小笠原氏の菩提寺開善寺が存在する。従来は、伊賀良荘獲得直後から小笠原貞宗が開基となって同寺に外護を加えたと考えられてきた。しかし近年、祢津宗伸は従来説を否定し、以下の諸点を指摘している(72)。①開善寺の開基は鎌倉期の地頭江間氏である。②幕府滅亡後、開善寺に外護を加えていたのは足利直義であり、在地においては、大鑑派禅僧を輩出する直義党の知久氏が開善寺を支えていた。③観応擾乱以前の開善寺と小笠原氏は、伊賀良荘内の中村河路地頭職をめぐって対立関係にあった。④観応擾乱によって直義と知久氏が敗れると、小笠原氏は開善寺を取り込み、京都においては大鑑派の拠点であった建仁寺禅居庵を支配下におさめた。⑤小笠原氏による開善寺と禅居庵支配の正統性を主張するため、小笠原貞宗開善寺開基説が創出されていった。清拙遺誡など、従来の研究では十分に利用されてこなかった禅宗関係史料を活用して通説に疑義を呈した卓見といえる。

なお、小笠原貞宗の系統が信濃守護家となっていくのに対して、弟貞長の系統は将軍近習として活動し、奉公衆京都小笠原氏となっていく。

2　南北朝前期の信濃小笠原氏

室町幕府成立後の建武～暦応年間、小笠原貞宗は旧北条氏与党人や南朝勢力の鎮圧のために信濃国内外を転戦している。当該時期の信濃は、守護小笠原貞宗とともに村上信貞が軍事指揮権者として併存し、さらに両者に優越する立場で軍功認定権を行使する国大将吉良時衡正員が存在していたとされる(73)。

ここで、南北朝前期における小笠原氏の信濃の所領についてみておきたい。康永三年（一三四四）、貞宗が嫡子政長に与えた譲状に書き上げられた所領は、甲斐国原小笠原荘・信濃国伊賀良荘・信濃国守護職・讃岐国塩飽荘・上総国姉崎社であった（『信』五巻四八九頁）。この他に後家・庶子分もあるとされ、一門全体としての規模は明らかではないが、建武二年（一三三五）九月に尊氏から拝領した所領を加えると、康永三年までに小笠原氏が信濃国に獲得していた所領は、中信の住吉庄、南信の伊賀良庄、北信の守護所の船山郷であり、信濃各地の要所を押さえる形で分布していたことがわかる(74)。しかし、この段階では、船山郷以外の春近領への進出が見られない点は注意しなければならない。平安時代以来、信濃には春近領とよばれる在庁名の系譜をひく大規模国衙領が存在し、奥春近（北信）・近府春近（中信）・伊那春近（南信）、と分布していた。鎌倉期には守護領として機能し、北条氏が掌握していた。この点については、小笠原氏が信濃入部とともに獲得した所領は旧北条氏所領のごく一部であり、大部分は村上・高梨・諏方氏など有力国人によって分割継承されたとする、石井進の指摘が重要である(75)。康永三年段階における小笠原氏の所領集積状況は、小笠原氏以外の有力国人が春近領に対する実力支配を行っていた様子を示している(76)。

その後、尊氏党と直義党の対立が深まると、信濃においては、小笠原氏（尊氏党）対上杉・諏方氏（直義党）という対立構図が現出する。このことが信濃における小笠原氏の立場を変化させ、貞和三年（一三四七）頃までに信濃春近領は小笠原貞宗と上杉氏とが半分ずつ分有することとなる（『信』五巻五五四頁・六巻一一五頁）。尊氏・直義の党派的対立の影響を受けて、小笠原氏は春近領への進出の足がかりを得たのである。なお、これ以降、春近領は住吉荘とともに守護職に付随する所領として認識され、幕府によって没収と宛行がくりかえされていく[77]。

さて、観応擾乱の前半は直義党の優勢にすすむ。この展開を受けて、観応二年（一三五一）正月、政長は直義党に降り、鎌倉府管轄下に入った信濃は、政長にかわって直義党の諏方直頼が守護に補任されている。しかし、尊氏が勢力を巻き返すと再び政長は尊氏方に与し、信濃国内外を転戦している。正平七年（文和元、一三五二）正月、観応擾乱に勝利した尊氏は、上杉憲顕を筆頭とする旧直義党武士から剥奪した東国守護職を尊氏党の有力武士に与え、新たな東国統治体制を構築する（「薩埵山体制」）。小笠原政長は、信濃守護職とともに春近領の一元的掌握と国内闕所地処分権を尊氏より与えられている（『信』六巻一二六～一二八頁）。この時期、在鎌倉の尊氏と在京都の義詮が東西を分割統治していたが、信濃は尊氏の統治下に入っている。なお、同年四月、病に伏した政長は三人の子息に所領を譲り、当主の地位を退いている（『信』六巻一四九～一五〇頁）。政長の地位を継承したのが政宗（のち長基に改名[78]）であった。

その後、延文三年（一三五八）に尊氏が死去すると、将軍義詮と鎌倉公方基氏の協調関係のもと旧直義党武士の復権が進められ、貞治二年（一三六三）には上杉憲顕が関東管領に復帰して「薩埵山体制」は崩壊に向かう。尊氏党武士が補任されていた東国守護職は上杉氏に与えられ、公方足利基氏・関東管領上杉憲顕による鎌倉府体制が確立した。しかし、この新たな体制は、旧直義党がイニシアチブを握りながらも、旧尊氏党勢力も包摂せんとする体制であった。鎌倉府管轄とされた信濃[79]においては、小笠原長基（政宗から改名）は守護職を剥奪され、犬懸上杉朝房が守護となっている。しかし、長基も信濃守に任官するなど一定の政治的立場を保持していたことが確認できる。その後、信濃では守護職を剥奪された小笠原氏と勢力を盛りかえした旧直義党の諏方氏との間で、春近領支配をめぐる抗争が展開する。観応擾乱によって小笠原氏の一元的な領有が認められた春近領は、尊氏の死によって再び有力国人たちが競合しあう状況が現出したといえる。このような東国情勢の展開の中で、小笠原氏は京都の幕府との関係を強め、長基は幕府によって守護上杉氏と並立する軍事指揮権者としての位置づけを与えられている。

本来的に信濃に基盤を有していなかった小笠原氏の立場は、在地勢力の存在と上位権力の政治的動向に大きく左右されたのである。

3　南北朝後期の信濃小笠原氏

永徳三年（一三八三）二月、長基（法名清順）は子息の長秀に以下の所領群を譲与している。

①甲斐…原小笠原荘・石田郷・八代荘・塩田郷・宮原村

②信濃…伊賀良荘・福地郷・片切郷折中分・田嶋郷折中分（伊那郡）、嶋立郷・浅間郷・塩尻郷・二子郷折中分（筑摩郡）、小嶋田郷（更級郡）、沓沢郷（佐久郡）

③その他…讃岐国塩飽嶋・上総姉崎保・陸奥国石河荘・京都屋地

康永三年（一三四四）段階と比べて大幅に信濃国内の所領数が増えていることは、小笠原氏が南北朝期を通じて信濃に勢力を拡大していった様子がうかがえる。まず注目されるのが、筑摩郡島立郷・浅間郷・塩尻郷・二子郷折中分、伊那郡福地郷・片切郷折中分・田嶋郷折中分といった伊那・近府の春近領が含まれている点である。当該段階では信濃守護の地位にはなかった小笠原氏が、中・南信地域の春近領を当知行していたことを示唆するからである[80]。建武政権期に信濃に進出した小笠原氏は、南北朝後期までには、中・南信地域に対する影響力を保持する地域権力として成長していたことを永徳三年の譲状は示している。また、更級郡の所領が見える点については、村石正行が小笠原氏の北信地域への進出と評価している。[81]北信地域に対する支配がどこまで実効性をともなうものであったか判断は難しいが、のちに一門の赤沢氏が更級郡の四宮荘を支配したり、府中小笠原氏が水内郡の漆田郷を支配していることから、この頃から北信地域への進出がすすめられていた可能性は高いだろう。なお、本貫地である甲斐の所領が複数挙がるが、南北朝期の信濃小笠原氏と甲斐との関わりは明らかにならない。

さて、至徳元年（一三八四）を初見として、斯波義重が信濃守護に補任される。これにともなって守護代二宮氏が入部すると、長基（清順）は村上・高梨氏ら北信の国人らと結託して抵抗している（『信』七巻一八六頁）。一方、譲状に京都屋地が見えるように、小笠原氏は京都も活動の基盤としていた。長基は康暦元年（一三七九）、建仁寺禅居庵において祖父貞宗の三十三回忌仏事を行い、明徳二年（一三九一）には、明徳の乱での京都内野合戦において戦功をあげたとされる（「勝山小笠原家譜」）。翌年には、長基の子息長秀が相国寺供養に供奉している。

守護職の地位を失った小笠原氏は、信濃においては他の国人層と結託して斯波氏の守護支配に抵抗を見せる一方で、京都においては将軍権力への接近を図っていったのである。

4　南北朝・室町期における信濃小笠原氏の人的基盤

南北朝〜室町前期における信濃小笠原氏の一門・被官について概観しておきたい。当該時期に信濃守護家の一門・被官としての活動が確認できる氏族について、その出自や名字の地から分類すると以下のようになる。[82]

①一門
・小笠原氏を称する一門
・甲斐国内を名字とする一門…山中、於曽、下条、常盤、下枝
・信濃国内を名字とする一門…大井、住吉、伊豆木、二木、溝口
・甲斐・信濃以外の地を名字とする一門…坂西［阿波］、赤沢［伊豆・京都］、櫛木［阿波］、中河［美濃］、織戸［美濃］、鳴海［尾張］、丸毛［石見］
・不明…標葉・古米

②非一門被官
・甲斐国内を名字とする被官…麻生、山寺、武田、新井
・信濃国内を名字とする被官…山家、井深、宮渕、平瀬、関、飯田、
・不明…朝沢、古野

まず指摘できるのは、伊那・筑摩・安曇郡の地名を名字とする一門・被官層が多数を占めているという点である。これは、信濃に進出した小笠原氏が、中・南信地域に獲得した所領を一門に配分して領主支配を展開させ、在地の中小国人・土豪層を被官化する形で勢力の拡大が進められていったことを示している。なお、その際、関氏など本来は小笠原姓ではない一族に小笠原姓を与えて家中に取り込んでいる事例がみられる点は注目される(83)。

小笠原氏一門の比重が大きいという特徴点も挙げられる。室町期以降、有力被官家として成長していくのは、府中小笠原家の家臣となる家では、赤沢氏や深志坂西氏、二木氏、松尾小笠原家の家臣となる家では、飯田坂西氏・常葉

氏・標葉氏などといった一門に限られており、信濃の在地国人を出自とする被官家の成長はあまり見られない。この点については、信濃における国人層のあり方が大きく関わっていると考えられる。前述したように、東・北信地域は自立的志向が強く、容易に守護支配に屈しない有力国人が多かった。一方、小笠原氏が基盤とした中・南信地域は東・北信に比して小規模な領主層が多く、また、諏訪氏や伊那郡の香坂・知久氏などの有力国人層は、南北朝内乱の過程において直義党や南朝方に与して小笠原氏に対抗する姿勢をとった。このような事情からは、有力国人層を守護の人的基盤として取り込むことが困難であったことが推測される。ゆえに、信濃小笠原氏の人的基盤の拡充は、本貫地である甲斐や信濃守護家内で派生した庶家、信濃以外の地域に分派した一門などを取り込むという方向に向かったと考えることができよう。

甲斐に加えて、阿波や美濃・尾張など西国に分派した一門の名字がみえる点も注目される。そもそも二節で見たように、信濃守護家は、鎌倉期に阿波守護を獲得して在京活動を行っていた長経の系統の流れをくむ。西国を名字の地とする一門を多く取り込んでいるのは、このような来歴を背景として理解すべきであろう。

四、室町期の小笠原氏

1　小笠原長秀と大塔合戦

応永五年（一三九八）、斯波義将が管領から退くと、小笠原長秀は将軍義満との関係を背景に信濃守護職に補任される（『大塔物語』）。また、長秀は応永三～六年の間に、美濃国中河御厨・信濃国住吉庄・春近領を返付され、信濃守に任官している（『信』七巻三〇三・三三九・三四三・三四四頁）。その後、長秀は大内義弘討伐のために上洛し、在京していたが、応永七年七月に信濃に下向し、一族・被官を率いて善光寺に入部している。中・南信を拠点としてきた小笠原氏が、この段階で北信の善光寺に入部している点は注目される。『大塔物語』によれば、長秀は、所領安堵、大犯三箇条、制札の発給、訴訟の判決・執行といった職務を行い、守護役徴収と称して国人所領への守護使の入部をすすめていったという。また、国人市河氏に対しては、直状での宛行や安堵を行い、守護充行・安堵状―守護施行状―守護代打渡状という従来の信濃守護には見られない遵行体制を構築している。

以上のように、長秀は従来の小笠原氏には見られない強力な権限を行使し、北信地域の国人所領への介入を行っていった。このような権力行使の様態からは、長秀が国人所領に対する裁量権を幕府から大幅に認められていたことが推測されるが、その背景には、将軍義満による鎌倉公方満兼の押さえ込みという目的があったと指摘されている[84]。

しかし、長秀による支配は、大塔合戦とよばれる東・北信地域の国人一揆による大規模な反守護闘争を引き起こすこととなる。応永七年九月に村上満信が挙兵すると、伴野・平賀・望月・井上・須田・大文字一揆といった国人一揆勢が村上氏に呼応して挙兵する。長秀は、伊那郡を中心とした中小国人層と小笠原氏一門・被官層で構成される軍勢を率いて更級郡四宮河原で国人勢と戦うも大敗を喫し、籠城戦の末、京都に逃れている。

大塔合戦における国人一揆の性格については先行研究を参照されたいが[85]、合戦を信濃全体でみた場合、その背景には、東・北信地域に実力支配を展開する国人領主連合と、中信・南信地域を勢力圏とする守護小笠原氏という対立の図式がみえてくる。国人層の利害関係や南北朝期を通じて形成された地域秩序を無視した守護権力の介入が、大塔合戦という大規模な反守護闘争をひきおこしたといえよう。

2　小笠原政康と都鄙対立

大塔合戦の後、長秀は守護を罷免され、斯波氏の守護期を経て信濃は幕府料国となる。その後、長秀が応永十二年（一四〇五）十一月に舎弟政康に所領を譲与している以外、しばらく信濃小笠原氏の動向はうかがえなくなる。

しかし、足利持氏が鎌倉公方となり、幕府と鎌倉府との関係が緊張をはらんでくると、幕府の対東国政策における信濃の軍事的重要性が注目されるようになる。そのような情勢のなかで、小笠原氏の政治的動向が再び活発となる。

応永二十三年十月、上杉禅秀の乱が勃発すると、幕府は駿河守護今川範政らに持氏救援を命じ、翌年正月に鎮圧される。小笠原政康はこの乱において信濃勢の軍事指揮権者として戦功をあげている。その際の感状に、「毎事談合今川駿河入道」（『信』九巻五二二頁）とみえることは、幕府が禅秀の乱を契機として「国堺」地域を対鎌倉府の軍事的包囲網として位置付けていったことを示している。応永二十五年に政康は幕府から住吉荘・春近領を返付され、同三十二年には待望の信濃守護に補任されている（『信』七巻五五四～五五五・五七九頁）。小笠原氏は、幕府の東国政策の中でその権限を強化され、対鎌倉府の軍事力としての役割を期待されていったのである。

その後、政康は信濃国内においては、村上氏・芦田氏など、持氏と結ぶ東・北信地域の国人勢力の制圧を進めている。永享八・九年（一四三六・三七）には、村上氏が鎌倉公方持氏に支援を求めたため、持氏は信濃への出兵をこころみるが、関東管領上杉憲実によって阻止され、持氏と憲実の不和は決定的なものとなる。最終的には、村上氏は幕府に屈服している。

政康は幕府よりたびたび関東への出陣を命じられている。応永～永享年間における小笠原氏の関東での動向を整理した秋山正典は、その役割が鎌倉府支援（禅秀の乱）→鎌倉府に対する牽制・監視（京都扶持衆支援）→鎌倉府の討伐（永享の乱）、という段階で変質していったとする。(86) 両府関係が悪化していった結果、信濃守護小笠原氏は最終的に鎌倉府を解体させる軍事力として機能したのである。

嘉吉元年（一四四一）の結城合戦では、政康は陣中奉行として出陣している。その際の「結城合戦陣番帳」（『信』八巻一三七～一四一頁）には、政康に従って出陣した武士が三十番に編成されてその名が書き連ねられている。おおむね二番～十六番に編成されているのが、東・北信地域を中心とし、多くはかつて反守護の立場をとっていた国人層である。十七番以降に編成されているのが、小笠原氏の一門・被官および伊那・府中地域の中小国人層である。

このように、「結城合戦陣番帳」からは、政康が伊那・府中を勢力基盤としながら、東・北信地域の国人層を軍事指揮下におさめて、一国規模での守護支配を成立させていたことがうかがえる。しかし、この段階での分国支配の成立は、あくまで都鄙対立を背景とした将軍権力の後ろ盾によるものであった。湯本軍一は、政康が国人に対する文書発給を行った形跡がないことから、政康の支配は「幕府権力に依存した軍事的統括の段階」であり、「政治的支配の段階」には至っていなかったと評価する。(87) ゆえに、嘉吉の変によって将軍義教が横死すると、一門の対立も相俟って小笠原氏の分国支配は急速に崩壊に向かうこととなる。

3　信濃小笠原氏の分裂

政康は、嘉吉二年（一四四二）八月に死去する。政康は生前、嫡子宗康に対して、伊賀良荘は弟光康に任せ、家のことは兄弟で談ずるようにという旨の置文を残していた（『信』九巻一七〇頁）。しかし、譲状を残していなかったため、文安二年（一四四五）、宗康と従兄弟の持長（政康の舎兄長将の子）との間で政康遺跡をめぐる相論が起きる（『信』九巻二〇五頁）。相論は宗康が勝訴するが、持長は判決に従わず、両者は善光寺平の漆田原で合戦に及んだ。一門・被官層も二分させたとみられるこの合戦は、持長が勝利し、宗康は死亡する。

この宗康・持長の対立は、中央における細川・畠山両管領家の対立と連動していた。[88]『溝口家記』などによると、父長将以来、府中地域に独自の勢力を形成していた持長は、畠山氏との間に何らかの縁故関係があったようである。政康遺跡をめぐる持長の行動の背景には、嘉吉二年六月から文安二年三月まで管領の地位にあった畠山持国の支持があったと考えられる。一方、宗康とその弟光康は細川氏の支持を得ていた。宗康が相論に勝訴した文安二年十一月は、同年六月に畠山持国にかわって管領となった細川勝元を典厩家の細川持賢が後見し、幕政を主導していた時期にあたる。漆田原合戦後に宗康が死去すると、細川持賢を首班とする幕府は持長を守護とは認めず、宗康弟の光康に遺跡の継承を命じている（『信』九巻二一九頁）。

文安四年になると、細川・畠山両氏の対立は、加賀守護職をめぐる富樫氏の内紛などと相俟って武力衝突寸前まで深刻化していく。しかし、同年八月には和議が成立し、加賀守護職もそれぞれの陣営で折半という形で落着する。この動きをうけて、同年十二月には、畠山氏の援助をうける持長が一時的に信濃守護に補任されている（「天龍寺文書」）。その後、宝徳元年に細川勝元から畠山持国に管領が交替すると、持長が信濃守護となる。しかし、享徳元年（一四五二）十二月に再び細川勝元が管領となると、それと連動して光康が守護に再任されている。享徳三年十二月、享徳の乱が勃発すると、翌年以降、幕府は光康に対してたびたび関東への出陣を命じている。それに対して、持長の子息清宗は光康の関東出陣を妨害しており（『信』八巻三六五～三六六頁）、ここから、持長の系統が古河公方足利成氏と結びついていたことが推測される。なお、秋山敬は、信濃における幕府—宗康・光康と古河公方—持長という対立図式は、甲斐における守護武田氏と守護代跡部氏との対立と連動していたことを明らかにしている。(89)

一方、宗康の遺児国松は光康のもとで保護されていたが、康正二年（一四五六）に足利義政より所領安堵の御教書を得ている（『信』八巻三六〇頁）。国松は元服して政秀（政貞）と名乗るが、「政」の字は義政からの偏諱であろう。寛正五年（一四六四）には、政秀が伊賀良荘地頭として代初の諏訪上社御射山御頭を勤仕し（『信』八巻五一一頁）、翌年には細川持賢の取りなしで義政に謁している（『信』八巻五三六頁）。年未詳ではあるが、政秀は義政によって信濃守護に補任されており（『信』九巻一一一～一一二頁）、政秀は幕府との結びつきをもちながら、信濃での勢力を急速に拡大していった。

これによって信濃小笠原氏は、府中を拠点とする持長・清宗の系統（府中家）、伊那の松尾城を拠点とする光康・家長の系統（松尾家）、同じく伊那の鈴岡城を拠点とする政秀の系統（鈴岡家）、という三家に分裂したことになる。(90)

五、戦国・織豊期の小笠原氏

1　応仁の乱と信濃小笠原氏

応仁元年（一四六七）正月、京都で応仁の乱が勃発する。伊那の松尾・鈴岡両家は、細川氏の東軍に与している。持長の跡を継承した府中の清宗の動向は明確ではないが、山名氏の西軍に与したとみられている。同年七月、鈴岡の政秀は、深志郷を支配する一門坂西氏と謀って府中の清宗を攻めている。政秀にとって府中家は、父宗康を死に追いやった仇敵であった。前述したように、清宗の父持長は畠山持国の支援を、政秀の父宗康は細川氏の支援を得ていた。畠山持国の後継者である義就が山名宗全と結びついていたことを考慮するならば、この政秀の動きは中央の動向と連動したものであった可能性は高いだろう。ただし、この時は政秀が府中を制圧するには至らなかった。その後、府中家では文明元年（一四六九）十一月に清宗が死亡し、子の長朝が当主となる。なお、府中家は清宗のときに本拠地を井川から林城（現松本市里山辺）にうつしたとされる[91]。

乱が展開していく中で、伊那の松尾・鈴岡両家は将軍義政より隣国美濃に対する軍事力として期待されるようになる。文明五年三月、松尾の家長と鈴岡の政秀は、木曽家豊とともに西軍の美濃守護土岐成頼討伐に出陣して美濃の大井城などを攻略し、同年十一月には一門・被官に対する感状を受給している（『信』九巻九〇～九一・一〇八頁）。それ以降も、文明七年には近江守護六角高頼の討伐を、文明十年には再び土岐成頼の討伐を命じられている[92]。同年十二月には、家長は東軍の尾張守護代織田敏定より救援を求められている（『信』九巻八八～八九・二三〇頁）。なお、『豊前豊津小笠原家譜』や『畠山家譜』によれば、府中の長朝は、文明五年十二月に足利義尚の参内に供奉したとされており（『信』九巻一一四頁）、これを信じるならば、この段階で府中家も東軍に帰属したこととなる。

一方、『尋尊大僧正記』文明九年条における全国の守護を書き上げた注文に、「信乃国上杉　小笠原」とみえる。ここから、文明年間の一時期、信濃は小笠原氏と越後上杉氏との半国守護となったものと理解されてきた[93]。上杉氏を信濃半国守護とする理解に対しては近年では疑問も呈されているが[94]、少なくとも、家中の分裂により小笠原氏が一国規模での支配力を喪失した反面、越後上杉氏が北信濃への影響力を増大させたという実態があったことは間違いない。

2　小笠原諸家の抗争と統一

小笠原三家の抗争は、諏訪上下社など周辺国人の内部争いなどと結びつき複雑に展開していく。文明十一年（一四七九）以降、伊那地域では鈴岡家の政秀と松尾家の家長・定基父子が伊賀良荘支配をめぐる抗争を開始する。文明十一年九月、諏訪上社大祝諏訪継満と高遠の諏訪継宗らは、伊那郡嶋田（現飯田市）に出陣して政秀を救援しているが（『信』九巻二三八頁）、これが鈴岡・松尾両家による抗争の初見である。翌年八月にも、政秀は諏訪継満の支援を受けて伊賀良荘において家長と戦っている（『信』九巻二四九頁）。この抗争は、政秀が家長を屈服させ、伊賀良荘の支配権を手にする結果となった。一方、府中家の長朝も文明十二年以降、仁科・西牧・山家氏といった府中周辺の国人勢力との抗争を展開している（『信』九巻二四九～二五二・二六二頁）。

伊賀良荘の支配権を手に入れた政秀は、再び府中への攻撃を本格化させる。諏訪上社の支援を得る鈴岡家の政秀に対して、府中家の長朝は諏訪下社と結びついていた。また、文明十四年頃からは、諏訪上社内部で惣領家諏訪政満と大祝家諏訪継満との対立が惹起するが、この対立も、惣領家は府中小笠原氏と、大祝家は鈴岡小笠原氏と結びついて展開した(95)。しかし、延徳元年（一四八九）には、府中家の所領であった筑摩郡捧荘に対する諏訪上社五月会頭役を政秀が初めて勤仕しており（『信』九巻四七八頁）、ここから、延徳元年までには、政秀が府中を制圧していたことがうかがえる。『溝口家記』によると、敗れた長朝は家伝文書とともに更級郡牧之島城に逃れた。しかし、周辺の国人層の反発を受けた政秀は府中家と和睦、長朝を自身の養子とし、府中を明け渡して鈴岡に戻ったという。

なお、政秀は阿波小笠原氏を出自とする一宮久成を在京守護代として登用していた。一宮氏は、細川京兆家内衆としての性格も有していた。また久成は、丹波など京近郊の所領を知行しながら、阿波国一宮や信濃国住吉荘・五か荘など山科家領の請負代官をつとめるといった金融業者的活動も見せている。この事例から井原今朝男は、小笠原氏や山科家は、東西に広がる一宮氏の同族ネットワークに依拠する形で所領支配を実現していたと評価する。(96)

さて、ここまで述べてきたように、鈴岡家の政秀は松尾・府中両家を制圧し、分裂した小笠原氏を統一するかにみえた。しかし、家長の跡をうけてその子定基が松尾家の当主となると、明応二年（一四九三）正月、定基は政秀父子を松尾城に誘殺してしまう。(97)定基は鈴岡城に攻め入り、政秀が府中家より奪った家伝文書を手に入れ、伊賀良庄を支配下におさめた（『信』九巻五三四〜五三八頁）。これによって、二家に分立していた伊那小笠原氏は統一される。一方、下条氏を出自とする政秀の妻は、府中の長朝に支援を求めた。長朝は下条氏とともに松尾の定基を攻め、定基は一時的に甲斐の武田氏のもとに逃れたが、すぐに松尾に戻って勢力を挽回する。

中央では、明応二年四月に、細川政元を中心とするクーデタによって将軍足利義材が失脚、足利義澄が新将軍となっている（明応の政変）。これと連動して関東では、義澄の意を受けた伊勢宗瑞が堀越公方足利茶々丸を攻撃、最終的には堀越公方府を滅亡させる。文亀元年（一五〇一）、駿河守護今川氏親が斯波義寛の領国遠江への侵犯を開始すると、義寛は松尾家の定基・貞忠父子と府中家の貞朝に支援を要請している。細川政元の被官で小笠原氏一門の赤沢朝経（宗益）は、松尾・府中両家の和解と斯波義寛への合力を求める書状を定基のもとに送っている。(98)この時の小笠原氏による遠江出兵については、秋本太二の論稿に詳しい。(99)なお、文亀元年八月に府中家の長朝は死去し、子の貞朝が家督を継承している。

永正三年（一五〇六）になると、松尾の定基は、義材方に転じた駿河の今川氏親・伊豆の伊勢宗瑞らから三河侵攻の支援要請を受けて援軍を送っている。(100)そして翌年、細川政元が殺害されると、永正五年には周防の大内義興の支援を受ける足利義材が上洛して将軍に復位し、これ以降、定基は一貫して義材政権との関係を維持している。足利義材政権下での定基の動向については、村石正行の論稿に詳しい[101]。定基が石見小笠原氏などとの同族ネットワークを介して中央と交流を持っていたこと、弓馬故実の摂取がなされていたことなどを指摘している。

さて、定基は永正八年に死去し、子の貞忠が家督を継承したとみられる（『信』九巻三三一頁）。一方、永正十二年には府中家でも貞朝が死去し、子の長棟が府中家を継承する（『信』九巻三八七頁）。その後、府中・松尾両家の抗争も再燃することとなる。長棟は天文二年（一五三三）七～八月、伊那に侵攻しているが（『信』十一巻五六・六一頁）、天文三年頃までには、府中の長棟が松尾の貞忠を屈服させる形で小笠原氏の統一がなされた。長棟は二男の信定に松尾の地を与えている。その後の長棟は諏訪上社との抗争に苦心しており、天文六年には諏訪頼重の軍勢が塩尻に攻め寄せている（『信』十一巻一二一頁）。しかし、天文八年に長棟と諏訪上社は和談にいたり、この抗争は終息する。信濃守護家を統一した府中小笠原氏であったが、その勢力が及んだのは筑摩・安曇・伊那郡にとどまっており、「信濃国大身衆、小笠原・諏訪頼茂・村上義清・木曽殿」（『甲陽軍鑑』）と記されるように、信濃の有力領主の一つにすぎなかった。

長棟の家督を子の長時が継承したのが天文十一年とされる。長時による支配については、笹本正治・中川治雄らの評価が通説的である。笹本正治は、長時の領内支配に関する発給文書が遺されていないことをもって小笠原氏の在地不掌握と評価する[102]。一方、小笠原長時と家臣との関係に注目した中川治雄は、小笠原氏にしたがった家臣たちは「それぞれが自分の居館と山城を構えた小領主的存在」であり、組織化がなされていなかったとする。また、小笠原氏が勢力範囲とした筑摩・安曇・伊那郡のうち、主従関係を軸とした支配を行えたのは筑摩郡ぐらいで、安曇・伊那郡に対しては、有力武士との間に優位な同盟関係を形成してその地域に影響力を及ぼしていたというのが実態であったとする。(103)統治機構・家臣団編制という両面において戦国大名としての小笠原氏の権力は脆弱なものであった。長く続いた家の分立・抗争や、信濃の有力国人の伝統的な自立性がその成長を阻害したといえる。

3　信濃小笠原氏の没落と再興

武田信玄の信濃侵攻以降の小笠原氏の動向については、中川治雄・粟野俊之・平山優・村石正行らの研究に詳しい。(104)以下ではこれらの先学に依拠して、府中家の長時・貞慶を中心に概要のみ述べたい。

天文十四年（一五四五）から武田信玄の信濃侵攻が開始すると、府中の長時は村上義清と連携してこれに抵抗するが、天文十七年七月十九日、塩尻峠の合戦に大敗を喫してしまう（『信』十一巻三七九頁）。天文十九年七月に武田軍が松本平への侵攻を開始すると、林城・深志・岡田・桐原・山家といった小笠原氏方の五つの城の兵は逃亡し、島立・浅間の両城も降参している（『信』十一巻四六八頁）。坂西氏・赤沢氏・三村氏・山家氏・島立氏・西牧氏といった小笠原方の有力家臣たちは武田方に寝返り、武田氏に通じていた長時の舅仁科道外も武田家に仕えた。なお、武田信玄は、天文二十三年には伊那の小笠原信定を攻めて旧松尾家の信貴（貞忠子息）に松尾城を回復させており、信貴と子息信嶺は武田信玄・勝頼に仕えていく。

林城を落ち延びた長時は、その後もしばらくは信濃国内で抵抗を続けていたようであるが、天文二十一年までには、子息の長隆・貞慶とともに、長尾景虎（上杉謙信）を頼って越後に逃れたとみられる。長時の子息貞慶の初名「貞虎」は、長尾景虎からの偏諱と推測されている。

その後の長時父子は三好長慶を頼って上洛している。三好氏は阿波小笠原氏の流れをくむ一族であり、信濃小笠原氏とは強い同族意識を持っていた。また、信濃没落以前より、長時は奉公衆の京都小笠原氏を媒介として、将軍足利義輝と緊密な関係を築いていた。このような関係を背景として永禄四年（一五六一）には、足利義輝は長尾景虎に対して長時の信濃復帰の支援をするよう命じている。村石正行は、信濃没落後の長時は同族ネットワークと馬術故実を利用することで将軍や有力者との関係を形成し、信濃復帰への政治活動を展開したと評価している。

永禄七年に三好長慶が死没した後も、長時は三好氏を頼って摂津にとどまっていた。しかし、永禄十一年に足利義昭を奉じて上洛した織田信長が摂津芥川城を攻めると、長時は再び越後の上杉氏を頼って落ち延びていく。その後は会津の蘆名氏を頼るも、天正十一年（一五八三）に会津で家臣によって殺害されてしまう。

一方、長時の子息貞慶は、天正三年、信濃還補を約束した織田政権に仕えることを選択していく。織田政権下の貞慶は、対武田・上杉政策における東国諸大名に対する取次役として活躍する。天正十年三月に武田勝頼が滅びると、旧武田領の知行割が実施されるが、貞慶が復帰を希望していた旧領の筑摩・安曇郡は木曽義昌に宛て行われてしまう。貞慶は、織田政権下において信濃復帰という願いを果たすことはできなかったのである。

しかし、同年六月におこった本能寺の変によって織田分国が解体すると、貞慶は徳川家康の支援を得て深志入城に成功する。その後の徳川・上杉・後北条・豊臣秀吉による信濃をめぐる対立・抗争が展開していくなかで、貞慶は天正十年から十三年の間に、徳川↓後北条↓徳川↓豊臣、とその立場を変えていった。そして天正十四年、徳川家康が豊臣政権に従属すると、秀吉によって貞慶は徳川氏の与力大名として位置付けられる。

天正十七年、貞慶は家督を嫡子の秀政に譲る。翌年に家康が関東に移封となると、秀政は下総古河三万石を拝領する。その後、秀政は信濃飯田五万石、松本八万石と転封、大坂夏の陣で子息忠脩とともに戦死すると忠脩の弟忠真が家督を継承する。忠真は播磨明石十万石を経て、豊前小倉十五万石を拝領している。

一方、松尾家の小笠原信嶺は、織田軍による信濃侵攻が開始されるとすぐに織田家に降った。そして、本能寺の変後は徳川家康に従って松尾の地を安堵されている。天正十八年には家康の関東移封にともなって武蔵本庄一万石を拝領し、その後、数度の転封を経て、元禄四年（一六九一）に小笠原貞信が越前勝山二万二〇〇〇石を拝領している。

府中・松尾の両家は、戦国期の争乱による苦難を経て、最終的には近世大名として生き延びていったのである。

おわりに

以上、五章にわたって、信濃小笠原氏の研究史と中世を通じての動向について概観してきた。最後に、今後の研究課題を何点か提示しておきたい。

まず挙げられるのが、室町後期以降の小笠原氏の動向についての検討である。近年では、当該時期の研究成果が徐々に蓄積されてきてはいるものの、内訌の発生から府中家による小笠原家の統一までの時期は依然として未解明な部分が多い。基礎的な動向から明らかにしていくことが求められる。

また、小笠原氏による地域支配の実態についての研究蓄積は、ほぼ皆無といえる。史料的制約は大きいが、小笠原氏による支配の具体相や内実を究明した上で、改めてその限界を明らかにしていくべきであろう。このことと関連してあげられるのが、一門・家臣団についての研究である。当該分野についての専論も乏しく、戦国期を含めた家臣団の全体像や、一門・被官の個別的研究を更に深める必要がある。

その他にも、小笠原氏関係の所領や寺院についての研究、信濃以外の地域に分派した一門と信濃小笠原氏との関係、信濃小笠原氏と弓馬故実との関係、さらには信濃守護小笠原氏を室町幕府の全国支配体制（室町幕府―守護体制）にどのように位置づけるかという問題など、検討すべき課題は山積している。ただし、信濃小笠原氏の研究には史料が少ないという問題がつきまとっている。この問題を乗り越えるためには、改めて史料を博捜することはもちろん、宗教史料など、従来あまり活用されてこなかった史料に光を当てていくことで新たな可能性が広がるだろう。また、今後、更に考古学的成果が得られていくことが期待されるが[105]、そのような見知からの検討も進めていく必要がある。

以上、雑駁な叙述に終始してしまったが、本稿が今後の信濃小笠原氏研究の深化に寄与することを祈りつつ擱筆したい。

註

（1）市村咸人「飯田城主坂西氏」（『市村咸人全集　第九巻』下伊那教育会、一九八〇年〈以下、『全集』〉、初出一九二四年）・「亥年に因める松尾　小笠原氏の史実」（『全集』、初出一九二四年）・「大井荘の戦と小笠原貞宗」（『全集』、初出一九二四年）・「信州武家方の頭領　小笠原貞宗」（『全集』、初出一九三一年）・「飯田城主坂西氏考」（『全集』、初出一九三一年）・「伊勢早雲と松尾小笠原氏との関係」（『全集』、初出一九三四年）・『武士の興起より戦国末期に至る南信濃　小笠原氏中心』（上伊那郡第三部教員会、一九三四年）・「尹良親王と小笠原氏」（『全集』、初出一九三五年）・「将軍塚」（『全集』、初出一九三六年）・『建武中興を中心としたる信濃勤皇史攷』（信濃教育会、一九三九年）・「小笠原氏の発祥と松本平への進出」（『全集』、初出一九五六年）・「講演記録　小笠原氏と松尾」（『全集』、初出一九五八年）・「鎌倉時代に於ける伊那地方の北條氏と小笠原氏」（『全集』、初出一九五九年）・「小笠原氏の紋章」（『全集』、初出年不詳）など。
(2) 栗岩英治「鎌倉時代管見―小笠原氏は守護でない―」（『信濃』第一次一巻二号、一九三二年）。
(3) 堀内千萬蔵「小笠原南北正閏論」（『信濃』第一次二巻四号、一九三三年）・「小笠原氏に関する未見の史料　正・続」（『信濃』第一次五巻二・三号、一九三六年）・「室町時代京家小笠原氏」（『信濃』第一次六巻九号、一九三七年）・『松本市史』（松本市役所、一九三三年）など。
(4) 小山愛司『信濃史源考　六』（歴史図書社、一九七六年、初出一九四〇年）。
(5) 伊藤冨雄「室町季世南信濃乱離史攷」（『伊藤冨雄著作集　第四巻　戦国時代の諏訪』永井出版企画、一九八〇年、初出一九四四年）・「室町季世南信濃乱離史続攷」（同前）・「佐竹宗三と赤沢宗益」（同前）など。
(6) 宮下操「小笠原長清埋骨地について」（『伊那』四七七号、一九六八年）・「中世伊賀良庄と北条氏　一～三」（『伊那』一九巻八～一〇号、一九七一年）・「中世飯田郷と坂西氏」（『伊那』五八一号、一九七六年）・「小笠原氏の伊賀良庄地頭補任について」（『伊那』二五巻一一号、一九七七年）など。
(7) 早苗亮雄「大鑑派と開善寺建立考（一）～（九）」（『伊那』四七四～四七六・四七八～四八三号、一九六七～六八年）・「開善寺大鑑派と小笠原氏考（一）～（三）」（『伊那』四九四～四九六号、一九六九年）。
(8) 桜井松夫「小笠原流大井・伴野両氏について（一）～（三）」（『千曲』一二～一四号、一九七七年）。本書第4部のⅠ。
(9) 平林富三「信州佐久郡伴野荘地頭伴野氏の研究」（『郷土研究　千曲の浅瀬』私家版、一九七三年）。
(10) 中川治雄「小笠原貞慶の中興をめぐって」（『信濃』二四巻五号、一九七二年）。本書第3部のⅣ。
(11) その他、この時期の研究成果として、秋本太二「今川氏親の遠江経略―とくに信濃小笠原氏との関連して―」（『戦国大名論集11　今川氏の研究』吉川弘文館、一九八四年、初出一九七四年）、庄洋二「小笠原氏に関する一史料」（『信濃』二八巻六号、一九七六年）、笹本正治「小笠原秀政と「弌剣平天下」印」（『信濃』三〇巻九号、一九七八年）、中嶋次太郎『小笠原氏の虚像と実像』（銀河書房、一九八〇年）などがある。
(12) 『上水内郡誌　歴史篇』（米山一政執筆、一九六六年）、『下伊那史』第五巻（宮下操執筆、一九六七年）・第六巻（宮下操執筆、一

九七〇年）、『東筑摩郡・松本市・塩尻市誌　第二巻　歴史上』（岩垂俊雄・中川治雄ら執筆、一九七三年）など、小笠原氏の動向を丹念に追った叙述がみられる。

(13) 小林計一郎「信濃守護考」（『信濃中世史考』吉川弘文館、一九八二年、初出一九六二年）。

(14) 湯本軍一「守護小笠原氏の分国支配」（『信濃』二四巻六号、一九七二年。本書第2部のⅠ）・「守護小笠原氏の信濃支配―政景《マヽ》の時代を中心に―」（『歴史手帖』三巻九号、一九七五年）。

(15) 藤枝文忠「信濃国における「観応擾乱事件」について（一）（二）」（『信濃』二三巻七号・九号、一九七一年。本書第1部のⅢ）・「室町初期信濃国守護職と小笠原氏」（『歴史手帖』二巻七号、一九七四年）・「小笠原氏」（『室町幕府守護職家事典　上巻』新人物往来社、一九八八年）。

(16) 藤枝文忠「応永七年信濃国大塔合戦に関する基礎的考察」（『軍事史学』一三巻三号、一九七七年）。

(17) 高村隆「大塔合戦研究序説」（『日本大学史学科五十周年記念　歴史学論文集』一九七八年）。本書第2部のⅡ。

(18) 石井進「中世国衙領支配の構造」（『石井進著作集　第四巻　鎌倉幕府と北条氏』岩波書店、二〇〇四年、初出一九七三年）。

(19) 前掲註（18）石井論文、稲垣泰彦「春近領について」（『日本中世社会史論』東京大学出版会、一九八一年、初出一九七一年）。

(20) 佐藤進一「守護制度史上の信濃」（『日本中世史論集』岩波書店、一九九〇年、初出一九六八年）、藤枝文忠「室町初期信濃国統轄をめぐる京・鎌倉の対立」（『日本歴史』二六六号、一九七〇年）、田辺久子「南北朝前期室町幕府における信濃国管轄権の推移」（『日本歴史』二八六号、一九七二年）。

(21) 二木謙一「室町幕府弓馬故実家小笠原氏の成立」（『中世武家儀礼の研究』吉川弘文館、一九八五年、初出一九六九年）。

(22) 上原公子「鎌倉末期小笠原氏の軍事的基盤　その一―小笠原氏一族の国内及び信濃国内における分布状態―」（『法政史論』創刊号、一九七四年）。

(23) 鶴崎裕雄「水戸彰考館所蔵『二川物語・細川政元』記載の赤沢沢蔵軒宗益のこと」（『長野』四九号、一九七三年）・森田恭二「細川政元政権と内衆赤沢朝経」（『戦国期公家社会の諸様相』和泉書院、一九九二年、初出一九七九年）。

(24) 長野県編『長野県史　通史編　第三巻中世二』（長野県史刊行会、一九八七年）。

(25) 後藤芳孝「第三編　第三章　小笠原氏のもとで」・笹本正治「第三編　第四章　戦国争乱のなかで」(『松本市史　第二巻　歴史編Ⅰ』一九九六年)、中川治雄「第一章　第一節　豊臣政権と信濃」・「第一章　第二節　松本城の築城」・「第一章　第三節　徳川政権の成立と松本」(『松本市史　第三巻　歴史編Ⅱ』一九九五年)。その他、この時期に発表された通史的叙述の成果としては、秋山敬「小笠原氏の興隆」(『甲斐源氏の勃興と展開』岩田書院、二〇一三年、初出一九九一年)が挙げられる。

(26) 熊谷知未「小笠原氏と北条氏」(『信濃』四三巻九号、一九九一年)、同様の視点からの研究として、木内勝「北条氏被官伴野出羽三郎と伴野長房―北条宗方の乱に関連して―」(『千曲』九一号、一九九六年)・「霜月騒動の伴野氏と小笠原氏」(『佐久』一七号、一九九六年)・「得宗被官長忠系小笠原氏」(『千曲』九八号、一九九八年)がある。

(27) 海老名尚・福田豊彦「『田中穣氏旧蔵典籍古文書』「六条八幡宮造営注文」について」(『国立歴史民俗博物館研究報告』四五集、一九九二年)、長野郷土史研究会「特集　鎌倉時代の信濃御家人」(『長野』一八五号、一九九六年)。

(28) 若狭…河村昭一「将軍近習小笠原蔵人と若狭守護代小笠原長房」(『若越郷土研究』三四巻一号)・「南北朝室町初期の若狭守護代小笠原氏について」(『兵庫教育大学研究紀要』九巻、一九八九年)、石見…井上寛司「石見小笠原氏と三原丸山城」(川本町教育委員会『丸山城調査報告書』一九九七年)・「石見中世史研究上の若干の問題」(『郷土石見』一八号、一九八七年)・「島根大学付属図書館架蔵石見小笠原文書について」(『山陰地域研究(伝統文化)』二号、一九八六年)・「満行寺所蔵石見小笠原関係文書について」(『郷土石見』一七号、一九八六年)、佐伯徳哉「戦国期石見小笠原権力と地域社会構造―日本海(東海)西部地域における権力と江川水系社会の生産・流通―」(『古代文化研究』一号、一九九三年)、阿波…川上清「南朝方の指導者について」(『ふるさと阿波』一〇六号、一九八一年)、若松和三郎「建武政権期前後の阿波小笠原氏について(上)・(下)」(『ふるさと阿波』一七〇・一七一号、一九九七年)、阿波一宮城史料集編集委員会『阿波一宮城史料集』(一宮町文化おこし委員会、一九九一年)、「阿波一宮城」編集委員会編『阿波一宮城』(徳島市立図書館、一九九三年)、遠江…黒田基樹「高天神小笠原信興の考察」(『戦国史研究』二一号、一九九九年)、京都・関東…米原正義「室町幕臣の東下り」(『戦国織豊期の政治と文化』続群書類従完成会、一九九三年)など。

(29) 秋山敬「小笠原牧と小笠原荘―甲斐の荘園」(網野善彦編『馬の文化叢書　第三巻　中世』馬事文化財団、一九九五年、初出一九八一年)。

(30) 後藤芳孝「信濃国住吉荘をめぐる領家および在地の動向」(『長野県立歴史館研究紀要』五号、一九九九年)。
(31) 井原今朝男「信濃国伴野荘の交通と商業―長野県史荘園遺構調査報告(二)―」(『信濃』三五巻九号、一九八三年)。
(32) 粟野俊之「小笠原貞慶考」(『織豊政権と東国大名』吉川弘文館、二〇〇一年、初出一九九〇年)。
(33) 後藤芳孝「小笠原氏の内訌をめぐって」(『松本市史研究』五号、一九九五年)。本書第3部のⅠ。
(34) 福嶋紀子「中世の小笠原文書と「勝山小笠原文書」の成立」(『松本市史研究』七号、一九九七年)。本書第3部のⅤ。
(35) このほか、中川治雄「小笠原長時没落の意味するもの」(『長野』一一七号、一九八四年)、八巻與志夫「中世小笠原荘について」(『甲斐路』六三号、一九八八年)、藤枝文忠「狂乱死した「小笠原信濃守宗清」の行方」(『日本歴史』五二〇号、一九九一年)などが挙げられる。また、林城の基礎的情報についてまとめた中川治雄「林城―信濃守護小笠原氏の居城」(小穴芳実編『信濃史学会研究叢書2　信濃の山城』郷土出版社、一九八八年)、松尾城の基礎的情報についてまとめた佐脇敬一郎「松尾城」(信濃史学会編『信濃史学会研究叢書3　信州の山城』信毎書籍出版センター、一九九三年)、府中小笠原家支配領域における山城の考古学的特徴について指摘した三島正之「小笠原領域の山城と武田氏」(『中世城郭研究』二号、一九八八年)などは、小笠原氏関連の城郭研究の成果として貴重である。
(36) 拙稿「鎌倉後期小笠原氏一門の動向について―信濃守護系小笠原氏と藤崎氏を中心に―」(『信濃』六二巻九号、二〇一〇年)。
(37) 鈴木由美「御家人・得宗被官としての小笠原氏―鎌倉後期長忠系小笠原氏を題材に」(『信濃』六四巻一二号、二〇一二年)。
(38) 拙稿「鎌倉期小笠原氏の在京活動について」(『法政史論』三九号、二〇一二年)。
(39) 井原今朝男「小笠原遠光・長清一門による将軍家菩提供養」(『金沢文庫研究』三二〇号、二〇〇八年)。本書第1部のⅠ。
(40) 峰岸純夫「鎌倉時代における安達氏と小笠原氏の連携―女性と寺社の視点から―」(近藤義雄先生卒寿記念論集刊行会編『近藤義雄先生卒寿記念論集』群馬県文化事業振興会、二〇一〇年)。
(41) 宮澤清香「鎌倉初期小笠原一族の女性に関する一考察」(『女性史学』二二号、二〇一二年)。
(42) 井原今朝男「信濃国大井荘落合新善光寺と一遍(上)(下)」(『時衆文化』一六・一七号、二〇〇七・二〇〇八年)。
(43) 松本一夫「南北朝初期幕府軍事体制の一様態―信濃国の場合―」(『信濃』五七巻一〇号、二〇〇五年)。本書第1部のⅡ。

(44) 拙稿「南北朝期における信濃国管轄権の推移についての再検討」(『法政史学』七〇号、二〇〇八年)・「南北朝期信濃守護小笠原氏の権力形成過程」(『信濃』六一巻一二号、二〇〇九年)・「鎌倉府体制成立期における信濃小笠原氏について」(『信濃』六三巻一〇号、二〇一一年)。
(45) 村石正行「十四世紀内乱期の守護所と善光寺周辺」(笹本正治・土本俊和編『善光寺の中世』高志書院、二〇一〇年)。
(46) 拙稿「南北朝・室町前期信濃守護小笠原氏の人的基盤についての基礎的考察」(『法政大学大学院文学研究科紀要』六六号、二〇一一年)。
(47) 祢津宗伸「小笠原貞宗開善寺開基説成立の背景」(『中世地域社会と仏教文化』法蔵館、二〇〇九年、初出二〇〇八年)。
(48) 秋山正典「応永~永享期の関東における信濃小笠原氏の動向とその役割」(『群馬歴史民俗』二六号、二〇〇五年)。本書第2部のⅢ。
(49) 秋山敬「跡部氏の強盛と滅亡の背景」(『甲斐武田氏と国人　戦国大名成立過程の研究』高志書院、二〇〇三年、初出同年)。
(50) 拙稿「小笠原氏内訌についての一考察」(『信濃』六四巻一〇号、二〇一二年)。
(51) その他、安曇郡における小笠原氏一門二木氏の展開について論じた小穴芳実「二木氏と住吉庄二木郷の開発―二木氏系図の検討―」(『信濃』五八巻九号、二〇〇六年)、物くさ太郎のモデルを信濃小笠原氏とする浜野安則「物くさ太郎のモデル像について―帰ってきた小笠原氏―(上)(下)」(『信濃』六〇巻一〇・一一号、二〇〇八年)、新出の小笠原長秀発給文書を紹介した西川広平「山梨県立博物館所蔵「市河家文書」について」(『山梨県立博物館研究紀要』四集、二〇一〇年)などがある。
(52) 村石正行「足利義材政権と小笠原氏―小笠原同名氏族間交流と故実の相承―」(『信濃』六五巻九号、二〇一三年。本書第3部のⅡ)・「小笠原長時の書状一通―同名氏族間の交流から―」(『長野県立歴史館研究紀要』一四号、二〇〇八年)・「小笠原長時の外交活動と同名氏族間交流」(『史学』八二巻一・二号、二〇一三年。本書第3部のⅢ)。
(53) 平山優『戦史ドキュメント　川中島の戦い　上・下』(学習研究社、二〇〇二年)・『天正壬午の乱』(学研パブリッシング、二〇一一年、二〇一五年に戎光祥出版より増補改訂版)・『武田遺領をめぐる動乱と秀吉の野望―天正壬午の乱から小田原合戦まで』(戎光祥出版、二〇一一年)。

(54) その他、信濃復帰後の小笠原貞慶の動向について論じた寺島隆史「上田築城の開始をめぐる真田・徳川・上杉の動静―上杉・小笠原の麻績合戦の再考もあわせて―」（丸島和洋編『論集戦国大名と国衆13　信濃真田氏』岩田書院、二〇一四年、初出二〇〇八年）などがある。
(55) 二〇〇〇年代以降については、美濃…前掲註（36）拙稿、京都…水野哲雄「室町幕府弓馬故実家小笠原氏の展開」（『九州史学』一四二号、二〇〇五年）、阿波…若松和三郎「小笠原長経考（上）（下）」（『ふるさと阿波』一八四・一八五号、二〇〇〇年）、宝賀寿男「三好長慶の先祖―阿波三好氏の系図疑惑について―」（『旅とルーツ』八一～八三号、二〇〇一・〇二年）、遠江…本多隆成「戦国期の浅羽地域と小笠原氏」（『近世東海地域史研究』清文堂、二〇〇八年、初出二〇〇一年）などが挙げられる。また、『山梨県史　通史編』は各地に分派した小笠原氏一門を概観している。
(56) 井原今朝男「赤沢氏と使節遵行」（『新版長野県の歴史』山川出版社、一九九七年）・「室町期の代官請負契約と債務保証―山科家領信州五か荘での年貢収取の復活―」（『日本中世債務史の研究』東京大学出版会、二〇一一年、初出二〇〇一年）。
(57) 前掲註（52）村石論文および村石正行「諏訪社に残された願文」（『年報三田中世史研究』第一四号、二〇〇七年）・同「小笠原一族の展開」（『甲斐源氏　列島を駆ける武士団』山梨県立博物館、二〇一〇年）。
(58) 前掲註（52）村石論文。
(59) なお、本節および次節の叙述については、前掲註（25）秋山論文によった。
(60) 前掲註（29）秋山論文。
(61) 前掲註（41）宮澤論文。
(62) 前掲註（8）桜井論文。
(63) 前掲註（39）井原論文。
(64) 以下の叙述については、前掲註（38）拙稿を参照。
(65) 伊藤邦彦『鎌倉幕府守護の基礎的研究【国別考証編】』（岩田書院、二〇一〇年）。
(66) 前掲註（37）鈴木論文。

(67) 前掲註(38)拙稿。

(68) 前掲註(26)熊谷論文。なお、鎌倉末期における宗長・貞宗父子の動向については、前掲註(36)拙稿および前掲註(37)鈴木論文を参照。

(69) 藤崎氏…前掲註(38)拙稿、伴野氏…前掲註(26)木内「北条氏被官伴野出羽三郎と伴野長房」、大井氏…前掲註(42)井原「信濃国大井荘落合新善光寺と一遍(上)(下)」。

(70) 井川館については、前掲註(25)後藤論文を参照。

(71) 前掲註(43)松本論文。

(72) 前掲註(47)祢津論文。

(73) 前掲註(43)松本論文。ただし近年、堀川康史「南北朝期室町幕府の地域支配と有力国人層」(『史学雑誌』一二三編十号、二〇一四年)は吉良時衡正員の存在を否定している。

(74) なお、前掲註(45)村石論文は、貞和二年六月日「天竜寺領重書目録」(『信』五巻五三七~五四〇頁)に「信濃国四宮北條円明跡、田在家目録貞宗々氏等跡分別事」とあること、室町期に小笠原一門の赤沢氏が四宮荘を支配していることから、更級郡四宮荘内に小笠原貞宗・宗氏の所領が存在していたとする。しかし、「実名+跡」という表記の仕方や、小笠原貞宗がこの段階で所領を没収される理由が見あたらないことなどから、この貞宗・宗氏とは旧北条氏もしくは北条氏与党人の可能性もあるように思われる。このような理由から、ひとまず本稿では四宮荘は除外した。

(75) 前掲註(18)石井論文。

(76) なお、信濃の国衙機構については、南北朝期後半には一応、守護の権限下に吸収されていたが、応永年間を境に国衙領とともに形骸化がすすんだため、守護の支配にとって積極的な機能を有さなかったとされる(前掲註〈14〉湯本「守護小笠原氏の分国支配」)。その一方で、一門の坂西氏が国衙在庁職の深志介を掌握し、文明年間に至っても「府中深志介役」(『信』九巻五九頁)をつとめていることは、小笠原氏による国衙機能掌握の成果を示しているとも言われる(前掲註〈25〉後藤論文)。いずれにせよ、小笠原氏と信濃国衙機構との関係については不明な部分が多く、今後の課題である。

(77) ただし、実態としては、北信の在地国人による春近領に対する実力支配や、在地国人層と小笠原氏による春近領支配をめぐる対立が展開していたとみられており、幕府の宛行状に記載された権限と在地の実態とは分けて考える必要がある。
(78) この点については、前掲註〈44〉拙稿「鎌倉府体制成立期における信濃小笠原氏について」を参照。
(79) 当該時期の信濃の管轄権移動について、かつてはこの背景に幕府・鎌倉府との間の対立関係を想定するのが通説的であった（前掲註〈20〉藤枝・田辺論文）。それに対して筆者は、当該時期に両府の対立を想定することは難しく、管轄権移動の理由は南朝勢力への対応策であったと指摘した（前掲註〈44〉拙稿「南北朝期における信濃国管轄権の推移についての再検討」）。
(80) 前掲註（25）後藤論文。
(81) 前掲註（45）村石論文。
(82) 以下の叙述については、前掲註（46）拙稿を参照。また、個々の氏族については、前掲註（4）小山著書に詳しい。
(83) 井原今朝男「高井地方の中世史（四）室町将軍足利義政と井上・須田・高梨氏の一門評定」（『須高』七〇号、二〇一〇年）。
(84) 井原今朝男「中世春近領について」（『伊那市歴史シンポジウム　信濃の牧・春近領・宿場』伊那市教育委員会、一九九九年）。
(85) 前掲註（16）藤枝論文・註（17）高村論文など。
(86) 前掲註（48）秋山論文。
(87) 前掲註（14）湯本「守護小笠原氏の分国支配」。
(88) 以下については、前掲註（50）拙稿を参照。
(89) 前掲註（49）秋山論文。
(90) なお、松尾・鈴岡両城については、さしあたり以下の文献を参照のこと。松尾城…市村咸人「松尾城址」（『史蹟名勝天然記念物調査報告』第一輯、一九二三年）・同「松尾城址（補遺）」（『史蹟名勝天然記念物調査報告』第五輯、一九二六年）・大沢和夫「松尾城址」（『伊那』四五一号、一九六五年）・同「松尾城はいつできたか」（『伊那』六六四号、一九八三年）・石川正臣「松尾城址」（『伊那』七六二号、一九九一年）、前掲註（15）佐脇論文、鈴岡城…市村咸人「鈴岡城址」（『史蹟名勝天然記念物調査報告』第一輯、一九三〇年）・北澤小太郎「鈴岡城の歴史」（『伊那』七六二号、一九九一年）・『鈴岡城址』（飯田市教育委員会、二〇〇九年）など。
(91) 井川から林城への移転については、前掲註（35）中川「林城―信濃守護小笠原氏の居城―」を参照。
(92) 従来、文明五年とされてきたが、『東京大学史料編纂所影印叢書四　小笠原文書』によって、文明十年とした。
(93) 前掲註（14）湯本論文。
(94) 矢田俊文「戦国期の信濃・越後・甲斐」（『武田氏研究』三四号、二〇〇六年）。
(95) 諏訪上下社の対立および上社惣領家と大祝家との対立と小笠原氏との関係については、『諏訪市史　上巻　原始・古代・中世』諏訪市、一九九五年）に詳しい。
(96) 前掲註（56）井原「室町期の代官請負契約と債務保証」。
(97) 鈴岡家滅亡の時期については、前掲註（33）後藤論文を参照。
(98) 当該時期の中央政界の動向と信濃小笠原氏との関係については、家永遵嗣『室町幕府将軍権力の研究』（東京大学日本史学研究室、一九九三年）を参照。また、細川政元被官赤沢朝経の活動については、前掲註（23）鶴崎論文・森田論文および家永遵嗣「甲斐・信濃における「戦国」状況の起点―秋山敬氏の業績に学ぶ―」（『武田氏研究』四八号、二〇一三年）を参照。
(99) 前掲註（11）秋本論文。
(100) このとき、伊勢宗瑞が仲介となった小笠原定基家臣の関春光と同族であることを強調して交渉を円滑に進めようとしている点については、下山治久「伊勢宗瑞と関右馬允春光」（黒田基樹編著『中世関東武士の研究　第一〇巻　伊勢宗瑞』戎光祥出版、二〇一三年、初出一九九三年）などを参照。また、和氣俊行は、永正年間に松尾小笠原氏に対する伊勢宗瑞の使者をつとめた伊奈泰盛の出自を京都小笠原氏と推測し、宗瑞が信濃小笠原氏と京都小笠原氏との同族関係を利用して松尾小笠原氏との交渉を進めたと指摘する（「伊勢宗瑞家臣伊奈弾正忠泰盛の出自に関する一考察」（『中世関東武士の研究　第一〇巻　伊勢宗瑞』、初出二〇〇〇年）。
(101) 前掲註（52）村石「足利義材政権と小笠原氏」。
(102) 前掲註（25）笹本論文。
(103) 前掲註（35）中川論文・中川治雄「第三章　第二節　第一項　小笠原氏の支配」（『長野県史　通史編　第三巻中世二』）。

(104)　前掲註（10）中川論文、註（32）粟野論文、註（53）平山著書、註（52）村石「小笠原長時の書状一通」・「小笠原長時の外交活動と同名氏族間交流」。

(105)　二〇一三年より井川城跡の発掘調査が開始されており、小笠原氏による井川築城の時期が考古学的見地から提示されることが期待される。

第1部

鎌倉・南北朝期の小笠原氏

Ⅰ

小笠原遠光・長清一門による将軍家菩提供養

井原今朝男

はじめに

本稿の課題は、信濃守小笠原遠光の娘大弐局と猶子長清に焦点をあて、彼らによる実朝養育や頼朝・実朝菩提供養と造仏事業について解明することである。これまで小笠原氏については、残存史料から甲斐源氏加賀美氏と小笠原荘との関係(1)、信濃国伴野荘・大井荘地頭に転進した小笠原伴野・大井両氏の解明(2)、勝山小笠原文書をもちいた信濃守護小笠原氏の守護領国制(3)、住吉荘と小笠原氏の関係(4)、阿波小笠原一宮氏の研究(5)、戦国期の石見小笠原氏と毛利領国制との関係(6)などについて解明されている。鎌倉時代の小笠原氏については、一門逸見氏が和田氏の乱で処罰され、小笠原伴野氏が霜月騒動で処断されたため、関係史料はきわめて少数で全国に分散しており、未解明なままになっている。しかし、安達氏や二階堂氏を奉行として行われた将軍家の家政事業に小笠原氏が関与した事跡については、意外と関係史料が散在し、北条時村・時仲の被官となった小笠原氏についても解明が可能である。そこで、本稿では前者の問題、小笠原遠光の娘二人による頼家・実朝養育と安達盛長との関係について検討する。つぎに、新出史料である称名寺光明院所蔵大威徳明王造像銘から実朝による頼朝菩提事業として大弐殿の造仏活動、それと一連の小笠原長清による御願寺造営との関係について検討する。最後に小笠原大弐尼と安達氏による実朝菩提のための高野山御塔造営事業について検討し、源氏三代将軍の養育・菩提供養と小笠原・安達両氏の関与という隠された歴史に光をあててみたい。

一、小笠原遠光息女ふたりによる頼家・実朝の「介惜」

（一）小笠原遠光の二人の息女

まず、『吾妻鏡』文治四年（一一八八）七月四日条に「信濃守遠光鍾愛息女郎、初二参営中一、可レ為二若公御介惜一之由、被二定仰一云々」とあり、十日に万寿公（頼家）の着甲之儀が行われている。ここから、小笠原遠光の息女が幕府に出仕し「若公」＝頼家の「介惜」＝世話係になったことが判明する。万寿公（頼家）の誕生は、寿永元年（一一八二）八月十二、十三日条にあり、河越重頼妻＝比企尼女が乳付になっている[7]。万寿公七歳での着甲始では、遠光の孫である小笠原弥太郎長経も千葉五郎・比企弥四郎とともに御馬左右に候している。小笠原長経は長清の長子で、頼家が二代将軍になってからはその近臣となっている。正治元年（一一九九）に小笠原長経・比企三郎・和田朝盛・中野能成・細野四郎の「已上五人之外、不レ可レ参二当所一之由被レ定云々」（同年七月廿六日条）とあり、頼家側近の筆頭として専横をきわめ、比企の乱では「召禁」の罪になっている（建仁三年九月四日条）。したがって、七歳の頼家の教育・世話係には遠光息女と孫長経が従事したものとみてまちがいない。

さらに注目すべきは文治四年九月一日条である。「信濃守遠光息女、為二宮仕一始謁二申一品一、其名可レ為二大弐局一之由被レ仰云々、信州所レ献二盃酒一也」とある。小笠原遠光には、七月に頼家の世話係の女房になった娘とは別にもうひとりの娘がおり、九月にはこの女を宮仕に出し、頼朝から大貳局の号を賜ったことがわかる。建久三年（一一九二）八月九日条には政子が実朝を名越御館＝浜御所で出産したとき、「次阿野上総妻室阿波局、為二御乳付一参上、女房大貳局、上野局、下総局等可レ為二御介惜一也」とある。小笠原遠光息女大貳局は千万君（実朝）が誕生すると、その養育係として乳付の阿波局とともに浜御所に参上した。大貳局も実朝の「介惜」＝教育・世話係になっていた。実朝誕生の鳴弦役が平山季重・上野九郎光範、引目役が和田義盛であり、若君二夜事が平賀義信・三浦義澄、三夜事が小笠原遠光・安達盛長、四夜事が千葉常胤、五夜事が下河辺行平の沙汰である（『吾妻鏡』）。いずれも関東武士中心であり、千万君の二夜事を小笠原遠光と安達盛長が勤めていることは、実朝養育を通じて両家の緊密な関係が存在していたことになる。

　こうしてみると、小笠原遠光は二人の娘と孫を頼家と実朝という将軍家子息の「介惜」＝教育・世話係に入れていたことが判明する。頼朝は子息の教育・世話係を甲斐源氏小笠原氏と流人時代からの被官安達盛長に託していたことがわかる。もとより、頼家・実朝の養育係には、乳付・介惜らの局や乳母父・乳母兄などが付けられ、頼家の乳母夫は平賀義信乳母兄比企能員（『吾妻鏡』文治四年七月十日条）で奉行梶原景時（『愚管抄』）であった[8]。小笠原・安達両氏も、そうした関係者の中での一員であった。

　安達盛長と実朝養育との関係は、『吾妻鏡』建久三年（一一九二）十一月五日条に「新誕生若君公御行始也、入二御藤九郎盛長甘縄家一、被レ用二御輿一、女房大貳局、阿波局等奉二扶持一之」とある。実朝の御行始が安達盛長の甘縄邸でおこなわれ、大貳局と阿波局が実朝を扶持した。この日、盛長が御劔を献上し、女房二人は各小袖一領をたまわった。乳付の阿波局よりも大貳局が筆頭になっており、安達盛長と大貳局が、実朝養育の実質的担当者であったことが確認できる。同年十二月五日条には、頼朝は千万君を「鍾愛殊甚」しく、平賀義信・小笠原遠光・大内惟義・伊豆守義範・足利義兼・千葉常胤・小山朝政・下河辺行平・小山朝光・三浦義澄・佐原義連・和田義盛等を浜御所にあつめて実朝の将来を守護するよう頼み盃酒を給ったという。「女房大貳局近衛局取レ杓持レ盃云々」とあり、この場にも大貳局が近衛局とともに参じて有力御家人とともに盃をもらっていた(9)。

(二)実朝将軍職就任と小笠原大貳局・安達景盛

二代将軍頼家時代になると、正治元年(一一九九)七月、頼家が安達景盛の妾女を奪い近臣小笠原長経宅に軟禁・寵愛した。頼家が近習小笠原長経・比企三郎・和田朝盛・中野能成・細野四郎の五人以外の御所出入りを禁止したのはこのときである。近臣衆による安達景盛襲撃計画は、政子の仲介で景盛が起請文を提出してひとまず収まった。この時期、梶原景時・比企能員らが相次いで討たれ、安達氏一門も危機的状況に置かれており、それを救済したのは政子による特別保護であったこともよく知られている。小笠原氏も、長経の失脚で、父長清は惣領として一門の御家人役をつとめるために甲斐から鎌倉に出仕する生活であったと思われる。小笠原氏が勢力を回復するのは、承久の乱後に阿波国守護職を獲得した後であることは通説の通りである。小笠原氏の閉塞期に大貳局が活動していた。

建仁三年(一二〇三)九月七日に頼家が落飾し、十日に弟千万君(実朝)が将軍に立てられた。千万君は尼御台所(政子)から北条時政亭に輿で移動し、乳付女房阿波局が同輿した。十五日に阿波局が政子に参じて牧御方に害心のあることを伝達した。阿波局は、時政女で阿野全成の妻であったが、実朝の「御乳付」として政局に深く関与していた。女房衆が、実朝保護のために重要な役割を果たしていたことがわかる。

同年九月十五日実朝が関東長者・将軍に宣下されると、大貳局は引き続いて実朝の下に出仕していた。『吾妻鏡』建保元年（一二一三）五月七日条には、和田合戦の勲功賞が記されている。その中に、女房因幡局が相模国渋谷荘、大貳局が陸奥国由利郡という所領を賜っている。「又由利中大八郎遂被レ召二放所領一云々」とあるから、和田方の由利氏の所領が召し放され、大貳局に給付された。『吾妻鏡』ではこれが大貳局の最後の記事である。このとき、小笠原一門では逸見五郎・同次郎・同太郎が和田合戦で討たれており（『吾妻鏡』同五月六日条）、のちに本貫地の甲斐を離れ、文永八年（一二七一）に逸見六郎が出雲国熊谷郷に地頭職を有している（千家文書『鎌倉遺文』一〇九二二）。

将軍実朝の下では、安達景盛も重用されている。建保六年（一二一八）三月実朝の左近大将補任に際して、同時に景盛は出羽守に任じられ、実朝の御前で聞書を賜っている（『吾妻鏡』同年三月十六日条）。仲恭天皇皇子誕生では、実朝の使節として同年十月廿七日上洛して御賀を述べ、十一月廿五日鎌倉に帰参した。景盛は実朝の厚い恩顧を蒙っていた。

父盛長や小笠原遠光息女大貳局が実朝養育に関与していたことからすれば、こうした処遇は当然といえよう。

二、実朝将軍期における小笠原一門の頼朝菩提供養

（一）金沢称名寺大威徳明王像胎内銘の出現

二〇〇七年春、大貳局に関する新出史料が公開された。金沢称名寺光明院所蔵の大威徳明王坐像は高さ二一・一センチで、その胎内納入文書に「建保亖年（一二一六）丙子十一月廿三日源氏大貳殿、大日愛染王大威徳三躰内、大

威徳也、巧造肥中法印運慶也」とあることがあきらかになった[10]。蓮実舎利容器に仏舎利が納入されていた。表紙ウハ書部分と裏側すべてに銀泥がひかれて帯封がある。雁皮紙をもちい、巻首に大威徳明王の種字がかかれ、大日如来の真言と大威徳明王の種字百字と千手陀羅尼がすべて梵字で書かれ、巻末・奥書部分に上記の銘文だけがある。行書風の筆勢の早い撥ねから、連綿風の筆遣いに特長がある。年号の「丙戌」の干支をあとから「子」に書きかえている。建保四年を「二二年」と表記したので二年の干支を書き、四年の干支「丙子」であることに気付いて、あとから訂正したものといえよう。運慶の「運」の字も、クサカンムリかと疑ったが、筆順をよくみると原本はワカンムリになっている。

種字・陀羅尼が梵字で書かれ巻末に年月日と奥書がある胎内文書の類例は、滋賀県野州町宗泉寺阿弥陀如来坐像胎内品と京都峰定寺蔵釈迦如来立像胎内物にある。前者はすべて梵字で書かれた真言に続く巻末に「南無東方十二大願薬師瑠璃光如来　元亨元季辛酉四月十一日僧了雲　三十五歳」とあり、後者には「正治元年六月十日行守」とある[11]。時代的にも整合している。本史料は、大威徳明王像の造立に関係した僧侶が、発願主や仏師についての伝聞所見を記録したものとみてまちがいない。肥中法印も備中法印の誤字と判断され、源氏大貳殿の動詞がない文体も、伝聞所見とみれば納得できよう。これまで現存する運慶の作品としては高さ三二・一センチの光得寺大日如来像が最小の作品とされてきた[12]。したがって、この大威徳明王像が運慶作の現存最小仏像ということになる。

いいかえれば、源氏大貳殿の発願で、大日如来・愛染明王・大威徳明王の三躰を造立した内の大威徳明王であり、仏師は運慶であったことを示している。女房大貳局が、甲斐源氏小笠原遠光息女であるから源氏大貳殿と呼称されて当然である。こうした事例は『吾妻鏡』に中納言親能姫大宮局（寛元二・四・廿一条）を「大宮殿と号す」（延応元・

十一・廿条）とし、別当局（建長四・七・八条）も「別当殿」（康元元・八・廿三条）と呼んでいることからもあきらかである。

ではなぜ、大貳局が建保四年（一二一六）十一月に大日・愛染・大威徳三躰を造立したのか、その目的はなにか、その歴史的背景を探り出さなければならない。

（二）小笠原長清による頼朝菩提の御願寺造営準備

ここで注目すべきは、建保四年という年における小笠原氏一門の動静である。『吾妻鏡』同年十二月二十五日条につぎのようにみえる。

小笠原次郎長清[13]申云、甲斐国領所有二堂舎一、帰敬已年尚、是為レ資二故大将家御菩提一、殊加二修理等一、向後為二御願寺一、可レ被レ寄二付一村一之由云々、有二其沙汰一、於二御願寺事一者、不レ可レ有二子細一、一村御寄附者、追レ可有二左右一之旨被二仰出一、仲業奉二行之一、

小笠原長清は甲斐の所領にある堂舎を修理し故大将家＝頼朝菩提のため将軍家の御願寺として、寺領のために一村を寄進してほしいと実朝に申請した。幕府の沙汰があって、実朝は将軍家の御願寺にすることに同意を与え、所領一村の寄進については後日判断することにした。この件の奉行人は中原民部大夫仲業であった。

小笠原遠光娘大貳局が建保四年十一月に大日・愛染・大威徳の三躰造仏に関与し、その一ヶ月後に、小笠原遠光子息長清が頼朝菩提の御願寺修造申請を出し実朝の許可をえている。大貳局の造仏事業は小笠原一門による頼朝菩提の御願寺修造許可と無関係であったとは考えられない。では、なにゆえ小笠原長清は、一門をあげて頼朝菩提の御願寺

修造を実施しようとしたのであろうか。まず、頼朝と長清の主従関係を再検討しよう。

(三) 小笠原父子関係の再検討

『尊卑分脈』や系図類は遠光の子息が長清であるとする。『吾妻鏡』は遠光について、文治元年八月廿九日条に信濃守に任じたことを伝え、文治三年八月十五日条、文治四年三月十五日条、文治五年五月十九日条など鶴岡宮での公式行事や奥州征伐(同・七・一九条)、永福寺供養への参列などを記録するのみである。他方、小笠原次郎長清については、頼朝の寵臣・随兵として多くの記述がある。注目すべき第一は、文治元年正月六日条に、三河守範頼に宛てた「頼朝書状」が記載され、追而書につぎのようにみえる。

甲斐の殿原の中には、いさわ殿かゝみ殿、ことにいとをしくし申させ給へく候、かゝみ太郎殿は、二郎殿の兄にて御座候へ共、平家に付又木曽に付て心ふせんにつかひたりし人にて候へは、所知なと奉へきには及はぬ人にて候なり、たゝ二郎殿をいとをしくして、是をはくゝみて候へきなり

この書状は、西国での平家追討戦で船や兵糧米が不足する範頼軍に「甲斐の殿原」を増員派遣し、具体的な配慮を軍事指揮者範頼に依頼したもので、個々の御家人に対する頼朝の細やかな心遣いがわかって興味深い(14)。私がここで注目する第一は、加賀美太郎遠光は加賀美二郎長清の「兄」であること、遠光は平家に属したあと木曽義仲にも属して二心あるものだから所領安堵などは不要だとし、二郎長清には目をかけて育成してほしいという頼朝の指示である。ここから遠光と長清は兄弟であったことが判明する。系図類のいう父子関係は、遠光から長清への物領職相続に際して遠光の猶子とする手続きがあったものと考えなければならない。

第二に注目すべきは、頼朝と長清の主従関係に「いとおし」という特別な私的感情がみられたことである。『吾妻鏡』には長清と頼朝との私的関係を物語る言説が、黄瀬川合戦（治承四・十・十九条）、橘公長の御家人認定（治承四・十二・十九条）、河村秀清加冠（文治五・八・十二条）、弓馬堪能輩（建久四・三・廿一条、同・五・八条、建久五・十・九条）などの場面にみえる。加賀美長清と秋山光朝兄弟が平知盛に属して在京中に、長清が高橋盛綱の書状を介して逸早く「身暇」を知盛に申請・許可をえて甲斐に下向したことや、知盛家人の橘公長・公忠・公成父子が長清の仲介によって頼朝から御家人と認められたとする。長清が平家家人の御家人化に大きな役割を果たし、頼朝から「いとおしく」育成されていたことが強調されている。『吾妻鏡』のもとになった「頼朝将軍記」に言説化されていたものと考えられる。

養和元年（一一八一）二月一日条によると、長清は上総権介広常の女を妻にし、足利義兼も北条時政女を室にした。この婚儀は「依二別仰一、今及二此儀一」とあり、頼朝の計らいによるものであった。建久五年（一一九四）六月廿八日条では、頼朝が東大寺造営の材木調達と造像事業を御家人役として賦課したとき、観音＝宇都宮朝綱、虚空蔵＝中原親能、増長＝畠山重忠、持国天＝武田信義、廣目天＝梶原景時、多聞天＝小笠原長清という担当になっている。頼朝の東大寺供養・天王寺参詣に長清も供奉していることはいうまでもない。しかも、『明月記』嘉禎元年（一二三五）六月廿一日条には「今夜所縁入道次女本小笠原妻離別、其身雖二固辞一、父強勧令レ嫁二千葉八郎一」とある。宇都宮朝綱の次女と小笠原長清の子息とが婚姻関係にあり、離別したあと朝綱次女は千葉八郎胤時と再婚したことがわかる。[15]

こうしてみれば、小笠原長清と頼朝との主従関係は特別緊密であり、彼や大弐局が頼朝菩提のために御願寺建立の申請をする個人的歴史的背景がよく理解できよう。残された問題は、小笠原一門が御願寺建立の申請をなぜ建保四年の時点に実朝に対しておこなったのか、という時期の解明である。

（四）建保年間の実朝をめぐる政治動向

建保二年から四年という時期の実朝の動向を『吾妻鏡』からみると、第一の特徴は、地震・天変地異の記事が増加し、将軍家への善政要求が高まった時期に相当する。建保二年四、九、十月に地震、五月に旱魃、十月甚雨の記事があり、翌三年には八、九、十二月と連日地震・天変地異の記事が連続する。幕府は、栄西による大慈寺での舎利会、三萬六千神祭、南庭での天変御祈、法印忠快による相模川での六字河臨法など護国祈祷法会を実施した。建保二年五月の諸国炎旱では、栄西の祈雨祈祷と法華経転読のほかに、五月十三日に関東御領乃貢三分二を免除する徳政を実施した。天皇・将軍家への善政沙汰が要求され、建保三年十二月十六日には「将軍家可レ有二御謹慎一之変也」との勘文が出され、政所・侍所別当の義時以下が「被レ興二善政一可レ被レ廻二佳運長久術一之由申二沙-汰之一」とある。国政の為政者として実朝の苦悩が蓄積されていた状況が窺える。

第二の特徴は、諸人愁訴の聴断、庭中沙汰など幕府裁判の迅速化による徳政の強化を図り、実朝の将軍権力伸長と北条氏との摩擦が指摘できる。建保四年四月九日に実朝は常御所で諸人愁訴聴断を実施した。十月五日には実朝が「諸人庭中言上事」を処理し、十二月一日には、諸人愁訴の未処理件数を改善するため、年内処理を奉行人に命じた。実朝は裁判迅速化に積極的であったことがわかる。幕政からの疎外が実朝の和歌や官位への熱意を生んだという通説には疑問が残る。五味文彦氏の研究によると、幕府の訴訟制度は実朝時代に政所沙汰が充実し将軍権力の拡大がすすみ、これに反対する北条・三浦氏の共同歩調の延長線上に実朝暗殺事件があると指摘している。(16) 建保四年八月に、実朝が権中納言・左近中将兼任の除書を受けたとき、北条義時と大江広元が実朝の昇進事を諌めるという著名な事件が起きている。実朝の政所沙汰による将軍専制と政所別当北条義時らによる合議制との対立が激化しはじめた時代といえる。

第三の特徴は、政治的緊張関係が高まるにつれて、実朝の不例が重なるようになり、実朝の持仏堂供養や頼朝菩提法会への参加が増加している。建保二年二月四日実朝の病悩は、前日の安達景盛の盃酒が原因であったが、建保三年になると、女房輿での密々儀による寺社参詣がふえる。八月不例や夢想による仏事、実朝持仏堂での七仏薬師像造立供養がはじまる。実朝の帰依していた僧栄西・公胤らが死去し、代わって律師行勇・忠快らが登用される。実朝の精神的不安定化の延長線上に陳和卿による唐船造営事件が起きる。あわせて実朝による頼朝菩提供養が頻繁になる。

『吾妻鏡』によれば、実朝が幕政を親裁するようになった翌年の元久元年（一二〇四）五月十九日、御家人らに頼朝発給文書を提出させ、筆写を大江広元に命じている。実朝は、建暦二年（一二一二）四月十八日「為レ被レ報二君恩父徳一」に大倉郷に将軍家御願として大慈寺を造営し、橘三蔵人を奉行に任じた。十一月十三日条には「将軍家令レ参二法華堂一給、供僧等参入」と頼朝の月命日に法花堂での法会に参加した。建保二年（一二一四）七月廿七日に大倉大慈寺が完成し、頼朝報恩のための大倉新御堂供養を実施した。実朝の法花堂参詣は、建保三年には三月十三日の一度であったが、建保四年には五月十三日、十一月十三日、十二月十三日と回数が増加し、「将軍家御二参法華堂一、有二恒例御仏事一、尼御台所同御参」とある。実朝は頼朝月命日の十三日法会を「恒例御仏事」とした。こうしてみれば、実朝は自分の持仏堂整備と頼朝菩提供養を一連の仏事として計画・推進していたといえる。建保四年十二月には頼朝遺書をみて「述懐に及」び、小笠原長清の頼朝菩提供養の申請を許可したのである。

（五）実朝による持仏堂整備と頼朝菩提供養

こうした状況証拠からみれば、大貳局による造仏と小笠原長清の御願寺修造事業は、実朝自身による持仏堂整備と頼朝菩提供養の一環であったとみることができよう。

建保四年正月十七日実朝持仏堂本尊の釈迦像は奈良仏師運慶に注文生産し、「自㆓京都㆒被㆓奉㆑渡㆒」たもので、「為㆓信濃守行光奉行㆒有㆓其沙汰㆒」（建保四・一・十七条）とある。奉行人二階堂行光が手配した。持仏堂の七仏薬師像も、二月十一日に「今日有㆓事始㆒、行光、行村等為㆓奉行㆒」とあり、五月十日に七仏薬師像を安置し、十八日に持仏堂本尊開眼供養を導師律師行勇によって実施した。いずれも二階堂信濃守行光が奉行人であった。

つまり、大貳局による諸仏造像と小笠原長清による頼朝菩提の御願寺建立事業は、ともに建保四年の実朝持仏堂本尊・七仏薬師像整備の同時期に実施されている。実朝の養育に当たってきた大貳局が、実朝自身による持仏堂の造仏事業や小笠原一門による頼朝菩提の御願寺造営計画を知らなかったわけはなく、実朝の意向を汲んだものというべきであろう。

第二の注目点は、実朝持仏堂本尊の釈迦像も、大貳局造像の大威徳明王像もともに運慶への注文生産で一致している。前者は京都から運搬したものであり、運慶は京都で制作している。当然、同じ年の大貳局本願の大日如来・愛染明王・大威徳明王像の三躰も、鎌倉での制作ではありえない。運慶による造像事業は、建保六年北条義時の大倉新御堂薬師堂の薬師如来像、承久元年十二月政子御願で実朝追福のための勝長寿院五仏堂に安置した五大尊が知られている（『吾妻鏡』）。建保四年（一二一六）から承久元年（一二一九）の四年間に、運慶に注文制作を依頼したのは、実朝・大貳局・義時・政子ら鎌倉将軍家の縁者に集中していた。美術史の分野では、承久乱前の運慶は「自らは関東に下向して内乱に備え」造仏活動を行っていたという推測が主張されている。[17] しかし、建保四年の造仏が注文生産で仏像を京都より運搬している以上、運慶東国下向説は支持できない。

以上から、大貳局による大日・愛染・大威徳三躰造立は、小笠原長清による頼朝菩提のための御願寺造営事業の一環であり、実朝による持仏堂整備および頼朝菩提供養と一連の事業であった。大貳局の造仏は、実朝の意志を汲んだ頼朝菩提の御願寺修造のためであったといえよう。

三、摂家将軍期の小笠原大貳尼・安達景盛による高野山御塔の造営事業

小笠原大貳局は、さらに実朝死後その菩提供養に従事している。先に私は『一遍聖絵』にみえる大井太郎や佐久における踊り念仏の場面について、弘安二、三年の同時代史料や未検討史料により史料批判を行い、小笠原大貳尼や小笠原大井朝光らが実朝菩提供養のために金剛三昧院御塔を造営し、安達景盛・義景父子が造営奉行を勤めたことを指摘し、一遍と安達・小笠原氏との密接な関係を推定した。[18] そこで、本稿では詳細は省き、小笠原大貳尼が実朝菩提供養という「私宿願」によって金剛三昧院御塔の造営事業を行った事に限定して、概要を整理しておきたい。

（一）金剛三昧院建立をめぐる二つの古文書

弘安四年（一二八一）三月廿一日「金剛三昧院草創留書」には、「当院本願大蓮上人、申二関東二位家一、早建二当

伽藍一、専致二関東武将之祈祷一、始置不レ退レ勤、奉レ訪二三代将軍之菩提一、是則二位家雖レ為二先亡出離之資糧一、兼擬二自身得脱之勝因一、草創志趣大旨如レ此矣」とある。[19] この文書を史料的根拠として、幕府が金剛三昧院長老職の補任権をもち、鎌倉御家人の所領寄進を受けたという今日の通説ができあがっている。[20] 最新の金剛三昧院に関する研究を公表した原田正俊氏も「当院の創建にあたっては、北条政子を大檀越とし、安達景盛が奉行としてかかわり源家三代の菩提所とした」という通説に依拠している。[21]

ところが、金剛三昧院文書のうちには、これに反するつぎのような古文書がある。

A　大井朝光書状案[22]

所二蒙レ仰候一御塔之間事、先度御返事令レ申二子細一候了、先彼御塔罷成御奉行候之条、殊以本望候、然者以二伊賀国虎武保一、可レ寄二進彼御塔一之由、令レ申候了、而都鄙相隔候之間、若未レ被二聞食一候歟、仍書二進寄進之状一候、以二此所領一、可レ然之様、御計候者、可レ為二本意一候、委細期二後信一候、恐々謹言、

宝治二　四月六日　　源朝光在判

謹上　城入道殿

B　大井朝光寄進状案[23]

寄進

伊賀国虎武保地頭職事、

右件所領者、承久勲功之賞宛給之地也、然而奉為故右大臣殿御教養、大貳尼依二私宿願一、建二立高野山御塔一

基一、而間、為二彼御塔仏性燈油一、於二虎武保地頭職一者、限二永代一、所下令二寄進一候上也、向後更不レ可レ有二他妨一之状如レ件、

宝治二年四月六日

源朝光在判

（付箋）「朝光　大井太郎ト云、信濃国大井知行、清和源氏也　武家評林一ノ卌一」

A文書によれば、宝治二年（一二四八）四月当時、金剛三昧院の「御塔」造営の奉行人に城入道＝安達景盛が幕府によって任じられ、「御塔」のために大井朝光の所領伊賀国虎武保が寄進されたことがわかる。B文書には、「故右大臣殿御教養」＝実朝菩提供養のため「大貳尼、私宿願に依り、高野山御塔一基を建立」とあり、ここから、金剛三昧院「御塔」が三代将軍実朝の供養塔で、「大貳尼」の「私宿願」により建立されたことがわかる。通説である二位家政子についてはまったく言及されない。

この「源朝光」は、小笠原遠光の子息長清の四男にあたる（『尊卑分脈』）。「大貳尼」は、すでにみた「信濃守小笠原遠光息女」で、頼朝から「大貳局」の名号を受け実朝の養育にあった人物であることが明白である。大貳尼（局）と朝光は、甥と叔母の関係にあり、同じ小笠原一門として実朝菩提のため高野山御塔造営に参加していたことになる。「御塔」は、「金剛三昧院草創留書」に「賀州虎武保（南塔　所領）」とあるものと一致するから、「南塔」とも呼ばれていた。御塔については、摂関家の事例がわかりやすい。久寿二年（一一五五）九月十六日関白忠通妻宗子が東山法性寺殿で土葬され、「御塔仏壇面」の板穴蓋を取りそこに棺を埋葬し大石を蓋し白砂白土と漆喰で固め、臨終念仏本尊であった阿弥陀立像をたてて「御塔」にした[24]。摂政基実の事例では、仁安元年（一一六六）七月廿六日に死去し、

北山西林寺に「御塔」がつくられた。御塔には「預」や「承仕」という専門職員が配置され、一周忌には新造の丈六堂が建設され、墓所から遺骨を取り出し御塔に安置し、翌日に木幡の浄妙寺に分骨し「五輪石塔」を立てている(『兵範記』同日条)。これが文献での五輪塔の初見史料といわれる。[25] このように、御塔は遺体や遺骨を安置する場の供養塔で、阿弥陀立像や五輪塔などを立てたものをいい、その維持管理のために預・承仕ら専門職員が置かれたことがわかる。実朝も将軍であったから、摂関家の事例に准じたものとみてまちがいない。したがって、御塔には維持費を捻出するための御塔領が必要であり、そのために小笠原大井朝光の所領伊賀虎武保が寄進されたのである。

以上の検討から、金剛三昧院文書として伝わる文書群のうちから、ふたつの相異なる矛盾した歴史像が復原されうるのである。

(二)古文書の史料批判

そこで、古文書の「金剛三昧院草創留書」を見直せば、文書様式は「条々」として「一勧学院可レ為二当院管領一子細事」「一勧修院同可レ為二当院沙汰一子細事」「当院庄園永不レ可レ有二牢籠一子細事」「一以二首座一必可レ補二長老職一子細事」「一三院住侶可レ令二存知一子細事」「一可レ停二止三院并庄内狼藉一子細事」という六箇条が記され、つづいて「以前条々記録如レ斯、抑仏法者必依二人法一而施レ験、人法者又依二仏法一而保レ運、然則、天長地久之秘栄者敬仏帰法之善政也、諸堂薫習之法灯者遥待二三会之暁一、衆僧鑚仰之学行者、遠護二萬代之運一、仍勒二子細一之状如レ件」と寺家の申文部分がある。弘安四年(一二八一)三月廿一日の年月日の奥に「金剛三昧院事、寺家任二申請一向後不レ可レ有二相違一、者依二鎌倉殿仰一下知如レ件、相模守平朝臣在判」と外題安堵がある。北条時宗が奉じた将軍惟康親王の下知状文言が記載された複合文書である。つまり、金剛三昧院申文の「条々」が執権時宗を介した幕府の認可を受けた形式になっている。その内容は勧学院・勧修院に対する金剛三昧院の管領権を公認し、「当院住侶以外」のものは「首座たるべからず」と金剛三昧院の優越性を規定し、三院検断について「院家沙汰」への服従を求め、その敵対者には「速可ㇾ注二交名於武家一」と定めた寺院統制法である。金剛三昧院を「関東武将之祈祷」「将軍数代祈祷之地」として表象することを通じて、執権北条時宗・惟康将軍という幕府の裁可をえることで、金剛三昧院長老職による院家内部の専制支配を安定化させようとする寺院の僧侶集団の秩序維持を定めた寺院法といえる。

これに対して、史料Ａ・Ｂは、それよりも約三十年前の宝治二年（一二四八）金剛三昧院の御塔建設途上にあって荘園寄進を行う事務手続文書そのものであり、そこに記された言説は、各関係者の立場に応じた自己認識を表明したものにほかならない。

両者を対比すれば、寺院法の言説は、当事者のものより三十三年後、当事者世代が死去したあと、その事跡を権威づけようとするものである。彼らの中には、三十年前の一連の古文書群が意味する歴史的内容を正確に理解できる関係者はいなくなっていた。弘安四年の寺家申請書は、院家に都合のよいように歴史の言説化＝物語化をはじめていたのである。執権北条時宗は、この寺家申請に署判をすえることで、寺家が創り上げた歴史物語を権威づけ、結果的に歴史の偽作に加担することになったといえよう。

（三）古文書以外の諸資料による再検討

これら以外の関連史料としては、第一に文永九年（一二七二）十二月日源実朝室置文案[26]が残っている。実朝室の坊門信清女が「大臣殿の御ため、又我身のため」「ぼだいをとふらハんために寺に」した遍照光院（大通寺）に残した置文である。「さいミやうしの入道ニ申て候しかハ」と、幕府の承認をえていたことや「こ大蓮房ハ大臣殿ニ御心さしふかくて、ほたいをもとふらひまいらせ候し」とある。ここでも二位尼政子への言及がなく、故大蓮房覚智＝安達景盛が大臣殿＝実朝の菩提のために尽力したことを伝えている。

第二に注目すべきは、原田正俊氏が紹介した「高野山文書」未収の史料としてつぎの経蔵棟札写（近世写本）である。(27)

奉為　鎌倉右大将家、小笠原大貳禅尼建二立之一、（表）

以後四十二廻送年序修二理之一、（裏）

原田氏はこの小笠原大貳禅尼を「安達泰盛母ヵ」とするが、あきらかな誤りである。この小笠原大貳禅尼こそ、文書Bに明記された「私宿願」で高野山御塔一基を建立した「大貳尼」＝小笠原遠光息女大貳局その人といわなければならない。

以上から、本願が安達景盛で尼政子により関東武将之祈祷や三代将軍之菩提のために金剛三昧院が建立されたとする主張は寺家が創り出した後代の言説であり、小笠原大貳尼が実朝供養という私宿願のために御塔を建立し、御塔造営奉行に景盛が就任した事実こそが史実であったといえよう。

むすび

本稿の検討から、小笠原遠光・長清一門が頼朝の子息頼家・実朝の養育に従事し、特に実朝養育のために小笠原大貳局と安達盛長が深く関与し、実朝将軍下では長清と大貳局が実朝の意向を受けて頼朝菩提供養のための御願寺修造事業を展開したこと、実朝死後には小笠原大貳尼が「私宿願」として高野山金剛三昧院御塔を建立し、安達景盛が御塔奉行となって造営事業を行ったことをあきらかにしてきた。

小笠原・安達両家の共同関係は、実朝養育における遠光と盛長の代から始まっていたことになる。安達盛長は流人時代の頼朝の従者で、頼朝乳母比企尼の娘丹後局を妻とした[28]。小笠原一門の所領信濃佐久郡伴野荘と大井荘は、安達氏の上野国と国境を接しており、小笠原伴野時長の長女が安達義景の妻となり泰盛を産んでいる。小笠原伴野・大井両氏と秋山・鳴海氏など小笠原一門が霜月騒動に縁座したことは広く知られている[29]。このため、小笠原大井・伴野両氏については、史料が残存せず不明なことが多い。そうした中で抹消された歴史の一部を今回あきらかにしえたのは、小笠原一門の関与した事業が将軍家の家政事業に関わることであり、安達氏や二階堂行村を奉行人とした事業であったがゆえに、その史料が残存したことによる。なお甲斐における御願寺造営の実態やその条件、小笠原氏一門の所領など経済的基盤については紙幅の関係から別稿に譲らざるをえない。

註

（1）秋山敬「小笠原牧と小笠原荘」（『甲斐路』四二、一九八一年）、網野善彦「甲斐国」（『講座日本荘園史5　東北・関東・東海地方の荘園』吉川弘文館、一九九〇年）。

（2）桜井松夫「小笠原流大井・伴野両氏について」（『千曲』一二・一三・一四、一九七七年）、井原今朝男「東国荘園における佃の一形態―信濃国大井荘小田井郷の構造」（『季刊中世の東国・冬』五、一九八三年）。

（3）湯本軍一「守護小笠原氏の分国支配」（『信濃』二四―六、一九七二年）、後藤芳孝「小笠原氏の内訌をめぐって」（『松本市史研究』五、一九九五年）、中川治雄「小笠原貞慶の中興をめぐって」（『信濃』二四―五、一九七二年）、秋元太二「今川氏親の遠江計略」（『信濃』二六―一、一九七四年）、笹本正治「小笠原秀政と「弌剣平天下」印」（『信濃』三〇―九、一九七八年）。

（4）後藤芳孝「信濃国住吉荘をめぐる領家および在地の動向」（『長野県立歴史館研究紀要』五、一九九九年）、井原今朝男「室町期の代官請負契約と債務保証」（地方史研究協議会編『生活環境の歴史的変遷』雄山閣、二〇〇一年）。

（5）阿波一宮城編集委員会編『阿波一宮城史料集』一九九一年、同『阿波一宮城』（徳島市立図書館、一九九三年）、福家清司氏のご教示にあずかった。

（6）井上寛司「島根大学付属図書館架蔵石見小笠原文書について」（『山陰地域研究』二、一九八六年）、高橋一郎「奥出雲の新補地頭三沢氏上・下」（『山陰史談』一四・二〇、一九七八・八四年）。

（7）源氏将軍の養育問題に関する専論を知らないが、源氏将軍伝承で「小野系図」について入間田宣夫「鎌倉武士団における故実の伝承」（『中世武士団の自己認識』三弥井書店、一九九八年）が触れ、最近川合康「横山氏系図と源氏将軍伝承」（峰岸純夫・入間田宣夫・白根靖大編『中世武家系図の史料論』高志書院、二〇〇七年）は、小野系図の義家・頼朝誕生儀礼が史実ではないと批判する。その中で『吾妻鏡』の頼家誕生儀礼の記事と小野系図との比較を行っている。

（8）源氏三代の乳母・乳母父についての詳細は、田端泰子『乳母の力』（吉川弘文館、二〇〇五年）に詳しい。乳母夫については、永井晋氏の御教示をえた。なお、後藤みち子「武家の乳母と乳母父」（『鎌倉』八五、一九九七年）、秋山喜代子「乳夫について」（『史学雑誌』九九―七、のちに同『中世公家社会の空間と芸能』山川出版社、二〇〇三年所収）参照。

(9) 国史大系本は、近衛局を小文字にし、吉川本は大書している。吉川本に依拠する。
(10) 瀬谷貴之「称名寺光明院所蔵運慶作　大威徳明王坐像」(神奈川県立金沢文庫・展示図録『金沢文庫の仏像』、二〇〇七年)。仏師が「巧匠」「巧師」や「但馬法橋」など国名を号することについては、清水眞澄「中世仏師の肩書」(『中世彫刻史の研究』有隣堂、一九八八年)参照。なお、蓮実舎利容器は、西大寺所蔵騎獅文殊菩薩像胎内物でも尼生蓮墨書紙片・錦裂とともに出土しており(倉田文作編『像内納入品』至文堂、一九七三年)、ともに女性のものであることが注目される。
(11) 前者は滋賀県立琵琶湖文化館・特別展示図録『仏像―胎内の世界―』(一九九九年)、土井通弘氏(現就実大学教授)のご教示に預かった。京都峰定寺のものは、倉田文作編『日本の美術86　像内納入品』(前掲註(10))参照。
(12) 光得寺大日如来像が運慶の最小作品であることは、熊田由美子「運慶とその施主たち」(西村公朝・熊田由美子『運慶仏像彫刻の革命』新潮社、一九九七年)。この光得寺大日如来像が、建久八年に足利義兼が建立したとする『鑁阿寺樺崎縁起』の記述にみえることは、山本勉「新出の大日如来像と運慶」(『MUSEUM』五八九、二〇〇四年)参照。
(13) この小笠原次郎長清は、国史大系本には「景清」とあり、吉川家本には「長清」とある。『吾妻鏡』文治四年九月廿二日条には「小笠原次郎」とみえ、別名「地頭長清」とあるから、吉川家本が正しく小笠原遠光の猶子長清とみてまちがいない。
(14) 秋山敬「鎌倉御家人としての甲斐の武士」(『山梨県の歴史』山川出版社、一九九九年)は、石和信光と小笠原長清を愛すべき人物で、長清が遠光の次男と指摘している。
(15) 『明月記』の記載については、宇都宮頼綱について山本隆志「関東武士の在京活動」(『史潮』六〇、二〇〇六年)が言及している。
(16) 五味文彦「源実朝」「鎌倉前期の幕府法廷」(『吾妻鏡の方法』吉川弘文館、一九九〇年)。なお、上杉和彦『大江広元』(吉川弘文館、二〇〇五年)は、建保元年に関東御領への臨時公事賦課をめぐる実朝と広元の政策的対立を指摘し、建保四年頃まで実質的に「幕政が広元と義時の両名の主導下にあった」とし、実朝が「幕政を総覧する道はほとんど閉ざされていった」(一四五頁)とし、五味説とは反対の評価をしている。
(17) 久野健『運慶の彫刻』(平凡社、一九七四年)、熊田由美子「晩年期の運慶」(『東京芸術大学美術学部紀要』二六、一九九一年)。

(18) 井原今朝男「信濃国大井荘落合新善光寺と一遍（上・下）」（『時衆文化』一六・一七、岩田書院、二〇〇七・二〇〇八年）。
(19) 高野山金剛三昧院文書（『鎌倉遺文』一四二六九、『群馬県史』資料編三九三号）。鎌倉遺文は「関東御教書」とするが、金剛三昧院置文の奥に鎌倉幕府が署判をあたえた複合文書である。
(20) 「高野山金剛三昧院」和多秀乗執筆『国史大辞典』、『群馬県史通史編3』「安達泰盛の没落」も「景盛が北条政子の請により高野山に金剛三昧院を建立」したとする。
(21) 原田正俊「高野山金剛三昧院と鎌倉幕府」（大隅和雄編『仏法の文化史』吉川弘文館、二〇〇三年）。
(22) 高野山金剛三昧院文書（『鎌倉遺文』六九五五）。高野山文書刊行会『高野山文書』（同刊行会、一九三六年）第五巻・金剛三昧院文書九三も参照。
(23) 高野山金剛三昧院文書（『鎌倉遺文』六九五六）。前掲『高野山文書』第五巻・金剛三昧院文書九二。
(24) 『兵範記』久寿二年九月十六日条。御塔や阿末加津については、井原今朝男「僧侶と呪術（1）」（『寺門興隆』一〇〇号、興山舎、二〇〇七年）。
(25) 千々和到『板碑と石塔の祈り』（山川出版社、二〇〇七年）。
(26) 大通寺文書（『鎌倉遺文』一一一七二、群馬県史三五三号）。実朝室と遍照光院については、細川涼一「源実朝室本覚尼と遍照光院」（『中世寺院の風景』新曜社、一九九七年）参照。
(27) 原田正俊前掲註（21）論文。
(28) 安達氏発展の基礎は頼朝第一の側近とその主従関係にあり、北条氏＝将軍家外戚の立場は確固たるものでなかったとするのは、本郷和人『人物を読む日本中世史』（講談社、二〇〇六年）二四、三三頁参照。
(29) 最近のものでは、『長野県史通史編中世1』（長野県史刊行会、一九八六年）、石井進『鎌倉びとの声を聞く』（NHK出版、二〇〇〇年）、村井章介『北条時宗と蒙古襲来』（NHKブックス、二〇〇一年）、福島金治『安達泰盛と鎌倉幕府』（有隣新書、二〇〇六年）参照。

Ⅱ　南北朝初期幕府軍事体制の一様態
―信濃国の場合―

松本一夫

はじめに

観応擾乱以前の南北朝初期室町幕府の軍事制度に関し、漆原徹氏は、守護・大将に与えられた軍事指揮権は、これまで説かれてきたように画一的・対等なものではないこと、そしてその根拠として、畿内・近国においては従軍した武士を管轄するのが外様守護の場合、武士は同文二通の一括申請型軍忠状を守護と足利一門ないし被官出身大将の両名に提出して証判を受ける、いわゆる二重証判制度があったことを指摘した(1)。

これに学んで筆者も、初期鎌倉府段階の東国の軍事体制について若干の検討を行ったが、その結果、斯波家長執事在任期〔建武二年〈一三三五〉十二月～同四年十二月〕には、畿内・近国と同様な体制がとられていた可能性が高いことが判明した(2)。

そこで小稿では、東国と西国の中間に位置し、政治的にもその管轄権が幕府・鎌倉府間でめまぐるしく移動した信濃国(3)における建武政権末～南北朝初期の軍事体制の特質について考察してみたい。なお、こうした問題を考える場合には、軍忠状・着到状はもちろん、軍忠挙状や感状、軍勢催促状など多数の軍事関係文書を分析する必要があろうが、ここでは史料上の制約から「市河文書」に比較的多く残った軍忠状・着到状にほぼ全面的に依拠せざるをえないことをお断りしておく。

一、守護の沿革

まず、当該期の信濃国守護の沿革について確認しておきたい。このことに関しては、周知のように小林計一郎氏・佐藤進一氏による考証がなされているわけであるが(4)、ここで二点の史料を掲げ、若干の私見を加えることとする。

【史料1】

「御施行案」（異筆）

諏訪神左衛門尉頼貞申、信濃国四宮庄内北條地頭職事、任去六月十八日　綸旨之旨、可被沙汰付頼貞之状、依仰執達如件、

建武二年十一月九日　　武蔵権守（高師直）　在判

村上源蔵人（信貞）殿

【史料2】

諏方（訪）大進房圓忠申、信濃国諏方（訪）郡内大鹽御牧・同国四宮庄内四宮右衛門太郎入道圓明跡事、任御下文可被沙汰付圓忠之状、依仰執達如件、

暦応二年六月十一日　　武蔵守（高師直）（花押）

小笠原信濃（貞宗）守殿[5]

右の史料1及び史料2によって、建武二年十一月前後の村上信貞[6]、そして暦応二年（一三三九）六月前後の時期の小笠原貞宗[7]が、それぞれ守護に在職していた可能性が高いことが指摘できる[8]。そこで、このことを含めて当該期における信濃国守護の沿革をまとめてみると、次に示すとおりとなる[9]。

↑建武二年　七月　↓　小笠原貞宗　※
↑建武二年十一月　↓　村上信貞
↑建武三年　二月　↓　小笠原貞宗　※
↑建武五年　四月　↓　村上信貞　※
↑暦応二年　六月　↓　小笠原貞宗
↑暦応二年　八月　↓　吉良時衡の正員※（後述）
↑康永元年（一三四二）　九月—貞和三年五月　↓　小笠原貞宗　※

※は既に佐藤進一氏により考証されていた部分を示す

二、三人の大将

「市河文書」に残る軍忠状・着到状を通覧すると、当該期の信濃国において軍事指揮や軍功認定にあたっている三人の大将に注目できる。

①小笠原貞宗

周知のように、源義光の四世孫加賀美遠光の次子長清を始祖とし、甲斐国原小笠原庄を名字の地とする。遠光・長清父子は頼朝に仕えて軍功に励み、長清の六男時長が信濃国佐久郡伴野庄を、また七男朝光は同郡大井庄をそれぞれ本拠として伴野氏・大井氏を名乗った。しかし小笠原氏は親将軍派で、北条氏との関係は必ずしも良好ではなく、幕府権力の中枢からは疎外された存在であった。ただし鎌倉末期においては、小笠原宗長・貞宗父子が北条氏と主従関係にあったか、あるいはそれにきわめて近い関係にあった模様である(10)。しかし、そうした関係は小笠原氏にとって本質的に望ましいものではなかったか、ないしは幕府滅亡の際に同氏が機敏な対応を示したのか、いずれかの事情によって小笠原氏は後醍醐天皇方に加担することとなった。そして建武政権成立後は、既にみたように信濃国守護を命ぜられ、その後は足利方として活動する。

②「信州惣大将」村上信貞

小笠原氏と同様に源氏系で、十一世紀末、白河上皇の院庁に仕えていた源惟清（源頼義の弟頼清の孫）が罪を得て、一族は諸方へ流される。この時、惟清の末弟で養子となった盛清が信濃国へ移され、更級郡村上郷を名字の地とした。鎌倉幕府成立後は、一族のある者は御家人、ある者は京に留まり北面の武士などとして朝廷に仕えた。その後、国内の所領は北条氏により没収された模様である。元弘三年（一三三三）二月、護良親王を守って身代わりに自害した義光（義日）は、「尊卑分脈」によれば信貞の兄弟である。こうしたことから、信貞も朝廷との深い関わりから信濃へ惣大将として遣わされてきた、という考え方がこれまで一般的であった(11)。しかし近年、湯山学氏は、単にその官途名（判官代・蔵人）のみで村上氏全体を朝廷に勤仕する武士とみなすことはできず、むしろその嫡流は鎌倉にあって、幕府あるいは得宗に仕えた御家人あるいは御内人としての地位に終始したとみることが妥当で、村上信貞にも鎌倉府との関係を推測させる傍証があることなど、傾聴すべき指摘を行った(12)。

信貞の信濃下向の時期について、一般的には軍忠状への証判が初めて見られる建武二年九月とされているが(13)、七月十三日～二十二日の国内各所での戦功を申請した同年七月日付市河助房等着到状（小笠原貞宗証判）に「村上人々相共致軍忠候畢」とある。小林計一郎氏はこれを村上氏の家臣とするが(14)、信貞自身が含まれる可能性もあると思われ、そうなると下向の時期は七月以前と推測することもできよう。

③吉良時衡とその正員

【史料3】

市河大炊助倫房軍忠事

右、信州与越州堺志久見口關所事、任被仰下之旨、自去建武二年以来、無緩怠之儀令警固之処仁、新田武蔵守（義宗）・同一族并越後国凶徒等、引率数多勢、責入信州志久見山、於同所長峯取陳（陣）之間、倫房・同子息・郎徒（従）等馳向、同廿日・廿一日両日致散々合戦、於彼凶徒等者悉追落畢、此条守護御代官吉良兵庫允時衡被見知候上者、仍給御証判、向後為備亀鏡、恐々言上如件、

暦応三年八月　日

「承了（証判）（花押・図1）(15)」

図1

右の史料の証判（図1）(16)と同形の証判が加えられた軍忠状は、これを含めて七通残っているが、それらは従来、史料3の傍線部分を根拠に吉良時衡の証判とされてきた(17)。しかしこの文言は史料3が提出される以前の段階で、既に吉

良時衡が市河倫房の軍忠を同所合戦の証人として申し立てていたか、あるいは前線の大将として倫房から上申された即時型の軍忠状に証判を加えたことを意味する可能性が高い。したがって、この証判を加えた人物は「守護御代官吉良時衡」とは別人で、むしろその正員、すなわち暦応三年八月の時点での信濃守護ではないかと考える。

では、この人物は誰なのか。この点に関し、興味深い史料がある。

【史料4】

左京大夫満義朝臣使者高橋左衛門尉光長参入、予申次、去建武発向信州之時、被下宣旨、件宣旨令引失候、案文御所見候者、可注賜云々[18]、

ⓐ小林計一郎氏は、この吉良左京大夫満良《ママ》[19]を吉良時衡と同族の京の官人で、建武二年に村上信貞が信濃に下向した際、その守護代として従ってきた、とみなした。これに対しⓑ北原正夫氏は、足利一門の吉良満義に比定し、吉良時衡はその一族で、代官として実際に信濃に進発して軍事指揮にあたったこと、したがって暦応三・四年の守護正員は満義ではなかったかということなどを論じている。一方、ⓒ北村和宏氏はこの北原説を批判し、小川信氏の説を引用して『吾妻鏡』仁治元年（一二四〇）正月一日条に見える、足利一門とは異なる「吉良大舎人政衡」の「衡」の字が共通することから、時衡を足利一門の吉良氏とみなすことに再検討の要があることを指摘した。ⓓ小林氏は後年の論考ではⓐ説と異なり、吉良時衡を足利一族とし、一応守護小笠原氏の代官ではあるが家臣ではなく、政府（建武政府—筆者注）から直接任命され独自の権限を持っていた存在と述べている。近年ではⓔ吉井功兒氏がⓐ・ⓓ説を紹介して、前掲史料4の満良《ママ》が足利一門吉良満義とは別人であること、またⓒと同じ根拠ならびに佐藤進一氏の指摘を引用して、足利一門吉良氏は当初足利上総氏と称しており、その後吉良氏と名乗るようになったことなどをあげて、時衡

も同様に足利一門ではなく政衡の子孫である、と説いている[20]。

これらをふまえて私見を述べると、まず史料4に見える満義の「左京大夫」という官途は、日記の書かれた康永四年（一三四五）六月二十日時点のものであり、吉井氏自身が指摘しているように、足利一門吉良満義の左京大夫在任期間内（康永元年八月～貞和三年〈一三四七〉十二月）に正にあてはまることになる。またⓒであげられている根拠は一応の説得力を持つものの、当該期から約百年遡った人物と実名の一字が共通していることだけで時衡が足利一門ではなかったと断定することは難しいのではないかと思う。さらにⓔも、吉良氏と名乗るようになったのが暦応元年（一三三八）頃からということであり、「吉良時衡」と記された史料上の所見が前掲史料3の暦応三年の軍忠状であるから、問題はない[21]。

以上の検討から、筆者は一応ⓑ説に従い、中先代の乱の時に足利一門吉良満義が信濃に発向したと判断したい[22]。ただ、前掲の花押（図1）は、この前後の満義のものとは明らかに異なるので、吉良時衡の正員は満義とは別人とみなされるし、またその一族と断じることにも若干検討の余地を残す。この人物が信濃国において活動を開始した時期からみて、満義の同国下向との深い関わりが推測されるが、仮に吉良時衡自身が足利一門ではなく[23]、したがって時衡の正員と満義に直接の関わりがなかったとしても、後述するように、その正員の軍事指揮面での立場は足利一門たるにふさわしいものなのである。

三、三者の関係

（一）小笠原貞宗と村上信貞

【史料5】

市河左衛門十郎経助・同三郎助泰軍忠次第

右、為英多城御破却御発向之間、今月十三日・十七日両度、馳向彼城、最前致軍忠候上者、賜一見書証判、為備後証、恐々言上如件、

建武三年正月十八日

（証判）（付箋）「信濃守」
「承了（花押）（小笠原貞宗）」

【史料6】

市河左衛門十郎経助軍忠事

右、村上源蔵人殿（信貞）為信州御静□（謐）御下向之間、最前馳参御方、今月十三日・十七日両度、馳向英多庄清瀧城、致軍忠上者、賜御一見書・御判、為備後代亀鏡、恐々言上如件、

建武三年正月十七日

（証判）（付箋）「河内守」(24)
「承了（花押）（村上信貞）」

史料5は連名ではあるが、この二通より、市河経助は同日・同所での軍忠を小笠原貞宗と村上信貞の双方に申請し

ていることがわかる。しかも一つ注目すべきなのは、史料5には村上信貞の名が、また史料6の方には小笠原貞宗の名が、それぞれ見られない点である。もっとも史料5には貞宗の名も記されてはいないが、証判が同人のものであるから、市河経助と助泰は、貞宗に従っての軍功を申請したことは疑いない。

そして、右と同様なことが次の二通についてもあてはまるのである。

【史料7】

信濃国市河十郎経助・同三郎助泰軍忠事

右、楯籠于香坂小太郎入道心覚以下凶徒牧城之間、為誅伐、守護代小笠原余三経義、今月廿五日被発向之間、属御手令馳参、廿六・七両日致合戦、抽軍忠上者、賜御一見・御判、為備後証、恐々言上如件、

建武三年六月廿九日

（証判）「承了（花押）（小笠原経義）」

【史料8】

信濃国市河左衛門十郎経助軍忠事

右、香坂小太郎入道以下凶徒等、楯籠当国牧城之間、惣大将軍村上源蔵人為誅伐凶賊等、今年正月廿三日御発向之間、属于経助御手致軍忠時、若党難波太郎左衛門尉（助元）被射弓手指、小見彦六被射右手眼、中間孫五郎者被射通足頸、小二郎者被射左股畢、此等子細為同所合戦之間、高梨五郎（時綱）・犬甘四郎・毛見源太・殖野左衛門次郎令見知上者、不可有御不審者也、将又今月廿五日重発向之間、同馳参致忠節上者、賜御判為備後証、恐々言上如件、

建武三年六月廿九日

「河内守」（付箋）　「承了（証判）（花押）（村上信貞）」[25]

すなわち史料7では、市河経助は建武三年六月二十五日、牧城に籠もる凶徒を討伐するため守護代小笠原経義に属し、翌二十六・二十七日に戦ったとあり、村上信貞の名は見られない。ところが史料8は、史料7と同日付で提出されたにもかかわらず、その内容は主にこの年正月二十三日に、同所で村上信貞に従って戦った際の軍忠であり、六月二十五日以降の合戦については簡単にふれるのみで、やはり一方の大将小笠原氏の名は記されていない。それでは六月二十五日の合戦に村上信貞が参陣していなかったかというと、「高梨文書」建武三年七月三日付高梨時綱軍忠状（高梨経頼証判）の中に、「当国楯籠牧城之間、属于大将村上源蔵人信貞并高梨旂太郎経頼手、今年建武三六月廿五日、押寄彼城」とあって、信貞の参陣は間違いないのである[26]。つまり、この小笠原・村上両氏が発向した六月二十五日以降の牧城合戦においては、市河経助は小笠原氏の方に属して戦ったことが確認できる。一般に軍忠の内容は、重複してでも何回も書くのが通常と思われるが、史料7には村上氏に属して戦った正月二十三日の軍忠に関しては全く記されておらず、やはりここでも市河氏は軍忠状の書き分けを行っていると考えられる[27]。

これらのことから、小笠原氏と村上氏の軍事指揮権・戦功認定権は、それぞれ別個の、独立性の高い（少なくとも一方が他方の軍事指揮下に属する部将のような立場にはなかった）ものであったと推定できる。そして同時に、この牧城の例から、戦闘地域の分担がなされていたとも考えられない。

（二）吉良時衡の正員と小笠原貞宗・村上信貞

市河助房・倫房・経助は、建武二年五月十六日、連名で小笠原貞宗に着到状を提出した[28]。そして同じ日、経助と親房が連名で提出した着到状[29]には、吉良時衡の正員が証判を加えている。すなわち、市河経助は同日付で小笠原貞宗と吉良時衡の正員の双方に着到状を提出していることになる。もっとも、着到状は多様な武士が証判を加えることがある[30]から、この事例のみから両者の軍事指揮権とその関係を推測することは不可能である。そこで次に三点の史料を掲げる。

【史料9】

　市河左衛門十郎経助軍忠事

右、先代高時一族大夫四郎(時興)・同丹波右近大夫并当国凶徒深志介知光以下輩寄来之間、(ママ)於守護代小笠原余次兼経并村上源蔵人信貞大将、於八幡山西麓麻続御厨被致散々合戦之間、属彼手、経助致軍忠上者、賜御一見書・御判、為備亀鏡、恐々言上如件、

　建武三年二月廿三日

「承了(証判)（花押）」

【史料10】

　市河左衛門十郎経助軍忠事

右、先代高時一族大夫四郎并当国凶徒深志介以下之輩蜂起之間、為御追伐之大将、村上源(信貞)備中并守護(小笠原貞宗)御発向之間、今月十五日、於麻続十日市場致散々合戦上者、給御一見書・証判、為備後証、恐々言上如件、

　建武三年二月廿三日

「承了(証判)（花押）」

【史料11】

市河十郎経助軍忠事

右、先代高時一族大夫四郎并当国凶徒深志介以下之輩蜂起之間、為御追伐之大将、村上源備中信貞今月十五日御発向之間、於麻続十日市場致散々合戦、抽軍忠上者、給御一見状、為備亀鏡、恐々言上如件、

建武三年二月廿三日

（証判）「承了（花押）」（村上信貞）（付箋）「河内守」[31]

ここで注目すべきは、史料11は大将として村上信貞のみがあげられているが、史料9及び史料10の吉良時衡の正員が証判を加えた軍忠状には、小笠原・村上両氏が記されている点である。これに関して田辺久子氏は、史料10の方に「守護」の文字が加えられているのは、守護方から証判を得ようとして提出された軍忠状であるからで、したがって「吉良（時衡―筆者注）は建武三年当時の守護（すなわち小笠原氏―筆者注）の被官であり、大将村上の被官ではないと言えよう。」と述べている。[32]しかし筆者は、既にみたように、史料9・史料10に証判を加えたのは吉良時衡の正員であり、またこの人物が守護小笠原氏の被官とはみなしがたいと考える。次の史料を見ていただきたい。

【史料12】

着到

市河左衛門九郎倫房

同子息三郎助保

右、自七月十三日御方馳参、於所々致軍忠、信州（小笠原貞宗）一見状給候畢、八月一日、押寄望月城、致合戦令破却城郭之条、

小笠原太郎《経氏カ》為日大将所被見知也、同自九月三日奉付守護《貞宗》御手、安曇・筑摩・諏方《訪》・有坂以下凶徒等対治之時、於所々城郭致軍忠了、同晦日、為国司《堀川光継》御迎信州浅間参向之間、助保同馳参、伊那郡為対治、小笠原四郎・同次郎太郎為大将発向之時、助保於横河城先懸、追落凶徒等了、度々軍忠如此、早賜一見状・御判、為備後証、恐々言上如件、

建武二年十月　日

「承了《証判》（花押、図2）[33]」

図2

史料12は、史料9～史料11とは異なり、明らかに一括申請型の軍忠状である。すなわち市河倫房・助保は、七月十三日以来の所々の軍忠について「信州一見状給候」、つまり既に守護小笠原貞宗に軍忠状を提出して証判を受けており、また八月一日・九月三日の軍忠も貞宗に認定されていると考えられる。しかし、史料12に据えられた証判（図2）は、前掲図1や後に示す図3とは若干異なる部分もあるが、吉良時衡の正員のものとみなすことができる。つまり、時衡の正員の立場は、守護小笠原氏に優越した軍功認定権をもつ大将とみてよいのではあるまいか[34]。そして、守護にいったん申請した軍忠を、あらためてまとめて上申したのは、幕府への推挙とその結果として予想される感状の受給及び恩賞（所領）給付を期待したために他なるまい。とすれば、そのような権能を有するのは、（吉良氏とは限らないにせよ）足利一門ないしは被官出身の大将以外にはほとんど考えられない[35]。

その上であらためて前掲史料9・史料10を見てみると、これら二通の吉良時衡の正員が証判を与えた軍忠状にのみ守護小笠原氏及び村上両氏の名が見られるということは、すなわちこの人物が、これら両方の大将に関与しうる立場で軍功認定を行っていたことを推測せしめる。

ところで、この吉良時衡の正員に関し、もう一つ指摘すべきことがある。

【史料13】

市河大炊助倫房子息弥三郎親房軍忠次第事

右、為対治常州凶徒等、信州守護方御発向之間、属当御手倫房為致軍忠欲馳参之処、依目之労不乗馬合期之間、差進親房於代官、去年（暦応五）三月十三日、懸前対于大宝城凶徒、終日致合戦、同四月七日、懸前馳向同城御敵遂合戦、令警固役所等、令帰国訖、而間抽戦功之条明白候上者、給御証判、為備向後亀鏡、恐々言上如件、

康永二年十二月　日

「承了（証判）（花押、図3）[36]」

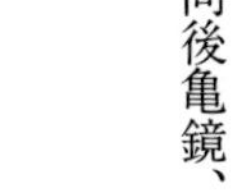

図3

史料13は、市河親房が暦応五年（一三四二）三月～四月にかけて、常陸国大宝城に籠もる南朝軍と戦った際の軍忠状である。[37]これに証判（図3）を与えた人物については、『大日本史料』・『信濃史料』のいずれにも注記がないが、前掲図1・2とほぼ一致することから、この花押が吉良時衡の正員のものであることは間違いあるまい。[38]暦応五年（四月二十七日に改元して康永元年）三月十三日以前の段階における「信州守護」は、吉良時衡の正員のままか、あるいは既に小笠原貞宗に交替しているか判然としないが、小稿第一節で確認したように、小笠原貞宗の守護在職が明らかなのは康永元年九月以降であるから、少なくともこの軍忠状が提出された時点での貞宗の在職は確実である。つまり、この段階においても、守護小笠原氏に対し、足利一門ないし被官出身大将とみられる吉良時衡の正員が、軍功認定上の関与を行っていることが推定できるのである。

なお、この人物の活動徴証はこれをもって途絶え、[39]また村上信貞の信濃国における動向も、既に建武四年の前半以

降、史料上は見られなくなる。

おわりに

建武政権末期に起こった中先代の乱から建武三年秋までの時期において、信濃国内で戦闘指揮・軍功認定にあたった足利方の主な大将として、小笠原貞宗、村上信貞、吉良時衡の正員の三名が確認できる。

このうちまず、おおむね守護であった小笠原貞宗と、建武政権末期に「信州惣大将」として派遣され、その後も足利方として活動した村上信貞との関係について、両者の軍事指揮・軍功認定権はそれぞれ別個のもので独立性が高く、また信濃国内における地域分担などもなかった模様である。市河氏は双方に軍忠状を提出しているわけであるが、これが既に定められていたある種のルールによってなされたのか、それともそうしたルールはまだ成立しておらず、市河氏独自の判断によってなされたもの（したがってその種のルールはこうした実例が慣例化した後に成立したと考える）かは不明である。しかし、少なくとも一方が他方の部将であったというような関係にはなかったものと思われる。思うに足利氏は、信濃における権利を主張する源氏系二名の武将に対し、ほぼ同格の軍事指揮権を与えざるをえなかったのではあるまいか。そう考えれば、一節で指摘した、両者による信濃守護職のめまぐるしい交替も理解しやすくなるのである。

次に、足利一門ないし被官出身大将の可能性が高い吉良時衡の正員が証判を与えた軍忠状にのみ小笠原・村上両氏の名が見られること、それから既に守護小笠原氏に即時型軍忠状を提出した後、それらを一括して申請した軍忠状に

表　建武政権期の反乱と発遣大将

時　　期	地域	首　謀　者	発　遣　大　将
建武元年１月～	北九州	規矩高政・糸田貞義	少弐貞経・同頼尚・大友貞宗・同貞載・宇都宮冬綱
建武元年３月・８月	南関東	渋谷・本間・江戸・葛西氏	渋川義季
建武元年７月	越後	小泉持長・大河将長	堀口貞政
建武元年10月	紀伊	六十谷定尚	楠木正成・斯波高経

この人物が証判を加えていることなどから、吉良時衡の正員は、史料上判明する限りでは建武二年五月～康永二年十二月の間、小笠原・村上両氏に優越する立場で両者の軍事指揮権に関与して軍功認定にあたっていた大将とみなすことができる(40)。そして、この人物と小笠原・村上両氏の軍功認定権に関して、いわゆる二重証判制度がとられていた可能性も指摘できよう。

このように信濃は、建武政権下最大の反乱である中先代の乱が起こった地域ということもあってか、源氏系の二人の大将と足利一門ないし被官出身大将の発遣、という他国には見られない軍事体制がとられた。

上の表は、建武政権下で起こった各地の反乱と、それを鎮圧した大将をまとめたものであるが、これを見ると、その多くは足利一門の大将、あるいは既にこの時点で足利尊氏の軍事指揮権によって発遣された可能性の高い大将である(41)。したがって明白な証拠はないものの、吉良時衡の正員や村上信貞の発遣なども、彼等が尊氏の政権離脱直後より足利方として活動していることからみて、尊氏の意向によるものであったとも推測される。

また、吉良時衡の正員の活動については、この直後の足利一門大将の各地への発遣という、室町幕府初期における軍事体制の先駆け的なものと評価できるのではないだろうか。

註

（1）漆原徹『中世軍忠状とその世界』（吉川弘文館、一九九八年）第二部第三章（初出一九九一年）。

（2）拙著『東国守護の歴史的特質』（岩田書院、二〇〇一年）第四編第一章（初出一九九五年）。

（3）藤枝文忠「室町初期信濃国統轄をめぐる京・鎌倉の対立」（『日本歴史』二六六、一九七〇年）・田辺久子「南北朝前期室町幕府における信濃国管轄権の推移」（同二八六、一九七二年）。

（4）小林計一郎「信濃守護考」（同『信濃中世史考』〈吉川弘文館、一九八二年〉所収、初出一九六二年）・佐藤進一『室町幕府守護制度の研究上』（東京大学出版会、一九六七年）。

（5）【史料１】「中村岳陵氏所蔵文書」足利尊氏御教書案（『信濃史料』第五巻、以下小稿で用いる史料は、特に記さない限り本史料集による）・【史料２】「唐津市小笠原記念館所蔵文書」高師直施行状（『南北朝遺文九州編』一三五五号）。

（6）建武二年十一月十九日、新田義貞率いる大軍が、尊氏追討のため京を進発する（『元弘日記裏書』）。『太平記』巻十四（節度使下向事）には、これに従う武将の一人として「小笠原信濃守」すなわち貞宗の名をあげている。この前後の時期、貞宗は明らかに尊氏方として活動しているから、この記事はやや不審だが、仮にこれが事実とすれば、この時期の村上信貞の信濃守護在職に整合性が出てくる。

（7）佐藤進一氏は前掲書一九五頁（註二）において、「守矢文書」所収守矢貞実手記に、暦応三年六月時点で「当国守護小笠原貞宗」と記されているものの、「この手記は後年の記述であって、必ずしも、貞宗の暦応三年六月当時在職を示すものとはなしがたいので、今はとらない」とした。しかし、この史料２によって、貞宗が暦応二年以降翌年六月まで在職した可能性がやや高まった、と言えよう。

（8）二点の史料には、ともに四宮庄内の所職・所領があげられているから、両者による地域的な守護職の分割も考えられない。

（9）漆原徹氏は、前掲書において、建武四年正月〜三月当時の信濃守護を村上信貞としている。これは市河氏が信貞に従って越前金ヶ崎城を攻めており、その軍忠状にも証判を与えていることを根拠とするものと思われる。確かに「市河文書」その他には、一方の小笠原貞宗が金ヶ崎城攻めに参陣した徴証は見られないが、『太平記』巻十七（金崎城攻事付野中八郎事）には、「小笠原信濃守《（貞宗）》

ハ、信濃国ノ軍勢五千余騎ヲ率シテ、新道ヨリ向ハル」と記されており、筆者はこの段階での守護が何人であるかについては保留したい。
(10) 熊谷知未「小笠原氏と北条氏」(『信濃』四三—九、一九九一年)。
(11) 以上、小林計一郎「村上氏について」(同氏前掲書所収、初出一九七四年)。
(12) 湯山学「信濃・上総両村上氏と鎌倉府—金沢称名寺と村上貞頼—」(『六浦文化研究』四、一九九三年)。
(13) 「市河文書」建武二年九月二十二日付市河経助軍忠状。
(14) 『長野県史通史編三中世二』(一九八七年)一九頁(同氏執筆)。
(15) 「市河文書」市河倫房軍忠状。
(16) 【史料3】と、後に示す【史料12】・【史料13】の花押(図1〜3)の掲載については、所蔵者である本間美術館の御許可を得た。
(17) 本間美術館所蔵の文書には見られないが、東京大学史料編纂所架蔵「市河文書」影写本(明治二十五年八月写)のうち、本文に掲載した【史料9】・【史料10】・【史料12】及び暦応四年六月日付市河倫房軍忠状には、「吉良時衡」の注記がある。
(18) 『師守記』康永四年六月二十日条。
(19) 小林氏・吉井氏はそれぞれ後掲論文の中で、『師守記』当該部分を引用して「満良」と記しているが、史料纂集本には「満義」とある。
(20) 以上、ⓐ小林計一郎前註(4)論文・ⓑ北原正夫「室町期三河吉良氏の一研究」(『歴史研究』二七・二八、一九八三年)・ⓒ北村和宏「吉良義尚・義元小考」(三河遠江の史的研究会『歴史研究』五、一九九〇年)、小川信『足利一門守護発展史の研究』一九八〇年)四五頁・ⓓ小林計一郎前註(14)掲書一三〜一四頁・ⓔ吉井功兒㋐「建武政権期の新田義貞」(『ヒストリア』一二八、一九九〇年)・㋑『建武政権期の国司と守護』(近代文藝社、一九九三年)七三頁、佐藤進一『南北朝の動乱』(中央公論社、一九六五年)。
(21) なお小林氏は前註(4)論文の中で、吉良時衡が村上信貞の守護代である可能性が高いことの根拠として、観応二年(一三五一)十月に吉良満貞代官が足利直義に属して尊氏党の信濃守護小笠原政長(貞宗の嗣子)と戦っている事実をあげている。しかし、この満貞とはまぎれもなく足利一門吉良氏であり、氏が京の官人とする吉良満良《ママ》・時衡の政治的動向とは直接結びつかないのではないか。また吉井氏は、前註（20）ⓔ㋐論文註（50）では、小林氏が前註（４）論文で吉良時衡を村上信貞の守護代としたことに対し、「時衡は信貞下向以前の五月に守護代であり（このことの根拠自体不明であり、納得できない―筆者註）信貞代官とするには問題があった」と指摘するが、㋑著書では一転して時衡が建武二年五月に信濃惣大将村上信貞の名代として下向、後に信貞の守護代として活躍したと述べていて、この違いについての説明は見られない。

(22) 吉良満義は建武政権成立後、鎌倉将軍府の「関東廂番」六番頭人をつとめる（「建武記」所収「関東廂番定文」）が、信州発向は同職在職中のことと思われる。その後、建武二年七月末、尊氏の先陣として京より出発し、十一月には直義に従い新田義貞軍と戦う（『太平記』巻十三・十四）。同三年十月十一日には、今川氏兼に三河国須美保政所職を与え（「今川文書」、『大日本史料』六―三）、同五年一月、青野原合戦に参陣したという（『難太平記』）。その後、数年活動徴証が見られず、康永三年（一三四四）三月に至り、幕府の引付方一番頭人として登場する（「結城文書」、『大日本史料』六―八）。これらを要するに、満義自身は、関東廂番在職時の信州発向以後は、特に信濃に関わる徴証を残していない。

(23) 建武・暦応期に土佐国で守護細川氏の侍所として活動していた「吉良中務丞長氏」という人物がいる（佐藤進一『室町幕府守護制度の研究下』〈東京大学出版会、一九八八年〉土佐国項参照）が、これは源氏系ながら同国吾川郡吉良を本拠とする武士で、足利一門ではない。

(24) 【史料５】「市河文書」市河経助・助泰軍忠状・【史料６】同文書市河経助軍忠状。

(25) 【史料７】「市河文書」市河経助・助泰軍忠状・【史料６】同文書市河経助軍忠状。

(26) 『信濃史料第五巻』所収。

(27) このパターンの唯一の例外は、本文第二節中に引用した建武二年七月日付市河助房等着到状（小笠原貞宗証判）の中に「村上人々相共致軍忠候畢」と記されていることである。しかし、これは足利氏離反以前のものであって、小笠原・村上両氏の軍事指揮権が足利氏によって完全に統制された段階のものではないと判断されるため、ここでは除いて考える。

(28) 「市河文書」市河助房等着到状。

(29)　同文書市河経助等着到状。
(30)　漆原徹前掲書。
(31)　【史料9】・【史料10】・【史料11】いずれも「市河文書」市河経助軍忠状。
(32)　田辺前註（3）論文註（41）。なお氏は、この中で「市河文書」の中に、建武二年二月二十三日付市河経助軍忠状が二通現存すると述べているが、本文中の【史料9】～【史料11】としてあげたように、三通が正しい。
(33)　「市河文書」市河倫房・助保着到状。
(34)　もちろんこのことは一括型軍忠状の全てにあてはまるわけではないが、少なくとも【史料12】の場合は、こうとらえる以外にないと考える。
(35)　もちろん非一門の源氏系大将でも、配下武士の軍忠を幕府に挙達している例が見られるが、そのような場合でも、やはり足利一門大将が関与することがありえた。この点、前註（2）拙著参照。
(36)　「市河文書」市河倫房代親房軍忠状。
(37)　この時期、信濃が鎌倉府管轄下に入っていたか否か微妙であり、鎌倉府からの命令による動員なのか、あるいは幕府が鎌倉府の執事にして総大将であった高師冬を支援するために信濃に軍勢を発遣させたのかは不明である。しかし、『後鑑』所収「無量寿寺文書」康永元年八月十五日付鹿島利氏申状の中に「大将衆中幷十二ヶ国大名小名諸軍勢」とあるように、この戦闘に関東十ヶ国に陸奥・信濃を加えた十二ヶ国から軍勢が動員されていたことは、事実のようである。
(38)　管見の限り、『建武中興を中心としたる信濃勤王史攷・上』（一九三九年、一九七七年信濃史学会により復刊）のみは、この花押を吉良時衡のものとしている。
(39)　なお「極楽寺文書」年未詳二月九日付高梨経頼書状（『神奈川県史資料編3古代・中世3上』四一三八号）の中に「吉良刑部左衛門尉」なる人物が見出せる。
(40)　この吉良時衡の正員なる武将自身のことについては、軍忠状の文言の中には一切見えず、証判を与えているのみである。つまり軍功認定行為のみで、軍事指揮活動の徴証を全く残していないのである。しかし、管見の限り、この花押形は建武二年五月～康永二年十二月の市河氏関係の軍忠状・着到状への証判としてのみあらわれることから、この武将が信濃国内のいずれかの地に駐屯して軍功認定を行っていたと判断される。

(41)　例えば少弐・大友・宇都宮氏など（森茂暁『建武政権』〈教育社、一九八〇年〉）。

Ⅲ　信濃国における「観応擾乱事件」について

藤枝文忠

序

小稿がここに取り上げた南北朝期の観応年間足利尊氏・直義兄弟による室町幕政のヘゲモニー掌握を繞って織り成された所謂「観応擾乱事件」については、それが前代の鎌倉幕府以来将軍権力に内蔵されていた武士支配権と統治権的支配権とに集約される将軍権力の二元性を原因にして発現をみたものである丈に、室町幕府権力自体の存続乃至確立を問われる深刻な事件であったとする、既に先学による政治史を視点にした究明がなされていることを思えば(1)、今更事新しく縷述するまでもない事件と看做して差し支えないように考えられる。しかし、田中義成・松本新八郎氏へと継受され来たった南北朝の政治権力の性格究明に関する一貫した科学的歴史学の成果を基に(2)、擾乱事件を南北朝内乱期の社会経済と関連させて多角的な追究を試みられた中から、事件の本質を明確にされた永原慶二氏の見解を顧みる時(3)、擾乱の有した歴史的意義の考察は改めて思索を重ねてみる必要があるように思われるのである。即ち、永原氏は擾乱の本質が単に足利氏の内訌問題のみに存するのではなく、後進的な地域に基盤を置く足利一門の守護クラスと、畿内・近国を中心とする急進的な小領主や悪党的な勢力とによる室町幕府の方向を繞る角逐を主軸として、これに諸将の勢力争いが絡まったところに存するとされた。(4) この氏の説明の中に取分け近時深められつつある守護体制と御家人体制とを支配体制の根基とする室町幕府支配の有り様、(5) 換言すれば室町幕政の方向をその源のところで熟慮せしめる問題点が介在していることに思い至らざるを得ない。と共に擾乱事件が南北朝内乱を形成する一史的事実である以上、事件は基本的に未だ決着をみるに至っていない南北朝内乱をして、封建制への移行期とするか否かという二分した歴史的評価に係わる高度な政治史の問題と密接に関連していると考えられる。それ故に、この観点に沿って擾乱事件の有した歴史的な意義の再検討を試みることは、決して無意味なものであるとは思われないのである。これらの諸点を幾分かでも自身の問題点として明晰に把握してみるために、本稿では永原氏の明らかにされた擾乱事件の本質に関する説明の具象化に取り組むこととしたい。(6) そして、その叙述方法としては、先ず幕府—守護体制に係わり合って信濃国に臨みながら、観応擾乱時には一時的にもせよ信濃国守護職を喪失し、その後改めて同国守護職に補任されるという複雑な経緯を辿った小笠原政長の観応擾乱時の在り方を信濃国守護職との関係において考察し、次に史料上の制約を考慮して同時期の史料を比較的多く提示している金沢称名寺々領水内郡太田庄大倉郷関係文書から在地諸勢力の動向を窺うことで、前者の考察との有機的な考察を企図し、併せて先に公表した拙稿『鎌倉末期南北朝期における東国在地領主の在り方』の中で触れた、観応擾乱事件に関する筆者の曖昧な見解に寄せられた批判を再考の糧に、拙論の一層の発展を計ることとしたい。(7)

ところで、かように本稿が観応擾乱時の信濃国における具体的な跡付けを課題としてなされる以上、その所論は勢い個別にして矮小化され易い危険性を宿しているといわねばならない。それを敢えてする意図は、先に触れた問題意識によるほかに、現在までに属目し得た観応擾乱事件について述べた幾つかの論考が、ややもすれば在地の変動乃至在地勢力の動きを捨象したまま、(8)安易に擾乱を契機として南北朝内乱が終結し、守護の管国定着がなされたとする論に結び付き、(9)乱の与えた影響や意義の具体的な把握に欠ける点を痛感したことと、このような作業を経て初めて永原氏のいわれる擾乱事件の本質は明瞭に帰納的に捉え得るのではないかと愚考したところにある。

では、以下、南北朝内乱の歴史的評価に至るための手掛りを掴むためにも、(10)永原氏の観応擾乱事件に関する本質論に触発されて、信濃国に展開した擾乱事件についての私見を開陳し、先学諸氏の教示を仰ぐことにしたい。

註

（1）例えば佐藤進一「室町幕府論」（『日本歴史』中世3、五～八頁）及び篠宮一郎「観応擾乱の前提」（『駒沢史学』第一七号所収）など。

（2）本文の如き表現をとったのは、杉山博氏の「南北朝時代」（一九五四年度版『日本史研究入門』一三一及び一三四～一三六の各頁）なる論考の叙述を受け入れたことによる。

（3）ここに述べたような意味で永原氏の見解が直接判明する論文として、「南北朝内乱」（『日本歴史』中世2所収）を挙げ得る。なお、観応擾乱事件に触れた主たる概説書及び論文として、魚澄惣五郎「南北朝」（『綜合日本史大系』（6）、三三〇～三五四頁）・高柳光寿『足利尊氏』（三一八～三七六頁）・赤松俊秀「室町幕府」（『体系日本史叢書』1、三四四～三五二頁）などを列挙し得るが、本稿もまたこれらの労作を参照してなされるものであることはいうまでもない。

（4）註（3）所引論文、八一頁。

（5）田沼睦「室町幕府と守護領国」（『講座日本史』3、九五～一〇一頁）の説明による。

（6）因みに観応擾乱事件を南北朝内乱の集約的表現として捉え、これに安保直実なる一武士に係わる物領制の問題などを投影させて事件の実相を解明した労作に、太田順三氏の「安保直実について」（『民衆史研究』第八号所収）なる述作があることを挙げておきたい。

（7）『信濃』第二一巻第八号、九〜一四頁の個所を指す。なお、付言するならば、本稿は上記所掲の拙稿一頁で述べたように、信濃国守護職を所持した小笠原氏が管国信濃にその勢力を確立し定着させてゆくために、「如何なる条件が存在したかを理解するための一試論」であることに全く変りないが、しかし、そこでの論旨展開が「守護領国制」の問題と関連しながら、その概念把握に不十分なところが存したために、多くの曖昧さを残していたことは否認すべくもない事実である。その意味で註（5）所引の田沼論文でなされた「守護領国制研究の再検討」（八五〜八九頁）は、筆者の反省を促すのに十分なものがあったことからして、今回の叙述の基本的な観点、取分け守護小笠原氏の在り方を理解するための座標軸として取り入れていることを明らかにしておきたい。

（8）本文の意味は、早くに田中義成氏が指摘されたように、観応擾乱事件の原因が「尊氏・直義兄弟が両立の勢をなししに原因せり」（『南北朝時代史』一七九頁）とされた見解を具体化すること、即ち、当時の中央政局を両分した双方を支えた国人領主を始めとする武士層以下によって、擾乱事件を含む南北朝内乱の政治史は展開をみたのであり、決して中央政局の懸案となっていた南北朝合一問題を起爆力として生じたものではないことを指している。なお、本稿が田中氏の視点を受け入れた理由は、註（2）所引の杉山論文に同意したことにある。

（9）足利義満治政下の明徳三年時をもって南北朝内乱の終息がみられたとするならば、観応擾乱が一応の終焉を告げた時点からそれまでに約四十年近くの時を必要としており、それ丈に本文にいう意味も慎重に考慮されねばならないように思われる。

（10）観応擾乱事件を含めて信濃における南北朝内乱の歴史的評価を成就するためには、信濃国内に蟠踞する在地諸勢力―国人領主層及び大文字一揆などと当国守護小笠原氏との間に引き起こされた、応永七年の「大塔合戦」に至るまでの継続した考察を果たす中からなされねばならないように思われる。というのは、大塔合戦の際に守護小笠原氏に敵対した大文字一揆の構成員であった根津時貞が、「小笠原与当方代々非父子之敵乎」（「大塔物語」『信濃史料』第七巻、三六九頁）と表白したと伝えられる言辞の中に、擾乱事件が「地方の分裂に一つの刺戟剤となった」とする永原氏の事件の影響に関する指摘と一致する状況が（註〈3〉所引論文、八二頁）、信濃国内に存していたことを容易に読み取れるからにほかならない。この点からの本格的な究明は後考を俟ちたく思う。

二、信濃国守護小笠原氏と観応擾乱事件

観応擾乱事件の本質が序論で触れた永原慶二氏の指摘に明白であるとしても、以後の叙述を具体化するためには、氏の発表に係る昭和二六年の『南北朝の内乱』・同二八年の『南北朝内乱』の二論文から、観応擾乱の素描を果たしておく必要があるように思われる。そこで先ず前記二論文の中、前者の論文を披見するに、氏は内乱の政治過程が単純に南北両朝の対立を根底にして展開したとする従来までの主たる政治史把握の仕方を排される一方、内乱の政治過程を四段階に区分され、その各々の特質の類型化を試みられているが、本稿の究明対象としている観応擾乱事件については、それは右の区分の第二段階に相当すると共に、幕府中枢部における公家・寺社等旧勢力への対策を繞る抗争を特質とするとされた(1)。しかして事件の内実に関する詳細な分析は、前掲後者の論考において果たされるところがあった。それによれば、擾乱事件の真因は幕政の二元政治、具体的には足利尊氏直轄下の恩賞方などに結集した彼の執事高師直に集約される勢力扶植策が「畿内・近国の旧非御家人・荘官・悪党的な階層の要求を容れ、それらを組織する」ところに存したのに対し、足利直義所管下の評定は鎌倉幕府の評定衆及び「畿内の周辺からその外側の国々の守護職の保持者」たる足利一門とその被官による構成がとられていたために、両者の所管機関の所務内容乃至職員の出身・性格から来る相違に基づき、寺社本所などの旧勢力対策において、前者の尊氏─師直側が「ドラスティックに否定的な政策をおし進め」たのに比し、後者の直義側は「温和な漸進主義の道をえら」んだことに端的に象徴されるように、両者の政治姿勢の差異に存したとされた。それ故、師直次いで直義の殺害されることで、擾乱事件が尊氏から

足利義詮へと連係されて幕政の一元化を招来させたとしても、事件を契機に活発さを増した畿内・近国の小領主層の台頭や、南朝の再生と延命及び地方の分裂などを主内容とする内乱の規模と矛盾は、広汎且つ複雑な様相を呈さざるを得ず、その過程において「武士階級はその立場・階層によって、それぞれのもつ要求をあらわにし、相互の戦いをはげしくしながら、自己を変容させてゆ」かねばならなかったとする必然性を明らかにされた(2)。

以上の永原氏の観応擾乱事件に関する論述から、露骨なまでの地域的封建制確立への志向を顕著にした武士階級は、尊氏の下に糾合されることで室町幕政一元化への礎とされたことを知悉し得るが、それは樹立をみる室町幕府支配権力の在り方が、結局はこれらの武士層を中核として全階級に対する「公権」化に帰着するであろうことを示しているように考えられる(3)。とすれば、擾乱事件の本質を解明することは、取りも直さず公権化が予測される室町幕府支配権力乃至体制が如何なる方途と理由をもって確立し、そしてそれが何を意味したかを幕府支配の在り方と共に把握することを或る程度可能にするといわねばならない。もしこの前提が承認されるとすれば、信濃国守護職を所持して公権化する幕府権力と至近距離の関係にいた小笠原氏は、信濃国内に展開した室町幕府支配体制の内実を探る恰好の対象であることに多言は不要かと思われる。そこで、この観点を明晰なものとしてみるために、小笠原氏が観応擾乱時に守護職を介して「公権化」する幕府支配と如何なる掛り合いを演じたかを分析してみたく思うが、問題の特質からして信濃国守護職などを「惣領職」と規定していた観応擾乱前夜の小笠原氏の性格に関する検討と、同氏の所持した守護職を通して幕府支配の実体解明との二点が少なくとも事前に究明され、そこで明確にされた諸点が基礎となって前述の問題分析に及ぶことが至当のように思われる。それ故、以下には如上の問題解明の設定に沿った叙述を順次展開してみたいと考える。

さて、観応擾乱事件当時信濃国守護職を所持していたのは、康永三年十一月十二日付で実父小笠原貞宗より守護職・所領以下を譲渡され、(4)貞和三年五月廿日に尊氏自筆書状によってそれらの安堵を一括して受けた小笠原政長であった。(5)この両文書はかように政長の守護職掌握に至る経過を明瞭に伝えているが、そのほかに南北朝期における武士団としての小笠原氏の構造様式、所謂惣領制の問題を中心に若干の究明点を内包している史料のように思われる。そこで問題点の解明と深化を図るために、先ず康永三年の貞宗譲状案の全文を提示することにする（傍線・脇番号共に筆者）。

譲与　所領事

嫡子兵庫助政長

壹所　甲斐國原小笠原庄 後者可為松王丸分、在判

壹所　信濃國伊賀良庄 後者可為松王丸分、在判

壹所　同國守護職 後者可為松王丸分、在判

壹所　讃岐國塩飽庄

壹所　上総國姉崎社 武田孫五郎長高跡、

右所々、相副御下文以下調度之證文、為惣領職所譲与于政長也、(1)後家并庶子等分事、見了(于)面々譲状、不可致違乱、且条々載置文訖、(2)仍譲状如件、

康永三年十一月十二日　　貞宗在判

指摘するまでもなく譲状が案文である丈に、その考察には十分な注意を要する。しかし、少なくとも譲状に記載さ

れた小笠原氏本貫の由緒を語る甲斐国小笠原庄を含む五ヶ所の所領が、政長の信濃国内経営と観応擾乱時の軍費捻出のための基幹所領として重視されていたであろうことは、残存する政長の管轄・所有に触れた僅少な史料から推測され得る。例えば、政長所管の所領として残存文書から明瞭に抽出し得る唯一の所領である、建武四年八月に尊氏より宛行された美濃国中河御厨地頭職は、(6)観応二年正月に彼の次男石王丸（小笠原清政）に譲られたにもかかわらず、(7)本譲状案に明示された所領にはそのような経緯が全く見えずに終止していることは、上述の事情を雄弁に物語るものではないかと考えられる。しかも想像を逞しくすれば、五ヶ所の所領が先掲史料傍線(1)部分において「惣領職」を構成する客体として強調されていることからして、それらの所領群は一括されることに重要性が存していたものと思われるのである。事実、貞宗譲状案に明記された五ヶ所の所領中、信濃国守護職を除く他の四所領が政長の長男で小笠原氏の家督を継いだ小笠原長基の永徳三年二月の自筆譲状において、総て嫡男の小笠原長秀に譲渡されていることを思惟すれば、強ちに根拠のない考察とは思われないのである。(8)かように小笠原庄以下の五ヶ所の所領は一括されて惣領職を構成するものにほかならず、それ故に重要視されたといい得るが、このことは問題としている貞宗譲状案に認められた小笠原、伊賀良の両庄と守護職の割註に、「後者可為松王丸分」として書判を添えた文言の中からも容易に読み取れるのである。というのは、貞宗譲状が案文である点を十分考慮しなければならないが、今、割註になされた書判を貞宗のそれと看做すと共に、「松王丸」が小笠原氏正嫡の幼名であるとの小林計一郎氏の所説を勘案すれば、(9)割註の文意は向後小笠原氏正嫡に伝領されるよう貞宗によって容認され規定された所領として解され得るからにほかならない。従って、割註のなされた三ヶ所の所領は最小限政長にとり小笠原氏正嫡―惣領家に伝領さるべき蔑ろにできぬ所領として存在した筈であり、それが強いては先に引用した永徳三年の長基自筆譲状に具現をみた理由ではなかったかと考えられる。孰れにしても政長に譲渡された五ヶ所の所領などを内容とする惣領職は、それ故に河合正治氏が康永三年の貞宗譲状案を一傍証史料にして、「惣領職が所領とははっきり区別されて表現されてくるのは南北朝に入ってからである[10]」と言明されたことと事実において齟齬を来たしている丈に、氏の所論に対し些かの疑点を持たざるを得ない。殊に譲状案の傍線(1)部分の「所々」と「御下文以下調度之證文」の文言に注目すれば、却ってそれが田端泰子氏の明らかにされた、安芸国沼田庄を中心に領主制を展開させた小早川惣領家の全支配体制の概念であった惣領職が、「所領を中心に、諸役への庶子への配分・徴収権・御証文類・重代鎧・太刀等惣領家の権威を象徴する物品」に射影されて顕現するとした説明に及び易い意味を包含していることを考慮すれば[11]、尚更のことかと思われる。しかし、それにしても筆者は康永三年段階の小笠原武士団をして、単純に田端氏の所説に従って小笠原惣領家の全支配体制が全面的に貞宗譲状案に集約されたとみているのではない。即ち、同じ貞宗譲状案の傍線(2)部分に属目される後家・庶子らに対して譲渡された所領の保全を強調する文言に留意すれば、そこには小笠原氏惣領家の支配体制が庶子支配強化に基づく単独相続への方向を意図しながら、未だその実態を確立するまでには至っていない不安定な実情の存した様が表現されていると考えられるからにほかならない。従って、その意味からすれば河合氏のいわれた「一族の統制権を意味する惣領職という言葉[12]」が、小笠原氏関係の文書に始めて具現することの中に、小笠原氏自身正に惣領制再編成の渦中に存していたといってよいかと思われるのである。

かような情勢下にあった小笠原氏が、惣領職を梃子に庶子以下を惣領家の支配下に吸引することで惣領制再編成を成就させ得た時期を求めてみれば、貞和五年三月十七日付の小笠原政長挙状案に、鎌倉初期以来小笠原の一分流として佐久郡大井庄を基盤に発展を遂げていた大井氏本宗の大井光長が、政長の守護代として彼の下知を遵行している様を指摘し得るが故に[13]、観応擾乱事件近くには完全とはゆかないまでも、或る程度確立をみていたのではないかと考えられる。恐らく擾乱事件前夜という内外の不穏な形勢に触発されて、一族を結集する以外管国信濃国の経営完遂は不可能と判断した小笠原惣領家の切実な要求が、ここに作用したであろうことは十分予測されるところであるが、それ以上に今まで叙述したところから窺われるように、守護職を物領職とした貞宗譲状案の線に沿って、小笠原惣領家による一族庶子を支配下に組み入れようとする積極的な働き掛けがその本来的な因となり、小笠原氏の惣領制再編成を助長せしめたものと思惟される。

以上、観応擾乱事件に至るまでの小笠原武士団の性格を「惣領職」を介して究明して来た。それにつけても上述来の叙述展開において、守護職が惣領職を構成する五ヶ所の所領の一つであることを自明のこととして安易に取り扱って来た当然の結果として、守護職を所領と看做した小笠原氏の意図、具体的にいえば、職が室町幕府支配体制との関係において一体如何なる意味を有していたかの今一つの重要な問題が不明なままに放擲されていることに思い至る。それ故、以下、この点に対する考察を披瀝してみることにしよう。

ところで、当時の歴史的条件を考慮に入れて足利政権下の守護職の特質を説かれた佐藤進一氏の所論によれば、前代将軍絶対の論理を支えるため行政職的側面たる吏務観を主要素にして設置された守護職はそのまま室町幕府に引き継がれたものの、その守護職が幕府の意向と反対に南朝側との軍事的軋轢下に置かれることで自ら職権の強化拡大を招来させたことにより、結局、守護が吏務を獲得することで領国主と成り得るような守護職権の歴史的系譜を超越した歴史的条件の変化という形成を呼び、ために守護職を所領観とする現実的な根拠を生ぜしめずにはおかなかったとされる[14]。この説明からすれば、先の貞宗譲状案に明示された守護職を一所領とする小笠原氏の観点は、歴史的条件の変化に即応して現実的な根拠を基調にしているものであることに気付く。小笠原氏は少なくとも守護としての吏務に携わることで、領国主としての存在を強めていたといわねばならない。ところが先に紹介した政長の所持するに至った所領などの安堵を伝える貞和三年の尊氏自筆書状には「日ころニカハらす、所リやう《領》・しゆこ《守護》以下の事、もタれ候へく候」と、所領と守護職とが分離して記載されていることからして、幕府は守護職を所領と区分して捉えているように考えられる。若しこの考察が正鵠を射ているとすれば、前述した守護職を所領観と見立てていた小笠原氏と幕府との観点の歴史的条件に基づく相違は次のごとく説明され得るかと思う。即ち、幕府は飽くまでも守護職を吏務観視する態度をとっていたにもかかわらず、それを所領観に変容させたのは在地乃至は管国に対し現実的な経営を繰り広げる小笠原氏側の論理以外の何物でもなかったということである。と共に、このことは室町幕府が職の重層性を否定する方向で職の所領化を推進し、この所領化した職の安堵を通じて、自らの階級的基盤である守護・地頭御家人を始め王朝諸勢力までを封建王政下に組み込んでいったとする、幕府支配の内実に関する田沼睦氏の指摘の的確であることを思わないわけにはゆかない[15]。というのは、小笠原氏を例にしてみた場合、幕府開創期以来、守護職を吏務観視していた際においても、それを所領化し得たのは在地経営に直面する小笠原氏などの領主層であったことを思えば、幕府は漸次その方向を容認せざるを得ず、遂には所領化した職の安堵を通して自らの階級的基盤である守護以下にそれを逆転して拡大させることをもって、幕府権力を貫徹させてゆくことが考えられるからである。逆転とは、この場合、職の所領化を押し進める小笠原氏のような領主層の現実的な動きや突き上げを、幕府自身が支配の根幹に先取りしたことを指している。敷衍していえば、そのことは歴史的条件の変化の在り方を具体的に呈示する何物でもないといえるであろうし、また、幕府が支配の基盤とすべき守護以下のかくの如き動向を、孰れかの方法であれ、幕府内部に持ち込むことで支配の完結を企図しようとした幕府の武家政権としての有り様を明らかにしているといい得よう。しかもそのことは観応擾乱時の幕府を理解する上で無視し得ない基本点、換言すれば、三代将軍足利義満頃から王朝貴族階級をも内摂した国家権力―公権へと変質する以前の、幕府支配体制の一側面乃至一原理であるように考えられるのである。(16)

幕府はかくの如くにして実質的には所領化した守護職を自己の支配体制内部に繰り入れることにより、その安堵行為を介して守護職被授与者層をして翼下に緊縛しつつ支配の強化を試みたのである。しかし、このような守護職の所領観を更に進捗させる歴史的条件の不断の生成が予測される限り、幕府とこれら守護層との疎隔は免れない可能性を多分に蔵していたことを、守護職の在り方に集約させて併せて考えねばならないように思われる。

それにつけてもここで考えてみなければならないのは、序論で簡単に触れたように、観応擾乱時には一時的にもせよ、小笠原政長の信濃国に対する守護職権行使が断絶したという事実問題である。何故なら、今までに守護職から抽出し得た小笠原氏の構築した論拠を烏有に帰せざるを得ない程度に、影響を及ぼす要因の内在していることがそこに考慮されるほかに、それと付随して、そこには守護職を媒介に小笠原氏と幕府との掛り合いにおいて生起する、極めて政治的色彩の濃い問題点が介在しているように見受けられるからである。そこで、以下、今までの解明点を基礎に、如上の視点に関する究明を観応擾乱時の信濃国内の動勢を交錯させて果たし、もって本節の総括とすることにしてみたい。

小笠原政長の信濃国守護職掌握について小林計一郎氏の論考などを基に実証的な検討を重ねられた佐藤進一氏は、政長は最大限A貞和三年五月―観応二年正月と、B観応二年八月―延文元年十月との両期間確実に守護職を掌握していたことを明らかにされた。[17] とすればA・B両期間の中間期たるC観応二年二月―同七月の間は、少なくとも政長は勿論のこと、信濃国守護職在職の徴証を欠く時期であると看做して差し支えないとしても、反面の問題としてかように一時的にもせよ守護在職者を欠除するに至った事由が考えられねばならないように思われる。この点について誤解を恐れずにいえば、佐藤氏も考慮されているように、それは観応擾乱事件時に幕府中枢部にみられた尊氏・直義両派の抗争による幕政の分裂と軋轢とが、信濃国守護職に顕現したがためであると考えられる。[18] 即ち、このことを杉山博氏が観応擾乱事件をしてその政治的特質から、観応元年十月より翌年の二月にかけて上杉氏と尊氏党の高氏との間でなされた争覇戦を中心とする「前期」擾乱と、観応二年八月から翌正平七年二月下旬に至る期間、尊氏・直義兄弟の直接的な争いを基軸になされた「後期」擾乱との二者に区分されたそれに鑑みていえば、[19] 恰もそれは先に佐藤氏の明らかにされた政長の守護職在職の確実なA・Bの両期間と時間的に大略即応すると共に、杉山氏の論述から両派の小康が保持されていたと推測される観応二年三月より同年七月に至る時期は、先に信濃国守護職在職者の徴証を欠くとしたC期間と略符節していることに思い至る。[20] とすれば、この一致は単なる偶然とするわけにはゆかず、却ってそこには、幕府中枢部の政治的動向が守護職を一族の惣領職とする一方で所領視したことにより、着実に勢威の伸張を国内に目論もうとする小笠原惣領家の意図が、所持した守護職にストレートに具現しているとみてよいように思われる。かように幕府中枢部における両派の政治的動向が小笠原氏の守護職掌握に反映し影響したとすれば、両派の政治的動向の淵源たる政治権限からの究明がなされねばならないかと考える。その点で拠り所とされるのは、建武三年から観応二年に至る約一五年間の尊氏・直義両派における二頭政治の各々の権限に関する考察を、幕府官制の体系化に結び付けることで明確にされた同じく佐藤氏の分析である。それによれば尊氏は侍所・恩賞方などの機関を管轄することで、軍事指揮権と行賞からなる主従制的支配権を擁していたのに対し、直義は安堵方・引付方及び禅律方などの特殊訴訟機関を握って、民事裁判権・所領安堵権を内容とする多分に統治権的な性格を持つ権限を所持していたことが知悉される[21]。そこでこの考察に導かれて、貞和三年に小笠原政長の受けた尊氏自筆に係る守護職以下を安堵された書状を基に、尊氏と政長との関係について述べれば、政長は尊氏の掌握する軍事指揮権に包摂された守護職補任権を介して、尊氏の主従制的支配権の枠内に拘引されたことが考えられる[22]。と同時に佐藤氏の指摘を俟つまでもなく、主従制的支配権が尊氏と被支配者との関係を直接的に基礎付ける権能である反面（貞和三年のそれが自筆書状である意味はここにある）、当該権能を中核に形成される尊氏の権力は、被支配者の在り方を全く無視しては成り立ち得ないことが考えられるが故に、尊氏と被支配者政長とは主従制的支配権をして相互規定的な関係とせざるを得なかったように思われる[23]。それ故、尊氏と政長との関係が相互規定的である限り、守護職を介して形成される主従関係は相対的な役割しか果たさず、その関係は極めて微弱な様相しか呈さないように考えられる。それが観応擾乱時に政長の向背を一定させず、尊氏・直義両者の間を転々とさせ、一時的には信濃守護職さえも喪失するという事態を招来させた主たる理由ではなかったかと思われる。このことを先述した政長の守護職在職期間であるA・Bの二期と、守護職喪失のそれとしたC期とを信濃国に展開した政治情勢などと関連付けながら、政長の動勢を具体的に窺えば以下のようになる。

先ず、政長がA期間中尊氏側に組みしていた結果は、「前期」擾乱の勃発した翌年の観応二年正月十日に直義党の諏訪直頼軍の攻勢を招き、直接には当時政長上洛後信濃国経営に従事していた彼の「舎弟七郎（政経）并守護代同弥二郎（兼経）以下輩」の敗戦となって現われた[24]。この情況は、恐らく先述した守護職を所領観に見立てて領国主たらんとする小笠原氏の政・経の両面に多大な打撃をもたらしたことが考慮される。と共に守護職を介して尊氏と政長との間に形成されていた相対的な意味しか持ち得ない主従関係に焦点を絞ってみた場合、尊氏により付与され政長の掌握するに至った守護職権に基づく管国経営の失敗―敗戦という事態は、原理上政長の守護職行使の不履行とせねばならないが故に、両者間に成立をみていた主従関係は破綻に近い状態に追い込まれたものと推察される。しかして、敗戦によるこの二つの結末は、政長をしてC期間に連なる観応二年正月十六日夜、京都の居館を焼いて直義軍に投じさせ[25]、二月には摂津国打出浜に尊氏軍と敵対することを余儀無いものにしたと思われる[26]。政長のかような行動、即ち、守護職を介して形成されていた尊氏との主従関係の消滅は、それを媒介とする守護職補任権が尊氏の軍事指揮下に包含されるものであったがため、政長の守護職喪失という事態に帰着することは蓋し当然のことであったといい得よう[27]。そして、C期間政長の守護職在職の徴証を政長関係の文書などに摘出できない理由も、ここに求めてよいのではないかと考える。しかし、その政長がB期間に至り尊氏側に再び属すると共に守護職に復職したことは、「後期」観応擾乱事件の開始に近い観応二年八月十日、それ以前既に北国に没落していた直義軍の信濃入国を防ぐべく、尊氏より守護権行使の一環たる信濃国内の「一族并地頭・御家人等」の統制を旨とした軍事催促を受けていることから窺知し得る[28]。これ以後、政長は一貫して尊氏側に属したことは容易に史料から証明され得るところであるが、それにつけても、如何なる理由が政長をして尊氏与党者としたかが問われる。この設問に対して、観応二年四月当時「凡親族内心猶不合體歟[29]」と外聞されていた状況を一挙に実力で解決せんとした尊氏が、彼の権限下に存した守護職補任権を援用して、嘗ての尊氏与党者政長に対してその意向を浸透させたがためとする解釈が成り立つ。しかし、これとは別に小笠原氏が守護職を喪失したとはいえ、信濃国が依然同氏の勢力基盤国であることを思えば、小笠原氏にも再び尊氏方となるべき政治的条件が醸成されていたことに思い至る。というのは、当時信濃国内に生起していた在地諸勢力による地頭職違乱問題の解決を計るべく、直義管轄下の一所務沙汰機関の引付方より市河経助宛に出された観応二年六月二日付の直義御教書[30]や、それから八日後の十日、同じく直義所管下の禅律方から禰津宗貞に宛てて発給された同上内容の藤原有範施行状案[31]に注目する時、直義勢力の信濃国内への波及の様相を認め得るからである。取分右の両文書の宛所人たる市河・禰津の両氏は、観応二年三月日付市河経助軍忠状及び同三年正月日付佐藤元清軍忠状案から窺知されるように[32]、早くから直義に与党して小笠原氏に対抗する勢力を信濃国内に築いていた諏訪氏と緊密な関係を結ぶことにより、勢力の扶植を画策していた国人領主であることを勘案すれば、直義勢力の信濃国内における台頭には顕著なものがあったといわねばならず[33]、逆にそれ丈小笠原氏の勢威は後退乃至失墜をみせていたことが考えられる。それが結局は「後期」擾乱事件の開始される以前の「二（観應）六月廿九日・七月三日両度、於信濃國符郡野邊宮原、對于諏方信濃守代（直頼）祢（律）津孫次郎（宗貞）、致散々大刀打」という小笠原・諏訪両氏の武力衝突を招くに至った要因ではなかったかと考えられる[34]。ここには明瞭に中央の尊氏・直義両者間の相剋の反映が露呈されていることを知悉し得るが、それはまた小笠原氏にとって直義党の諏訪氏以下の勢威伸張を抑止する衝突でありながら、先に述べた直義との対立を実力で清算しようとする尊氏の利害と合致するが故に、尊氏との連係に向かわせた因由ではなかったかと考えられるのである。かくして小笠原政長は再度尊氏に属することとなったのであるが、このような政長の行動様式などを市村咸人氏は「走馬燈の如く、将士の向背は掌を返す如くに変転した」と評されたが[35]、単にそれ丈のみの評価では、当時深刻な政治情勢に遭遇していた政長の苦悩を含めた観応擾乱の本質究明は成し難いように思われる[36]。

以上、本節では小笠原政長が所持するに至った物領職にして所領観視していた守護職が、観応擾乱という場面において如何なる在り方を示し、且つとったかについて追跡して来たが、ここで解明された範囲において観応擾乱事件について述べれば、それは幕府中枢部における分裂・抗争が小笠原氏の管轄国信濃に集約されて展開をみたのではなく、飽くまで佐藤氏が注意された「尊氏・直義の二頭政治であって、権力の分裂ではない[37]」とする、幕府―将軍権力の二元的分化現象の反映を基軸として生起した事件であったことに思い至る。それ故に、実際に管国経営を目論む小笠原氏としては、二元化した権力の一つである尊氏の擁した主従制的支配権下に存する守護職補任権による任命を受けて主従関係を成立させ、その重みを背景にして管国支配に臨んだとしても、その関係が相互規定的であることと、主従関係を形成させる守護職には数量的に権力の半分の重みしか付帯させ得なかったがために、勢い管国に対する支配の在り方は半減したところで成就されねばならなかったといい得る。従って、この観点からすれば、小笠原氏としては直義の分掌する今一つの統治権的支配権が尊氏の権限下に移行し、幕府権力が一元化することで「公権」としての実体が具備されることが是非共必要なことであったと思われるが、注意しなければならないのは、この理由が擾乱事件を単に中央の政争に終止させることなく地方に発現することを促したことと、且つは事件の本質の一端を示唆するものであるように考えられることである。

かように幕府権力の公権化を小笠原氏が希求した背後には、小笠原氏自身尊氏より宛行された守護職を吏務内容から所領内容へとその実質的な意味を変質させながらも、結局はその方向を先取りされたがために、その枠内から逸脱することなくその中で漸く成し得た一族の結集に凴依する以外に、国内に割拠する直義党の諏訪氏及び同氏麾下の国人諸勢力に対峙し得なかったという、地域的封建支配の未成熟さが存していたことを認識する要があると考える。かく考えれば、小笠原氏が強く支配の裏付けを幕府公権に依拠した理由が、実地に経営を試みた信濃国内の在地諸勢力との対抗関係から導き出されたものである限り、両者の対抗の様相解明が問題とされて来る。そこで、次節においては金沢称名寺々領水内郡太田庄大倉郷の地頭職領有問題を繞って顕現した在地諸勢力の動向を取り上げて追究し、もって上述の問題点を解明してみることとしたい。

註

（1）永原慶二「南北朝の内乱」（『日本歴史講座』第三巻、二二一〜二八頁）。

（2）以上の叙述は永原慶二「南北朝内乱」（『日本歴史』中世2、七八〜八三頁）によっている。なお、以下の拙論は松本新八郎氏が提示された内乱の諸勢力中真に革命的な道を担ったとする在地農民層の動向把握を果たしていない故に、永原氏の見解を十分に生かすに至っていないといってよい。この点、松本氏の右の提言を発展的に継承されてなされた佐藤和彦氏の「南北朝内乱についてのノート」（『民衆史研究』第八号所収）なる論考は、今後の筆者の課題究明への指針となる論文であるように思われる。

（3）「公権」に関する具体的な考察は田沼睦「室町幕府と守護領国」（講座『日本史』3、九五及び一〇一〜一〇二の各頁）に譲り、ここでは本文に後述するところから知られるように、「公権」が国家権力を意味していることのみを明記しておく。

（4）・（5）・（6）　康永三年十一月十二日付小笠原貞宗譲状案・貞和三年五月廿日付足利尊氏自筆書状・建武四年八月十三日付足利尊氏下文（総て東大史料編纂所々蔵「小笠原文書」一）。

（7）観応二年正月廿六日付小笠原政長自筆譲状（註〈4〉と同）。なお、石王丸が政長の次男にして清政なることは「尊卑分脈」（『新訂増補国史大系』第六十巻上、三三七頁）による。

（8）永徳三年二月十二日付小笠原長基（清順）自筆譲状（註〈4〉と同）。

（9）本文書割註の書判について、それを貞宗のものとした場合、そこに「文書の効力を証明するためにいわゆる証判」（吉村茂樹『古文書学』九八頁）とした意味が含まれていたとする考察も可能かと考え、本文に「容認」なる語句をもって表現してみた。次に、小林計一郎氏の所説は氏の発表に係る「信濃国守護考」二（『伊那』第一〇巻第九号、二頁）なる論文に明らかであるが、しかし「尊卑分脈」小笠原氏条及び『続群書類従』第五輯下所収の「小笠原系図」の孰れにも、小笠原氏正嫡の幼名が「松王丸」であるとする徴証を見出し得ない。その点、小林氏の論拠に不安を感ずるが、後考を期して一先ず引用してみた。

(10)　河合正治「南北朝の動乱を契機とする武士団性格の変化」（魚澄先生古稀記念『国史学論叢』一四六頁）。

(11)　田端泰子「室町・戦国期の小早川氏の領主制」（『史林』第四十九巻第五号、七頁）。

(12)　註（10）と同。なお惣領職の概念について河合氏は「鎌倉武士団の構造」（『日本歴史』中世1、二五四頁）なる論文中で、それが「一族統制権の象徴的表現」であることを明確にされた。

(13)　貞和五年三月十七日付小笠原政長挙状案（金沢文庫所蔵「信濃国大《太》田庄大倉郷文書」一巻所収文書）。なお、大井氏については『小県郡史』（三〇二～三〇四頁）に詳しい。

(14)　佐藤進一「室町幕府論」（『日本歴史』中世3、一五～一六頁）。

(15)　註（3）所引論文、九四～九五頁。

(16)　傍点部分は註（3）所掲の田沼論文を引用したものである（註〈3〉と同、九五頁）。

(17)・(18)　佐藤進一『室町幕府守護制度の研究』上、一八八～一九〇頁。なお、氏が依拠した小林氏の論考とは、註（9）所引の論文を指している。

(19)　杉山博「足利基氏」（『日本人物史大系』第二巻、一三七～一四一頁）。

(20)　因みに佐藤氏は註（17）所掲論著中（一八九頁）において、この時期を「守護不在（未補）であったのではないか」と推測されている。

(21)・(22)　佐藤進一「室町幕府開創期の官制体系」（石母田正・佐藤進一編『中世の法と国家』四八六～四八七及び四七五～四七六の各頁）。なお、尊氏の守護職補任権が後の軍事指揮権に包摂されるものであることは、尊氏の権限下に守護を直接管轄する機関である侍所が属していたことから理解され得る。

(23)　主従関係をして絶対隷従説—家人型と双務契約説—家礼型との二者に類型化して検討された佐藤進一氏は、後者の双務契約説の特徴として主従の間は定量的にして有期的であることを指摘されたが（「集団」註〈19〉と同、七～八頁）、それは恰も本文にいう足利尊氏と小笠原政長との場合に符合しているように思われる。本文に相互規定的関係としたのは、かような意味をも含めていることを明記しておきたい。

(24) 観応二年三月日付市河経助軍忠状（「市河文書」『信濃史料』第六巻、八〇頁）。

(25) 『園太暦』観応二年正月十六日条。

(26) 観応二年二月十九日付足利直義御教書写（「阿蘇文書」『大日本史料』第六編之一四、七四八頁）。

(27) 或いはこの時期直義党の諏訪氏が信濃国守護に補任されたとの推測が成り立つことは、佐藤進一氏が註（17）所掲の論著中（一八九頁）で述べられているところである。

(28) 観応二年八月十日付足利尊氏軍勢催促状（註〈4〉と同）。なお、室町期の守護職に関しては杉山博「守護領国制の展開」（『日本歴史』中世3、八三～八四頁）に詳しい。

(29) 註（25）と同、観応二年四月四日条。

(30) 観応二年六月二日付足利直義御教書（「市河文書」註〈24〉と同、九一頁）。本文書を引付方発給文書とする理由は、差出人が当時引付頭人であった石塔頼房であることに基づく（註〈21〉所掲の佐藤論文、四六〇頁）。

(31) 本文書についての詳細は、第三節の拙論を披見されたい。

(32) 註（24）及び観応三年正月日付佐藤元清軍忠状案（「佐藤文書」註〈24〉と同、一一八～一一九頁）。

(33) 諏訪氏の信濃国内における封建領主制展開の様相については、拙稿「諏訪社上社にみる封建的領主制度展開に関する一考察」（『信濃』第二二巻第九・第一二の両号）を参照されたい。

(34) 註（32）と同。

(35) 『建武中興を中心としたる信濃勤王史攷』六五五頁。

(36) 市村咸人氏の説明では、観応擾乱当時の武士層の動向を評して、太平記の作者が仁義の兵の減少と反比例して血気の勇者が多くなったがために「元弘以後君ト臣トノ争ニ（中略）天下ノ人五度十度、敵ニ属シ御方ニナリ、心ヲ変ゼヌハ稀ナリ」（「太平記」三『日本古典文学大系』36、一四四～一四五頁）とした、徳治主義を基調にした歴史解釈と同様な解釈乃至分析に陥穽し兼ねない危険性を多分に有しているように思われる。本稿はこの観点を否定するものであるが、その成果は本文の今までの行論に明らかにした心算である。

(37) 註(21)所引論文、四七二頁。

三、観応擾乱時の太田庄大倉郷地頭職領有問題

金沢称名寺が水内郡太田庄大倉郷地頭職を領有するに至ったのは、鎌倉末期近くの延慶三年正月、故金沢実時の一夫人永忍尼の寄進を通じてのことであった(1)。かくして称名寺は大倉郷を寺領の一つに加えることとなったが、しかし、その後、北条氏政権を打倒して政権を樹立した建武政府の下では、大倉郷は当該政府に一旦収公され、改めて称名寺が勅願寺であるとの理由に基づき再領有を許可されるという複雑な経緯を辿らねばならなかった。ところでその政府が僅々二年余にして足利氏を中心とする武士勢力の前に崩壊を余儀無くしたことは、称名寺の大倉郷領有にとり前途の多難さを思わせるところが大であったといわねばならない。果たして、建武三年十二月、称名寺は足利直義より大倉郷知行に関する安堵の御教書を付与されていたにもかかわらず、同五年正月に至りその大倉郷が足利尊氏から島津宗久に「勲功之賞」として宛行されるという事態の出現や、更には同五年四月保巣長俊によって引き起こされた大倉郷押妨事件などに遭遇しなければならなかったのは、その端的な表現であるといってよいように思われる。この中、後者の保巣長俊押妨事件は長俊の逐電により一応落着をみたものの、前者の尊氏宛行に係る島津氏の大倉郷領有問題は建武より暦応と改元されたその年の十二月、直義の手によって称名寺に再領有の保障がなされたことで解決されたかにみえた。しかし、それが単に表面上の解決に過ぎないものであったことは、本稿の究明対象とする観応擾乱時に、

称名寺と当時「幕府の武家領化政策」(2)に即応して国人領主としての性格を色濃くしていた島津氏との間で、大倉郷領有問題が依然として継続して争われている事情を伝える史料の存していることから窺知し得る。(3)今更いうまでもなく、これらのことについて筆者は序論で紹介した『鎌倉末期南北朝期における東国在地領主の在り方』なる論文において既に検討を加えたことがあった故、(4)ここにはこれ以上補足すべき何物も有していない。そこで、本節では右の拙稿を基礎として観応擾乱時下の称名寺と島津氏との大倉郷領有を繞る角逐を追いつつ、そのような在地の情勢を前に前節で触れた将軍権力の二分化に基づく尊氏・直義両派の動向と係わり合って、信濃国経営を策した当国守護小笠原氏が直面せざるを得なかった状況及び同氏の経営、或いは支配確立のために如何なる条件が存したかを併せて考察することにより、観応擾乱事件の本質解明を急ぐことにしたい。

扨て、右の叙述から知られるように、建武年間の称名寺・島津両者間の大倉郷領有を繞る混乱は、建武から暦応と改元されたその年の冬、大倉郷が島津氏の手より称名寺に再返付されることで表面上一応の結着をみた。しかし、注意を要するのは残存するその後の史料が物語っているように、その解決は幕府中枢部における権限の分化による権限上の解決であって、何ら大倉郷領有問題に関係する当事者間にその権力の反映が徹底されて根本的に解決をみたものではなかったということである。その因は、前掲拙稿で少しく披瀝したように、大倉郷領有を「称名寺は直義に、島津氏は尊氏に各々の思惑を恃んだ」(5)がため、在地での称名寺・島津両者間の徹底した解決、換言すれば地域封建体制確立の方途をして他者に委ねたところに存しているように思われる。それ故、如上の推測を明確なものにしてみるために、「前期」観応擾乱事件の生起する約半年前の観応元年三月に出された、次に掲げる二通の文書に注目して考察を廻らしてみることにする。(6)

（史料Ⅰ）

金澤稱名寺雑掌光信申信濃國太田庄内大倉郷地頭職事、重訴状如此、度々被仰守護人之處、不事行云々、太不可然、所詮、海野左衛門（尉脱）相共、不日莅彼所、退嶋津大夫判官宗久跡代官并高梨能登守（経頼）以下亂妨、厳蜜（密）沙汰付下地於雑掌、可被全寺家所務、且遵行実否、載起請之詞、可被注申、使節更不可有緩怠之状、依仰執達如件、

観応元年三月六日　　治部卿在判

大井甲斐守（光長）殿

（史料Ⅱ）「大井光長遵行状案」

金澤稱名寺雑掌光信申信濃國太田庄内大倉郷地頭職事、御教書并重訴状如此、早任被仰下之旨、海野左衛（門脱）尉代官相共、遣於使者彼所、厳蜜（密）可沙汰付於下地寺家雑掌、且遵行実否、載起請之詞、可言上子細之状如件、

観応元年三月日　　甲斐守（大井）光長在判

大井源蔵人大夫殿

右に示した二史料中前者（史料Ⅰ）のそれは、信濃史料の編者が文書名を「足利尊氏御教書案」として類別されるところがあった文書である。(7) しかし、この文書名をそのまま簡単に踏襲してよいかは甚だ疑問である。というのは、本文書は佐藤進一氏が『室町幕府開創期の官制体系』なる論文で「建武三―観応二年間主要職員表」を作成された際に明らかにされたように、直義所管の禅律方発給に係わる一文書であることを知り得るからにほかならない。(8) 従って、その文書名は信濃史料の編者の見解と相違して「足利直義御教書案」と称すべきではないかと考える。或いはまた、直義の仰を蒙った治部卿とは当時「異例の高官」(9) ながら右に述べたように直義所轄の禅律方の頭人としてその枢機に

参画し、太平記に「禪律ノ奉行ニテ被召付ケル、南家ノ儒者、藤原少納言有範」と記されたその人であることが確実であること、[10]更には（史料Ⅱ）の文書が内容上ここで問題としている（史料Ⅰ）の「被仰下」との主旨に準じて発給されたとの事情を考慮して、信濃史料の編者が（史料Ⅱ）の文書名を「大井光長遵行状案」としたのではないかとする推測をここに勘案すれば、[11]（史料Ⅰ）の文書名は「藤原有範施行状案」とすべきではないかと考える。[12]以上の文書名に関する考察のほかに今一つ究明を要するのは、両文書から窺われる如く島津氏の大倉郷違乱行為を停止し、同郷下地を称名寺に渡付すべく、直義所轄の禅律方からその裁許実施を期待乃至命令された大井光長の職掌上の性格についてである。この点については前節で触れたように、貞和五年三月十七日付小笠原政長挙状案に「守護代光長」と明記されていることから判断して、[13]観応元年三月段階、光長は信濃国守護小笠原政長の守護代を勤仕するものであったと考えられる。かく所掲の両史料に考察を加えてみれば、称名寺と島津氏との間になされた大倉郷領有問題は、直義所管の禅律方より頭人藤原有範の名をもって大倉郷に対する島津氏の押妨を停止し、且つは同郷を称名寺に渡付するようにとの裁許の施行が信濃国守護政長の守護代大井光長になされたがため、光長は大井源蔵人大夫を介して、大倉郷を称名寺に打ち渡すべく守護の職権に内包される使節遵行権を発動したことを知悉し得るが、この経過の中に強制力を伴う政治的な解決が企図されていることを汲み取らないわけにはゆかない。しかし、その解決が幕府、正確には直義の意向を否認する形で顕現されたことは、文和二年に先の両史料にみえる称名寺雑掌光信がその重訴状案中で、「観應元年三月六日、被仰両御使之處、不事(行脱)之條、難堪之次第也」[14]と、切歯扼腕している表白を示せば了解されるかと思う。では何故に、直義の命令は在地領主層レベルまで貫徹されなかったのか。それは今まで問題として来た二通の文書から明白な如く、直義の命令系統と相対する者、即ち、前節で究明したように、守護職を介して尊氏との間に主従関係を形成していた小笠原氏及びその配下の守護代大井氏の手によって、直義の権限から出た大倉郷領有問題の遵行乃至打ち渡しが実施されようとしたところに存しているように思われる。雑掌光信が「不事行之條、難堪之次第也」とした言辞の背景には、このような政治情勢が潜んでいたことを考えてみる必要があるように思われる。

かように称名寺は大倉郷領有に関して政治的には勝利を得ながら、現実には不満足な状態を喞たねばならなかったのである。それを称名寺の政治力の欠除に帰するのは、余りにも称名寺の置かれた歴史的環境を無視した評価であるといわねばならない。帰するとすれば、光信の開陳した先程の言葉が、同じく大倉郷領有などに腐心していた称名寺々僧の某が、暦応二年春頃に染筆したと思われる一書状において、将軍権力の二元化に由来する幕政の実情をして「□（諸カ）事虚假之御政候之間、皆無正躰□（令カ）損亡候き」[15]と評したままで、当時の政治情勢の深い分析を欠いた認識にあったそれと類似していることから考えて、称名寺は歴史の進展と共に醸成される政治の動向を曖昧に把握したままに過ぎ、現実的な態度をもって観応元年段階の政治動静に対処し認識を深めるまでに至っていなかったところにあるとせねばならないように思われる。従って、称名寺が進展する歴史の動向を旧来の歴史認識に置いたまま、自らの手で大倉郷領有の最も確実な方途であるところの直務支配を画策し、この線に沿って「前期」擾乱の開始される前年の貞和五年、寺家代官良性房を大倉郷に派遣したとしても、結局は数年後の文和二年には良性房自身大倉郷を離れて、京都において幕府との交渉による大倉郷領有を画さざるを得なかったという、失敗への過程をみせたのも謂れのない結末ではなかったと考えられるのである。[16]このように「前期」観応擾乱開始前段階における称名寺の大倉郷再領有は、単に政治的解決をみたに止まり、在地大倉郷における島津氏を中心になされた封建領主化への激烈な動きは、称名寺に幾分かの楽観的な条件さえも付与するものではなかったことを指摘しないわけにはゆかないのである。[17]

その後大倉郷領有を繞る称名寺・島津氏両者間の相剋は「前期」擾乱中はいうまでもなく、その擾乱において軍事的勝利を収めた直義の力によって招来された一時的な小康期間においても依然として継続されていたことは、先に究明を果たしたところの「治部卿」、即ち、禅律方頭人藤原有範より直義党の諏訪氏代官禰津宗貞に宛てて出された、観応二年六月十日付の施行状案によって窺知され得る。[18] ところで本文書は、以上のことを知り得るほかに、幕府中枢部にあって自己の権限を強めた直義の勢威が信濃国内に浸透し、反対にこれと相対立していた信濃国内の尊氏与党勢力の沈滞した様を彷彿させる史料でもある。そこでこの推測を確実にするために、右の文書にみえる島津・高梨氏らの大倉郷押妨をなす在地諸勢力の動きを具体化することを兼ねて、今一通の文書を取り上げることにしたい。その文書とは、次下に示す欠年四月二日付の上杉憲顕書状案である。[19]

（史料Ⅲ）「上杉憲顕書状案」

金沢称名寺領信濃國太田庄内大倉郷事、近隣之輩成違乱之由、雑掌申候、被加扶持候者、喜入候、恐々謹言、

四月二日　　散位憲顯判

謹上　禰津孫次郎（宗貞）殿

改めていうまでもなく本書状で先ずもって問題としなければならないのは、その成立年代である。この点筆者は、先に紹介した拙稿において観応二年のものであると比定してみた。その理由としたところは、右の書状にみえる差出者憲顕と宛所人の宗貞とは共に直義党なることを考慮して、「観応二年六月十日付足利尊氏御教書案が禰津宗貞宛になされており、それ故、当時幕府上層部に位置した憲顕から個人的に禰津氏を激励する意味をもって出された書状」であると考察したところにあった。[20] この筆者の観応二年とする考察に対して、赤沢計真氏は『南北朝期・北信濃・太

田庄における領有関係と在地経営』なる論文の中で、「観応二年四月といえば、二月の高師直・師泰一族の族滅の余燼もまだ静まらず、観応擾乱の深刻な渦中にあり、尊氏と憲顕の間も分裂していた時期であって、等しく直義党に与みする宗貞に対して、憲顕が将軍家御教書に示されるような尊氏自身の意を忠実に体して、宗貞に指令を発したことをここで想定すべき必然性はない」と鋭く反駁されると共に、本節冒頭近くで述べた建武五年四月の保巣長俊による大倉郷押妨事件と関連して発せられた書状とする舟越康寿氏の所説を引用されて、本書状の作成年代を建武五年とし、併せて本書状が「尊氏・憲顕両者の疎隔がまだ生じない時期に属する」ものであることを明らかにされた[21]。確かに赤沢氏の論旨には一貫したところが存して説得性に富んでいるのに比べ、筆者の論述には不十分な表現が原因となって、説得性において譲るところがある点は否定すべくもない事実である。しかし、筆者が憲顕書状案を観応二年と推定するための根拠とした観応二年六月の尊氏御教書案が、尊氏乃至は尊氏の権限を分掌する機関から発給された文書ではなく、先に少しく触れたように直義所轄下の禅律方発給に係る施行状案であったことが判明した以上、筆者の考察は勿論のこと、赤沢氏の所述も筆者と同様、観応二年六月の御教書案を尊氏のそれと認めた上で本書状差出者の憲顕との関連を考慮して論究がなされていることを思えば、同様に再考されてしかるべき論述ではないかと考える。そこで、以下には古文書の様式に依拠した検討を避け、直接文書の内容を中心にした考察から憲顕書状案の年代推定を試みることとしたい。

扨て、本書状案において大倉郷違乱をなす者は「近隣之輩」とあるように、単数ではなく複数の者達によっていたことを知り得る。この点からすれば、赤沢氏が憲顕書状案と関連するものとした建武五年四月の保巣長俊の大倉郷押妨事件は、明瞭に長俊一人による単独事件であったことを関係史料は伝えており、敢えて憲顕書状案と結び付けて考える必要もないように思われる。[22]では、そのような大倉郷「近隣之輩」にして同郷違乱行為をなす在地諸勢力の動向が明確に指摘できる史料が求められるが、管見の限りでは先掲（史料Ⅰ）の観応元年三月十六日付藤原有範施行状案を嚆矢とするように思われる。しかし先述したように、この際には直義の一所務沙汰機関である禅律方から、当時尊氏党に属していた信濃国守護小笠原政長に連係する大井氏の系列を介して、一先ず島津及び高梨氏などの大倉郷近隣の者達による大倉郷違乱行為の停止が遵行されており、それ故に建武三年父上杉憲房が戦死して後、上杉氏を継ぐと共に「直義に信任され」ていた憲顕と、[23]今ここで問題としている書状案で、宛所人とされた直義党の諏訪氏代官禰津宗貞とによる大倉郷近隣の者達に対する押妨行為停止の活動は、全く介在する余地がなかったように思われる。ところが、翌年観応二年の六月には同じく直義所轄下の禅律方から直接禰津宗貞に宛てて、島津・高梨氏らの大倉郷押妨を停止するとの裁許命令が下っていることを思えば、[24]直義の信任を受けていた憲顕が、禰津氏を通じて六月以前の四月、単に大倉郷違乱問題のみではなく、何らかの意図を信濃国内に成就させせんとして本書状案を認めたのではないかと思慮される。以上の理由からすれば、本書状案の年代は観応二年とされ得るかと思われるが、果たしてその推定年代が歴史的背景を付随させてみた時、妥当性を有するものであるか否かが問われる。それ故、この点について少しく触れ、併せて憲顕の意図したところを追究してみることにする。

今、憲顕書状案を観応二年四月二日付の成立と看做した場合、この時期が赤沢氏の指摘されたように「前期」擾乱事件の余燼を少なからず残していたとしても、当該擾乱における軍事的勝利を背景にした直義一人による幕政掌握は、観応二年三月一日付麻生人々宛の足利尊氏書状に窺われる如く、尊氏権力の凋落現象を誘引させた反面、[25]政治的には一時的な小康状態を生み出していたことが思惟される。殊にこの時期、憲顕が三月十三日付で直義より関東分国内の闕所地処分権を委譲されたことは[26]、憲顕の直義幕政に占める地位の昂揚を如実に示しており、直義党が直義―憲顕と連係することを実態にしていたことを物語っているように思われる。このような直義党による幕政左右の期間はその年の七月中旬、尊氏党の足利義詮による巻き返しの前に直義の政務辞退がなされるまで続いたものと考えられるが[27]、かくの如き直義党の幕政掌握という中央の政治情勢を称名寺の大倉郷領有問題と関係付けて知見を述べれば、「前期」擾乱以前から直義管下の禅律方を介して大倉郷領有の確保を求めていた称名寺にとっては、その実現のための可能性と機会とが同時にもたらされたことを意味していたといい得るのではないかと思う。それ故、称名寺は直義の幕政に対し大倉郷の近隣に蟠踞して押妨をなす島津・高梨氏らの在地諸勢力の行為を退け、自身の大倉郷領有確保のために積極的な主張を繰り広げたことが想像される。恐らく今回の称名寺の主張の中には、建武五年四月の保巣長俊の大倉郷押妨事件に際し雑掌光信が開陳した主張とは異なり、先述したように建武五年正月、尊氏より勲功の賞として大倉郷を宛行されて以来、幕府―守護体制による暦応元年の政治的解決を無視して執拗に大倉郷領有の実質化を目論む「在地の土着の住人[28]」＝国人領主たる島津氏らを、郷内から一挙に駆逐せんとする意図が含まれていたと推測される。しかして、かような称名寺の主張を生かすことは当時の幕政を掌握していた直義にとり、前年の観応元年三月時に信濃国内に存した尊氏―守護小笠原氏―大井氏という尊氏党ラインの前に自己の命令が遮断されていたことに対する回復と、自身の中央における威信を信濃国内に浸潤させることで、直義党の基盤を地方に確立しようとする両様の狙いを有するものではなかったかと思われる。かく考えれば、直義の厚い信任を受けていた憲顕としては、称名寺の主張を全幅的に盛った書状を作成してこれを信濃国内の直義与党者禰津宗貞に宛てたことの中に、如上の直義の思惑を体現せんとする所謂下工作の意図を有していたのではないかと思料されて来るのである[29]。実際本書状案から二ヵ月後の六月十日には、先に紹介した直義管轄下の禅律方より称名寺の大倉郷領有確保に関する具体的な要請を総て認知したところの、書状に比してより公的な意味を持つ藤原有範施行状案が発給されていることを思えば、如上の考察を無碍に否定してしまうわけにはゆかないのである。

憲顕書状案は以上の政治情勢の検討からしても観応二年四月の作成とみて誤りないように思われるが、それにしても前掲拙稿においてその証明理由とした「当時幕府上層部」云々以下の部分は、正しくは〝当時幕政を掌握していた直義の信任を受けていた憲顕が、直義の意図した自己の勢力の信濃国内への扶植と確立とを、当国内の直義党与党者禰津宗貞を私的に選ぶことによって実現するために作成された一書状〟といい換えるべきかと考える(30)。従って、その意味で本書状案は赤沢氏の考察とは殊異して、直義、尊氏兄弟による幕政二元化状態という隔絶時代に作成されたものとしたく思う。

かように信濃国内に直義勢力の波及が存したとすれば、前節で究明したように「前期」擾乱近くに急遽尊氏方より直義方に属した小笠原氏の場合、早くから直義に与党していた諏訪氏などとは相違して、疎外を余儀無くされたものと思われる。とすれば、小笠原氏としては自家の存続と封建領主化を信濃国内に企図してゆくためには、再び尊氏方に復帰する以外その方途は覚束無かった筈である。そのことが前節で叙述したように、中央で「後期」擾乱事件が生じた八月以前の六月末、小笠原・諏訪両氏間の衝突を信濃国内に惹起させた主因ではなかったかと考えられる(31)。多分このことを契機にしてと思われるが、小笠原氏は「後期」擾乱開始直後の八月十日、尊氏より信濃国内の一族・御家人などの軍事統率権を付与され(32)、直義方に属すると同時に喪失していた信濃国守護職を再び掌中に収め得たのである。しかし、改めて付与された小笠原氏の守護職権行使が極めて劣弱なものに過ぎなかったことは、正平七年七月に依然と大倉郷押妨行為をなす島津・高梨氏らの国人領主層を幕府に訴えた、称名寺雑掌幸円申状案の一節から容易に看取され得る。即ち、そこには「自建武年中以来、嶋津大夫判官宗久跡輩、相語高梨能登守《(経頼)》、令押領之間、於京都就訴申、度々雖被成下御教書、曾不承引、所詮、於彼輩者、被處罪科、重仰当國守護、欲渡給下地於寺家雑掌」とて[33]、称名寺の期待に反して幕府―「当國守護」小笠原氏による支配体制の在り方は、国人領主層を前にして困難な事情に直面していることを知悉し得るからにほかならない。そのような事情、具体的には強く幕府―守護体制を規制し、また、対立する存在として成長した国人領主島津・高梨氏らの行動様式が醸成された因由は、本史料に属目される「相語」らうことで地域的連合に基づく相互の勢力補完と拡大を計って、「集団的力」[34]を強化したところに潜んでいるように思われる。とすれば、小笠原氏の管国経営が守護権を媒介にして幕府権力との連係を果たすことで生み出されるものである以上、常に連合乃至結合することで勢威を強めた国人領主層の規制を受け、対立を免れ得なかったといわねばならない[35]。しかして、その対立は結局称名寺の大倉郷領有を迂遠なものとすると共に、小笠原氏の守護職に基づく管国経営、端的にいえば守護職を所領観に変質させた小笠原氏自身の封建的領域支配の前途を、暗澹たるものにする何物でもなかったといってよいであろう[36]。確かに小笠原氏は「後期」擾乱事件を尊氏方に属したことで守護職を始めとして、それに内摂される信濃国春近領の沙汰権と信濃国内の闕所地処分権の認知などを正平七年正月、尊氏から受けることにより[37]、国内における政治的地位を高め得た。しかしながら、そのことをもって直ちに小笠原氏が封建支配を信濃国内に樹立し得たとすることは、幕府―守護体制を規制し、それと対立することで、大倉郷に実力による封建的領域支配権確立を志向した島津氏らの国人領主層が存したことからして無理であったとせねばならない。それ故に小笠原氏自身守護職に依拠した封建支配の方途をして、実力による支配体制樹立の方向に転換することを得なかったことが思い遺られるが、それは観応擾乱の終焉直後、直義党の諏訪氏との間に戦闘を試みた文和元年四月まで緒に就いてはいないのである。(38)

かくの如くにして歴史的条件が実力抗争に転位してゆくことは、翻って称名寺の大倉郷地頭職領有問題に即していえば、幕府―守護体制の羈絆から離脱してこれと対立しながら地域封建支配を独自に押し進める国人領主層を前にしては、後退を強いられざるを得なかったであろうことは、擾乱終息後から五年目の延文元年八月、大倉郷地頭職が尊氏死後幕政を掌握していた足利義詮の下文をもって島津貞久に安堵された事実により明瞭に察知され得る。(39)取分けその下文の文言に「相副建武五年正月廿四日御下文、譲附」とあるそれが、尊氏より勲功の賞として大倉郷地頭職を宛行されることで、本格的な侵攻の足掛りとした一文書を指していることが明白であることからして、幕府の意向が幕府―守護体制に対立する島津氏に直接対峙し、これを自己の下に吸引せんとしたところに存したことが窺知される。それは幕府権力が単に守護支配に依拠することなく、歴史の新たな荷担者である国人層を重視し始めたことを物語る証左であるといってよいかと思う。と共に、かような事態の到来こそは、皇室・寺社の一円直轄支配地の本所（領家）―預所型荘園以外の本所―領家型荘園は保護せずとした幕府の荘園政策推進の条件が生成され、この線に沿って幕府は称名寺の従来までの法的な大倉郷地頭職領有を無視して、島津氏に宛行することを容易にさせたことを意味している。(40)その意味で観応擾乱事件は幕府の政治支配の在り方を孰れに置くかなる問題の試行、具体的には守護及び国人領主層の双方における対立乃至矛盾の完全な解消を計ることなく一先ず自己の体制内に緊縛し、反対に称名寺のような職の重層性に依存して封建支配の進捗に対応せんとしたものを前者の国人層などの犠牲に供することで、新たな支配体制の拡充を目指してなされた事件として意義付けられるのではないかと考える。そしてそれはまた、観応擾乱事件の本質の一端を物語るものであるように思われる。

註

（1）永忍を実時の一夫人とする説明は、石井進氏の「谷殿永忍考」（『金沢文庫研究』通巻第一七〇号、六頁）なる論文に依拠している。なお、嘗て筆者は本文後掲の拙稿において永忍を実時の妻と表現したが（『信濃』第二一巻第八号、五頁）、ここにそれを訂正したく思う。

（2）本文引用の個所は北瓜真佐夫氏が「国人領主制の成立と展開」なる論文において、国人領主制とその支配体制の成立とを権力との関係から究明された際に述記されたものであるが（『講座日本史』3、一二三～一二四頁）、本稿は室町幕府権力と国人領主との関連の仕方を的確に示すそれと考えてここに引用してみた。

（3）本節にいう南北朝期の島津氏の動向は、薩摩・大隅地方に定住した島津氏本宗の当時の動向を踏まえて明らかにされる必要があるかと思われる。その点で参考とされるのは、水上一久氏の「南北朝内乱に関する歴史」（同氏著『中世の荘園と社会』三〇八～三二六頁）なる論文である。本稿もまた氏の論考に多くの教示を受けていることはいうまでもないところである。

（4）・（5）『信濃』第二一巻第八号、五～一四及び一二の各頁。

（6）両文書共に金沢文庫所蔵の「信濃國大《太》田庄大倉郷文書」一巻に収載される。

（7）『信濃史料』第六巻、六二頁。

（8）・（9）佐藤進一「室町幕府開創期の官制体系」（石母田正・佐藤進一編『中世の法と国家』四七一及び四六〇～四六一の各頁）。

（10）「太平記」三『日本古典文学大系』36、一五二及び四九四の各頁。

（11）註（7）と同、六三頁。

（12）以上の文書の機能などを考慮に入れた文書様式に関する考察の行論は、伊知地鉄男編著『日本古文書学提要』上巻、四八六～四九三頁を参考になされている。なお、本文書の考察に当り荻野三七彦博士から種々の教示を頂いた。

(13)　註（6）と同。

(14)　文和二年三月日付称名寺雑掌光信重訴状案（註〈6〉と同）。

(15)　本史料は『金沢文庫古文書』に四五一八号文書として収載されながら、称名寺々僧の手になることが推測されるのみで、染筆者の氏名及び年月日共に未詳の一書状の一節である。それにもかかわらず本書状の成立年代を暦応二年春頃と考察した主たる根拠は、書状中に「□年正月十八日御書、同三月四日□《到カ》來（中略）長老御圓寂事（中略）毎事奉思出候哉、愚身上洛、建武元年已來兩三年、一統御代候は、且為叶長老之御氣（下略）」と披見される文言にある。即ちここにいう建武元年以来両三年に当たる頃寂滅した称名寺長老とは、暦応元年十一月、七十六才をもって逝去した第二代長老劔阿を指していると考えられること。しかも長老と昵懇であったらしい書状作成者は、長老の死を知って落魄の情を催しつつ本書状を認めたことを文面から知り得るが故に暦応元年十一月以後の作成と看做されること。その上、本書状の冒頭に当たる書状の交換を伝える記事が正月以降の事情に触れていることの以上三点の理由からして、暦応二年が比定せられるところにある。これらの詳細については、本書状と内容上関連すると思われる今一通の氏名未詳書状を『金沢文庫古文書』の中に見出している故、暦応年間初頭前後頃を中心にした称名寺の大倉郷領有問題などの検討を兼ねて、後日発表の機会を持ちたく思っている。

(16)　註（4）所引論文、一三頁。なお、以後の本文において観応擾乱事件を「前期」、「後期」と区分して説明を施しているが、それは第二節で述べた杉山博氏の所説を踏襲したものである。

(17)　守護小笠原氏が国人領主島津氏の大倉郷違乱に対し積極的に対処し得なかった事由に関して臆測を逞しくすれば、同氏が守護職による一国統治のための根幹である軍事力編成などを、これら国人領主に期待するところが少なからず存していたがためであると思われる。

(18)　註（6）と同。なお、禰津氏が諏訪氏代官であることについては第二節で縷述した。

(19)　金沢文庫所蔵文書。

(20)　註（4）所引論文、一六頁。

(21)　『月刊歴史』第一九号、一一頁。因みに舟越氏の所説は、「金沢称名寺々領の研究」（『横浜市立大学紀要』シリーズＢ－４・５、九・一〇号、一二〇頁）にみえる。

(22)　保巣長俊の大倉郷押妨事件を伝える金沢文庫所蔵の建武五年四月廿六日付散位某奉書案の一部を示せば、「称名寺領信濃國大田《（太）》庄内大倉郷雑掌光信申保巣孫次郎長俊押妨事、重訴状具書如此、子細見状、長俊逐電云々」と記載されている。

(23)　佐藤進一『室町幕府守護制度の研究』上、二六六〜二六七及び一九七の各頁。

(24)　観応二年六月十日付藤原有範施行状案（註〈6〉と同）。

(25)　「麻生文書」『大日本史料』第六編之十四、八五六頁。

(26)　観応二年三月十三日付足利直義御教書（「上椙古文書」一、註〈25〉と同、八八三頁）。

(27)　『観応二年日次記』観応二年七月十九日条及び『園太暦』同年七月廿三日条など。

(28)　註（2）所引論文、一一七頁。

(29)　ここで憲顕書状案の体した意図を「下工作」なる語句で表現した理由は、本文に続けて述べるところから導き出されているが、今一つ「下工作」の意味には、当時尊氏方から急遽直義方に属するに至った前守護小笠原氏とその与党者の勢力が信濃国に介在していたがため、直義―憲顕としてはこれに対して直截的な刺激を与えることを避けようとしたとの、政治的な配慮が含まれていることも指摘しておきたい。

(30)　若し本書状案を建武五年四月の作成とした場合、当時本書状案作成者の憲顕は前年九月、陸奥地方から起こって足利氏勢力に反攻を試みた北畠顕家軍を追って上洛し、京都において転戦中であったことが考えられることと（「太平記」二『日本古典文学大系』35、二八五〜二九九頁）及び勝守すみ子「関東長尾氏の研究」（1）（『群馬大学紀要』人文科学編第一三巻、三頁）、しかも本書状案の仮定年月に近い建武五年三月から閏七月にかけて、顕家らとの抗争を物語る『大日本史料』第六編之四所載の古文書中、上杉氏関係文書の悉くが憲顕ではなく兄の上杉重能の動向を示すものであることを思えば、憲顕にかくの如き内容を持つ書状案を作成する機会が存したとは考え難いように思われる。

(31)　この点については第二節で略述したが、正確に衝突の起こった時点をいえば観応三年正月日付佐藤元清軍忠状案で知られる如く、観応二年六月廿九日―同七月三日にかけてのことであった（「佐藤文書」『信濃史料』第六巻、一一八〜一一九頁）。

(32)　観応二年八月十日付足利尊氏軍勢催促状（東大史料編纂所々蔵「小笠原文書」一）。

(33)　註（19）と同。なお、本文書にみえる「自建武年中以来」なる文言をもって、島津・高梨氏ら複数者による大倉郷違乱行為が建武年間より存したとすることは危険に過ぎる。というのは彼等の大倉郷違乱が建武段階に仮りにあったとすれば、当時大倉郷経営にタッチしていた称名寺雑掌光信は、そのことを幕政の一方の権限を握る直義管下の禅律方に提訴していたと思われるからである。恐らく本文書が正平七年、同じ雑掌幸円の作成によるものであってみれば、彼はそれまでに作成されていた光信などの手になる大倉郷関係の文書を一瞥して本文書を作成したものと思われ、それがために建武以来とする漠然とした表現をとらざるを得なかったものと思われる。従って、本文書を根拠に建武段階で既に島津・高梨氏らの複数者による大倉郷違乱が存したとして、筆者が本文中で叙述した悪題書状案の年代推定の手掛りとした複数者違乱説を、そこまで遡及させて反論をなすことは危険であるといわねばならない。

(34)　永原慶二「大名領国制」（『体系日本歴史』３、二九頁）。

(35)　ここで考えてみなければならないのは、島津・高梨氏の相語らうことで地域的連合の形成が史料上推定される最初は本文に示した（史料Ⅰ）の観応元年三月、その最後が「後期」擾乱の終息した翌年註（６）に所収される文和二年三月日付の称名寺雑掌光信重訴状案であってみれば、そこに或る程度の恒常性を認めねばならないのではないかということである。

(36)　小笠原氏の守護職に基づく分国信濃の支配が容易でなかった因として、湯本軍一氏は南北朝前期の当国内には旧北条氏勢力に連なる反足利幕府勢力が存し、その後期には領主制の進展で独立性をますます強くした国人層の存在したことを指摘された（「信州における国人領主制の確立過程」『信濃』第二二巻第一一号、一四一頁）。しかし、佐藤進一氏が鎌倉末期近く既に「信州における在地領主の自立性」が存したとされた考察を勘案する時（「守護制度史上の信濃」『信濃』第二〇巻第一〇号、一〇頁）、湯本氏の説明のみをもってしては、何故に国人層が反幕府勢力として結集し、領主制の進展を強化して独立制を増したかが答えられなくなる恐れがあるといわねばならないように思われる。それ故、筆者は幕府―守護体制による支配が信濃国内に展開された際、信濃の国人層は前代末以来の自立性を保持してゆくためにも、国人層の間で地域的連合を結んでこれと対抗する必要が存し、それが強いては小笠原氏の分国支配を困難なものにしたと解して、湯本氏の説明を発展的に捉えてみたく思う。

（37）・（38）正平七年正月十九日付小笠原政長宛の二通の足利尊氏御教書・文和元年四月廿五日付小笠原政長書状案（孰れも註〈32〉と同）。
（39）延文元年八月六日付足利義詮下文（「島津家文書」註〈31〉と同、二〇五頁）。
（40）宮川満「荘園制の解体」（『日本歴史』中世3、一四三～一四四頁）。なお、称名寺の大倉郷経営は、宮川氏の類型に従えば本文に述べたように本所―領家型に入ることになるが、厳密にはこれと近似する荘園制をとっていた（註〈4〉所引論文、九頁）。ところで、本文にいうように称名寺の大倉郷領有は結局のところ失敗したのであってみれば、このことをもって幕府は政策として本所―領家型荘園に近似するものも否定したといっても誤りではないように思われる。

終結

以上、二節にわたり永原慶二氏の設定された観応擾乱事件に関するシェーマに依拠して、信濃国に展開した事件の内実を本事件と係わり合った当国守護小笠原氏の在り方をでき得る限り追究することにより、本稿の意図した擾乱事件の本質を帰納的に把握することに努めてみた。しかし、方法論の未熟さ故に、そこに展開された臆測の多い論旨には思わぬ破綻が生じており、ために叙述自体錯雑としたものに終始している点は否めない事実である。この点は筆者の今後の課題とし、以下に前節までに信濃国守護小笠原氏を介して究明し得た事件の実相を基にその本質についての総括を果たし、本稿の結論に換えてみることにしたい。

扨て、観応擾乱事件は、単純に尊氏・直義兄弟の幕政のヘゲモニーを繞ってなされた幕府中枢部の分裂を主要要件に惹起したと解するのみでは、事件を超歴史的なものとしてしまう恐れが多分にあるといわねばならない。それは飽くまで自己の封建領主制を在地に如何に樹立するかなる観点に立脚した守護及び国人領主層が、その意図を成就するために、幕府政治の以往の方向と主体的に取り組もうとしたところに集約されて発現をみた事件であったと看做すべきではないかと考える。従って、林屋辰三郎氏が擾乱事件を含む当時の武士勢力の歴史的在り方を太平記から抽出されて、それがあらゆる権威から脱して自由に振舞い得た「武家方の諸大名が最も得意の時代」であったと表現されたのは(1)、如上のところに視点を置いてみれば、容易に理解される文意ではないかと思われる。そこで誤解を恐れずにいえば、擾乱事件は守護及び国人領主層に荷担されることにおいて、初めて中央の政争に終始することなく地方的にも意義を有する事件と成り得たのであり、簡単に中央の政争の地方版とする見解は否定されねばならないと考える。この点を擾乱事件の本質を考える前提として、事件当時の多くを信濃国守護職としていた小笠原氏に力点を集中して述べれば、次下の如くいい得るかと思われる。

守護小笠原氏が守護職を通じて幕府の吏務観に緊縛されて幕府―守護体制下に属する限り、大倉郷地頭職領有問題検討の折に浮き彫りにされたように、当時職秩序の最終帰着点たる国家公権の役割を負っていた幕府権力に依存して、その領有の確保を目論んだ称名寺を幕府が擁護すれば(2)、小笠原氏自身も幕府の意向に沿って、称名寺の領有を実力で突き崩して領域を拡大化する島津氏らの国人領主層の動きに対しては、極力抑圧することを目的に対処せねばならなかった。従って、そのような守護小笠原氏の行動は、自身が着手した守護職を所領観視して実力により封建領主制を守護管国の信濃国内に設定しようとする場合、幕府―守護体制内部に存しては却ってその体制から強い掣肘を受け、自身の封建領主制確立の方途をして勢い消極的なものとせざるを得なかったといわねばならない。このことはそれ故に、擾乱事件中において島津氏らの国人領主層が、幕府―守護体制支配と対立して独自な動きを鮮明に示現した反面の主たる理由を説明するものであるともいい得る。その意味で擾乱事件は、幕府権力に連係してその規制を受けつつも職秩序を足場に封建化を志向する守護小笠原氏と、既成のあらゆる権力機構を無視して独自に地方的な封建的小権力を形成せんとする島津氏らの国人領主層との対立を明確にしたところにあったといえよう。(3)と共に、封建領主支配の確立を目論むこれら総ての武士層が、旧来の職秩序に依存して封建的ウクラードの発展に対応を試みる称名寺の如き階層を否定することにあまり躊躇していないことに鑑みていえば、それがたとえ観応擾乱当時において彼らの曖昧模糊とした認識下に隠蔽されていたとしても、彼らの対立を醸成した今一つの因由として、「実力支配を所有の決定的契機」(4)とする論理が流れていたことを重視せねばならないかと考える。

このことを更に敷衍していえば、幕政の二元化の時点では有効であり得た称名寺の依拠した直義権力が、最早無味以外の何物を示すものではないことを物語っているように思われる。擾乱事件が直義の殪されることをもって一応終息したことと裏腹に、尊氏・義詮へと幕政が続く過程でその一元化をみた歴史的必然性はここに求められるのではあるまいか。いうまでもなく、その方向を招来させた淵源は、自己の基盤とする地域にあって封建領主制支配の造成を目指す守護と国人領主層の対立に由来を持つものであったことに留意する必要がある。それ故、旧来の職秩序による階層を否定した幕府―守護体制による守護と、その体制に対立する国人領主層とによる対抗乃至矛盾の解決は、擾乱事件で果たされぬまま一元化された幕政に内包されたがために、今後地方における封建的権力の形成を企図しての試行は、激烈の度を加えて展開されねばならなかった筈である。それは観応擾乱事件が地方の分裂の一刺激剤となったとする永原慶二氏の事件の影響に関する具体的な説明である以上に、(5)擾乱事件が尊氏の下に統轄され義詮へと継承されるまでの、擾乱自体の有した本質を明示して余りあるものではないかと考えられるのである。(完)

註

（１）『太平記』における歴史と人物」（同氏著『古典文化の創造』一三七頁～一三八頁）。
（２）本文の「職」に関する叙述は、永原慶二「荘園における職の性格」（『日本社会経済史研究』古代中世編、二七三～二七四頁）によっている。
（３）・（４）本文の両個所の叙述は永原慶二氏の「中世における内乱と階級闘争」（同氏著『日本封建制成立過程の研究』四六七頁）なる論考に依拠しているが、註（３）相当個所において、守護小笠原氏の立場を「職秩序を足場に」して封建化を志向したとした意味は、第三節で詳述したように、小笠原氏が称名寺の大倉郷地頭職領有者に対し積極的に侵害を加えることなく幕府の命令を一応遵行していることの中に、永原氏が小笠原氏のような階層をして、「既存の地方制度・荘園制度を足場としつつ封建化のヘゲモニーを握ろうとする階層」と表現された観点が反映しているのではないか、と解したことから導き出したものであることを明らかにしておく。
（５）永原慶二「南北朝内乱」（『日本歴史』中世2、八三頁）。

【付記】

本稿の中第二節は昭和四十四年二月早大大学院提出の修士論文「室町時代における信濃国守護小笠原氏の研究」の一部に補筆を加えたものであるが、その際、指導を頂いた荻野三七彦・森克己・北島正元の各先生方の学恩に対してこの機会を借りて感謝の意を表すると共に、今回の執筆に当たり助力と助言を与えて下さった加藤秀幸・前田元重の両氏に対してもお礼の言葉を申し述べさせて頂くことにする。

第2部

室町前期の小笠原氏

Ⅰ　守護小笠原氏の分国支配

湯本軍一

はじめに

守護支配については、佐藤進一氏が室町幕府論＝将軍権力論(1)を展開され、新たな視角をすえられた。氏は将軍権力の二元性―主従制的支配権と統治権的支配権―を説かれ、「守護の管国支配は本来的にこの統治権的支配権の一環であると理解されなければならない」と、守護支配について根本的な性格規定を提出された。

さて、管見では、こうした幕府―守護体制(2)の視角から、守護の分国支配を取り扱った個別研究は少なく、従来は有力守護を対象にした領国形成の追求が主だったように思われる。このような問題関心から、本稿では、幕府権力との強い依存関係のもとに分国支配を展開した外様弱小守護家＝信州の小笠原氏を素材として、その分国支配の成立・様相および基盤を検討してみたい。

信州では守護の交代は激しいが、その中では小笠原氏が最も長かった。しかし、その在任期間も一貫したものでなく、南北朝時代と室町時代中期に分断されている。一般に、守護の支配が安定し、大名化の進展するのは嘉吉前後(3)であるが、信州においても永享末年から嘉吉年間は、短期間とはいえ、小笠原政康が分国を統制し、小康状態が出現したのである。こうした事情に鑑み、本稿では、小笠原政康の時代に照準をあてたい。

叙述の順序は、第一節において、小笠原政康の分国支配の成立過程を、室町幕府と鎌倉府という二つの権力の対立矛盾の視点から把握し、第二節において、その分国支配の様相および崩壊過程を追求し、第三節において、守護の権力基盤である守護領・国衙領のあり方を考察し、この面からも、小笠原氏分国支配の脆弱性および幕府（将軍）権力への求心性を考えたい。

註

（1）佐藤進一氏「室町幕府論」（『岩波講座日本歴史』中世3）。

（2）黒田俊雄氏は「守護大名が、あくまで幕府を通じて国家権力の一端としての守護たる地位においてしか『大名』たることを得なかった」（岩波講座日本歴史『中世の国家と天皇』中世2）と、守護大名を国家権力の一端として把握されている。こうして従来の「守護領国制」研究に対する批判の意味から、守護体制あるいは室町幕府―守護体制という表現を用いた。田沼睦氏「室町幕府と守護領国」（『講座日本史』3）による。

（3）稲垣泰彦氏「応仁・文明の乱」（『岩波講座日本歴史』3）。

一

信州の管轄は、南北朝時代、室町幕府と鎌倉府間を移動する[1]が、その末期には幕府管轄国として定着した。その後、応永九年、幕府料国となるが、同三十二年には小笠原政康が守護に補任され、以後、信州は小笠原氏に伝えられた。

以下、右の推移、つまり小笠原政康が登場するにいたる歴史的意義を、室町幕府と鎌倉府の対立矛盾関係の中で把握し、もって、小笠原政康による分国支配成立の契機および特質究明へのアプローチとしたい。

応永八年、斯波義将は信州の守護に再任されるが、早くも翌年には信州は幕府料国となった(2)。斯波氏の守護再任は、前年の小笠原長秀の分国支配失敗のあとを受けたものだが、それが短期間で終り、しかも幕府料国化された要因は何であろうか。これを明示する史料はないので、以下、推定にすぎないが、試論を展開してみたい。

そもそも信州の管轄が鎌倉府の下から幕府へ移されたのは、義満将軍の専制体制実現への一環としておこなわれたものとみられるが(3)、信州の幕府料国化も結論的には、まさに、この延長線上に位置づけられるであろう。さて、幕府料国の設定は応永初年信州のみならず、日向国（応永七年）にも見られ、また、性格は少し違ってくるが、山城国（同六年）も料所になった(4)。この一連の現象は、おそらく、十四世紀末における将軍専制の基礎確立にともなう室町幕府全国支配の体制強化の一環として、地方の特定国をその拠点に仕立てる目的であったと考えられる。

しかし、ある国が特定国として拠点化されるには、当該国にそれ相応の政治的あるいは軍事的理由が存在しなければなるまい。信州の場合、それは将軍専制に対する鎌倉府分権化による、つまり、二つの権力の対立矛盾関係の下に置かれたということが根本的要因であろう。そこで、次に、こうした信州の特殊事情について検討を加えたい。信州の政治的地位については、かつて私も述べたように(5)、鎌倉時代、信州は幕府と朝廷の政治関係の中で、幕府を守る関東の外壁であり、その上、東山・北陸両道の分岐点をなす要衝であった。佐藤進一氏によれば(6)、こうした関東の外壁という考えは南北朝時代になっても受けつがれ、信州の管轄は鎌倉府のもとに置かれた時期がある。これは関東を中心とした発想で、室町幕府から分置されて東国地方を治める政治機構（鎌倉府）を政治的、軍事的に防衛するという鎌倉時代の政治目標がこの時期までつづいたためである。それが次の室町時代、応永九年以降、鎌倉と京都の関係が悪化し、とくに義持・義教の時代になると、信州の位置は逆転し、今度は京都が関東を敵視する立場から、関東に対する監視役として位置づけられる、と示唆に富んだ指摘をされた。

ところで、幕府と鎌倉府の対立が具体化するのは、康暦の政変（康暦元年）に関連した将軍義満と鎌倉主＝関東管領足利氏満の対立が早く、(7)さらに応永七～九年、奥羽伊達氏の征討をめぐって将軍義持と鎌倉主持氏の関係はいっそう悪化した。(8)したがって、応永九年段階に、信州の地位はすでに逆転したと考えてよいのではないか。とすれば、この時点から信州は、関東に対する政治的、軍事的拠点たる存在意義をもつに至ったと考えられ、そのことが信州を料国化させた第一の狙いであろう。

加えるに、信州においては国人の反守護闘争が激しく、前期斯波氏の時代、村上・小笠原（守護失職中）・島津・高梨氏等の反抗があり、(9)次の小笠原長秀の代には大規模な国一揆＝大塔合戦が勃発し、守護が完敗している。しかし、これらの国人層は単なる反権力集団ではなく、その行動も反幕府そのものではなく、むしろ小笠原氏を排除して幕府に直結しようとする側面があった。(10)幕府は国人層のこうした傾向を梃子にして料国化を実現させたのではなかろうか。

ところが、この幕府料国も、応永三十二年小笠原政康の守護就任によって終止符が打たれる。それでは、この間に幕府―鎌倉府間の対立関係が解消され、信州の重要性は失われたのだろうか。だが、事実は逆で、応永二十三年に上杉禅秀の乱、応永二十四～六年に甲州における守護職をめぐる争乱があり、応永三十年には足利持氏の反抗が起こっている。(11)この足利持氏の事件は最終的には和睦となったが、根本的解決には至らず、幕府の鎌倉府分権化に対する抑圧方針は毫も変更なく、事後も戒厳は解かれなかった。このように幕府―鎌倉府の関係はますます悪化し、信州の存在意義はいよいよ強まったといえよう。

したがって、幕府がこのような時期に料国を解消することは、関東との情勢からみて、一見、大きな後退感をあたえる。だが、その背後には、この時期信州を拠点として維持強化する場合、これを直轄支配するより、むしろ小笠原政康を守護とし、その支配に委ねる方が実効的と判断されるべき政治的条件が存在したのではなかろうか。これにつきまず考えられることは、一面、幕府への求心性をもちながらも自立性を志向する国人の反抗問題がある。つまり幕府支配に対する国人の抵抗による料国経営の難行である。このことを直接示す史料はないが、国人の反抗は、応永十〜十一年にかけて、北信で村上・大井・伴野・井上・須田・高梨氏等の反抗が断続し、また、応永三十二年には北信で須田氏の反抗が見られるが(12)、これもおそらく単独ではあるまい。このような情勢に鑑み、幕府はまず信州に領主的基盤をもち、幕府と密接な関係(13)にある豪族小笠原政康を登用し、助力させ、料国経営の固めと関東問題に対処しようとするのだが、結果的にはその間における彼の手腕と功績が、やがて信州を幕府料国↓小笠原守護国へと導いたと考えられる。そこで次に、この政康の登用について簡単に述べてみる。

さて、小笠原政康の登用は応永二十三年の上杉禅秀の乱前後から始まるが、その戦功等で信州における代表的な守護領住吉庄・春近領を還付され(14)、また、足利持氏討伐の功によって応永三十一年春近領船山郷も宛行われた(15)。こうして小笠原氏の権力基盤はしだいに補強されていった。ところで、この時期、政康はいかなる政治的地位によって活動したのだろうか。高井郡志久見郷の地頭御家人市川新次郎は、応永三十年、足利持氏討伐につき、幕府から「令談合細川刑部少輔并小笠原右馬助(政康)、可被致忠節之由(16)」と命ぜられた。応永九年頃に細川滋忠は信州の幕府代官をやっているので、あるいは、この細川刑部少輔も代官かもしれない。ともあれ、小笠原政康は細川氏と併列され、しかも市河氏との間に軍事指揮関係の見られる点を勘案すると、彼も単なる幕府扶持衆ではなく、一定地域に対する軍事指揮権を保持していたと考えられる。

このように関東に対する幕府尖兵としての手腕・功績と、伝統的な守護家の嫡子としての守護職復帰への競望もあり、これが、前述のような信州における直轄経営の難しさとあいまって、信州は幕府料国→小笠原氏分国へと移管されたのではあるまいか。

小笠原政康の守護補任には事前に右のような政治的導入があったので、その入部に当たっては国人の反抗も見られなかった。将軍足利義持は「下向以後、国之時宜定無為候覧、目出候、入国初候之間、為祝着太刀一腰遣之候」[17]と、その無事を祝した。とはいえ、その後の分国支配も容易に達成されたのでなく、永享七〜九年が一つのピークであった。というのは、足利持氏が幕府の拠点信州を攪乱する意味から、当国国人の懐柔を図り、関東上州寄りの佐久・小県郡には足利持氏の影響が強く、村上・蘆田・海野・禰津氏は容易に服属しなかった[18]。とりわけ村上氏は信州随一の強剛国人として小笠原氏とは宿敵の間柄にあり、その対抗上、足利持氏に接近した。まさに村上氏は信州における幕府勢力牽制の中核的存在であり、それは甲斐における関東方の中核逸見氏[19]のごとき役目をはたしていた。ともあれ、この段階での村上氏は、一時期とはいえ、ある意味では幕府―鎌倉間のキャスティングボートを握る存在であった。だからこそ、村上援助の派兵をめぐる足利持氏と執事上杉憲実の確執が永享の乱の一因となった[20]のであり、また、幕府の関東攻略の軍事行動が開始されるのも、村上氏の幕府服属の翌年であった。以上のように、小笠原政康による分国支配は、永享九年村上氏の幕府服属によって一応達成されたわけである。

註

（1）田辺久子氏「南北朝前期室町幕府における信濃管轄権の推移」（『日本歴史』二八六号）。
（2）市河文書。応永九年五月十四日足利義持御教書。
（3）赤松俊秀氏「室町幕府」（『体系日本史叢書政治史』Ⅰ）。藤枝文忠氏「室町初期信濃国統轄をめぐる京・鎌倉の対立」（『日本歴史』二六六号）。
（4）歴史学研究会編『日本史年表』。
（5）拙稿「北条氏と信濃国」（『信濃』一九巻一二号）。
（6）佐藤進一氏「守護制度史上の信濃」（『信濃』二〇巻一〇号）。
（7）佐藤進一氏「南北朝の動乱」（『日本の歴史』九）。
（8）渡辺世祐氏「関東中心足利時代之研究」。
（9）市河文書。至徳四年六月九日足利義満御教書。
（10）福田豊彦氏「国人一揆の一側面」（『史学雑誌』七六編一号）。
（11）渡辺世祐氏前掲著書。
（12）市河文書。応永二十二年七月十九日足利義持御教書。
（13）室町将軍の近習に小笠原氏庶流の者が多く見られること＝福田豊彦氏・佐藤堅一氏「室町幕府将軍権力に関する一考察」（『日本歴史』二二八・二二九号）、および室町将軍家の弓馬師範が小笠原氏（京都庶流）であったように、将軍家とは深い関係にあった＝二木謙一氏「室町幕府弓馬故実家小笠原氏の成立」（『国学院大学日本文化研究所紀要』二四輯）。
（14）小笠原文書。応永二十五年九月九日足利義持御教書。
（15）小笠原文書。応永三十年十一月十六日足利義満御教書。
（16）市河文書。応永三十年七月十日足利義量御教書。
（17）小笠原文書。応永三十三年八月二十七日足利義持御内書。

(18)　小笠原文書。永享八年五月十八日足利義教感状。同文書。永享八年八月三日足利義教感状・越前勝山小笠原家譜。
(19)　渡辺世祐氏前掲著書。
(20)　看聞日記。

二

前節から凡そわかったように、小笠原政康による分国支配の成立および平定の契機は、根本的には幕府専制と鎌倉府分権化の対立矛盾によって醸成される厳しい政治的軍事的緊張関係にあった。すなわち、幕府は関東攻略に備えるため、信州を軍事的に再編強化する必要があり、いきおい守護に対して国人支配の強化を要請するが、これを受ける守護側は、将軍権力の主従制的支配権の執行人として、とりわけ、非常事態に際し一国御家人の軍事指揮統轄権を強力に発動させ得た。もっとも、国人側にもこの発動を支えざるを得ない弱さがあった。つまり、彼等には地域的封建権力の未熟さによる将軍権力への求心性が存在したからである。たとえば、反守護の色彩強い北信濃の高梨氏さえ、幕府の足利持氏討伐（応永三十年のとき）に際し、「依公方御大事、高梨方閣私弓矢之由被申候、達　上聞候、可然候」とあるように、反権力的な反面、公方（将軍）への求心的傾向が見られる。[1]

それでは、こうして成立した小笠原氏分国支配の特徴は何か。まず注目されるべき現象は、小笠原政康の発給した感状・安堵状は、管見の限り、今日ほとんど伝存されていないことである。[2]守護の分国支配において領国主的側面が進んでくると、越後上杉氏の場合、守護の主体性による感状授与・所領安堵・裁判権の掌握等が実現された。[3]裁判権については不明な点も多いが、感状・所領安堵状は明らかな指標となり得るであろう。小笠原氏の場合、それがほとんど残っていないのであるが、私はこれを単に史料伝存の偶然性として把握すべきではなく、むしろ、感状・所領安堵状が数多く発給されるほどに、守護小笠原氏による国人層の掌握が進んでいなかった証左ではないかと思う。つまり、小笠原政康の分国支配は、守護権力の強さと広汎な国人層の被官化によって成り立っていたのではなく、前述のように幕府権力に依存した軍事的統轄の段階にあり、いまだ政治的支配の段階まで進んでいなかった。換言すれば、その分国支配は幕府―鎌倉府間の政治的軍事的緊張という特殊状況下において、幕府権力を背景とする守護と国人層の勢力均衡にほかならない。そして結城合戦において、陣中奉行小笠原政康は国人を一国的規模で動員し陣番を定めているが、(4)彼と国人たちの関係は、一部の直臣や被官人を除けば、封建的主従関係は形成されておらず、将軍の主従制的支配権の執行人としての守護の軍事指揮統轄権発動の所産であり、官兵にすぎなかった。

とはいえ、前述の外的条件（緊張関係）がある程度持続されるならば、あるいは、その過程で国人層の被官化を将来し、軍事的支配から政治的支配の段階へ昇化する可能性もあったであろう。しかし、もし逆に、分国支配を規制づけているこの外的条件に急激かつ大きな変化がおきる場合は、守護―国人間の均衡を支える要を失い、支配の弛緩、あるいは混乱が将来されるであろうことは、前述来の論理的帰結である。さて、この外的条件が現実に問題化したのは、敵対権力鎌倉府の滅亡につづいて起きた嘉吉の乱である。この乱で義教が誘殺されるにおよび、将軍権力は失墜し、有力守護勢力の優位が決定した。(5)ここに至って小笠原氏分国支配の支柱―将軍専制は解体しはじめた。そのあとには管領畠山・細川両氏を中心とした権力抗争が続くが、そうした幕府中枢部の分裂は地方の弱小守護家に影響をあたえ、とりわけ、相続問題に発展しやすかった。(6)小笠原氏の場合は、政康が義教のあと翌々月に死去し、(7)これが相続争いの発端になった。したがって、外的条件の変化によって将来される小笠原氏分国支配の弛緩・混乱は、守護対国人の反抗という形で発生する以前に、まず守護家自身が相続争いで分裂し、自ら守護権力を弱体化し、分国の統一性を失う結果になった。

そこで、次にこの相続争いについて簡単な説明を加えよう。争いは惣領職の相続をめぐって政康の子宗康と甥持長[8]の間で展開されるのだが、その原因は、小笠原氏の相続形態が政康の時代から単独相続への傾向[9]が強まり、惣領と庶子の地位には大きな差異が生じ、そのため、相続については本人のみならず、それを取りまく家臣団にも重大な影響をあたえずにはおかなかった。とりわけ小笠原氏の場合、所領の地域的分布を見るに、一つは伊賀良庄を中心[10]とする伊那方面に、もう一つは府中＝松本近辺に多く集中し、それが信州特有の山間峡谷性に制約され、領主的支配において分局性を内包[11]していた。こうした内的矛盾が幕府中枢部の対立関係と結合し、そこから相続争いに発展したのである。文安三年、守護職を相続した宗康は漆田（善光寺近辺）において持長と戦い敗死した[12]。そしてこの相続争いを契機として、信州小笠原家は府中小笠原（持長の系統）と伊那小笠原（政康の系統）に分裂し、その抗争は天文年間まで克服されなかった。抗争がこのように長期におよんだのは、家臣団の対立のみならず、背後に自立性の強い国人層相互の対立が葛藤していた[13]からである。そこで次に、その後の抗争を簡単に追跡してみよう。

両小笠原家の紛争は、その後再興された鎌倉府主足利成氏と幕府の第二次対立関係に影響され、信州は再び両勢力によって攪乱された。すなわち、康正二年頃、府中小笠原清宗は守護小笠原光康（伊那）との対抗上、足利成氏と盟約していた[14]。寛正年間になると、足利成氏は京都方の信州を攪乱するため北信濃の強剛国人村上・高梨と同盟し、京都方の上杉房定・小笠原光康に対抗させている[15]。しかし、文明年間に入ると、京都と鎌倉の和睦が成立し、代わって信州一宮諏訪上社の内部分裂および諏訪下社の問題と葛藤しながら、小笠原氏の紛争は展開されるが、[16]まもなく守護小笠原政秀（伊那伊賀良鈴岡）は定基（伊那伊賀良松尾）に攻められて敗死した。[17]この事件を契機にして信州では幕府―守護体制は急速に解体し、戦国的様相を深めていった。

ここまで述べれば、政康以後における小笠原氏分国支配の実態が何であったか、多くを語る必要はあるまい。すなわち、一族の分裂と第二次幕府―鎌倉府対立の余波を受けて、守護小笠原氏は実質的にも一国支配の権能を喪失していた。尋尊大僧正記によると、文明年間、信州の守護は小笠原政秀と上杉房定（越後守護）の二人になるが、この事実はまさしく信州の混乱状態に対する幕府の守護体制補強策にほかならない。

註

（1）小笠原文書。（応永三十年）八月十九日畠山満家書状。
（2）応永三十一年小笠原政康の諏訪下社大祝への安堵状（諏訪大社下社文書）が見られるだけである。これは守護就任の前年のことであり、彼の軍事指揮権保持の立場から出されたものであろうが、塩尻郷東条が貞治五年、長基によって下社大祝へ寄進（諏訪大社下社文書）された関係のあることも見落すことができない。
（3）羽下徳彦氏「越後に於る守護領国―守護と国人の関係を中心に」（『史学雑誌』六八編八号）。
（4）結城陣番帳〔笠系大成附録〕雑集政康之部。
（5）稲垣泰彦氏前掲論文。
（6）本来将軍がもつ守護家・地頭御家人の物領職与奪の権限が、嘉吉の乱で将軍権力が失墜すると、有力守護はこれに干渉し自己の系列のものを推し勢力の増殖をはかった。小笠原系図（彰考館本）によれば持長の継父は畠山徳本（持国）である。両者の深い関係が察せられる。

（7）　小笠原系図（彰考館本）。

（8）　持長と政康の関係については異説が多いが、勝山小笠原家譜に拠り、尊卑分脈を参酌した『信濃勤皇史攷』のものが、小笠原文書応永十二年十一月九日小笠原長秀譲状・同文書文安二年十一月二十四日室町幕府奉行人連署意見状に徴してみても妥当かと思う。参考までにそれによって略系図を次に示す。

貞宗――政長――長基┬長将――持長（府中）――清宗――長朝――長時…
　　　　　　　　　├長秀
　　　　　　　　　└政康┬宗康――政秀（伊那鈴岡）
　　　　　　　　　　　　└光康――家長（伊那松尾）――定基……

※（　）内は筆者による。

（9）　小笠原文書康永三年十一月十二日小笠原貞宗譲状案によれば分割相続の段階から抜けておらない。小笠原文書永徳三年二月十二日小笠原長基自筆譲状によれば、分割相続とはいえ、女性分には「一期」の制限が付されている。これが小笠原文書応永十二年十一月九日小笠原長秀譲状によると、政康に対し、「所々朝恩并本領・恩賞之地等」とあり、単独相続への傾向が強く感じられる。

（10）　鎌倉時代の北条氏領を受けついだもので、前述康永三年小笠原文書によれば、早くから小笠原庄（甲斐本貫地）および守護職とともに嫡流に伝えられていることがわかる。応永七年四月二十一日市河文書によると、守護小笠原長秀は大内義弘討伐のため伊賀良庄から進発している。また、小笠原文書小笠原政透（政康）自筆置文には「こんといからへこへ候事、目出度候、諸事について、いからの事は六郎（光康）にまかせ候」とあり、以上によっても伊賀良庄の重要さがわかる。

（11）　註（7）小笠原系図および豊前豊津小笠原系図二によると、持長支持派には溝口上野・坂西上総・二木氏等、総じて府中近辺に本拠する家臣が見られる。ところが宗康の傅臣・後見は常葉壱岐であり、伊那（飯田）が本拠のようである。こうした点も、分極化の傾向を内在していたことを示すものではなかろうか。

（12）　小笠原文書（文安三年）三月十一日小笠原宗康書状ならびに同文書（文安三年）五月四日細川持賢書状によって推定した。

(13)　同文書（康正二年）九月十一日細川勝元書状中に「又次郎（清宗）合力之国人等、堅御折檻候之旨、以書状申下候」とあり、国人との関係が顕著である。
(14)　註（13）文書および小笠原文書（長禄二年）細川持賢書状によって、鎌倉府と関係のあったことがわかる。
(15)　諏訪御符礼之古書および小笠原文書寛正六年六月九日足利義政御教書。
(16)　諏訪御符礼之古書文明十一年九月五日条、同十三年八月二十日条、守矢満実書留文明十二年八月十二日条、同文明十五年正月八日条、同十五年二月十九日条等によってわかる。
(17)　従来は明応二年の誘殺説であったが、伊藤冨雄氏によって訂正され、某年正月二十九日小笠原定基や知久七郎に鈴岡城を攻められ戦死した—小林計一郎氏「信濃守護考」（『伊那』昭和三十七年八月～十一月号）。

三

ここでは、前節で一応あきらかにした小笠原氏分国支配の特質—支配の脆弱性および将軍権力への求心性の問題—を、守護権力の基盤となる守護領および国衙領・国衙機能のあり方を検討することにより、この面から関連づけたい。

1　小笠原氏の所領[1]は管見ではあまり大きくはないが、これらの中では春近領とよばれる一群の所領が質・量において重要な位置を占める。質的ということは、春近領が信州において要衝を抑えていたからである。さて、この春近領は所在する位置によって近府春近・奥春近・伊那春近に分かたれるが[2]、とりわけ近府と伊那に多く集まっていた。近府春近は文字どおり府中（松本）周辺に分布し、政治的要衝であるとともに、また経済的にも島立・新村郷のように条里的遺構をもった水田地帯として生産力が高い[3]。奥春近領高井郡志久見郷は千曲川沿い信越国境にあり、生産力の低い山間峡谷地ではあるが、軍事上の要衝であった。ここは、南北朝時代、越後の南朝方大井田氏の本拠妻有庄に対峙して関所がおかれ[4]、地頭御家人の市河氏が支配していた。また、室町時代―戦国時代初期には、越後の守護上杉氏の関東と府中を結ぶ通路に近接した重要地である。この志久見郷は守護領の中には直接見えないが、その地の地頭御家人市河氏がつねに時の守護側に立って行動している点[5]に着目すれば、春近領としての志久見郷と守護との間には何らかの関連性があったものと考えられる。また、更級郡船山郷には建武年間守護所が存在し、交通の要衝であった[6]。伊那春近領は上伊那郡から下伊那郡にかけて、天竜川西河岸段丘に集中していた。応永七年大塔合戦における守護小笠原長秀の軍勢には、「伊那春近人々[7]」が重要な存在となっているが、彼らは春近領内の群小武士層であった。以上見られるごとく、信濃春近領は政治的、軍事的に要衝に位置するものが多かった。

さて、守護領については、石井進氏の研究[8]によると、守護が管国内に有する所領（広義の守護領）のほかに、守護職と不可分の所領（狭義の守護領）がある。信濃春近領は住吉庄（安曇郡）と一緒に、守護職の移動にともなって領有が変わっているので[9]、まさに、信州における狭義の守護領としては典型といえよう。ところで、信濃春近領については、稲垣泰彦氏の研究[10]によると、鎌倉初期いらい関東御領となるが、さらに鎌倉末期から南北朝動乱の中で守護領に変わったこと等、まことに注目すべき指摘をされた。おそらく、幕府が南朝勢力の強い信州に対して守護権力を補強する意味があったのではないかと思うが、さて氏の指摘どおりであるならば、春近領は普通の狭義の守護領以上に、それが本来将軍家領であったという特質にも関連して、将軍による強い制肘力が付随したのではなかろうか。ともあれ、小笠氏所領の中で重要な位置を占める春近領が、小笠原自身に付属するものでなく、将軍によって任免される守護職に付随し、その上、将軍の制肘力が強いとすれば、こうした守護領のあり方からも、小笠原氏の将軍権力に対する求心的傾向は必然的であったといえよう。

２　守護の一国支配を支える行政機構は、国衙機構の踏襲と掌握にあるが、この点を信州について若干検討してみよう。鎌倉時代初期、信州が一時将軍家知行国に属したとき、頼朝の腹臣比企能員が守護と目代を兼帯し[11]、武家による国衙在庁機構の掌握がはかられた。鎌倉時代末期、北条氏の守護下に信州は得宗専制の一翼をになうが[12]、この時、深志介知光なる在庁官人が北条被官となっており[13]、北条氏による国衙在庁機構掌握の一端が示される。さて、小笠原氏もこの方式を踏襲し、文明二年には、坂西兵部少輔が一宮諏訪上社の社殿立柱式に府中深志介の役を勤めているが[14]、この坂西氏は小笠原の家臣であった。

また、国衙機構を掌握するほかに、本来国衙の有する権限を守護側で吸収することもおこなわれた。たとえば、国内の荘園・国衙領に対する国司の初任正検注[15]の施行についてであるが、鎌倉時代末期延慶二年、高井郡志久見郷の検注目録の調進者は目代[16]であったが、南北朝時代応安六年には、同郷の検注目録の調進者は守護使に変わっている[17]。つまり本来国司の権限下にある検注目録の調進は、南北朝時代すでに守護の権限に吸収されていたのである。

以上見られるように、信州においても一応守護による国衙機構の掌握、および国衙の権限吸収が進んでいたが、問題は、その機構や権限が現実に機能し権能して、室町時代における守護の一国支配に対して有効性が保たれていたかどうかである。結論的にいえば、信州においては応永以後、国衙機構の掌握は守護の一国支配にとって積極的な意味をなくしていたのである。なぜならば、南北朝以降、とりわけ大塔合戦を契機にして、以後は国衙支配の客体―国衙領および公田[18]―は国人層の侵食によって荒廃し、それ故、小笠原政康の時代、国衙機構はすでに形骸化していたからである。

そこで次に、この国衙領のあり方[19]について述べてみよう。明月記によると、鎌倉時代安貞元年、藤原定家は信州国衙領のうち斎宮分の国務を三〇〇貫で請負った。実際にはこの額はとうてい消化できなかったのだが。こう見ると、当時信州の全国衙領の年貢額は三〇〇貫を大幅に上まわっていたことは確かである。ところが南北朝時代に入ると、明徳年間、信州国衙領の正税はおよそ三千疋[20]（三〇〇貫）にすぎなかった。しかし、これが応永九年には「信州国衙者、東大寺領候云々、至于応永六年知行之由、寺家被申候事実候哉、於国被尋究、可有御注進之由候也[21]」とあるように、東大寺の知行は応永六年止まりで、以後は国衙の貢進も途絶えたようである。この不知行化現象は、おそらく、あの大塔合戦（応永七年の国一揆）の直後であるだけに、その影響は強い。つまり、この乱によって国衙在庁機構の最後の守り人[22]＝守護の権力は大きく後退し、その反面国衙領に対する国人層の領主権が伸長し、知行国主側の収納は現実には不可能な状態に追い込まれたのである。こうして信州における国衙領は、応永七年を境に急速に無内容化されていった。

さて、信州においては、前述のごとく、国衙正税はあくまで東大寺に貢進されたように、国衙領そのものは守護領とはならなかった。こうした場合、守護の国衙領支配は守護請の獲得からはじまるのだが、信州においては守護請も史料的に確認できず、その有無は明らかでない。かりにおこなわれたと想定しても、如上の国衙領のあり方では、応永以降、郷の給地化―国人層を請地代官として被官化する―による主従的支配関係の創出・拡大に対し、有効性はすでに失われていたといえよう。つまり、応永以降、信州においては守護請が、もし、実施されたと仮定しても、その政治的、経済的効果はあまり期待できなく、総じて国衙領は守護権力を強化する有力な基盤とはなり得なかったのではなかろうか。

以上のように、小笠原氏分国支配の脆弱性および幕府権力への求心的傾向は、信州における当時の守護領および国衙領のあり方からも規制されていたのである。

註

（1）

所領	郡(旧)	領有者	出典
春近領 塩尻郷	筑摩	小笠原貞宗	貞和三年四月二十四日、足利尊氏下文（小笠原文書）
		小笠原長基	貞治五年二月九日、小笠原長基寄進状（諏訪大社下社文書）
島立郷	筑摩	小笠原貞宗	貞和三年四月二十四日、前掲文書
		小笠原長基	永徳三年二月十二日、小笠原長基譲状（小笠原文書）
片桐郷	伊那	小笠原長基	永徳三年二月十二日、前掲文書（大塔軍記により春近領と推定される）
田島郷	伊那	小笠原長基	〃（〃）
船山郷	更級	小笠原長秀	応永四年七月晦日、神長貞実副状案（守矢文書）
		小笠原政康	応永三十年十一月十六日、足利義持御教書（小笠原文書）
?小池東西	筑摩	（小笠原長基）	応永七年六月十一日、小笠原長秀安堵状（諏訪大社下社文書）
		（小笠原持長）	宝徳三年十月五日
?南村南方	筑摩	（小笠原長基）	応永七年六月十一日、前掲文書
		（小笠原持長）	宝徳三年、前掲文書
?大妻南方	安曇	（小笠原持長）	宝徳三年、前掲文書
浅間郷	筑摩	小笠原長基	永徳三年二月十二日、前掲文書

※小池・南村・大妻については、小笠原氏の領有を示す確証はないが、塩尻郷（小笠原氏の寄進）と一連の関係にあるので、便宜ここに掲げた。後考を待つ。

小島田郷	更級	小笠原長基	永徳三年二月十二日、前掲文書
杏沢郷	佐久	小笠原長基	同　上
福地郷	伊那	小笠原長基	同　上
二子郷	筑摩	小笠原長基	同　上
住吉庄	安曇	小笠原貞宗	建武二年九月二十七日、足利尊氏下文（小笠原文書）
		小笠原長秀	応永五年八月二十四日、足利義満御教書（小笠原文書）
		小笠原政康	応永二十五年九月九日、足利義持御教書（小笠原文書）
伊賀良庄	伊那	小笠原貞宗	康永三年十一月十二日、小笠原貞宗譲状案（小笠原文書）
		小笠原長基	永徳三年二月十二日、前掲文書
		小笠原光康	文安四年（諏訪御符礼之古書）
		小笠原政秀	文明二年、同　上
捧庄	筑摩	小笠原持長	享徳一年、同　上
柒田	水内	小笠原持長	享徳一年、同　上
志津間	水内	小笠原但州	応永四年七月五日（市河文書）
大和田郷	安曇	小笠原清政	貞治四年七月、小笠原長基宛行状（小笠原文書）

（2）稲垣泰彦氏「春近領について」（『一志茂樹博士喜寿記念論集』所収）。

（3）一志茂樹氏「島立乃生立」（松本島立郷土資料保存会編）。

（4）市河文書、暦応三年八月、市河倫房軍忠状によると、建武二年以来、志見久口関所を警固した。

（5）市河文書、延文五年六月二十七日、小笠原長基宛行状・同文書、応安元年六月二十三日、足利氏満御教書・同文書、至徳四年六月二十五日、斯波義種感状・同文書、応永七年十一月十五日、市河興仙軍忠状。

(6) 善光寺―府中（松本）を結ぶ線と、善光寺―小県・佐久郡を結ぶ線が分岐する地域である。
(7) 大塔軍記。
(8) 石井進氏「鎌倉時代守護領研究序説」（『宝月圭吾氏還暦記念論文集』所収）。
(9) 小笠原文書、観応三年七月十七日、足利尊氏下文・同応永五年八月二十四日、足利義満御教書・同応永二十二年十二月五日足利義満御教書。
(10) 稲垣泰彦氏前掲論文。
(11) 石井進氏「鎌倉幕府と律令国家」（『中世の法と国家』所収）。
(12) 拙稿「北条氏と信濃国」（『信濃』一九巻一二号）。
(13) 市河文書、建武三年二月二十三日、市河経助軍忠状。
(14) 守矢満実書留。
(15) 検注というのは国司検注による収入で、おそらく居合請料や勘料銭がおもで、実際の検地を免除するかわりの代償である。宝月圭吾氏「中世検注における一、二の問題」（『信濃』一〇巻五号）・小林計一郎氏「知行国としての信濃について」（『信濃』一四巻一二号）。
(16) 市河文書、延慶二年、志久見郷田在家目録注進状。
(17) 同文書、応安六年六月、信濃守護使重義注進状。
(18) たとえば、延慶二年（註16）高井郡志久見郷では合見作田二町二反三百四十歩、定公田九段、定公在家四宇、勘料田一町三段三百四十歩であったが、応安六年（註17）にはわずかに現作田五段、分銭三貫文となった。現作田の大幅な減少と公田記載の消失が注目される。中世政権に対する在地的権力の伝統的規制力により、幕府段銭、守護段銭賦課の基礎となる公田の固定性が生ずるのであるが、志久見郷では応永以前すでに公田数が大幅に減少している。
(19) 佐藤進一氏前掲（『信濃』）によると、「信州では知行国主が連綿と続いた国、あるいは駿河のような国司と守護職が一体化しているような国などとは違った国衙領のあり方を推定してよいのではないか」と、きわめて重要な示唆を与えられている。

(20)　小林計一郎氏前掲論文。
(21)　東大寺文書、応永九年八月二十八日、常遍奉書案。
(22)　杉山博氏「守護領国制の展開」(『岩波講座日本歴史』中世3)。

むすび

以上、論述した結果を左にまとめ、結びにかえたい。

小笠原氏分国支配の〝成立の契機〟および〝特質〟を強く規制した要因は、室町幕府政権における将軍専制段階と密接に関連し、より具体的には、将軍専制と鎌倉府分権化の対立矛盾によって醸成された政治的軍事的緊張関係に求められる。それ故、嘉吉の乱によってこの将軍専制が解体しはじめ、幕府中枢部の対立が顕在化するや、その余波をうけて小笠原一族は分裂をきたし、分国は早急に統一性を失った。つまり、小笠原氏の分国支配は、まさに、室町幕府政権における義持・義教―将軍専制の政治的要請に対応して成立し、また、その解体に対応して衰退していったのであり、それはあくまで幕府の東国支配体制の一環としてとどまったのであり、地域的封建権力の組織化とか守護分権化の方向には進展しなかった。

こうして、小笠原政康による分国支配の統一は短期間に終わるが、その特徴は、幕府権力に密着した戦時特殊状況下における軍事的支配であり、国人の多くを組織、被官化したところの政治的支配の段階には到達できなかった。さて、このような小笠原氏分国支配の脆弱性および幕府権力への求心的体質は、かかる成立過程から強く規制されるのみでなく、また一方において、守護権力の基盤となるべき守護領および国衙領のあり方や、国衙在庁機構の形骸化等によっても規制されたのである。

小笠原政康の死後、内訌による一族の分裂を契機とし、分国の小康状態は一挙に崩壊し守護体制は弛緩するが、十五世紀末、守護小笠原政秀の敗死を契機にして信州における守護体制は解体したといえよう。

本稿は推定の多い試論にすぎないが、先学のご叱正にあずかれれば幸甚である。

Ⅱ

大塔合戦研究序説

高村　隆

一、はじめに

応永七（一四〇〇）年、信濃国更級郡でおこった所謂大塔合戦は、信濃国守護小笠原長秀に対する国人層の反守護闘争であり、それはまさに信濃国一国に及ぶ規模の国一揆であった。小稿は、この反守護闘争＝国一揆(1)を遂行した信濃国国人領主層の実態を究明せんがため、以下大塔合戦を素材として、その検討を試みるものである。

尚、小稿は、信濃国における国人領主制分析のための私なりの第一作業である。国人領主制研究の素材を信濃国に求めた理由は、守護権力が脆弱である信濃国において、自立心が強く、国一揆と号して反守護行動をとる国人層が、守護領国制から戦国期段階においてどのような在地領主制の展開を示してくるのかを、大名領国制への展望として私なりに素描してみたいからである。しかし、南北朝内乱期から複雑な動向を示しながら戦国期にまで至る信濃国国人層を一括して分析するには、小稿ではまだ準備不足である。それゆえ、多くの課題を残すことにはなるが、小稿では信濃国における国人領主制分析の第一作業として、国一揆と号して国人層が蹶起した応永七年の大塔合戦をとりあげ、この合戦の経過と参戦した国人層の分類を試みることから、信濃国国人領主層の動向を検討したいと考える。ゆえに、以下結論を急ぐことなく、大塔合戦についての基礎的作業を試みてみたい。

二、大塔合戦と信濃国国人領主

室町期、信濃国の特徴を一言でいえば、国人の自立性がきわめて強く、それだけ守護の領国支配の確立が困難な地域であったことである(2)。その自立心の強い信濃国人層が、応永七年新守護小笠原長秀に対し、一斉に蹶起したのが大塔合戦である。この大塔合戦については、古くは市村咸人氏・渡辺世祐氏によりその概要が述べられており(3)、また近年では稲垣泰彦氏・福田豊彦氏による研究が示されている(4)。このうち、稲垣氏は国一揆を守護入部に対する国人層の反守護闘争と規定し、それは恒常的な組織をもたず、守護領国制の進展により解体するとされ、大塔合戦とは、守護小笠原氏の新儀に対する国人の組織的反抗・政治活動であり、その構成は村上一揆・佐久三家・大文字一揆等血縁関係の濃厚な結合形態であったと指摘された。また福田氏も、国一揆を守護の領主権侵害に対する国人の一揆とし、ヒエラルヒーも恒常的組織ももたない一揆が一時的に守護を打倒しても地域的封建制を形成することはできず、守護の領国化の中で解消するとされ、大塔合戦における大文字一揆の具体的分析をおこなわれた（この大文字一揆については後述したい）。このように、両氏とも国一揆を反守護闘争とし、守護の領国化の中で解体するとされたわけである。それは、言葉を代えれば、守護領国制論の枠内での立論といえよう。しかし、これに対し、国一揆・国人一揆を単なる反守護闘争としてのみ捉えるだけではなく、在地領主制下における農民闘争による下からのつきあげ、村落支配の矛盾から生じた在地領主連合と捉え、また、国一揆が演じた地域権力・領域的支配の側面及び戦国期に至るまで展開する国一揆の史的性格の側面等―それは言葉を代えれば戦国大名領国制論における一揆の史的位置づけ―が提起され、(5)国一揆・国人一揆研究は新たな段階にきているといえよう。そこで、小稿も信濃国におけるこの国一揆＝大塔合戦を素材に検討を試みるものであるが、信濃国における史料の限定により、以上の問題を全面的に分析することはできない。また、たしかに、大塔合戦の現象面をみるならば、それは反守護闘争であり、事実、守護小笠原氏の領国形成の過程で国一揆は解体している。しかし、小稿では、この大塔合戦を単に守護の新儀に対する国人の反抗とのみ捉えるのではなく、大塔合戦の要因と、合戦参加の国人層の性格を分析することから、以下大塔合戦の歴史的意味を検討してみたい。

大塔合戦については、『大塔物語』・『信州大塔軍記』にその経過が生々しく詳細に記述されている。(6)同書はほぼ信用できるものとされているが、(7)小稿ではこの『大塔物語』の記述が他の史料で確認しえる確実なところから分析に入りたい。

まず、合戦の発端であるが、『大塔物語』によれば、それは入部直後の新守護小笠原氏が「臨西収期、地下之所務寂中也、河中島所々者、大略村上當知行也、且称非分押領、且寄事守護之諸役、令入部致所務」とある如く、守護小笠原氏による村上氏（国人）への所領の押領であった。この場合「守護之諸役」の内容は不明だが、「令入部致所務」とあることから、新守護による国人所領への押領と考えられ、このような守護支配に対する国人層の対立が大塔合戦＝国一揆に発展したと捉えられている。そこで、まずこの守護小笠原氏による村上氏所領への押領が合戦の発端であったか否かについては、次の市河文書から裏づけられよう。応永七年一一月一五日の市河興仙軍忠状によれば「凶徒村上中務少輔満信、依令違背上意、令張行嗷訴、（中略）仍大文字一揆高梨薩摩守朝高以下、満信令同心合力、所々張陣」とある。[8]すなわち、上意に違背し張行嗷訴した村上満信、この満信に高梨・大文字一揆等が同心合力したものがこの国一揆であったことが確認される。すなわち、このことから、一つに大塔合戦とは、新守護対信濃国人一般と一律に捉えるのではなく、新守護対村上氏、この村上氏に同心合力した信濃国人層と捉えることが妥当であると考えられる。

そこで、さらに以下の検討を進めるため、ここで『大塔物語』の記載に帰って、合戦の主力となった反守護的国人層の分類を試みてみたい。なぜなら、私は前述の如く大塔合戦とは、単に守護の新儀課役に対する国人一般の反守護闘争という側面だけではないと考え、それゆえ、その各々の性格を区分することから、一揆の性格・国人の実態をより詳しく把握できるものと考えるからである。さて、応永七年九月、新守護に補任された小笠原長秀が佐久郡に下着し、一門の大井光矩の館で一国成敗の趣を国人に通達した時の『大塔物語』の記載によれば、

村上中務少輔満信者、謂一家、依有内縁之儀、以使節経案内、其外伴野・平賀・田口・海野・望月・諏訪両社・井上・高梨・須田、惣国人不残以使者触之、源家人々者、素云一族、且為上意間、不及是非之左右、爰大文字一揆人々者、為故敵・當敵上者、廻思案、一切不用之、可申請別守護人旨、内々令評儀畢、

とある。そこで、この記載から次の分類が可能となろう。

Ⓐ　まず、「以使節経案内」た村上満信。この記載によれば、村上満信は長秀と血縁関係を有すゆえ次のⒷとは別の記載となっている。しかし、血縁関係からすれば、Ⓑ記載の佐久三家も小笠原氏と有縁であり、この村上氏こそ、前述の如く大塔合戦の中心となった存在であり、小笠原氏との関係は特に注意されるべき存在である。

Ⓑ　これに対し、「以使者触之」た信濃国国人伴野・平賀・田口等佐久三家、諏訪両社、海野・望月氏の滋野一族、

北信の豪族高梨・井上・須田氏の奥三家等の国人領主。これら国人層は、高梨氏が例になる如く、前述市河文書において、凶徒村上満信、この村上氏に同心合力するという形で参戦した国人層であり、軍勢としては主力となるものの、小笠原氏の入部に対しても、「且為上意間不及是非左右」という如く、それほど強硬な対立は示していない国人層である。

Ⓑ′　次に、同じく「以使者触之」た存在であるが、Ⓑとは異なり終始「為故敵當敵上者」「一切不用之可申請別守護人」と主張した大文字一揆。

以上、『大塔物語』の記載から、国人層の分類を試みたが、ここにおいても、前述の村上氏と大文字一揆が他の国人とは別の形態で記載されていることがわかる。すなわち、ⒶとⒷの相違は単に小笠原氏との血縁関係だけとは思われず、前述の合戦の発端（村上氏に同心合力するⒷ・Ⓑ′の国人層）を併せ考えてもⒶとⒷの相違は明瞭である。そして、この発端において重要なことは、新守護小笠原氏が単に国人村上氏の所領を押領したというのではなく、むしろそれが村上氏であったこと、さらに一揆が村上氏に同心合力するという形で国一揆にまで発展したことである。次に、ⒷとⒷ′の分類であるが、それはなによりも、Ⓑの国人が諏訪両社をはじめとし、いずれも信濃の有力な国人領主であるのに対し、Ⓑ′は一揆と称された存在である。そこで、まさにこの一揆の実態こそが問題なのであるが、これは後述するとして、とりあえずⒷが初め小笠原氏の守護を受け入れたのに対し、Ⓑ′は一応評議を重ねたものの実際には終始否定しつづけた存在であることが大きな相違といえる。

さて、そこで次に、これら国人層の各々について検討しなければならないが、小稿ではⒶの村上氏とⒷ′の大文字一揆をとりあげることにしたい。なぜなら、大塔合戦自体の現象面をみるならば、守護対信濃国人一般ではあるが、その中心は村上氏と大文字一揆であり、両者の性格を考えることこそ、大塔合戦分析の鍵と考えられるからである。

三、信州惣大将軍村上氏について

村上氏の出自については不明なところが多く、正確に知ることができない。一説によると、陸奥守頼清の出で、頼清の子顕清が信濃に配流され、更級郡村上郷に住し村上氏を称したという。(9)しかし、鎌倉期には史料上にその姿をほとんど現わさず、村上氏が信濃有数の豪族として史料上に登場するのは南北朝内乱以降である。

さて、建武五（一三三八）年、村上信貞は一時期信濃国守護であったという説がある。(10)しかし、それよりも注目されるのは、小笠原氏が信濃国守護であった建武二年段階で、村上氏が市河氏等を指揮して国人薩摩刑部等の蜂起を鎮圧し、「當国（信州）惣大将軍村上源蔵人殿」と称された存在であったことである。(11)では、この「信州惣大将軍」とも称された村上氏とはどのような存在であったのか。それは同じく南北朝期信濃国守護であった小笠原氏とどのような相関関係を有し、さらに在地の国人にとって両者はいかなる権力であったのであろうか。

建武三年正月一七日、埴科郡英多庄清瀧城に楯籠った凶徒誅伐のため奮戦した市河経助・助房は、その軍忠を認められんがため、村上信貞に証判を求め下付されている。(12)そして、一日後の一八日、市河経助は同じ内容の軍忠状を守護小笠原貞宗に提出し、同様に証判が下されている。(13)市河氏のこのような軍忠状及び着到状は他にも見出される。例えば、建武三年六月二九日、牧城香坂氏討伐（香坂氏は後の大塔合戦における大文字一揆の構成員）においては、市河経助・助泰軍忠状→小笠原経義証判(14)（経義は守護代小笠原兼経の弟）、市河経助軍忠状→村上信貞証判と同一日に二通(15)

あり、同年一一月の新田義貞討伐には市河親宗着到状及び軍忠状が各々小笠原経義と村上信貞に提出されているという具合である。(16) では、なぜ市河氏は着到状・軍忠状等を各々小笠原氏と村上氏に提出したのであろうか。国人が合戦において着到状を提出し、その軍功を認められんがため軍忠状を提出するのは、その提出先がなんらかの権力機構であり、恩賞にあずからんがためである。そこで、時の守護・守護代小笠原氏は当然のこととして、村上氏が問題となろう。そして、この場合「信州惣大将軍」の内容こそが重要なのであるが、残念ながらその具体的内容は不明である。ただ、建武三年一一月、越前に没落した新田義貞を討伐すべく出陣した市河氏の軍忠状から、越前討伐には次の二つの形態があったことがわかる。(17) 一つは、守護代小笠原兼経の弟経義が府中・仁科・千国口から出発した軍勢であり、もう一つは、信州惣大将軍として出陣した村上信貞の軍勢があったことである。すなわち、府中等中南信の守護に対し、惣大将軍として越前に向かった北信を基盤とする村上軍という二つの軍勢があったと考えられる。それは、信濃一国を管領する守護小笠原、そしてそれとは別に北信の軍事指揮者村上氏という存在を十分に想定しえよう。但し、村上氏の軍事指揮者としての性格が市河文書等の軍忠状以外にはなく、その具体像は不明であるが、このように一国の統治権を有す守護の他に、村上氏が惣大将軍として管国内の国人を率き従えたことは注目されるところである。これに推測を混じえ少々図式的に捉えてみると、信濃国の国衙のあり方に関係があると考えられる。信濃国の国衙は、周知のように松本に所謂府中（国衙）があり、これに対し善光寺に後庁があった。(18) そして、鎌倉期守護であった北条氏の所領も松本と善光寺近辺に集中しており、その各々を小笠原氏と村上氏が継承していることも指摘されている。(19) すなわち、守護小笠原氏の所領は松本及び伊那地方の中南信地域で、村上氏の基盤は佐久・小縣さらに善光寺近辺及び更級・埴生郡等の北信地域であった。これを図式化すれば、府中＝小笠原氏＝守護、後庁＝村上氏＝信州惣大将軍という構図になろう。ただ、村上氏が北信における豪族であったとしても、この「信州惣大将軍」の内容が具体的に判らない以上、また後庁と村上氏の関係が具体的にわからない以上推論とならざるを得ない。また、守護所が後庁＝善光寺の近辺平芝にあったことも以上の図式を考える時疑問として残るが、[20]しかし、村上氏が北信を基盤に信濃国人に対し守護とは異なる軍事指揮者として国人層を管轄した存在であったことは十分注意されるところである。

さて、このような軍事指揮者としての村上氏は、建武五年から一四年後の観応三年、所謂観応の擾乱期には、逆に守護小笠原政長に対し、「御敵村上」と称される存在となる。[21]そして、観応期以降は後の大文字一揆の祢津・香坂氏と共に直義党として反小笠原行動を示し、応永七年の大塔合戦に至るまで、守護所攻撃など常に反守護行動をとり続ける。そして、この中で、至徳四（一三八七）年六月九日、守護斯波義将に叛して、村上頼国・小笠原長基・高梨朝高等が兵を挙げた事件[22]は、単なる在地国人の反守護闘争というものだけではなく、守護職失職中の小笠原氏とかつて信州惣大将軍として国人を軍事指揮した村上氏が加わっていることから、それはきわめて政治的な反守護闘争として注目されるものである。このように、この至徳四年の国人蜂起にみられる如く、管国支配を全うしえないで更迭された斯波氏の後に新守護として入部したのが小笠原長秀であり、この新守護入部に対して国人が蜂起したのが大塔合戦であった。『大塔物語』によれば、都風の守護に国人が反発を感じたとか、守護課役を国人に課したことへの反発が記述されている。たしかに、後者の側面は十分考慮しなければならないが、しかし、この合戦の問題点は、それが国一揆と呼ばれる規模の反守護闘争に発展したことにある。というのは、反守護闘争は前任斯波氏の時にも常に反覆勃発しており、それらは相互に関連はあるものの、国一揆までには至らず、いわば単発の形で終わっている。これに対し、大塔合戦が国一揆として信濃一国の規模で展開されたのは、それが今まで述べてきたように村上氏対小笠原氏の対立という要素を強く帯びていたからであろう。すなわち、前任守護斯波氏が国人蜂起に悩まされ、管国支配を全うしえなかったと同じく、新守護の最大の課題は国人把握そのものであった。そこで、府中・伊那など中南信地域を基盤とする小笠原氏にとって、その領国支配のためには、建武以来その権限外にある如き北信を押さえることは必須の課題であり、それゆえ、一国成敗の通達も村上氏に対しては使節をもって案内をし、また逆に村上氏の所領を侵略する挙にでたのも一国支配のためにまず村上氏をその権力下におくためであろう。その意味で、大塔合戦とは単に守護の新儀に対する国人層の反抗とみるよりも、それはかつての「信州惣大将軍」村上氏対「守護」小笠原氏という対立ゆえに一国的闘争に発展したのであり、さらに村上氏ゆえに北信を中心とする信濃国人が結集したと考えられ、それは小稿ではまだ実証することはできないが、所謂信濃の国衙のあり方（府中と後庁）と在地領主層の関係に深く関連しているものと考えられる。

四、大文字一揆について

『大塔物語』に記されている大文字一揆の人々とは、仁科・祢津・春日・香坂・宮高・西牧・落合・小田切・窪寺氏であり、これに『信州大塔軍記』には小市氏が加えられている。また、応永二六（一四一九）年の「大文字一揆注進状」[23]の連署者氏名には、仁科・宮高・小田切・小市氏の名が落ちている代わりに、栗田・原・三村氏が加わっている。この大文字一揆について福田氏は、①やや恒常性をもった組織であること、②一揆結成には足利直義の力が働いていたと思われること、③反守護であるが反幕府ではなく、むしろ幕府に直結しようとしていること、④一揆は守護

表１

	名字の地	蟠踞の地	一族
祢津氏	小縣郡祢津		滋野氏一族
春日氏	北佐久郡春日村春日	上水内郡七二会村	祢津氏の分流
香坂氏	北佐久郡三井村	更級郡牧郷牧の島付近	望月氏の分流
西牧氏	安曇郡梓村	（同左）	望月氏の分流
落合氏	北佐久郡高瀬村落合	上水内郡芋井村広瀬	滋野氏一族
小田切氏	南佐久郡小田切	上水内郡小田切村	海野氏の分流
仁科氏	安曇郡仁科御厨	（同左）	
窪寺氏	上水内郡窪寺	（同左）	
小市氏	上水内郡小市	（同左）	
栗田氏	上水内郡栗田村	（同左）	村上氏の分流
原氏			
三村氏			

（市村咸人氏『建武中興を中心としたる信濃勤皇史攷』より作成）

小笠原氏の武力と婚姻という対応の前に永享期で解体すること等を指摘された。そこで、小稿では以下大文字一揆構成員の性格について特徴的なことを列挙することからはじめてみたい。

まず、その構成員であるが、前掲した氏のうち、春日・香坂・西牧・小田切・祢津・落合氏が所謂滋野一族であることが注目される（表1参照）。すなわち、春日氏が祢津氏の分流、香坂・西牧氏が望月氏の分流、小田切氏が海野氏の分流という如く、滋野三家の分流庶子により構成されていることである（尚、栗田氏は村上氏の分流である）。これに対し、滋野三家のうち、海野氏と望月氏は前述分類Ⓑの諏訪両社・高梨氏等と同じく独自に参戦しており、大文字一揆はその一族から分派した庶子家により構成されていた点に特徴がある。そして、一揆構成員の政治的動向であるが、一揆の大半を占める滋野一族を例にとるならば、共に観応期直義方として守護小笠原氏と敵対していた国人層である。すなわち、祢津氏は直義党の中核諏訪直頼の代官となり、また観応三年・貞治四年の尊氏党の小笠原氏と直義党の諏訪直頼の合戦には、香坂・春日さらには村上氏も直義党として参戦していたことが知られる。さらに、仁科氏であるが、安曇郡仁科御厨に根拠をおき、承久の乱以来宮方として活躍した信濃第一の宮方武士である。南北朝期には、康永四年越後にいた新田義貞の党として兵を挙げ、文和二・四年には守護小笠原氏に対し、直義方の上杉憲将及び香坂・祢津氏と共に蜂起している。このように、滋野一族・仁科氏等一揆構成員のその政治動向は、ともに観応の擾乱においては直義方という点に特徴がある。すなわち、これらのことから、新守護小笠原氏の領国支配のネックが、観応以来対立していた直義方であり、その中軸が後の大文字一揆構成員であったことが確認されよう。但し、ここにおいても、一揆の主張が福田氏の指摘される如く「可申請別守護」というように、あくまで反小笠原であり、反幕府ではなかったことは注意されるべきところである。

そして、次に注意されるのが、一揆構成員の地域分布である。福田氏は一揆構成員の分布については言及されず、むしろその地域性を重視するよりも、直義に組織されたという政治性を重視している。しかし、すでに市村咸人氏の指摘にある如く(24)、一揆のほとんどが犀川沿岸に蟠踞する在地小領主である点こそ注目されるところである。すなわち、氏の指摘から各氏を地図上に落としてみると（表1参照）、栗田氏＝上水内郡栗田村、小市氏＝上水内郡小市、小田切氏＝上水内郡小田切村、春日氏＝上水内郡七二会村、香坂氏＝更級郡牧郷牧の島という如く、犀川流域にその分布がみられる。また、犀川の上流梓川流域には西牧氏がおり、さらに長野市で犀川に合流する裾花川沿岸には落合氏・窪寺氏が蟠踞している。しかもこれらのうち、春日氏は北佐久郡春日村を、香坂氏は北佐久郡三井村を、落合氏は北佐久郡高瀬村落合を、小田切氏は南佐久郡小田切村を各々本拠とするという如く、所謂名字の地から新たに犀川流域に転居・分派した小領主層の地域連合体であり、一揆を単に山間の小領主層の連合体と考えるよりも、犀川＝河川流域に分布した、中小領主層の地域的連合体と考える方が妥当であろう。そして、さらにこの犀川が松本（府中）から善光寺（後庁）近辺を貫流するいわば信濃国の心臓部を流れる河川であることから、推測ではあるが、それは松本から麻績を通り善光寺平に通じる陸路と共に、松本から善光寺への物資の流通には大きな役割を果したしたのではないかと考えられ、大文字一揆とはまさにこの河川沿岸に分布・蟠踞した中小領主層の地域的連合体であると考えられる。

以上、この大文字一揆の特徴を挙げれば、福田氏の指摘の如く、反幕府ではなく反小笠原であったが、①一揆構成員の特徴としては、滋野一族・村上氏等有力国人の庶子家であり、さらにその名字の地から、新たに犀川流域に分布した小領主層による地縁集団と考えられること。②政治史的には、観応の擾乱以来常に反小笠原という行動を示し、そこには直義の力が加わっていたと考えられるが、それは直義が山間の小領主を編成したものではなく、反小笠原的性格をもつ地縁的小領主連合が直義に結びついていったものと思われること。③そして、大塔合戦が小稿で考えたような村上氏対小笠原氏の対立という側面のみでなく、所謂国一揆として、国人層の多くの結集のもとに遂行された背景には、信濃における村上氏の特殊な位置とともに、この大文字一揆にみられる小領主層の地縁的結集や、小稿ではふれえなかった高梨氏にみられる一族一揆結合等、所謂国人一揆結合が在地で形成されつつ、独自に上級権力と結びつきながら領域支配への道を歩みつつあったことこそ重要な点であると考える。

以上、大塔合戦についてきわめて概略的な論述に終始してしまい、また先学の成果を幾ばくも出るものではなく、市村咸人氏・湯本軍一氏等の研究に屋上屋を重ねただけのものとなり、さらに信濃国衙領の問題・永享の乱以降の国人層の動向等多くの課題を残したままであるが、許された紙幅も尽き、筆を置かざるをえない。今後、信濃の国人領主層の動向を検討することから、さらに大塔合戦のもつ歴史的意味について検討してゆきたく思う。

註

(1) 国一揆・国人一揆については、福田豊彦氏「国人一揆の一側面」(史学雑誌七六―一)、稲垣泰彦氏「土一揆をめぐって」(歴史学研究三〇五)、佐藤和彦氏「国人一揆研究の視角」(歴史評論二〇四)、永原慶二氏「国一揆の史的性格」(『中世内乱期の社会と民衆』)その他多くの論稿がある。紙幅の関係でここではそれら多くの論稿の全てにふれることはできないが、国人一揆を国人領主による共和的結合体とするか、在地の階級矛盾・農民支配の面を重視するか、また守護領国制の枠内で捉えるか、戦国期まで展望する在地領主の共同支配組織と捉えるか、論議は多岐にわたっている。これに対し、小稿では早急に結論を出すことはできないが、私は、国人一揆を在地における階級矛盾から生じた領主連合と考え(国一揆はこの国人一揆が対守護等一国的に結集した政治形態)、戦国大名領国制にまで及ぶ中世後期社会分析の重要な鍵であると考える。
(2) 佐藤進一氏「守護制度史上の信濃」(信濃二〇―一〇)。
(3) 市村咸人氏『建武中興を中心としたる信濃勤皇史攷』、渡辺世祐氏『諏訪史』第三巻。
(4) 稲垣泰彦・福田豊彦氏註(1)掲載論文。
(5) 佐藤和彦・永原慶二氏註(1)掲載論文。
(6) 両書とも『信濃史料』第七巻所収。以下、『信濃史料』は信史と略す。また、本文引用のうち、註のない限り『大塔物語』からの引用である。
(7) 福田氏前掲論文。
(8) 市河文書応永七年一一月一五日「市河興仙軍忠状」信史第七巻。以下、「市河文書」は「市文」と略す。
(9) 市村氏前掲書及び『大日本史氏族誌』。
(10) 佐藤進一氏『室町幕府守護制度の研究上』。
(11) 「市文」建武二年九月二二日「市河経助軍忠状」信史第五巻。
(12) 「市文」建武三年正月一七日「市河経助軍忠状」信史第五巻。
(13) 「市文」建武三年正月一八日「市河経助同助泰軍忠状」信史第五巻。

(14)「市文」建武三年六月二九日「市河経助同助泰軍忠状」信史第五巻。
(15)「市文」建武三年六月二九日「市河経助軍忠状」信史第五巻。
(16)「市文」建武三年一一月日「市河親宗着到状」・「市河親宗軍忠状」信史第五巻。
(17)「市文」建武三年一一月三日「市河親宗軍忠状」信史第五巻。
(18) 石井進氏「中世国衙領支配の構造」(信濃二五―一〇)。
(19)『長野県の歴史』中世第二節。
(20) 守護所が後庁近辺の平芝にあったことについて、湯本軍一氏は、それは守護の一国支配上、特殊な地域をなす北信を、逆に抑える意味をなしたためであろうとされている(同氏「守護小笠原氏の信濃支配」歴史手帖三―九)。
(21) 佐藤文書観応三年正月日「佐藤元清軍忠状案」信史第六巻。
(22)「市文」至徳四年六月九日「足利義満御教書」信史第七巻。
(23) 丸山文書応永一六年三月「大文字一揆注進状写」信史第七巻。
(24) 市村氏前掲書。

【追筆】

小稿脱稿後、藤枝文忠氏「応永七年信濃国〝大塔合戦〟に関する基礎的考察」(軍事史学51号)が発表された。氏の論稿は、大塔合戦に参加した高梨氏の国人領主制を分析し、さらに守護小笠原長秀の一国支配=領域的支配を検討されることから、大塔合戦の歴史的意義を追求された興味あるものである。脱稿後のため、ここで同氏の研究内容に言及することはできないが、今後信濃国に研鑽の深い同氏の研究成果に学びながら、私自身中世後期における国人一揆・領域的支配の問題を研究課題としてゆきたいと考える。

Ⅲ　応永～永享期の関東における信濃小笠原氏の動向とその役割

秋山正典

はじめに

室町期の関東は鎌倉府が設置され独自の統治体制がなされている。その存在をめぐる幕府・鎌倉府双方の見解の相違により、その関係は設置当初より非常に微妙なものであった。応永二十三年（一四一六）上杉禅秀の乱を契機にその関係は険悪なものとなり、最終的に永享十年（一四三八）からの永享の乱で鎌倉府が滅亡し、一応その関係は終焉を迎えることになる。

信濃において守護は小笠原氏であったが、応永初年に大塔合戦という大規模な国人層との対立・抗争で、大敗を喫し、その権威は失墜し守護を逐われている。以降小笠原氏は守護復帰を目指し、活動を展開してゆく。禅秀の乱を契機に信濃小笠原氏は幕府により出陣を命じられ、たびたび関東に干渉するようになる。

これまでの小笠原氏に関する研究史の蓄積は少なく、特にこの時期に関する研究はわずかである。鎌倉時代から信濃は「関東の外壁」として鎌倉防衛の拠点であり、それが南北朝期・室町期にも引き継がれている(1)。しかし幕府と鎌倉府の対立において小笠原氏は立場を一転させ幕府方となる。この時期の小笠原氏の分国支配は幕府との関係から

「幕府権力に密着した戦時特殊状況下における軍事的支配」と位置づけられている。(2)

本稿では小笠原氏の関東での動向を整理し、その特質と役割が両府の関係の推移により、どのように変質していったのかについて考えていきたい。また同じく鎌倉府と境を接していた越後（上杉氏）・駿河（今川氏）との関係もあわせて考えたい。

一、関東における動向

まず信濃守護小笠原氏の応永期の関東における動向をみていきたい。初見は、応永三年（一三九六）の小山若犬丸の乱である。鎌倉公方足利氏満に従い若犬丸討伐に赴いている。史料中に「（前略）上杉憲定・千葉・宇都宮・武蔵七党・板東ノ八平氏・小田・吉原・佐竹・武田・小笠原、八州ノ軍勢（後略）」など関東の諸将とともに列記されている。(3)

応永二十三年（一四一六）の上杉禅秀の乱を契機にその動向は活発となる。まず禅秀方に呼応した者のなかに「小笠原の一族」が確認できる。(4)その一方で翌二十四年には惣領である小笠原政康は禅秀討伐に出陣したようで、幕府から功を賞せられている。

【史料一】(5)

今度忠節、誠以神妙候、毎事談合今川駿河入道、弥可抽戦功之也（候カ）、

（応永廿四年）
正月廿三日　　　　（足利義持）
（花押）

（付箋）「応永廿五年」
小笠原右馬助（政康）殿

敵方に呼応する者もいたが、家中の総意としては幕府に従い鎌倉府を支援していたようである。禅秀は翌一月に自刃し、動乱は終息する。禅秀の乱のさなか十二月晦日に将軍足利義持が政康の本知行を安堵している[6]。この時点では終結していないが、鎮圧の褒賞として安堵されたものと思われる。

若犬丸の乱・禅秀の乱ともに関東方としても小笠原氏が確認される。信濃小笠原氏との関連性は不明であるが、かつて上野に所領を保持していた形跡が確認できることからも鎌倉府に仕える者もいたと思われる[7]。

翌二十五年から、禅秀方に与し鎌倉公方足利持氏に討伐された甲斐武田氏の入国支援を行っている[8]。

【史料二】[9]

今度依武田陸奥守（信元）同道無為、誠以神妙□（候カ）、□令帰国者、早速打越致合力、可励忠節、就此事関東下頌西堂候、可
得其意候也、
（応永廿五年）二月廿一日　（足利義持）（花押）
小笠原右馬助（政康）殿

武田信元を幕府は守護に補任し甲斐に入国させようとした。さらに翌二十六年まで武田氏の安泰を図るべく甲斐国内の平定にも関与している[10]。

応永二十八年（一四二一）から持氏により京都扶持衆の討伐が行われる。京都扶持衆とは禅秀の乱後の両府の対立のなかで、幕府の支援と指示を受けて活動した反公方派の武士であり、上杉禅秀の乱で禅秀方に与した者達である。

小栗氏・那須氏・宇都宮氏などであり、この時期に討伐されている。[11] 三十年幕府は持氏の討伐に対し、救援を目的として小笠原氏を中心とした援軍を送る。

【史料三】[12]

（懸紙ウハ書）
「（異筆）
「義教（持）将軍御奉書」
小笠原右馬助（政康）殿　道端（畠山満家）」

依公方御大事、高梨（朝秀）方闇私弓矢之由被申候、達　上聞候、可然候、
雖先度被仰候、重被成御書候、所詮上杉五郎（憲秋）方可被馳越豆州候、当国（信濃）軍勢者、自臼井到下可発向上州旨、刑部（細川持有）并惣一揆中悉被仰候了、於可罷立御用仁者、雖無注進候、先被催之、可被致忠節候、依戦功可有抽賞候、次御一揆中御内書并御教書被下候、渡於曽方候、定可被申候、又去月十日御教書御請到来候、即達　上聞候了、毎時期来便候、恐々謹言、
八月十九日（応永三十年）　道端（畠山満家）（花押）
小笠原右馬助（政康）殿

まず幕府は小笠原氏にこれまで対立関係にあった信濃国人高梨氏との和睦を命じている。これは「依公方御大事」という関東との関係を考慮に入れたもので、そのうえで小笠原氏を上野、上杉憲秋（禅秀の子）を伊豆へ出陣させて

いる。十月には上州・武州一揆が信州勢を防ぐ名目で兵を募る一方幕府方に内応するという注進を行い、小笠原氏に連携をとるように指示している。[13]

応永三十一年二月にこれまで対立関係にあった両府の間についに和睦が成立する。[14]そして翌三十二年小笠原政康は念願の信濃守護に補任される。湯本氏は、この政康守護補任について禅秀の乱以後における政康の手腕・功績に対する恩賞であると同時に、幕府への求心性を持ちながらも自立を志向する信濃国人の反抗問題による領国経営の難航が背景にあったことを指摘している。[15]そして一応の安定がみられたこの時期に対鎌倉府最前線基地として信濃の安定を図ったと思われる。

しかし和睦は長くは続かなかったようで、応永三十四年（一四二七）には越後国内で鎌倉府の不穏な動きが見られる。幕府は小笠原氏に国人達を動員し越後に発向させ、自身には上洛を命じている。[16]翌正長元年（一四二八）持氏は越後守護代長尾邦景や国人宛の御教書を相次いで発給し、忠節を誓わせようとしたことが露見する。この事件は十月十五日に邦景により鎌倉府に陰謀の企てありとして幕府に注進され、翌日には上洛中であった政康を呼び帰国させ、越後に発向させようとした。[17]

永享元年（一四二九）から翌二年にかけて持氏はまたしても京都扶持衆である那須氏・結城白河氏討伐を企てる。幕府閣僚がその対処をめぐり討議している。[18]月初めにはすでに越後・信濃に出陣の準備を命じた御教書を発給しているから、議題の中心は実際に国境へ出陣するか否かである。山名時煕が「（前略）越後信濃両國者共ヲハ。上野堺へ被出陣。駿河勢ヲハ筥根口へ可被差寄條（後略）」と発言していることから、その国境は上野（碓氷峠）であることがわかる。かなり紛糾しているが、結局注進を行った篠川公方（足利満貞）への不信感と時期尚早ということから見送ることになった。しかし篠川公方からの注進は続き、結局八月に白河結城氏の注進によって再び三ヶ国の軍勢を出陣させることになった[19]。

このあとしばらく動向はみられなくなるが、永享七年（一四三五）から国内での抗争が勃発する。

【史料四】[20]

廿九日。晴。早旦御壇所、信濃小笠原廿六日壇所へ来、内々依仰也。就関東事被仰出旨等。具仰含了。其御返事様。又委御尋申入了。大井トアシタト弓矢落居。旁可然存候。サク郡信州也。ニ此大井モアシタモ構要害候。サク郡ヲトヲリテウスイタウケヘモ。又上野国ヘモ可罷通之間。以越後勢大井ヲ御合力候テ。アシタヲ御退治可然。大井ト小笠原ト一所ニ罷成候者。信州事ハ可有何程候哉。左様ニ候者。関東邊事モ又一方ハ可罷立御用由存云々。

越後勢合力事。以赤松播磨可被仰付長尾云々。（後略）

佐久郡の大井氏と蘆田氏との対立が発端であり、小笠原氏は大井方として参戦している。幕府は正月二十九日に蘆田氏討伐を小笠原氏に命じている。次いで二月十七日には状況は一転して、和睦の調停を命じている[21]。成立しない場合には美濃・越後勢をも派遣させる意向が確認できるので、かなり関東の動きがあわただしく切迫した状況になったのであろう。しかしこの調停は失敗し、その後も対立は続いていたようである。また九月に常陸の山入祐義救援のため蘆田氏討伐を一時延引させられるが[22]、結局翌八年八月に蘆田氏が降伏し動乱は終息した[23]。この一連の蘆田氏討伐は関東と境である碓氷峠を確保するため、その隣接地域である佐久郡の安定を図ったものであることがわかる。ここで越後勢が信濃に介入している。先の正長年中の小笠原氏による越後介入と同様であると思われる。

その直後に村上氏と所領問題で紛争が勃発し、村上氏が鎌倉府方に与したことから、持氏はこの事件に介入しようと目論んだようである。[24] 実際持氏は加勢として桃井左衛門尉・上州信州一揆を、翌年上杉陸奥守憲直・武州の本一揆を小笠原退治と称して出陣させようとした。持氏を諫止しようとした関東管領上杉憲実との間で確執が生じ、憲実の被官が鎌倉に集結し騒然となる事態にまで発展した。一時は和睦が成立するものの、結局憲実は上野へ逐われることとなる。この確執が直接の原因となり永享の乱が勃発する。永享十年九月幕府は小笠原氏をはじめとする関東周辺諸国へ関東への出陣を命じる。今川勢を主体とする東海道の軍勢は出陣したと思われ、すでに鎌倉府方と三度合戦に及んでいる。しかし小笠原氏は即座に出陣できなかったようである。

【史料五】[25]

（封紙ウハ書）
「（異筆）
「義教将軍御書」
小笠原大膳大夫（正透）入道殿」
上杉安房守（憲実）合力事、現形以前、被仰之処、未馳越之旨、今月七日、安房守註（注）進到来了、但去六日出陣云々、然者既令着陣歟、不日致忠節者、可有恩賞也、
（永享十年）九月廿四日　（足利義教）（花押）
小笠原大膳大夫入道殿

実際に政康の関東入りが確認できるのは翌十月になってからである。関東出陣と並行して八月に甲斐守護武田氏の入国を画策している。[26] 甲斐国内では禅秀の乱後に入国を果たした信元はすでに病死しており、その跡目をめぐる内部

抗争が勃発している。守護代であった跡部氏により永享七年頃から武田信重帰国工作が進められていた。その後武田氏が関東へ出陣していることから、成功したようである。関東への出陣が遅れたのはこの一連の武田氏入国に起因しているのではなかろうか。翌十一年二月に持氏は鎌倉永安寺に幽閉・自刃させられ、永享の乱は終結する。

しかし十二年三月には持氏の遺児安王丸・春王丸を擁して結城氏朝が幕府に反旗を翻し、結城合戦が勃発する。ここでも政康は嫡子宗康と共に出陣している[27]。嘉吉元年（一四四一）四月には結城城は陥落し、持氏の遺児ふたりは捕らえられ殺された。ここでも結城方に小笠原氏を名乗る者がおり、鎌倉府に出仕していたことがわかる。六月二十四日には嘉吉の乱で将軍足利義教が赤松満祐に弑逆される。この情報が管領細川持之により関東にもたらされ、宛所には関東の諸将が列記されるなかで小笠原政康の名前も確認できる[28]。この時幕府軍の陣中奉行に任じられていたようで[29]、戦後処理で関東にとどまっていたと思われる。翌二年に小笠原政康は没し、嫡子宗康が家督を相続することになる。

文安二年（一四四五）宗康と政康の兄長将の子持長との間で家督相続争いが勃発する。応永十二年に発給された小笠原長秀の譲状が発端である[30]。政康に実子がいなければ兄長将の子持長に相続させるという内容である。政康には宗康・光康という実子がおり、すでに宗康が家督を相続をしていたと思われる[31]。この相続に持長が異議を唱え騒動に発展する。翌三年合戦に及んで宗康が戦死し、光康が相続する。幕府は長秀譲状から相続の正当性を理由に宗康方を支持している[32]。その後長きに渡り対立は続く。

その後も幕府から関東への出陣が要請される。享徳三年（一四五四）持氏の遺児成氏が関東管領上杉憲忠（憲実嫡子）を殺害し享徳の乱が勃発する。翌康正元年には「上杉安房守（憲実）遺跡事」当時管領であり上野守護でもあった上杉氏の支援を命じている。

【史料六[33]】

（封紙ウハ書）

「（付箋）

「二月廿七日到来」

小笠原遠江（光康）守殿」

上杉安房守（憲実）遺跡事、不日令合力、可致忠節之状如件、

享徳四年正月十六日　（足利義政）（花押）

小笠原遠江（光康）守殿

さらに同年正月二十一・二十二日の高幡・分倍河原における成氏との合戦で、幕府方として小笠原氏と思われる信州勢が参戦している[34]。しかし長禄二年（一四五八）以降幕府から度重なる軍勢催促を受けているが出陣した様子がなく、以後関東での動向は完全にみられなくなる[35]。

二、関東における役割

これまでみてきた小笠原氏の動向を分析していきたい。以下の五点に分類できる。

①鎌倉府支援

【史料一】により応永二十三年の上杉禅秀の乱において小笠原氏・今川氏が関東に出陣していることがわかる。こ

の時点で両府の関係は必ずしも良好といえないが、将軍義持の弟義嗣が禅秀に呼応したため、討伐を命じたが、支援には必ずしも積極的ではない。以後関係が悪化の一途をたどり鎌倉府支援が行われることはなくなる。

②京都扶持衆支援

応永二十八年頃からの持氏の討伐に対してであり、実際には三十年から小笠原氏の動向が確認できる。【史料三】で幕府は小笠原氏を碓氷峠に、上杉五郎（憲秋）を伊豆に出陣させている。京都扶持衆は主に常陸・下野を中心に存在している。特徴として出陣は国境までであり、扶持衆の所領である地域には及ばず、所領からはほど遠い伊豆に出陣させている。

永享元年からの白河結城氏・那須氏討伐についても同様であり、この時期でも出陣は国境までである。よってこれら一連の行動は直接的に救援にあたらず、あくまで威嚇・示威のデモンストレーションであり、鎌倉府への牽制を意図した行為ではないかと思われる。

基本的に小笠原氏の単独での出陣はなく、上杉憲秋や駿河・越後勢との連携する形を見せている。

③守護支援

まず武田氏入国で確認できる。その理由としてまず考えられるのが血縁関係である[36]。

第二の理由は武田氏と幕府の関係によると思われる。武田氏は鎌倉府との主従関係がありながら、一方で将軍家との関わりも深い。南北朝期には一貫して足利尊氏に属しており、のちに甲斐・若狭・安芸の三ヶ国の守護に任命され、以後守護職を歴任している。

第三の理由として鎌倉府への警戒が挙げられ、禅秀の乱後持氏は甲斐国人逸見氏を甲斐守護に補任しようと画策する動きがみられる。逸見氏は鎌倉府に武田氏とは異なる独自の主従関係を結んでおり、持氏は幕府と縁の深い武田氏を排斥し親鎌倉府の同氏を登用しようとしたと考えられる。以上三点の理由から武田氏支援を命じたと思われる。

次に、応永末年から正長にかけての鎌倉府の越後調略についても確認できる。これも直接的な軍事行動には結びついていないものの、持氏が越後守護代長尾邦景と諸国人に忠誠を誓わせようとしている。小笠原氏に越後発向を命じ事態収拾を図らせている。逆に永享七年からの蘆田氏討伐についても越後勢・美濃勢の介入もみられる。

上杉氏の場合は永享八年からの持氏と憲実の対立で確認できる。【史料五】などから「上杉安房守合力事」・「房州御合力事」とみられ、鎌倉府と憲実の合戦に信濃勢が憲実方として加勢し、永享の乱に対しても憲実の考えを優先するように指示されている。

続いて享徳の乱に際しても、【史料六】で憲忠謀殺後の家督相続について事態収拾を図り、関東への出陣が確認できる。

【史料七】[37]

一於京都進上者、一緒不成其綺段候、諸代官存知前候、就中足利庄事被下御代官、直可有御成敗候、

（中略）

一去年(康正元年)正月六日、上椙修理大夫入道(持朝)幷憲忠被官人等、相州島河原エ出張間、差遣一色宮内大輔・武田右馬助(信長)入道、討發、多分討取候了、同正月廿一日・翌日廿二日上杉右馬助入道(憲顕)・同名大夫三郎(顕房)幷長尾左衛門入道(景仲)等、武州・上州一揆以下同類輩、引率数萬騎、武州國府邊競來間、於高幡・分倍河原、両日數箇度交兵刃、（中略）外様軍士數日相戦攻落候間、小山下野守(持政)館エ令帰着時節、上椙民部大輔(房定)・同兵部少輔(房顕)保具(召カ)越州・信州群(軍)勢、長尾左

衛門入道集調武州・上州黨類、野州天命只木山佗日張陣、今川上総（範忠）入道海道諸勢、相州エ襲來リ、

（中略）

（康正二年）四月四日　　成氏

正月六日相州島河原合戦で憲忠被官が古河公方方に敗れたため、【史料六】で憂慮した幕府が関東出陣を命じたと思われる。そして二十一日・二十二日高幡・分倍河原合戦で「信州群勢」が参戦している。これに呼応して今川範忠も相模へ出陣している。

これら支援を行った守護の共通点はその領国（甲斐・上野）が幕府・鎌倉府の境界であったことにある。そしてどちらも鎌倉府領国で信濃と境を接している。つまり目的は境界国を鎌倉府から切り離し、幕府方に引き寄せるためであると考えられる。その両国と境を接していた小笠原氏にその役割が与えられたのではなかろうか。

またこの「守護支援」に関しては甲斐と境を接していた駿河今川氏・上野と境を接していた越後上杉氏（守護代長尾氏）には、永享の乱・享徳の乱での出陣はあるものの、【史料二】や【史料六】のように直接幕府から文書を発給され、命じられてはいない。

④関東の監視

永享七年の段階で将軍に鎌倉府の動向についての諮問を受けている。

【史料八[38]】

廿六日。晴。将軍御壇所。（中略）信濃守護小笠原依仰来。就関東野（心脱カ）現形事。条々被仰含子細在之。

（後略）

同時期に駿河今川氏にも諮問している。また、応永末年から正長にかけての鎌倉府の越後調略についても守護代長尾氏から注進を受けている。京都扶持衆討伐に関しては特に篠川公方からの注進が多い。長尾氏・篠川公方は所領にいたので、注進が一般的であるのに対し、小笠原・今川両氏は在京奉公する立場にあり、将軍諮問という形式もみられる。

⑤敵対勢力の討伐

永享の乱・結城合戦にみられる。永享の乱に際して③で述べたように当初はあくまで憲実支援という意味が強い。幕府方の小笠原氏は援軍としてであり、主導権は憲実が握っていたようである。

【史料九[39]】

（封紙ウハ書）

「（付箋）

「義教御書」

小笠原大膳大夫入道（正透）殿」

持氏（足利）誅伐事、為尋究上杉安房守所存、柏心（周操）和尚下向候、就彼返事、為京勢可致沙汰之間、為用心、被仰佐々河（足利満貞）・武田刑部大輔（信重）入道等了、自京都河野以下可令下向、然者相待彼等着陣、諸陣加談合、差寄永安寺・保国寺、無越度様可致忠節、巨細両人可申也、

「（押紙）永享十一年二月十三日到来」

閏正月廿四日　（足利義教）（花押）

小笠原大膳大夫入道殿

これまでは【史料五】「上杉安房守合力事」(守護支援)であったが、永享十一年になると「持氏誅伐事」へと変質している。またこれまでの②・③での軍事行動はあくまでも国境付近であるが、「永安寺」「保国寺」は鎌倉であり威嚇・示威とはまったく意味が異なる。結城合戦さらに鎌倉府滅亡後の混乱でも「成氏対治事」と文言には敵対勢力の討伐の意図が明確に現れている。[40]

むすびにかえて

小笠原氏の関東での動向は幕府と鎌倉府の関係の推移が直接的にあらわれたものである。禅秀の乱に際して積極的ではないが鎌倉府支援(①)を行うが、その後の関係悪化で牽制・監視(②・③・④)という方向に一転し、最終的には討伐(⑤)へと変質してゆく。

実際に関東へ出陣する段階においては小笠原氏の単独ということはなく、必ず上杉憲秋や越後・駿河勢と呼応する形になっている。しかし武田氏入国や憲忠謀殺後の家督相続問題という重大な問題については小笠原氏のみに確認できるのである。担っていた役割は、対鎌倉府の危機管理の執行者として、単に軍事行動だけではなく守護補任についても確認できるのである。

また関東での動向と幕府による小笠原氏への信頼感は、応永初年から失墜していた権力の回復を目論む小笠原氏と、対鎌倉府の最前線基地としての信濃の役割と期待という両者の利害に一致によると思われる。小笠原氏は幕府への求

関東における小笠原氏の動向

№.	年号	月	日	文書名	差　出	宛　所	国	史料名	備　考	史料
1	応永3年							底倉之記	小山若犬丸の乱	
2	応永23年							鎌倉大草紙	上杉禅秀の乱	
3	(応永24年)	1月	23日	足利義持御内書	(足利義持)(花押)	小笠原右馬助(政康)	関東	小笠原文書	上杉禅秀の乱での関東救援	史料一
4	(応永25年)	2月	21日	足利義持御内書	(足利義持)(花押)	小笠原右馬助	甲斐	小笠原文書	武田信元入国支援	史料二
5	(応永25年)	10月	28日	足利義持御内書	(足利義持)(花押)	小笠原右馬助	甲斐	小笠原文書	武田信元入国支援	
6	(応永26年)	3月	14日	足利義持御内書	(足利義持)(花押)	小笠原右馬助	甲斐	小笠原文書	武田信元入国支援	
7	応永30年	7月	10日	足利義量御教書	沙弥(畠山満家)(花押)	市川新次郎(義房)	関東	市河文書	京都扶持衆救援	
8	応永30年	8月	18日	足利義持御内書写	(足利義持)御判	佐竹刑部大輔(山入祐義)	上野	足利将軍御内書并奉書留	持氏小栗満重を討伐、信州勢上野発向	
9	(応永30年)	8月	19日	畠山満家書状	道端(花押)	小笠原右馬助(政康)	上野	小笠原文書	持氏小栗満重討伐	史料三
10	(応永30年)	10月	10日	畠山満家書状	道端(花押)	小笠原右馬助	上野	小笠原文書	一揆幕府へ内応	
11	応永31年	2月	5日				関東	花営三代記	幕府・鎌倉府和睦、甲斐・信濃・駿河勢撤兵	
12	応永31年	2月	5日					満済准后日記	幕府・鎌倉府和睦	
13	(応永31年)	6月	26日	足利義持御内書	(足利義持)(花押)	小笠原右馬助(政康)	上野	小笠原文書	前年12月19日の上野発向を賞する	
14	(応永34年)	2月	18日	足利義持御内書	(足利義持)(花押)	小笠原治部大輔入道(政康)	越後	小笠原文書	越後守護問題介入	
15	(応永34年)	6月	29日	足利義持御内書	(足利義持)(花押)	小笠原治部大輔入道	越後	小笠原文書	越後守護問題介入	
16	(応永34年)	10月	26日	足利義持御内書	(足利義持)(花押)	小笠原治部大輔入道	越後	小笠原文書	越後守護問題介入	
17	正長2年	7月	24日				上野	満済准后日記	持氏白河氏朝討伐、信濃・越後勢上野境に出陣、延引	
18	正長2年	8月	18日				下野	満済准后日記	白河氏朝、那須に合力、越後・信濃・駿河勢を救援に	
19	永享2年	8月	6日				陸奥	満済准后日記	白河氏朝救援	
20	永享5年	11月	26日				近江	看聞日記	比叡山に出陣	
21	永享5年	11月	27日				近江	満済准后日記	比叡山に出陣	
22	永享7年	1月	26日					満済准后日記	義教、持氏の野心について政康へ諮問	史料八

No.	年号	月	日	文書名	差　出	宛　所	国	史料名	備　考	史料
23	永享7年	1月	29日				信濃	満済准后日記	政康帰国大井持光の救援、蘆田氏の討伐	史料四
24	（永享7年）	2月	17日	足利義教御内書案	（足利義教）（花押）	小笠原	信濃	足利将軍御内書并奉書留	義教、政康に大井持光と蘆田下野守の和睦を命ず	
25	（永享8年）	3月	6日	足利義教感状	（足利義教）（花押）	小笠原治部大輔入道	信濃	小笠原文書	蘆田氏討伐で小県郡禰津へ侵攻	
26	（永享8年）	5月	18日	足利義教感状	（足利義教）（花押）	小笠原治部大輔入道	信濃	小笠原文書	小県郡禰津・海野合戦	
27	（永享8年）	8月	3日	足利義教感状	（足利義教）（花押）	小笠原治部大輔入道	信濃	小笠原文書	蘆田下野守降伏	
28	（永享8年）	12月	20日	足利義教御内書	（足利義教）（花押）	小笠原治部大輔入道	信濃	小笠原文書	鎌倉方の村上頼清と合戦	
29	（永享8年）						信濃	今川記	鎌倉方の村上頼清と合戦	
30	（永享8年）						信濃	關東兵乱記	鎌倉方の村上頼清と合戦	
31	（永享8年）						信濃	鎌倉九代後記	鎌倉方の村上頼清と合戦	
32	（永享8年）						信濃	喜連川判鑑	鎌倉方の村上頼清と合戦	
33	永享10年	8月	17日	足利義教御教書	右京大夫（花押）	小笠原治部大輔入道	甲斐	小笠原文書	武田信重入国支援・板鼻へ	
34	（永享10年）	9月	6日	足利義教御内書	右京大夫（花押）	小笠原治部大輔入道	関東	小笠原文書	永享の乱	
35	（永享10年）	9月	24日	足利義教御内書	（足利義教）（花押）	小笠原治部大輔入道	関東	小笠原文書	永享の乱	史料五
36	（永享10年）	9月	24日	細川持之副状	持之（花押）	小笠原治部大輔入道	関東	小笠原文書	永享の乱	
37	永享10年	10月	1日	足利義教御教書	右京大夫（花押）	小笠原治部大輔入道	関東	小笠原文書	永享の乱	
38	（永享10年）	12月	23日	足利義教御内書	（足利義教）（花押）	小笠原治部大輔入道	関東	小笠原文書	永享の乱	
39	（永享11年）	閏1月	24日	足利義教御教書	（足利義教）（花押）	小笠原治部大輔入道	関東	小笠原文書	永享の乱	史料九
40	嘉吉元年	5月	26日	足利義教感状	（足利義教）（花押）	小笠原治部大輔入道	下総	小笠原文書	結城合戦	
41	（嘉吉元年）	5月	26日	足利義教感状	（足利義教）（花押）	小笠原五郎（宗康）	下総	小笠原文書	結城合戦	
42	（嘉吉元年）	6月	26日	細川持之書状写	右一（右京大夫）（花押）	上杉安房入道（憲実）・小笠原（政康）他	下総	足利将軍御内書并奉書留	結城合戦・嘉吉の乱勃発	
43	（康正元年）	11月	27日	細川勝元副状	勝元（花押）	小笠原遠江守（光康）	関東	小笠原文書	足利成氏討伐（享徳の乱）（軍勢催促）	
44	（康正元年）	11月	27日	足利義政御内書	（足利義政）（花押）	小笠原遠江守	関東	小笠原文書	足利成氏討伐（享徳の乱）（軍勢催促）	

№.	年号	月	日	文書名	差出	宛所	国	史料名	備考	史料
45	(享徳4年)	1月	16日	足利義政御教書	(足利義政)(花押)	小笠原遠江守	上野	小笠原文書	上杉憲実遺跡合力	史料六
46	(享徳4年)	1月	24日	細川勝元書状	勝元(花押)	小笠原遠江守	上野	小笠原文書	上杉憲実遺跡合力	
47	(康正2年)	4月	4日	足利成氏書状写	成氏	三條	武蔵	武家事記	康正元年成氏と関東諸将の合戦で信州勢が参戦	史料七
48	(長禄2年)	7月	29日	足利義政御教書	右京大夫(細川勝元)(花押)	小笠原遠江守(光康)	関東	小笠原文書	足利成氏討伐(軍勢催促)	
49	(長禄2年)	8月	27日	足利義政御内書	(足利義政)(花押)	小笠原赤沢一族中	関東	小笠原文書	足利成氏討伐(軍勢催促)	
50	(長禄2年)	8月	27日	足利義政御内書	(足利義政)(花押)	小笠原被官人中	関東	小笠原文言	足利成氏討伐(軍勢催促)	
51	(長禄2年)	8月	29日	細川勝元副状	勝元(花押)	小笠原被官中	関東	小笠原文書	足利成氏討伐(軍勢催促)	
52	(長禄2年)	9月	6日	細川持賢書状	沙弥道賢(花押)	木曽宮後	関東	小笠原文書	足利成氏討伐(軍勢催促)	

心性を利用し国人を糾合しようとするが、家督相続問題で家中が分裂し領国支配は崩壊してゆくことになる。

註

(1) 湯本軍一「北条氏と信濃国」(『信濃』一九巻一二号　一九六七)、佐藤進一「守護制度史上の信濃」(『信濃』二〇巻一〇号　一九六八)。

(2) 湯本軍一「守護小笠原氏の分国支配」(『信濃』二四巻六号　一九七二)。なお通史として長野県編『長野県史』通史編三中世二（長野県史刊行会　一九八七)、松本市編『松本市史』第二巻歴史編一原始・古代・中世（一九九六）がある。

(3) 「底倉之記」(『信濃史料』第七巻　二八六頁) 以下『信』七と略す〔表No.1史料〕。「八州」は関東のことであり、実際には甲斐・伊豆を含む鎌倉府領国を指すと思われ、当然信濃は含まれない。幕府管轄下であった信濃守護小笠原氏が鎌倉公方の指揮下で出陣している点は腑に落ちず、検討の余地があると思われる。

(4) 「鎌倉大草紙」(『群書類従』第二十輯合戦部)〔表No.2史料〕。

(5) 「足利義持御内書」(「小笠原文書」『新編信濃史料叢書』第一二巻)〔表No.3史料〕。

(6) 「足利義持御教書」(以下註〈5〉と同じ)。

(7) 「足利直義書状」(「上杉家文書」『群馬県史』資料編六第七五七号)。建武

四・五年と推定されている。直義方として「小笠原弥次郎長綱」が「上野国臼井郡牧田村」を所領としていたことが窺える。しかし小笠原長綱が信濃守護小笠原氏とどのような関係があるのか。また小山若犬丸討伐、禅秀の乱以降鎌倉方に与した「小笠原氏」との関係は不明である。

（8）禅秀の舅であり甲斐守護であった武田信満は自刃、弟信元・嫡子信重は高野山に逃れ幕府庇護下にあった。武田氏入国の経緯に関しては、秋山敬「上杉禅秀の乱後の甲斐国情勢」（佐藤八郎先生頌寿記念論文集刊行会『戦国大名武田氏』一九九一　所収）に詳しい。

（9）「足利義持御内書」（以下註〈5〉と同じ）〔表№4史料〕。

（10）「足利義持御内書」（以下註〈5〉と同じ）〔表№5・6史料〕。

（11）「鎌倉某足利持氏感状写」（「神宮文庫所蔵喜連川文書」『群馬県史』資料編七　第一三九二号文書）・「足利持氏書状」（「結城小峰文書」同　第一四〇二号文書）。

（12）「畠山満家書状」（以下註〈5〉と同じ）〔表№9史料〕。

（13）「畠山満家書状」（以下註〈5〉と同じ）〔表№10史料〕。「満済准后日記」応永三十一年正月二十四日条（『続群書類従』補遺一（上））でも「武蔵・上野白旗一揆」が幕府方へ内応することを伝えている。久保田順一「南北朝・室町期の上野における在地領主の一揆について」（『群馬県史研究』二八号　一九九八）では、「一揆が幕府と直接交渉のできる政治的力量の高さ」があり対外的に「受動的な存在ではなかった」と指摘されている。

（14）「花営三代記」（『信』七　五五七頁）応永三十一年二月五日条〔表№11史料〕、「満済准后日記」同日条（以下註〈13〉と同じ）〔表№12史料〕。

（15）註（2）湯本論文。

（16）国人を糾合することができず、同年六月二十九日〔表№15史料〕に再び催促されている。

（17）「満済准后日記」正長元年十月十五日・十六日条（以下註〈13〉と同じ）。

（18）「満済准后日記」正長二年（永享元年）六月三日・七月二十四日条（『続群書類従』補遺一〈下〉）。

(19)「満済准后日記」正長二年〔永享元年〕八月十八日条（以下註〈18〉と同じ）〔表№18史料〕。
(20)「満済准后日記」永享七年一月二十九日条（以下註〈18〉と同じ）〔表№23史料〕。
(21)「足利義教御内書案」（「足利将軍御内書並奉書留」『信』八　五一〜五二頁）〔表№24史料〕。
(22)「足利義教御内書」（以下註〈5〉と同じ）。
(23)「足利義教感状」（以下註〈5〉と同じ）〔表№27史料〕。
(24)「喜連川判鑑」永享八・九年条（『続群書類従』第五輯上）〔表№32史料〕、「永享記」永享九年条・「南方紀伝」下「足利治乱記」（『信』八、九三頁）。
(25)「足利義教御内書」（以下註〈5〉と同じ）〔表№35史料〕、管領細川持之の副状〔表№36史料〕が存在する。
(26)「足利義教御教書」（以下註〈5〉と同じ）〔表№33史料〕。その文書の包紙のウハ書に「永享十年十月十日板鼻へ下着」とあり、この時点で政康が上野国にいたことが確認できる。註（8）論文。
(27)「足利義教感状」（以下註〈5〉と同じ）〔表№40・41史料〕。
(28)「細川持之書状」（「足利将軍御内書並奉書留」『信』八、一六六頁）〔表№42史料〕。
(29)『長野県史』通史編三中世二。
(30)「小笠原長秀譲状」（以下註〈5〉と同じ）。
(31)結城合戦における義教感状で政康宛のほかに宗康宛が存在することから宗康が政康の跡継ぎと幕府から認められていたと考えられる。
(32)「室町幕府奉行人連署意見状」・「細川持賢書状」「口宣案」（以下註〈5〉と同じ）。
(33)「足利義政御教書」（以下註〈5〉と同じ）〔表№45史料〕。
(34)「足利成氏書状写」（「武家事紀」『群馬県史』資料編七、第一六二八号文書）〔表№47史料〕。
(35)康正元年・長禄二年と関東への出陣を命じられているが、その形跡はなく叱責されている〔表№49〜52史料〕。康正二年に小笠原清宗との抗争が激化しており、それが原因と思われる。

（36）「小笠原系図」（『続群書類従』第五輯下）政康の母は武田信春の娘で、信満・信元の兄弟である。
（37）註（34）と同じ。
（38）「満済准后日記」永享七年一月二十六日条（以下註〈18〉と同じ）。
（39）「足利義教御教書」（以下註〈5〉と同じ）〔表No.39史料〕。
（40）註（35）における軍勢催促。

【付記】本稿は第五五回地方史研究協議会高崎大会の自由論題報告をまとめたものである。

第3部　室町後期・戦国期の小笠原氏

Ⅰ　小笠原氏の内訌をめぐって

後藤芳孝

はじめに

室町時代に信濃国の守護となった小笠原氏は、嘉吉・文安年代に相続あらそいを起こした。このできごとは、各地の守護大名家で起きてくる相続あらそいの先駆的なできごととして有名であり、またこの時代を象徴するできごとであった。

その概略をしるすと、嘉吉二（一四四二）年に小笠原政康が死ぬとその家督をめぐって一族のなかで争いが起きた。政康の跡は子の宗康がついだが、その処置について府中（松本）を拠点にしていた持長が権利を主張して幕府に訴えた。その結果は宗康の勝訴となった。しかし持長は承服しないで、両者は文安三（一四四六）年漆田原（長野市）で合戦に及ぶまでになった。この相続あらそいには、当時幕府内で勢力をあらそっていた細川・畠山氏が深くかかわっていたといわれている。

漆田原の合戦で、宗康は戦死してしまった。劣勢をひっくりかえして勝ったのは持長であった。宗康は遺言して弟光康に伊賀良荘などの所領と信濃守護職を譲り、これは幕府からの安堵をうけた。光康は松尾（飯田市）に住した。

また宗康の遺児国松（後の政貞、政秀ともよばれる）は、叔父光康に擁せられて鈴岡（飯田市）に住んだ。持長は府中にその勢力を広げていたから、ここに小笠原氏は三つの拠点ができたことになる。当面の対立は、松尾の光康と府中の持長およびその子息清宗であった。光康は寛正四（一四六三）年ごろ守護職を宗康の遺児政貞に譲っている。政貞の成長にともなって、小笠原氏は松尾・鈴岡・府中と勢力の三分化がますます顕著になった。

政貞は精力的に動き、台風の目になる。応仁元（一四六七）年には、府中へ攻め込んだ。伊賀良荘の支配権を掌握していた光康の子息家長ともあらそい、高遠の諏訪信濃守継宗と手を組んで、文明十二（一四八〇）年には伊賀良荘の支配を手中にしている。そして、長享三（一四八九）年以前に、清宗の子息長朝を府中に攻め、これを府中から追い出した。しかし、この政貞も、松尾の家長の息定基（宗基）によって殺されてしまう。その結果、鈴岡の系統は滅亡した。松尾と府中の二家になったわけである。松尾は定基が、府中には長朝がもどって、二者が並び立つことになった。

この後、松尾は定基、貞忠と代がかわり、府中は長朝、貞朝、長棟とかわった。貞忠と長棟の代のある時期には婚姻によって関係の修復がはかられたようである。しかし、天文年間に入って両者の関係は崩れ、天文二（一五三三）年に府中の長棟は松尾に攻撃をしかけた。そして、貞忠を追って松尾を手にいれ、二男の信定をここにいれた。これは天文三年ころのできごととみられている。ここに約九〇年にわたる小笠原氏の分裂も、府中小笠原が統一する形になった。しかし、天文十九（一五五〇）年武田晴信によって小笠原長時が府中を追われる。同二十三年武田晴信は伊那に進攻し、信定も追われて貞忠の子息信貴が再び松尾を回復する。

以上小笠原氏の内訌について概略をみてきた。史料が十分でないこともあって、事実関係が明確になっていないところや課題もある。
①中央政界での足利将軍や細川氏や畠山氏と小笠原氏の関係　②宗康と持長のあらそいの過程での家臣団や国人の動向　③政貞の府中制圧とその支配の状況　④松尾と鈴岡による伊賀良荘の支配の状況　⑤近接距離にある松尾と鈴岡の関係　⑥鈴岡の政貞の殺害の状況　⑦鈴岡滅亡後の松尾と府中の動向

これらのいくつかは部分的に明らかになっているが、さらに研究がふかめられていかなくてはならないことであろうと考える。本稿では鈴岡の政貞滅亡とその後の動向に関して文亀・永正期の様子をみることにする。(1)

一、鈴岡の小笠原政貞の滅亡に関する史料

A『増補溝口家記』

(上略)宗康ノ嫡子、童名国松丸、彦五郎、兵庫助、左京大夫政秀又政貞共アリ、法名号賢佐善霖、此人従伊那打入府中、押出長朝牧之島エ、有牢人、暫間在府中謂屋形、然共始終難成見届、長朝号養子相渡府中、其身皈伊那住居鈴岡、弓馬之儀不及申、為達諸芸人也、依之鉄舩(筆者注　定基のこと)従松尾鈴岡エ通、日日昼夜無油断、如御小姓奉公申、政秀ノ取御機嫌、当家之儀無残所有相伝、其上伊賀良庄一円知行有度以欲心、正月四日礼皈シニ傷害御出処、子息小次郎殿モ名子熊而討チ名断仕候、賢佐御内ヲハ被官衆取合、従松尾不押込以前、代々御文書重代以下為持下条エ被為退候、故文書分(紛ヵ)失不仕候、併代々御影松尾エ御取之由申候、就其徹叟(筆者注　長朝のこと)有御腹立、従府中松尾エ働キ被成候、此時我等祖父溝口越前守御伴而罷立、於毛賀沢嫡子

孫三郎二男彦八郎父子三人討死仕候、拙者父八三男而従十六之年固山（筆者注　長朝嫡男貞朝のこと）御取立之由為申聞候、（下略）

B『笠系大成』五

長朝

（上略）宗康之嫡男左京大夫政秀法名号賢佐善霖、長朝以同姓之好構一城於同国伊奈郡鈴岡居矣、長朝若年之時従伊奈押入信府、放遂長朝奪林館、或曰、以謀令長朝他行、其留守押入信府、家臣不能防、携母公妻室等遁同国牧島、長朝牢浪于此三年、於是政秀在府中謂屋形、然国民不信服、故知不能立始終之業、却乞和睦、以長朝号養嗣退府中帰住鈴岡、因茲長朝再還信府立家緒矣、政秀曽弓馬達人諸芸堪能也、同国松尾住伊奈六郎長政光康之孫、後名左衛門佐定基、号徹泉斎、日々自松尾到鈴岡、政秀若陪従、当家之儀悉相伝、且起欲掠奪政秀領伊賀良荘之意、明応二年癸丑正月四日、政秀為歳首嘉祝、来松尾之時殺害之、殺其子小次郎長貞於名子熊、宗康家緒断絶于此、時政秀臣従等相議自松尾未競来之前、政秀之妻及当家重代自宗康伝来之書籍財宝等悉懐抱而遁下条、故雖文書重器聊不失、然代々影像掠奪松尾矣、長朝聞此事甚驚甚怒、卒兵攻松尾屢交戦、時於毛賀沢溝口越前守貞信一男孫三郎二男彦八郎父子三人戦死矣、其後政秀妻於下条病死、（下略）

C『寛政重修諸家譜』百八十八　小笠原

政秀　或政貞、国松丸、彦次郎、兵庫助、左京大夫、

父宗康殺害せらるゝのとき幼稚たるにより死をまぬがれ、信濃国伊那郡鈴岡城に居住し、後一族信濃守長朝が林の館を奪ひてこれに居す。しかりといへども国人等服せざるにより、終に和睦し長朝をもって養子と号し、彼家の書籍秘伝を望みうけて鈴岡にかへる。明応二年正月四日叔父遠江守光康が孫六郎左衛門尉定基が為に、同国松尾にをいて殺害せらる。法名賢佐。

D　『寛政重修諸家譜』百八十八　小笠原

長棟

（上略）明応元年林の館に生る。（中略）しかるに定基、政秀が領地伊賀良庄をよび書籍等を掠めとらんと欲し、二年正月四日政秀歳首の嘉儀として松尾に至るの時、隙をうかゞひて殺害し、なをその子小次郎長貞も同国名子熊にをいてこれを害す。故に政康が系統断絶す。このとき家臣等政秀が妻及び家の書籍等を携へて同国下條におちゆく、よりて家傳の書は失はずといへども、代々の影像・足利家の文書等は定基が為にうばはる。長朝これをきゝ、兵を率し松尾をせめしば〳〵合戦に及び、家臣溝口越前某父子等戦死す。其後政秀が室死してかの書籍財寳下條にわたり、二十餘年が間ふかくこれをかくしをけり。（下略）

これらの史料をみると、松尾の定基が政貞（政秀）を殺害したこと、それは正月四日で政貞が年始の挨拶に松尾へきたさいであったこと、政貞が所持の文書等は下條に隠しおかれたこと、その後府中の長朝が松尾を攻め合戦があったことが記されている(2)。

政貞が殺害された年月はAでは正月四日とあって年次はない。ところがBCDになると、明応二（一四九三）年と記されている。Aは、溝口貞康が慶長十三（一六〇八）年に主君小笠原秀政に提出したものを、宝永二（一七〇五）年に某が増補校訂したものである。Bは元禄十一（一六九八）年から宝永二年にかけて、溝口政則・二木重持が中心になって編纂したものである。Cはその名のとおり寛政年間（一七八九～一八〇一）に幕府が諸家から家系を提出させて完成したものである。(3) 内容の類似性からみると、Aの内容をベースにしてBCDが記述されているのではないかと想像される。明応二年という年次については一番古くに成立したAにないことから、何を根拠にしたかは不明であるが、後に記述されるようになったのではないかと思われる。しかし、他によるべき史料がないので政貞が殺害されたのは明応二年のできごとであるとされている。

伊藤冨雄氏は、これに対し次のように考えた。伊藤氏が取り上げた史料を掲げる。(4)

E　年欠二月十一日「知久頼純書状」（諏訪市矢嶋文書）

預御状候、畏悦之至候、如仰先度者為年始御□　□目出度存候、仍而伴野本意候者、神領寄進可申候由被申候付、先ゝ□　□少々御最花被進候、十貫之地寄進候様ニと承候、其段申届候、於伴野一所ニ可被申合候へ共、所帯之ひきハり無之候間、河西・河東ニおいて、五貫之地可致寄進之由被申候、然者御祈念、別而可憑入之由被申候、将又鈴岡落居候而被達本意候、大慶此事候、殊其時分七郎松尾ニ在城候而、去月廿九日ニ仕合、得勝利候而、小笠原彦三郎殿其外四五人討捕、殊以計略次之日卅日ニ城落居候、貴所之以御祈念、七郎武運存之侭候間、行末迄も憑敷存候、弥御祈念所仰候、次先度牧内清左衛門ニ御預置候物共、只今進候由申候、椀数七十□　□大□□渡候、萬三種神人之方へ清左衛門渡申候、取亂候間、不能詳候、恐々謹言、

追而、御玉會守、重而被懸御意候、目出畏入候、殊水鳥拝受申候、旁自是可申入候、

二月十一日　　　　　　　　　　知久兵部丞

頼　　純（花押）

権祝大夫殿

参御返報

この史料は、無年号であり、『信濃史料』では織田信長が信濃・甲斐を攻略した際の状況を伝えるものとみて天正十年の条に掲載している。

しかし、伊藤氏はこの史料中に「鈴岡落居候而被達本意候、大慶此事候、殊其時分七郎松尾ニ在城候而、去月廿九日ニ仕合、得勝利候而、小笠原彦三郎殿其外四五人討捕、殊以計略次之日卅日ニ城落居候」とあることに注目して、これを松尾の定基が鈴岡の政貞を滅ぼしたときのものとみた。そして、鈴岡の滅亡はAの史料のように正月四日のことではなく正月三十日であったこと、それは単に松尾と鈴岡の争いにあったのではなく、松尾と知久の連合対鈴岡と伴野の連合の戦いがあったのではないかと推定した。さらに年次については、なお今後の研究に待ちたいとしているが、別のところで小笠原文書の他の史料との関係から政貞の死去を永正三（一五〇六）年ごろと考えたいとも述べている。

『下伊那史』第六巻は、E史料にたいする伊藤氏の見解を引き継ぎながら、年次については「おそらく明応二年二月のこととみられている」としている。(5)

天正十年の織田軍の甲・信攻略のさい、同年二月一四日に松尾の城主小笠原信嶺は織田信忠に下っているので、『信濃史料』ではEの史料をそれに先立つできごととみ、「殊以計略次之日卅日ニ城落居候」を松尾城の落城として天正十年に比定したと思われるが、文のつながりからみても、落居した城は鈴岡とみるのが自然である。

鈴岡落城とみると、この史料の年代推定の可能性は政貞の死去にかかわる以外にもうひとつある。武田晴信が伊那に進攻した天文二十三年に関する可能性である。このとき小笠原信定は鈴岡にいてそこを追われた。しかし、これは八月のできごとで季節が異なる。(6) したがって、Eの史料は伊藤氏の見解にしたがい、鈴岡の政貞滅亡にかかわるものとみる方がよいと考える。とすると、鈴岡の滅亡は小笠原氏内の重宝や秘伝をめぐる争奪という観点だけでなく、地域の国人の動向とからめてみていく必要があることになる。けれどもE史料の年次については確定できない。

二、文亀元年の状況

『信濃史料』十巻に文亀元（一五〇一）年に比定された、いくつかの小笠原文書が掲載されている。(7) すでに秋本太二氏がこれらの史料を使って、駿河の今川氏親が遠江を攻略した状況について明らかにしている。(8) 今川軍の遠江進出にたいして、遠江守護斯波氏が小笠原氏に合力を求めたものであるが、その中のいくつかの文言に注目してみたい。

F　年欠三月十日「斯波寛元書状」（小笠原文書）

就遠州合力之儀、為兵衛佐使當国江罷下候、尤最前参可申入候之處、依御取合候無其儀候、今以可参事、還而憚存候之條、罷過候、必自遠州別而可憑入候、猶寛俊可申候、恐々謹言、

三月十日　　寛元（斯波）（花押）

小笠原左衛門佐殿

進之候、

G　年欠六月十九日「赤澤宗益書状」（小笠原文書）

（封紙ウハ書）
「　　　　　　　　　　澤藏軒

小笠原左衛門佐殿人々御中　　　　宗益」

就遠州之儀、為武衛御代、又次郎殿様御在國候、仍御合力被語申候哉、御入魂候者大切候、然於其方雖御取相之儀候、非他家御儀候間、早々御和睦、可目出候、委細定而被申候間、令省略候、可得御意候、恐々謹言、

六月十九日　　　　　　　　　　　　　　宗益（赤澤）（花押）

小笠原左衛門佐殿
　　人々御中

H　年欠八月十二日「斯波義雄書状」（小笠原文書）

右馬助方在庄二俣、誠以祝著候、仍此時、別而可預合力事、本望候、委曲野部入道可申候、恐々謹言、

八月十二日　　　　　　　　　　　　　　義　雄（花押）

小笠原左衛門佐殿
　　進之候、

Ｉ　年欠十一月七日「斯波義雄書状」（小笠原文書）

今度当国調儀已後、典廐（小笠原貞朝）可有帰国之由承候、長々在国之儀、其国雑説、旁以無余儀候、雖然此時節、就御逗留者、味方中可得力候、殊計策之子細候之条、年内之事申留候、明春者可上申候、路次ホ之儀、諸篇ニ俣仁申付候之間、可御心安候、被成其御意得候者、尤本望候、委曲善勝可申候、恐々謹言、

十一月七日　　義　雄（花押）

小笠原左衛門佐殿

進之候、

明応三年から始まった今川氏親の遠江侵入は遠江国守護斯波氏にとって無視できるものではなくなり、明応九年に斯波氏は征討軍をおくって翌文亀元年に合戦となった。Ｆ文書を秋本氏は明応九年に比定している。斯波氏の依頼によって小笠原氏は文亀元年七月に遠江に軍を送った。それを示すものがＨ文書である。ここにみえる右馬助は系図によれば小笠原貞朝で、府中の長朝の嫡男である。(9)秋本太二氏はこの間の事情について「この合力の小笠原軍は、それまで（斯波氏が）書状を送ってきた松尾系ではなく、深志系の軍勢であることに疑問が残る」としている。(10)

そこで私なりにその間の事情を推察してみることにする。Ｆ文書に「依御取合候無其儀候、今以可参事、還而憚存候之條、罷過候」とあって、斯波寛元は松尾の定基にたいして、合力の依頼が小笠原方の取合によっておくれたことを述べている。明応末年のこの時点では、小笠原氏内の対立が斯波氏をして合力の依頼を遅延させるほどのものであったことになる。しかし、斯波氏は小笠原氏の合力が必要であったのであろう。手を尽くして一族の流れをくみ細川

政元の有力な家人であった赤沢朝経（宗益）の口添えを頼んだのではないか。それを示しているのがG文書である。斯波義寛は細川政元派でもあった。ここには「然於其方雖御取相之儀候、非他家御儀候間、早々御和睦、可目出候」とある。赤沢宗益の説得は功を奏したらしく、一月後の文亀元年七月と推定される小笠原左衛門佐あて「斯波義雄書状」には「可預合力之由示給候、誠以本望之至候」とあって、小笠原定基が合力を了解していることがしれる。(11)これは松尾と府中との間に一時和解が成立したことを物語っているのではないか。そして、府中の貞朝が遠江に出陣した。もちろん斯波氏からの働きかけが以前から府中にもあったにちがいない。I文書は十一月の時点で、斯波氏が典廐（典廐少令が左右馬助の唐名であるので貞朝に比定される）の信濃帰国を延ばすように依頼している様子がわかる。ただ、「小笠原系図」によれば、貞朝の父長朝はこの年の八月に卒している。(12)

遠江における文亀年代のできごとは、始め小笠原氏らの来援を得た斯波氏が優勢であったが、後半は今川氏の優勢がめだちついには今川氏の遠江制圧が成功したと評価されている。(13)

三、永正年間の状況

永正年間に入って、今川氏は三河で軍事行動を起こす。『信濃史科』十巻永正三年の項に、つぎの史料がある。(14)

J　年欠三月十日「今川氏親書状」（小笠原文書）

依無差題目、遙久不能音問候、素意外候、其国如御本意之由候、目出於此方令歓喜候、就中参州儀、田原彈正兄弟数年憑此方候之間、度々成合力来候處、近日敵令同意候、前代未聞候哉、就其可成一行所存候、毎事無御扌閑

候者可為本懐候、何様重而可申述候、委曲之旨瀬名可令申候、恐々謹言、
三月十日　源《今川》氏親（花押）
謹上　小笠原左衛門佐殿

K　年欠後十一月十二日「佐竹宗三書状」（小笠原文書）
罷上候已後、不申入候、非本意存候、殊其方之御事、如何御落居候哉、無御心元令存候、定目出度可為如御本意候、仍七郎進退之儀、毎篇可然候之様、被加御扶助候者、可畏入候、次条々、櫛置殿、揖深殿両所へ令申候、此㧗之趣可得御意候、恐々謹言、
後十一月十二日　宗《佐竹》三（花押）
左衛門佐殿　人々御中

これらの文書は、『信濃史料』では永正三年に比定されている。J文書については今川氏の今橋城（愛知県豊橋市）攻略にかかわるものとして永正三年に比定されたものと思われる。しかし、今橋城攻略では、今川氏は田原（愛知県田原町）の戸田氏を援助する名目で軍をおこしているので、J文書にみえる「田原彈正兄弟数年憑此方候之間、度々成合力来候處、近日敵令同意候、前代未聞候哉」の部分とくいちがいが生じる。そこで秋本太二氏は『信濃史料』の年代比定について「若干疑問が残る」とした。(15)『新編岡崎市史　中世』で新行紀一氏はこの文書の年代を「永正一〇年代後半に入ってからのことであろう」と推定している。(16)しかし、小和田哲男氏が作成した今川氏親発給文書目録によれば、(17)氏親は永正一〇年八月から「修理大夫」と署名し花押をすえていて、氏親と記して花押をすえるのはそれ以

前に多い形なので、永正一〇年よりやや以前のものとみたほうがよいのではないかと私は考える。この文書には「其国如御本意之由候、目出於此方令歓喜候」とあって、松尾の定基の思いがかなったことを喜んでいる文面が見える。

K文書は「後十一月」とあって、永正三年は十一月に閏月があるので、この年に比定される。この文書のなかに「殊其方之御事、如何御落居候哉、無御心元令存候、定目出度可為如御本意候」とあって、美濃の佐竹光家（号則一、法名宗三）が松尾の定基のことを気遣っている。小笠原氏のなかに不安定な状況が生じていたことがわかる。伊藤冨雄氏はこの文言をとらえて「松尾に大事件が進行中」として、松尾と鈴岡の取合を想定した。そして鈴岡の政貞の死去を先に述べた永正三年頃と考える根拠とした[18]。

L　年欠八月廿七日「小笠原長隆書状」（小笠原文書）

先日者、乍楚忽捧愚状候処、則預御報候、慥到来、拝見仕候、條々御懇切、尊意忝畏入候、近代者、以御下知、石州ニ候、遠国之事候間、不能案内罷過候、今度御帰洛御供仕祗候候処、安西播磨守方預指南候間、乍聊爾言上候処、預御許容候、外聞実本望候、尤以使者、雖可申入候、諸篇被仰付候子細繁多候、更不得寸暇候条、無沙汰候、背本意候、何様来春中、態可申上候、自然於洛中、相応御用ホ御座候者、可被仰付候、可畏入候、愈々此砌御上洛候へかしと、乍不及、念願叶候、御家中御取乱候由、蒙仰候、千万無御心元候、定早ゝ可為御静謐候と目出候、我ホ心緒之趣、内々安西方可被申入候、与風帰国候間、重而啓上候、此由可得御意候、恐惶謹言、

八月廿七日　長隆（小笠原）（花押）

謹上　小笠原殿

御内人々御中

石見国の小笠原長隆は、この書状の前三月十八日にも京都から信濃の小笠原に書状を送っている[19]。そのなかに公方の帰洛に伴い京都に来たことが記されている。この文書はそれに続くものである。周防の大内氏のもとにいた足利義尹は、永正五年六月に入京し翌月征夷大将軍となった。したがって小笠原長隆が出した三月の書状は翌永正六年三月のもの、それに続くL文書も六年のものになる。

L文書の文中に「御家中御取乱候由、蒙仰候、千万無御心元候、定早々可為御静謐候と目出候」とあって、永正六年段階では小笠原氏のなかが取り乱れた状況であったことがうかがえる。

以上の三文書からみると、永正三〜六年ごろは小笠原氏のなかの対立が表面化していたが、六年以降それが一時落ち着く方向へ動いたとみなすことができるのではないだろうか。

この後の状況を物語る史料は少なく定かでないが、府中の長棟の妹が松尾の貞忠の妻になっていることが「笠系大成」の小笠原系図にみえ、婚姻による両家の関係修復がはかられたあとをみることができる[20]。しかし、天文初年に府中は松尾を攻めてこれを追い、松尾を手中にすることになる。

おわりに

以上に述べてきたことをまとめて終わりとしたい。嘉吉・文安年代に端を発した小笠原氏の相続あらそいは、小笠原氏を松尾、鈴岡、府中の三家に分裂させた。このうちまず鈴岡が滅亡する。その時期については明応二年とする史料と永正三年とみる説があり、その成立の背景を検討してみた。鈴岡の政貞の名は「諏訪御符礼之古書」に長享三

（一四八九）年までみえるので、鈴岡滅亡はそれ以降のことであることはたしかであるが、時期を確定することはできなかった。私は確証を示すことができないけれども伊藤冨雄説のように永正三年までさげることは難しいのではないかと考えている。しかし、鈴岡滅亡の背景は単に小笠原氏の重宝や秘伝の取り合いだけでなく、伊那の国人の動向が深くかかわっていたとする伊藤氏の見解は今後さらに明確にすべき卓見であると考える。

つぎに、小笠原文書中にみえる遠江の政治状況にかかわる書状のなかに、小笠原氏内の動向をしめす文言があり、これらから文亀・永正の時期の小笠原氏内の様子を探ってみた。明応末年には小笠原氏内の対立は顕著であったが、今川氏の遠江進攻にさいしては遠江守護斯波氏の直接の働きかけや中央政界での動きに応じ、府中・松尾の間で一時的に和解し、ともに斯波氏に合力をしている状況があったことが読み取れた。つづいて永正初年には、再び対立が顕在化したが、永正六年以降やや落ち着く方向へむかったのではないかと推測した。これらの状況をしめす小笠原文書中の書状は、年次の比定などさらに検討を加えていくことでより明らかになる事実がありさらに今後の課題である。

註

（1）主なものをあげる。『松本市史』上（昭和八年）、『下伊那史』第六巻（昭和四五年）、『長野県史　通史編』第三巻（昭和六二年）。伊藤冨雄「室町季世南信濃乱離史攷」（『信濃』掲載　昭和十九〜二〇年）、同「佐竹宗三と赤沢宗益」（『伊那』掲載　昭和三五〜三六年）、同「室町季世南信濃乱離史攷続編」（未発表）。いずれも『伊藤冨雄著作集　第四巻』に所収（昭和五五年、永井出版企画）。小林計一郎「信濃守護考」（『伊那』掲載、昭和三七年。後に『信濃中世史考』昭和五五年、吉川弘文館に所収）。

（2）史料の出典。A『新編信濃史料叢書』第八巻九七頁。B『新編信濃史料叢書』第十二巻一三五頁。C・D『信濃史料』九巻五三六頁。

（3）それぞれの史料の掲載された『新編信濃史料叢書』の解題参照。
（4）伊藤冨雄前掲論文。史料Eの出典は『信濃史料』十五巻九四頁。
（5）『下伊那史』第六巻五九四頁。
（6）『信濃史料』十二巻二九頁以下。
（7）『信濃史料』十巻一二五頁以下。
（8）秋本太二「今川氏親の遠江経略―とくに信濃小笠原氏と関連して―」（『信濃』第二六巻一号、昭和四九年。後に吉川弘文館『戦国大名論集』11の『今川氏の研究』に収録）。
（9）『新編信濃史料叢書』第十二巻一三七頁。
（10）註（7）と同じ。
（11）年欠七月六日「斯波義雄書状」（小笠原文書『信濃史料』十巻一二九頁）。
（12）『信濃史料』十巻一三六頁。
（13）註（7）と同じ。湯本軍一「守護小笠原氏の分国支配」（『信濃』二四巻六号、昭和四七年）。
（14）『信濃史料』十巻一九八頁以下。
（15）註（7）と同じ。
（16）『新編岡崎市史』中世（平成元年）五五四頁。
（17）小和田哲男「今川氏親とその文書」（『日本歴史』第三八五号　後に吉川弘文館『戦国大名論集』11の『今川氏の研究』に収録）。
（18）伊藤冨雄「佐竹宗三と赤沢宗益」。
（19）『信濃史料』十巻二六三頁。
（20）註（9）と同じ。一四四頁。

Ⅱ　足利義材政権と小笠原氏
―小笠原同名氏族間交流と故実の相承―

村石正行

はじめに―本稿の視座―

かつて棚橋光男は、身分制社会において「制度・機構がそれ自体としてでなく、広汎な人格的紐帯＝「縁」のネットワークによって機能していたことを知るべきだ」と述べた[1]。棚橋は、姻戚関係による人格的結合が我々近代人にとって「偶然的・恣意的なもの、科学的法則になじまぬもの」として捨象されてきたため、これらのネットワークについて十分な科学的検証がされてこなかった、とこれまでの研究を批判する。この発言には、領主制論が下火となり、構造論など社会史への注目が集められていた一九八〇～九〇年代前半の時代的な空気も背景にあったことは考慮しなければならない。中世の領主制理論が戦後歴史学の重要な枠組みとなってきたことは改めて述べるまでもない。しかし、この枠組みに対する棚橋の挑戦的問題提起が、それが遺著という未完成な形での発言であったことにもよるが、これまで必ずしも真摯に受け止められてこなかったのではないだろうか。

いっぽう二〇〇七年には東京大学史学会中世史部会シンポジウムがおこなわれ、司会の村井章介は「公家・武士・寺院それぞれの内部に、どんな自／他意識や、秩序体系や、上昇・改良指向があったのか、といった問題群を、各社会集団を成立せしめている「人のつながりの原理に立ち」もどることで、中世の多様な社会集団の構成を探り出そうと提言した。(2)棚橋の発言から二〇年近く経った今、「人のつながり」＝横のネットワークの構造を解明し中世社会の特質を明らかにする作業は、後述のように近年注目されていくべき分野であり、さらに深化させていくべき分野だろう。

筆者は、中世後期における武士の結合の事例として、いわゆる「主従制」だけでなく、同時代に併存する「同族」間でのネットワークに着目することによって、中央と地方との間の政治的折衝や文化摂取のあり方に光を当てることができることを指摘した。(3)そのなかでも義光流源氏の小笠原氏には比較的まとまった史料が残され、広範な同名氏族間のネットワークをうかがうことができるとした。

これに引き続いて本稿では、十五世紀末から十六世紀初頭の足利義材政権下における石見小笠原氏と信濃（松尾）小笠原氏との交流を、政治的動向とともに文化摂取という観点で紹介するものである。まずこの時期を対象とする理由は、後述のように明応の政変を機に二人の公方が現出し、それまでの細川京兆家による広範な同族連合機構が分裂し、権力がより集約されていった時期であること、(4)すなわち後期室町幕府体制への転換期でもあると考えられるからである。この変容期における幕府と地方との関係の特質を見いだすことは後期における幕府のあり方をとらえる一つの指標になるだろう。この点については、羽田聡が極めて示唆的な指摘をしている。羽田は、義材近臣の奉公衆吉見氏の同族連合を取り上げるなかで、能登・因幡・石見に存在する同族が血縁を中心にまとまりを見せたことを詳述し、「血縁あるいは地縁によるつながりと守護や将軍との関係は、当該期における幕府のあり方を考える重要な視点となるのではないだろうか」と評価する。(5)筆者も、この問題は吉見氏に限定される事例ではなく、後期室町幕府体制を特徴づける重要な一視点であると考える。他氏族の事例を挙げ、この命題を検証していく必要があるだろう。

応仁の乱の一方の要人であった足利義視の嫡子である義材は、延徳二年（一四九〇）伯父義政の死により就位した将軍である（その後義尹・義稙と改名。以下本稿では引用史料を除き初就任時の義材に統一）。義材はその後の明応の政変（一四九三）で失脚し、堀越公方足利政知の息義澄が将軍としてあらたに擁立された。これ以降、室町幕府は義材系公方（義尹【義稙】・義維・義栄）と義澄系公方（義澄・義晴・義輝）が並び立つ（もちろん正式な征夷大将軍は一人である）「二つの幕府」状況となった。そしてそれぞれの公方勢力に幕府直臣（奉公衆・奉行人・同朋衆など）・守護大名が分裂し、京都から追われても地方に「幕府」機能を移座し、大なり小なりの「幕府」権力を双方が行使し続けていたことが近年様々な点から確認されており、「流れ公方」と称される義材についても研究が深められている[(6)]。史料が限られ、また将軍復位という特殊性もあるなかで、なにより京都を離れた流浪の公方に対し地方の武士がどのような関わりを持ったのか、という観点は、今後研究を深めていかねばならないテーマであると考えるのである。

如上の観点で、信濃と京都、さらには他地方の交流の様子を史料によって解き明かし、同名氏族間のつながりの一例を提示しようとするのが本稿の趣旨である。本稿では前稿を踏襲し、「同名」氏族間交流という用語を使用する。「同名」は中世後期の史料のなかでしばしば同族を指し示すときに「同名〇〇」と括られて記される史料用語であるからである。

一、石見小笠原氏と足利義材政権

小笠原氏は甲斐源氏加賀美遠光の二男長清が名字の地を称して始まる。隣国信濃国へは遠光が文治元年（一一八五）源平合戦での功績により信濃守に任じられ、長清が佐久郡における義仲一党根井一族の敗亡後に佐久郡伴野荘の地頭職に補任されたことが進出のきっかけとなる。(7) 長清はその後大井荘を入手し、六男時長が伴野荘、七男朝光が大井荘にそれぞれ土着し、名字の地とした。なお一族の本格的な全国展開という点では、承久の乱の恩賞として、阿波国守護職に小笠原長清が補任され、長経が阿波国麻植保地頭職、大井朝光が伊賀国虎武保地頭職をそれぞれ獲得することを画期とする。とくに阿波国では戦国時代に至るまで小笠原氏とその同名氏族の活動がうかがえる。(8)

西国で比較的史料が追えるのは京都小笠原氏と石見・若狭国に拠点を持った石見小笠原氏、若狭小笠原氏である。このうち若狭小笠原氏については河村昭一の研究があり、守護一色氏のもとで守護代となった室町時代初期の若狭小笠原氏について、被官化と在京の動向を検討する。(9)

石見小笠原氏については、石見小笠原氏関係文書の特異性を論じた井上寛司、戦国期の領主制との関わりを論じた佐伯徳哉の研究がある。(10) 南北朝時代には信濃守護である小笠原貞宗が石見国河本郷一方地頭職を兼ねており、貞宗の代官桑原氏が石見国小笠原長氏とともに出雲国江の川周辺で戦闘していることが知られることから、(11) 石見国への小笠原氏の進出は、十四世紀初期ごろと考えられている。石見小笠原氏は系図によれば阿波小笠原氏の系統が土着したものである。(12) その後戦国時代は大内・尼子氏、ついで毛利氏の麾下となり、江戸時代は萩藩士として存続する。(13)

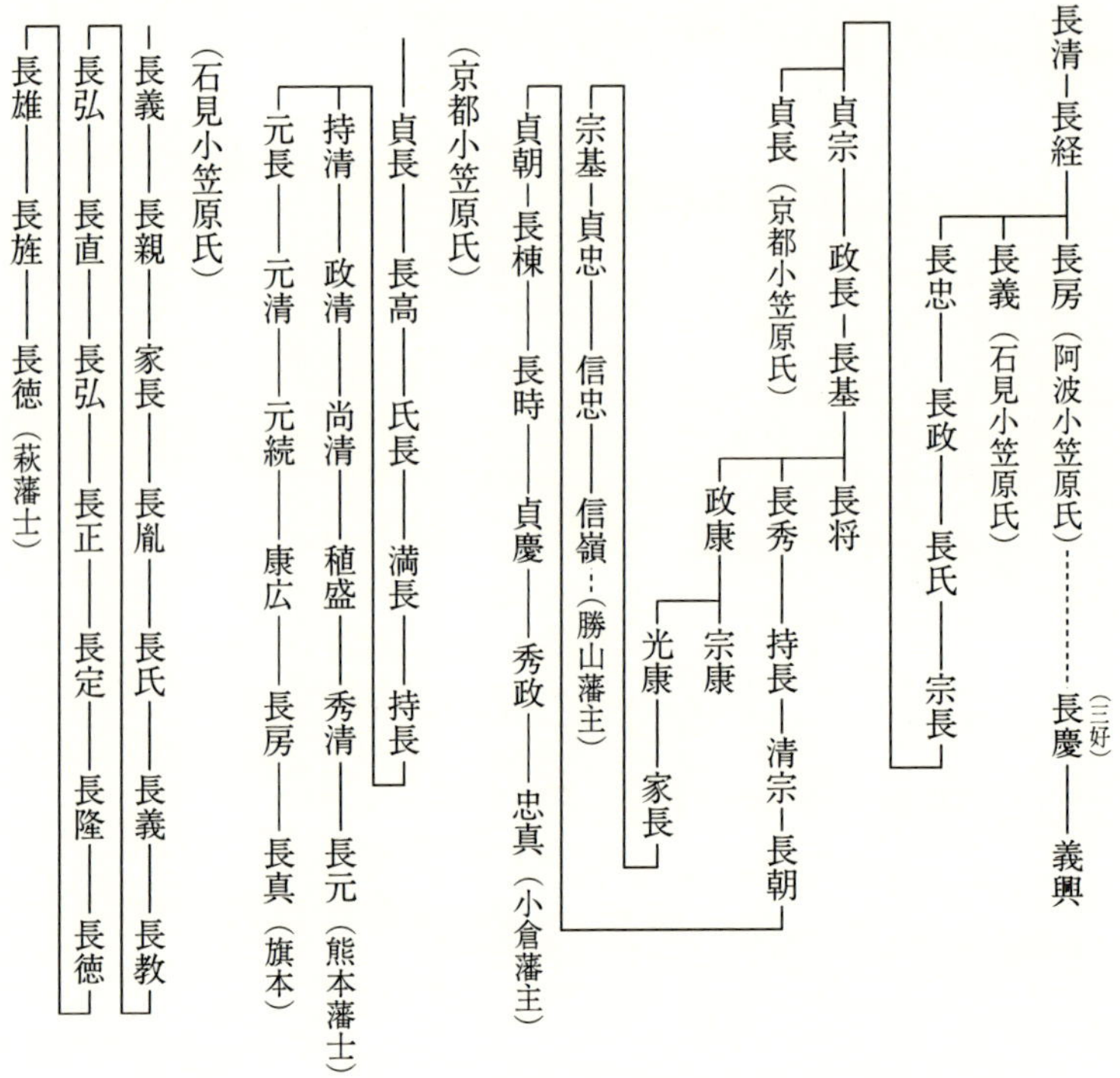

図１　小笠原系図

このように、各地に輩出した同名小笠原氏の貴重な研究が県外各地域史のなかで蓄積されてきたといえる。しかしこれまで長野県内の研究者がこうした成果に対してあまり注意を払ってこなかった。

近年の県内市町村史のなかには、信濃を本貫とした武士が他国へ移住した事例を取り上げ、移住地での領主化の足跡を記述したものも見受けられる(14)が、本稿は、個別単体として同名氏族が存在し、それぞれが各地に独立して存在していたという視点には立たず、遠国に離れた同名氏族が相互に交流を重ねるなどしてパラレルに存在していたこと、すなわち、棚橋の言葉を借りれば、同名氏族が「広汎な人格的紐帯」によって構造的に結合していたことを検証しようとする試論である。たとえば南北朝期の軍事関係文書を見ると、守護小笠原氏の軍勢催促により、石見小笠原氏・若狭小笠原氏といった同名氏族が他国における信濃小笠原氏の関わる紛争に従軍していることが知られるが、[15]広範な同名氏族の紐帯が、こうした軍勢催促のなかでより明瞭化される事例として注目すべきであろう。

まず、次の史料をみてみよう。

【史料1】「小笠原長隆書状」

「（封紙ウハ書）
石見国　小笠原兵部太（大）輔
小笠原殿　御内人々御中　　長隆」

雖二率爾之儀候一、於二洛中一、安西磨播守（播磨守）方ニ参会候、然処捧二書状一候へ、可レ預二伝達一候由、指南候条、不レ省斟酌令二啓上一候、我等事御一家端にて候、久敷遠国ニ候て、不レ能二案内一候、背二本意一存候、今度、就二公方様御帰洛一、致二御供一、在洛仕候、自然於二京中一、相応御用等御座候者、可レ被二仰付一候、不レ可レ存二無沙汰一候、一度御国へ遂二参上一度願計候、心緒之旨、安西方可レ有二言上一候歟、此由可レ然様、可レ得二御意一候、恐惶謹言、

（永正六年）三月十八日　　長隆（花押）

小笠原殿（定基）
　御内人々御中

【史料2】「小笠原長隆書状」

先日者、乍二楚忽一奉二愚状一候処、則預二御報一候、慥到来、拝見仕候、条々御懇切、尊意忝畏入候、近代者、

以二御下知一、石州ニ候、遠国之事候間、不レ能二案内一罷過候、今度御帰洛御供仕、祗候候処、安西播磨守方預二指南一候間、乍二聊尓一言上候処、預二御許容一候、外聞実本望候、尤以二使者一、雖下可二申入一候上、諸篇被二仰付一候子細繁多候、更不レ得二寸暇一候条、無沙汰候、背二本意一候、何様来春中、態可二申上一候、自然於二洛中一、相応御用等御座候者、可レ被二仰付一事、可二畏入一候、愈々此砌御上洛候へかしと、乍レ不レ及、念願計候、御家中御取乱候由、蒙レ仰候、千万無二御心元一候、定早々可レ為二御静謐一候と目出候、我等心緒之趣、内々安西方可レ被二申入一候、与レ風帰国候間、重而啓上候、此由可レ得二御意一候、恐惶謹言、

（永正六年）八月廿七日　　長隆（花押）

謹上　小笠原殿（定基）

御内人々御中

【史料1】・【2】とも、「勝山小笠原文書」（東京大学史料編纂所蔵、以下本稿で「小笠原文書」と記す場合はこれを示す）所収の文書であり、十五世紀の小笠原氏の内訌で分裂した松尾小笠原氏の系統に伝来した文書である。書状発給者は封紙上書から石見国小笠原長隆で、名宛は「小笠原殿」とあり松尾系の小笠原光康の孫定基である。脇付に「御内人々御中」と付され、分流の長隆が定基に対して厚礼を尽くしていることがうかがえる。いずれも切紙の私信である。

【史料1】からみてみよう。石見国の長隆は京都で「安西播磨守」なるものに参会した。長隆が上洛したのは「就二公方様御帰洛一、致二御供一」ためであった。ここでいう公方とは、足利義視の子で十代将軍義材である。義材は、明応の政変で追放されたあと、越中神保氏・越前朝倉氏そして周防大内氏らの庇護のもと側近とともに諸国を流浪した。周防国に滞在中の永正四年（一五〇七）、細川政元が殺害され（永正の錯乱）、大内義興の力をバックにして

再上洛し、永正五年（一五〇八）七月将軍復位に成功する。

長隆は大内氏の被官となっていたことから、ともに上洛し将軍に近侍していたことがわかる。従ってこの文書は永正六年のものとみてよいだろう。文中には、「我等事御一家端にて候、久敷遠国ニ候て、不レ能二案内一候」、「一度御国へ遂二参上一度願計候」とあり、石見・信濃と遠国間ではあるが、強い同名氏族意識を有していることが述べられている。なおこの書状を信濃国松尾に届け言上したのが安西播磨守であったことが史料よりうかがえる。

さて、足利義材政権下の大内義興について述べる。正式な征夷大将軍が義澄であったときにあっても、「流れ公方」義材が「将軍」権力を行使し文書発給活動をおこなっていたことは先学の指摘の通りであるが(16)、この点について改めて「小笠原文書」によって確認しておこう。

【史料3】「室町幕府奉行人奉書(17)」

至二于防州一被レ遷二御座一之条、御上洛之砌、被レ致二忠節一者、尤可レ為二神妙一之由、所レ被二仰下一也、仍執達如レ件、

文亀元年六月十三日　沙弥（諏訪長直）（花押）

近江守（飯尾貞運）（花押）

小笠原弾正少弼（貞忠）殿

【史料4】「大内義興副状」

（封紙ウハ書）

「小笠原弾正少弼殿　義興」

公方様至二当国一被レ移二御座一、御入洛御調法最中候、一段御忠節可レ為二寛容一候、雖下未二申通一候上、被レ成二御下知一候之次第、得二其意一可レ申之由、任下被二仰出一之旨上候、何様重而可二申承一候、恐々謹言、

義興（花押）

六月十三日

小笠原弾正少弼（貞忠）殿

義材が西国大名の軍事支援を期待し、これに応じた大内氏の周防国へ入ったのは明応八年（一四九九）末であった。文亀元年（一五〇一）の【史料3】は、義材による軍事支援命令の意を奉ずる諏方長直と飯尾貞運による、松尾小笠原氏の貞忠（定基の子）に宛てられた奉行人奉書である。諏方長直は忠郷の子で将軍義材の奉行人であったが、明応の政変で義材が失脚すると、ともに京都を出奔した。永正の政変で義材が将軍職に復帰すると、長直とその子長俊が奉行人奉書による訴訟取り扱いをおこなったとされる[18]。永正の錯乱で奉行人層も義澄系から義材系へと交代したが、奉行人京都諏方氏もそれまでの貞通流から長直流へと変化した[19]。この文亀元年のこの奉書は、その後の明応の政変で義材が失脚した以降も義澄系だけでなく義材系奉行人も引き続き奉書を発給し続けていたことをうかがわせるものである。

この奉書に添付されたのが、上洛を企図する義材への支援を求める大内義興の副状【史料4】である。副状は、その事象の主たる担当者によって作成されることから[20]、大内義興みずからが軍勢催促の実務を担ったとみてよい。実際には義材・義興の上洛が実現するのは永正五年（一五〇八）を待たねばならないが、それ以前から大内氏から松尾小笠原氏に対して義材（政権）への協力要請がなされていることは注目しておきたい。

さて、永正五年の上洛に石見小笠原氏が供奉したことは先に指摘したが、京郊地域における石見小笠原氏の活動を

伝えるのが次の史料である。

【史料5】「大内義興感状[21]」

在京馳走、剰諸家有二調議一、去月十六日至二丹波国一下向之処、遂二供奉一、同廿四日帰洛、船岡山合戦之時、於二問田大蔵少輔弘胤一所一太刀討被レ疵之次第、問田掃部頭興之注進、一見了、感悦非一、仍為二忠賞一令レ吹二挙刑部少輔一者也、弥可レ被レ抽二忠節一之状如レ件、

永正八年

九月廿三日　　義興（花押）

小笠原刑部《長隆》少輔殿

【史料6】「石見国守護代問田興之副状[22]」

御在洛中被レ致二供奉一、於二京都一度々辛労之通、淵底被二思召一候、尤面目之至候、御拝領之地三百貫、坪付被レ遣候、連々可レ被レ成二御感一之旨候、恐々謹言、

十二月六日　　興之（花押）

小笠原刑部《長隆》少輔殿

【史料5】によれば、義興の命で上洛していた長隆は、義材を擁立する義興・細川高国連合軍と前将軍義澄を擁立する細川澄元との間で勃発した丹波船岡山での合戦（永正八年九月）に参加した。長隆は大内家被官で石見守護代の問田弘胤陣所で傷を負いながらも奮戦したことを賞され、刑部少輔の官途に推挙されたことを示している。義興の偏諱を名乗る興之は弘胤の子で、長隆の軍功を義興に注進したのである。【史料6】は帰国にあわせて義興の感状を長

写真１　伝小笠原長隆拝領「獏頭玉枕」（長江寺蔵・川本町教育委員会写真提供）

隆に持参した興之の副状である。

具体的な長隆の軍勢動向については明らかにできないが、次の【史料7】からは、長隆の被官である井原民部左衛門が在京並簾役を徴されていることが知られ、上洛に際して大内氏は領国の武士に対して大規模な臨時役を徴収したようである。

【史料7】「小笠原長隆判物」[23]

□（今）度在京並簾役之事、為二役分一、着料之具足一領沙汰候、本領役之辻、以レ此皆納候所如レ件、

永正九年ミつのへさる

六月一日　　長隆（花押）

井原民部左衛門とのへ

石見国長江寺（島根県川本町）は小笠原長隆建立の曹洞宗の古刹である。ここには長隆が船岡山合戦での戦功を賞された際に義材より拝領したと伝えられる「獏頭玉枕」が伝来する。中国伝来とされるこの玉枕には獏とされる獣骨が収められる。外形がユニークなこの枕は類例がなく時代を特定することは困難であるが、石見小笠原氏の活動を伝える伝承として興味深い（写真1）。

二、松尾小笠原氏と足利義材政権

文亀元年（一五〇一）、義材上洛への協力を要請された松尾小笠原氏であったが、後述のようにこの時点では義材への同心はなかったようである。まずこの前後の信濃小笠原氏の動静をかんたんにみておこう。

信濃の隣国遠江国では守護斯波氏と駿河守護今川氏親・伊勢宗瑞との間で抗戦が続いていた。細川政元が支援する斯波氏を通じ、松尾小笠原定基・貞忠父子はその助力を要請された[24]。

さらに細川政元の被官赤沢宗益は定基に対し次のような書状を送付した。

【史料8】「赤沢宗益書状[25]」

「（封紙ウハ書）
小笠原左衛門佐殿人々御中　　沢蔵軒
宗益」

就二遠州之儀一、為二武衛（斯波義寛）御代一、又次郎殿様御在国候、仍御合力被二語申一候哉、御入魂候者大切候、然於二其方一、雖二御取合之儀候一、非二他家御儀一候間、早々御和睦可二目出一候、委細定而可レ被レ申候間、令二省略一候、可レ得二御意一候、恐々謹言、

（文亀元年）六月十九日　　宗益（花押）

小笠原左衛門佐殿（定基）
人々御中

宗益は守護斯波義寛に協力するよう定基に伝えた。ついては、信濃国では小笠原家が内訌状態で分裂し「取合」をしているが、双方とも「他家」ではないのだから早々に和睦する事が肝要だ、と述べている。赤沢氏は細川被官で[26]、小笠原氏の同名氏族でもあるが、斯波氏を支援する細川政元の意向を同族赤沢氏が定基に伝えたとみてよいだろう。赤沢氏は政吉が長禄二年（一四五八）にも、信濃国の治罰を命ずる細川持賢の書状を建仁寺禅居庵を通じて小笠原又次郎（清宗）に送進しており、同名氏族が信濃小笠原氏と幕閣とを取り次ぐ役割を果たしている。[27]なお『信濃史料』では又次郎を義寛の弟寛元と比定し、家永遵嗣もこれを支持する。[28]しかし「又次郎」は府中小笠原氏嫡流の通名であること、また「又次郎殿様」（傍点筆者）と表記され、これを斯波氏の傍流を指すとすれば宗益が定基への書状に斯様に記すのは不自然であること、加えて長朝の嫡子貞朝が遠江国二俣に出陣していることなどを考慮すれば、「又次郎」が小笠原同名氏族の嫡流の呼称と理解して違和感がない。先述の文脈からみると、又次郎は斯波氏ではなく内訌により府中を追われた小笠原長朝とみるべきだろう。[29]以上赤沢氏が小笠原氏の内訌を調停しようとしていたことから類推し、在京同名氏族によって地方の紛争調停をおこなおうとした足利義澄を奉戴する細川政元の意図がかいま見えるといえる。

しかし、その後の中央政治は反転する。文亀元年（一五〇一）には義澄方の斯波氏を助けた定基であったが、永正三年には、対立してきた義材方の今川氏親・伊勢宗瑞と同盟を結び援軍を送っている。次の史料を見てみよう。

【史料9】「伊勢宗瑞書状[30]」

雖下未二申入一候上、以レ次令レ啓候、仍関右馬允方事、名字我等一躰ニ候、伊勢国関與申所、依二在国一、関與名乗候、根本従兄弟相分名字ニ候、以二左様之儀一、只今別而申通候、諸事無二御等閑一之由被レ申候、別而我等忝存候、以二後者一、関方同前ニ無二御等閑一候者、可レ為二満足一候、次当国田原弾正為二合力一、氏親（今川）被二罷立一候、拙者共立候、御近国事候間、違儀候ハゞ、可二憑存一候、然而今橋要害悉引破、本城至二堀岸一陣取候、去十九卯刻ニ端城押入乗取候、爰元急度落居候者、重而可二申展一候、太刀一腰作助光、金覆輪、進候、表二祝儀一計候、此旨可レ得二御意一候、恐々謹言、

（永正三年）九月廿一日　　宗瑞（花押）

謹上　小笠原左衛門佐殿（定基）

御宿所

【史料10】伊勢宗瑞書状[31]

（封紙ウハ書）「謹上　小笠原左衛門佐殿御宿所　宗瑞」

昨日十八申刻、就二其方時宜一、自二関右馬允所一注進到来候、横井へ御手遣、千秋万歳目出度存候、何事候共、相當御用、走廻度心底計候、當地事、今明日間可二落居一候間、自レ是必令レ啓候、猶無二御心元一候間、先以飛脚申候、猶関右馬允方へ申候間、定可レ被二申展一候、恐々謹言、

（永正五年カ）十月十九日　　宗瑞（花押）

謹上　小笠原左衛門佐殿

御宿所

【史料9】は永正三年（一五〇六）伊勢宗瑞（北条早雲）が小笠原定基に出した書状で、北条氏綱や三河国戸田憲光とともに同国今橋（豊橋市）城主で斯波氏家臣牧野成時を攻撃した際の戦況を知らせ、交誼を求めている。家永遵嗣

によると、今川氏は永正五年には尾張守護職に義材によって任命されている。この時期定基は義材方についたのである。[32]

もう一点注目したいのは、「関右馬允春光」について宗瑞が定基に伝えていることである。関は小笠原同名関氏として見え、[33] 伊勢氏（後北条氏）との間の取次としてしばしば表れる。[34] 伊勢国関に在住していたことから、宗瑞にとって「名字我等一躰ニ候」、すなわち伊勢氏と関氏が同名氏族であることを示唆した上で、定基に対して「春光を自分と同様、粗略に扱わないでほしい」と述べている。たとえば【史料10】に「関右馬允方へ申候間、定可レ被二申展一候」と記され、春光が小笠原・伊勢双方に両属した、いわば取次となっていることが判明する。

永正四年（一五〇七）、専制を誇った細川政元が殺害され、赤沢宗益も丹後国で戦死し、細川京兆家は澄之、澄元、高国とに分裂、畿内情勢は一気に混沌となった。[35]

この混乱のなか翌年義材は大内義興とともに上洛し、細川家督候補の一人高国と結び将軍復位に成功した。

なお弓馬故実家の佐竹光家（宗三）[36]は永正四年の錯乱を詳細な書状で定基に伝える。そしてその書状の文末には次のようにある。

【史料11】「佐竹宗三書状[37]」

（前略）

一　基房身体事、雖レ不二珍候一、奉レ憑候外無レ他候、一向不レ可レ有二正体一候、道之事者不レ及レ申候、所篇被レ加二御意一候者、可二畏入一候、乍レ恐六郎（貞朝）殿同様ニ思食預二御指南一候者、難レ有可レ存候、

（永正四年）八月十六日　　宗三（花押）

左衛門佐殿

人々御中

これによれば、宗三の子息基房が定基のもとで「道」すなわち弓馬道の指南などを受けていた、定基の子貞朝に対しても同様に依頼していた事が知られる。別の書状でも「乍レ恐貴所之御事も、於二道之儀一候てハ、日本の鏡にて御座候、無二御由断一御けいこ候ハてハ、一大事之御事にて候」と定基流の故実を高く評価していた事がうかがえる。

宗三と定基との交流は、義材が入京したあとも続く。

【史料12】「佐竹宗三書状[38]」

京都之儀、両人被二申調一下向、千秋万歳目出令二存知一候、殊大内御馬を所望申候事、依レ無二御等閑一如レ此候哉、万々可レ然相存候、仍七郎(基房)事雖二不レ珍候一、御扶助を奉レ憑候外無レ他存候、来春早々罷下、旁可二申入一候由、可レ得二御意一候、恐惶謹言、

(永正五年)十二月廿五日　　宗三（花押）

左衛門佐殿

人々御中

【史料12】の書状によれば、上洛した大内義興が馬を定基に所望し、定基がその申し出をおろそかにしなかった、また基房の指南を改めて定基へ依頼することなどがうかがえる[39]。なお七郎はその後も定基の許で活動を続け、松尾小笠原氏の指揮下で合戦にも参加したことがうかがえる。このように幼少時から定基のもとで稽古に励み軍事活動にも加わった七郎は、おそらく定基を烏帽子親としてその偏諱を拝領し基房を名乗ったものと思われるのである。

なお松尾小笠原氏が在京勢力への馬を供給していたことは、細川庶子の上野氏からの書状からもうかがえる。

【史料13】「上野元治書状[40]」

芳札委曲令二拝見一候、如レ仰去年之暮、於二宗益宿所一申承候、于レ今難レ忘存候、我等も其後可二申入一心中候処、便風太切候間、不レ能二其儀一候趣、慮外之至候、拙者馬一疋、芦毛上給候、殊木曽立之由候間、一段秘蔵此事候、自然此方於二相応之儀一、承可レ然奉公候、何様後信之時、可二申入一心中候、猶宗益可レ令レ申候、恐々謹言、

四月五日　　　元治（花押）

小笠原左衛門佐殿

御返報

【史料13】は年代未詳だが、赤沢宗益が存命中であることから永正四年以前のものである。元治は定基の書簡を宗益屋敷で受け取った、さらにこの時芦毛の木曽馬を定基より贈られた、これからは定基に対して「相応の儀」（具体的内容不明）について承知した、そのように働きたいので、後便にて申し入れる、詳しくは宗益が申し述べるであろう、と記す。この書状から、定基と細川一族との音信を、小笠原同名氏族であり細川内衆である宗益がやはり取り次いでいることがよくわかるのである。木曽馬は当時の武家社会でもブランド馬であった。

さて、話題を義材政権との関わりについて戻そう。

小笠原氏の内訌以降の「小笠原文書」は、その多くが松尾小笠原氏に伝来した文書群としての性格を持つものであることは周知である。これら松尾小笠原氏に関わる文書のうち、幕府関係の文書についてみてみよう。

【史料14】「一色材延書状[41]」

御札委細拝見申候、如レ仰旧冬者為二御礼一御申之通目出候、就レ其御懇蒙レ仰候、祝著千万之至候、弥於二公儀一不レ可レ存二疎略一候、随而内々御入魂之趣、従二民部丞殿一承候、本望此事候、巨細重而可二申入一候之条、令二省略一候、恐々謹言、

卯月廿八日　　材延（花押）

小笠原殿

御返報

【史料15】「某房次書状[42]」

以二旧冬者御参洛次一、懸二御目一候、祝著之至令レ存候、

一　御料所苗木（美濃国）跡職事、御尋候間、巨細申分候之処、近日急度彼在所、以二小笠原殿御入魂一、可レ被レ越レ人之由、宮内少輔（一色材延）かたへ御注進趣候、就レ其従二小笠原殿一不レ可レ有二御疎略一之旨、憑候者かたへ御状候者、以二其旨一達二　上聞一、御下知并御代官職預被レ申候、可レ有二書状一候歟、

一　彼在所則御公用被レ致二進上一在所之事候条、御分別肝要候、

一　自二方々一雖二望方数多候一、于レ今無二同心一候、可レ然仁躰早々上被レ申候者、其時可レ被二申談一候、此条々為二御心得一自レ私申事候、毎事期二後音一候、恐々謹言、

卯月廿八日　　房次（花押）

楽音坊

御両所

民部丞

【史料14】は年未詳の書状である。一色材延は足利義材の偏諱を名乗っているように、義材政権の主要メンバーとして知られる[43]。萩原氏の研究によれば、このうち一色同名種村氏については、第一次政権から北陸・周防での移座を経て第二次政権までを通して、政治・外交面を支える義材側近勢力として位置づけられる。しかしそのなかで材延の名前がみられるのは永正四年ごろからで、それ以前の徴証は知られない[44]。【史料15】で定基の使者が上洛し房次に面会していることから、とりあえずここでは、この文書が義材の上洛後以降のものであると推定しておきたい。本文時候の挨拶のあと、内々に定基側が御入魂申し入れたい旨を「民部丞」より材延側に伝えた事がうかがえる。

【史料15】は【史料14】の副状ともいえるもので、【史料14】ではうかがい知れない内容が記されている。なお名宛人の楽音坊・民部丞については不詳だが、これらと一連の史料である年未詳六月二十四日「一色材延書状」には「猶以二楽音・常葉殿一具申候」とあるから、民部丞は小笠原同名氏族の常葉氏である可能性が高いと考えられる。

第一条で御料所苗木の代官職について定基の意を受けた楽音坊・民部丞が房次に面会し問い合わせたこと、この地について定基の執心があり、房次を通じて人を差し越すよう宮内大輔（材延）に申し伝えたこと、定基の方から決して疎略にしないという旨の手紙をしかるべき頼みの人へいただければ、将軍（義材）に伝達して、苗木の代官職を預け置く旨も決裁されるだろうと見通す。

第二条では御料所として進上された地であることを分別いただきたい、第三条では方々より面会する者が多いけれども、（定基に）同心するものがない、しかるべき人物が上洛してお話しいただければそのときは相談する、などと記すことから、御料所代官職を所望した定基への返書というのがこの書状の位置づけである。

なお御料所苗木は信濃国に隣接する恵那郡遠山荘（岐阜県中津川市）内の郷名である。なお山中淳子「室町幕府御料所一覧表」[45]からは落ちている。

室町幕府奉公衆を体系的に論じた福田豊彦によると、幕府奉公衆が「室町幕府の御料所を預け置かれ、幕府（将軍権力）の直接的経済基盤となっていた」、なかには、「自己の所領を保全するために御料所に申し済す者もあり」、奉公衆所領のなかで御料所の占める割合は高かった。おもに奉公衆が代官として当該御料所を管理するため、奉公衆や御料所が「地方における将軍権力の拠点」であった、という[46]。この視点より類推すれば、苗木もまた奉公衆によって管理されていた可能性が高い。この地に関わりのある幕府奉公衆に遠山氏がいる[47]。御料所苗木の（代官）跡職について、相論が勃発したが、これについて小笠原定基が一方の当事者であったようである。この問題を内々に定基が相談し、また自らの家臣が上京して説明したことが書状からうかがえる。これに対する幕閣の対応は、義材の政務側近である一色（種村）材延が返答している。義材政権では、直接の政務担当者が書状を発給していることから、材延がこの件の担当だったのだろう。

さらに同日付「房次書状」についてはどうか。『信濃史料』ではこの人物の姓を比定していない。係争地が美濃国であることから美濃に関係する人物であろうか。明応三年の船田合戦を経て美濃国守護となったのは土岐政房である。政房は歴代守護とは異なり、例外的に「房」字を使用しているが、土岐氏の通字の多くは「頼」を使用する。「房次」は政房より偏諱を拝領した土岐氏の一族もしくは被官ではないだろうか。「小笠原文書」は隣国守護の土岐氏関係文書を伝えていることから、この【史料14】が土岐氏より発給されたものと推測することはあながち的外れとは言えまい。さらに材延書状と同じ日付で発給されていること、「以二旧冬者御参洛次一」、「以二其旨一達二　上聞一」という文言から、房次は将軍近臣などの在京勢力であったと考えるべきだろう。なお土岐氏からは同名氏族二〇氏が奉公衆として出仕していることが確認されているので(48)、この一族のうちの一人と推定しておきたい。定基はその後書状を出したようで、その返答(49)は材延から「急度以二使者一令レ申候、則　御下知時宜子細申含候」と、苗木の件についての下知の時宜は改めて使者を立てて申し含めるとした。その後がどうなったかについては、この件に関する裁決文書が伝来していないため不明である。

以上、定基が義材政権に関わるものと水面下で接触していたことがうかがえる。永正五年に義材が入洛すると、遠江守護も前述のように義澄派の斯波氏から今川氏に代替している。義材は、政権復帰のため地方守護大名を掌握するべく工作をおこなっていたのである。またこれに対して斯波氏を支援する義澄や細川氏らの動向は、義材勢力へのライバル意識が明瞭にうかがえる。中央の政治対決色が、地域の権力抗争に飛び火していること、それを解決させようと工作を行っていたことが想定される。そして文亀元年の上洛協力要請以降の残存文書の多くが義材政権に関わるものであることは「小笠原文書」のもつ一つの特徴といってよいだろう。

三、小笠原同名氏族間の故実摂取と安西播磨守

ここではあらためて【史料１・２】に立ち戻り、史料中の「安西磨播《ママ、播磨》守」（以下安西播磨守）について考えてみよう。三月の書状【史料１】では、京都で長隆が安西播磨守に参会した、播磨守に定基へ書状を出し伝達に預かるべき旨を指南したこと、紹介状として本書を播磨守に持たせ赴かせたこと、が知られる。八月の書状【史料２】では「則

預㆓御報㆒候、慥到来、拝見仕候、条々御懇切、尊意忝畏入候」とあり、長隆へ返書が届いたこと、「安西播磨守方預㆓指南㆒候」とあり播磨守が定基の指南を受けたことがうかがえる。【史料2】と同日付の書状には御礼として長隆から定基へ弓懸《ゆかけ》を送進したこともうかがえる。[50]

これら一連の事実から浮かび上がってくるのは、安西播磨守が上洛した石見小笠原長隆を介して定基と交流を図ったこと、そして小笠原流故実を摂取していたことである。故実の家が他家から故実を習得するネットワークについては、古川元也が奉公衆大和晴完を例として論究しているが[51]、このような都鄙間の相互補完的な人的交流は興味深い。

幸い、安西播磨守に関しては、伊那郡笹古家に伝来した絵巻（「安西流馬医巻物」）により、馬医術に通じた故実家であることが判明する。笹古氏は江戸時代春日街道沿いで繁栄した豪農で、近代の地域名望家である。系図等は残存しておらず系譜および絵巻の来歴は判然としないが、戦国大名武田家臣伝承を有することから[52]、笹古一族の来歴が戦国期にまで遡る可能性も捨てきれない。

この絵巻は、信州大学農学部で調査され、天正七年（一五七九）に作成された絵巻を宝永七年（一七一〇）に書写した良質の粉本で、安西流馬医絵巻の基準本として紹介された[53]。なお安西流馬医絵巻は、一般には奥書に日本での馬医学の祖である粉河（古河）僧正と、その継承者安西播磨守の銘を有するものを指す。

本絵巻の翻刻についてはすでに紹介されているが、農学史以外で余り知られていないことから行論の都合上簡単に内容を項目で紹介しよう（番号は筆者）。

一　五輪砕／二　色体表／三　五輪塔／四　仏の手／五　解剖図（背）／六　馬躯外貌図／七　翼／八　五輪塔／九　解剖図／十　馬面図／十一　仏面図／十二　馬躯部位図／十三　馬躯外貌図／十四　気消長／十五　五輪／十

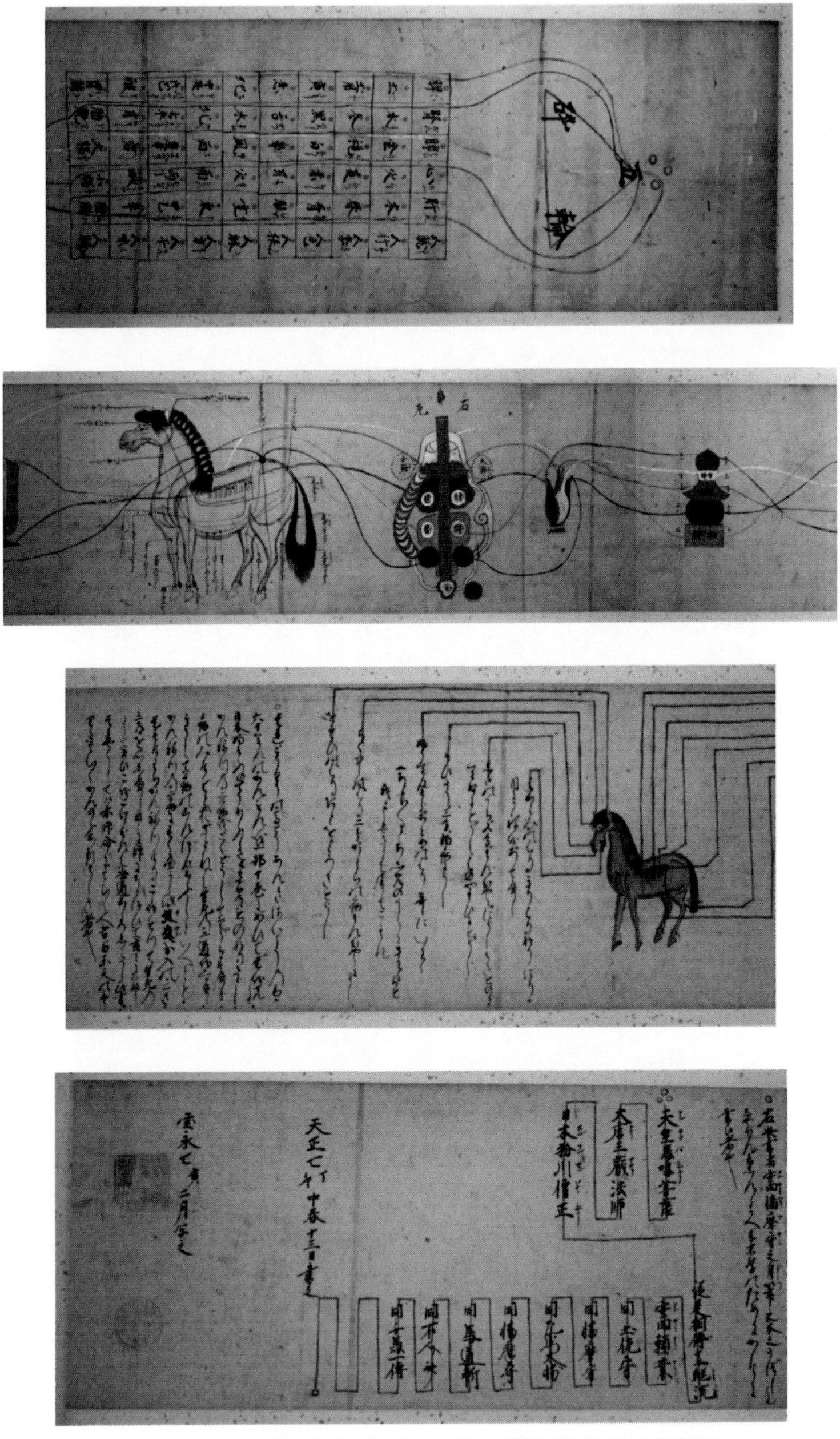

写真２　安西流馬医巻物（部分　信州大学農学部附属図書館蔵）

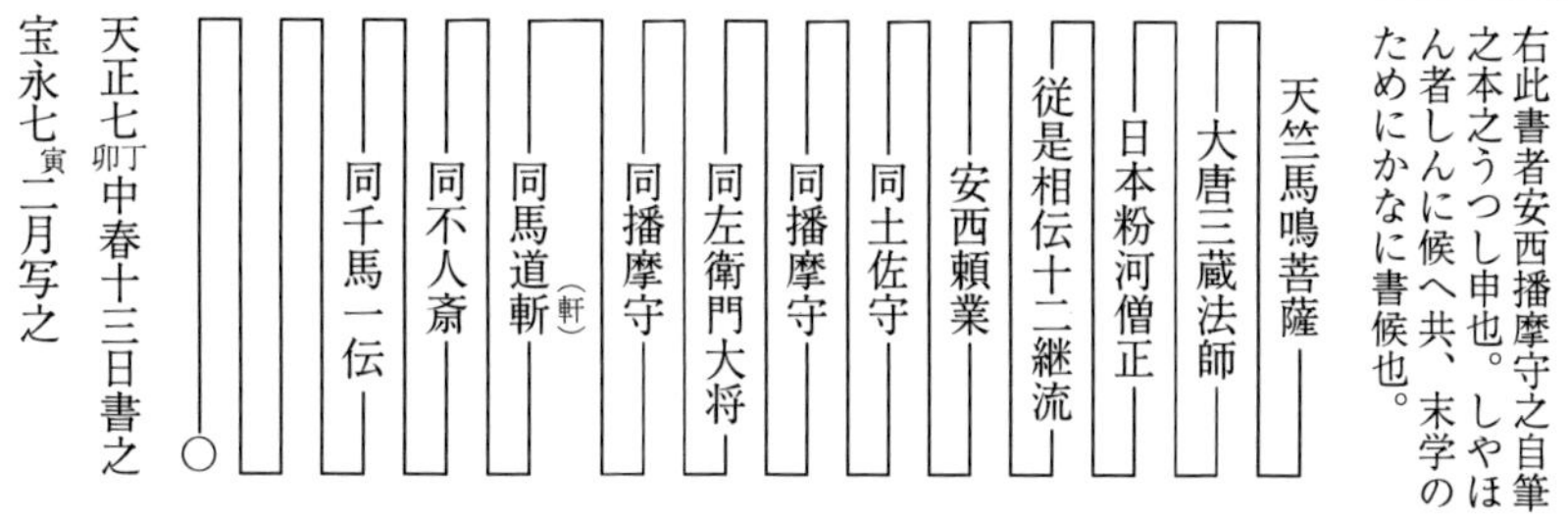
右此書者安西播摩守之自筆之本之うつし申也。しやほん者しんに候へ共、末学のためにかなに書候也。
天竺馬鳴菩薩
大唐三蔵法師
日本粉河僧正
従是相伝十二継流
安西頼業
同土佐守
同播摩守
同左衛門大将
同播摩守
同馬道斬（軒）
同不人斎
同千馬一伝
○
天正七丁卯中春十三日書之
宝永七寅二月写之

図２　奥書・安西氏相承図

六　馬の五臓本尊と垂迹／十七　五臓・五行・五腑・五根／十八　天中地の五形／十九　四季別五臓の病気と予後／二十　馬躯の鍼の部位／奥書・安西氏相承図

本書の冒頭で「五輪砕」、すなわち宇宙の根源である五大要素が崩れると身体の調和が崩れるとする陰陽五行説に基づき病の発生を説明する。二十では「かんねつの二病をとくどう《得道》してりやうち《療治》するへし」とあり、馬の病は寒・熱に大別でき、不調和を鍼治療で療治させることが肝要であることを記す。絵巻はこれを色彩豊かに説明する目的で描かれた陰陽道と仏教が融合した医療書であるといえる。さらに「それ、とうりう《当流》の馬とうあんきさいよう《頭安驥最要》の音、六十くわん《巻》のかんもん《巻文》を一部十巻にぬひて、是をせん《撰》して日本ぶそふ《無双》のていほふ《調法》にさめしものなり」とあることから本書を「安驥最要書」とも称する。

奥書末には、故実書にみられる血脈相承図（伝系）が載せられている。ここに安西頼業・同土佐守につづいて播磨守がみえる。東西の小笠原家と交流するこの人物が、馬医術の故実を伝承した人物であったのである。

安西氏については、これまで研究がないため、その位置付けを明確にしなくてはならない。

「安西流馬医絵巻」のひとつである「永正・安西流馬医絵巻」（東京大学農学部

蔵）によると、その写本の奥書に「粉河僧正子孫武州聴鼻和住人安西播摩（ママ、播磨）守」とあることから、安西播磨守は粉河（古河）僧正末流で武蔵国の出自であるようである。[54] しかし近年『日本農書全集』が編まれ、その解題で一連の馬医絵巻が紹介された際も、地名である「聴鼻和」については「不明」とされてきた。そのため安西氏が実在したのか否かという点についてもこれまで論究されることはなかった。現存する馬医絵巻諸本がいずれも写本であるので、近世における書写時の錯誤の可能性も視野に入れる必要があるだろう。その点を踏まえて類推すると、まず「聴鼻和」の「聴」は「廰（庁）」の誤写ではないか、と素朴な疑問を覚えるのである。とすれば「廰鼻和」は武蔵国幡羅郡（埼玉県深谷市）の地名、すなわち山内上杉氏庶子家の山内庁鼻和《こばなわ》氏の領有地であることに思い至るのである。[55] そしてこの地は、利根川を下ると、戦国期における東国政治上の要地「古河」に至る場所であることは多言を要すまい。

十六世紀の北関東では、下野国足利学校に学んだ医術者が輩出していたという背景を想起したい。例えば田代三喜斎は古河公方に仕え、各大名間の取次として活躍している。次の史料の如くである。

【史料14】「足利晴氏書状[56]」

厥以来可二申遣一候処、宇都宮俊綱家中取乱附而、至二于近日一加二下知一候之条、遅延、然者、凌二遠路険一難レ被レ越候、辛労識察候、蘆名煩得二滅気一候者、早速帰参可レ為二肝要一候、巨細三喜斎（田代三喜）被二申越一候、恐々謹言、

夷則廿日　晴氏（花押）

文松蔵主

古河公方足利晴氏は、奥州盧名（盛舜か）の病気治療に文松蔵主を派遣しており、病気が完治すれば帰国せよ、と命じる。この書状を届けたのが三喜である。田代三喜（一四六五〜一五四四）は本邦李朱医学を創始したといわれる

臨床医である。矢数道明によると、三喜は武蔵国川越（越生）の出身で、下野国足利学校で学び、長享元年（一四八七）に渡明、十二年後の明応七年（一四九八）に帰国する。三喜の養生法はやはり陰陽五行を基礎とする中国・朝鮮で流行した古典医学であった。三喜は永正七年（一五一〇）下総国古河公方に仕官し、関東一円に足跡を残したことで知られる(57)。

あるいは古河公方の家臣芹沢氏もまた施薬に長じていた医師であったことがうかがえる。

【史料15】「足利成氏書状(58)」

（端裏）「（切封墨引）」

上杉廰鼻和四□（郎カ）為二疵養生一其方へ下向候、速被二取直一之様、与薬致二療治一□□（候者）、可レ為二御悦喜一候、謹言、

五月十九日　（花押）（足利成氏）

芹沢土佐守□（殿）

古河公方足利成氏は、上杉庁鼻和四郎が傷治療のためそちらを訪れるので投薬治療をするよう医師芹沢土佐守に命じている。芹沢氏に残された文書の多くは、このように古河公方による家臣への丸薬調法の依頼状である。

【史料16】「足利義氏書状(59)」

節々懇申上候、殊今般丸薬種ヽ并蝋燭進上、御悦喜候、御積気者指儀無レ之候、安西右京亮御薬致二進上一候、於二御養性一者、心安可レ存候、同名孫四郎于レ今其地致二堪忍一奉レ待候、神妙思召候段可レ為二申聞一候、巨細皆吉修理亮可二申遣一候、謹言、

十二月十二日　（花押）（足利義氏）

表1　古河安西氏の活動

1	永正十一年（一五一四）正月十三日	安西政胤が足利高基書状を伊達稙宗へ伝達[62]
2	大永二年（一五二二）十二月二十七日	安西右京亮（能胤）が上野国広沢郷用水について高基書状を横瀬氏へ伝達[63]
3	大永五年（一五二五）閏十一月二十一日	安西右京亮が相馬氏相続に関する高基書状を伝達[64]
4	年未詳六月十二日	安西右京亮が高基感状を赤松入道へ伝達[65]
5	年未詳霜月十四日	安西右京亮が高基巻数請取状を威徳院へ伝達[66]
6	永禄四年カ（一五六一）七月四日	安西右京亮が足利義氏書状を野田左衛門大夫へ伝達[67]
7	天正五年（一五七七）閏七月二十一日	安西但馬守が田代昌純が丸薬を進上したことを伝える義氏書状を芳春院へ伝達[68]
8	天正十年（一五八二）四月二十四日	安西但馬守が義氏書状を簗田持助へ伝達[69]

豊前左京亮殿

豊前氏景は古河公方足利義氏の家臣で武蔵国鷺宮神社の氏子であった[60]。義氏が氏景へ丸薬を送ったこと、癪は大したことがない、「安西右京亮」が薬を届ける、と記されている。ここにみえる安西氏は古河公方の家臣で、天正年間には武蔵国に接する下総国猿島郡下幸島に所領を有しており[61]、古河周辺で活動していたことが知られる。古河流安西氏の動向を上に掲げよう（表1）。

この表の動きを見てもわかるように、安西氏が古河公方の奏者として関東から東北にかけて活動の足跡を残している。またこの一族は【史料16】でみたように丸薬を送進するなど医術に関わりを持つ家と想定することができよう[70]。

さて前述の馬医絵巻の奥書にみえる安西播磨守は武蔵国出身であるとし、古河僧正の子孫としての所伝を有する。さらに馬医絵巻が陰陽五行説の影響を強く受けている点は、足利学校における医術や古河における田代三喜を中心とする古典臨床医学が陰陽五行説をもととしている点において、両者は近似するといってよい。

以上のことから、獣医術を専業とする安西播磨守は、古河公方の奏者として活動を見せる安西氏とおそらく同族であったのではないか、というのが本稿の推論である。安西氏もまた、利根川流域を中心とした東国における医療ネットワークの一端に位置づけられる氏族であったことが推測されるのである。そして安西播磨守は、獣医術だけでなく馬育や弓馬術などの故実も学ぶ必要性が生じたため、小笠原氏への接近をはかったものと考えられよう。

古河公方周辺には医療や施薬に関わる文書が数多く残っている。田代三喜やその弟子曲直瀬道三[71]など医療従事者が、武士間を行き来する使者として活動していたり、医療ネットワークの中心であったのである。信濃国は東山道や上州道を通じて利根川水運の交通ネットワークの一端として位置づけられることをかつて論じたが[72]、松尾小笠原氏と安西播磨守との交流は、東国と京都との接点としての信濃国の位置づけを改めて考えさせてくれる事例といえよう。

なお府中小笠原氏の菩提寺広沢寺（松本市里山辺）の蔵本に「弓馬躾聞書[73]」がある。成立年および書写年は不明であるが、この故実書は「弓馬并万聞書」「馬聞書」「騎馬之次第」「仕付方万聞書」など八章に分かれる。うち「馬之薬聞書」も所収される。図化こそされていないが、陰陽五行説に基づく馬の病の部位および相応する漢方薬を記す点で古典的馬医術の影響が看取され興味深い。故実の家同士がさまざまなネットワークで情報を収集・提供していたことが改めて想定される。

本章では、これまでまったく不明であった安西播磨守の実像が、この絵巻によって多少なりとも後付けできたことと思う。天正七年に作成されたこの絵巻の原本がどこに伝来したのか、そして江戸時代末にどこで筆写されたか、さらに興味は尽きないが、この点については今後の検討を俟ちたい。

おわりに

本稿はまず第一に東西小笠原氏を事例に足利義材政権期の都鄙間交流の一つのあり方を提示した。弓馬技術を通じて松尾小笠原氏と石見小笠原氏が交流していたこと、さらに故実家佐竹宗三が小笠原流故実を松尾家より摂取していたことが例示できた。

また医術の家安西氏も、在京のかたわら小笠原故実を摂取していたことが明らかになったことは新たな事実である。これまでの拙稿や本稿の「はじめに」で述べたように、小笠原氏は各地に多くの同名氏族を展開させ、折に触れそれらが交流を重ねていたことが指摘できる。これらは単なる主従関係だけで片付けられる論理ではないだろう。つまり横のつながり＝ネットワークを駆使していたということにほかならない。棚橋光男が「中世社会が本来もつ広範で多様な人格的紐帯＝互酬の構造のその多様性・多面性が（研究史的に）切り捨てられ、多様性の一つに過ぎぬ「主従性」（支配・隷属関係）にのみ問題が収斂されたこと、広範で多様な人格的紐帯＝互酬の構造が一義的に主従性に代位（置換）されたことに、研究史の重大な欠陥[73]」を見いだしたことに留意したい。棚橋の述べるように、同名氏族関係が単なる偶然の産物ではなく、法則性を持ったものであることを論証しなくてはならないだろう。

小笠原氏の同名氏族間ネットワークとは、まず第一に細川内衆である赤沢氏や奉公衆小笠原氏といった「在京する同族」と信濃国とを結びつける横のつながりを指していよう。将軍権力と守護、同名氏族から輩出した奉公衆・奉行人との接点は、かつて福田豊彦が奉公衆や御料所を「地方における将軍権力の拠点[74]」であると指摘した点と重なる視点である。主従関係という縦の関係だけでなく、空間的に広がっているこのようなつながりも含めて、当該期の人的結合を構造的に把握することが必要であろう。

また第二に、石見や若狭など地方に展開する同名氏族と信濃守護家とを結びつけるというこれまでになかった観点も忘れてはならないだろう。その際も、本稿で論述したように、「二人の室町殿」を現出した中央の政治動向と同名氏族間の思惑が密接に絡んでいることも指摘しておく必要があろう。

川岡勉が「室町期守護は単なる地域権力ではない。守護は国家と地域社会の接点に位置することによって、中世後期の社会構成上きわめて重要な機能を果たす」と後期室町幕府体制を「室町幕府―守護体制論」と位置づけた[75]。縦軸としての主従制、さらに地域社会と幕府をつなぐ横軸として同名氏族関係を措定することにより、室町幕府の地方支配を重層的に把握できるのである。すなわち、京都から離れた地方で政治権力が機能するためには、地方における将軍支持勢力が在地に存在することが不可欠であったはずである。国人層だけでなく、同名氏族を通じた都鄙間交流は、現地の将軍権力への「地域的合力体制[76]」という枠組みで改めて問われるべき問題だろう。そしてこのことはこと小笠原氏にとどまる問題ではない。在京雑掌のような地方大名が派遣・常駐させる役職とこうした同名氏族のネットワークがどのようにリンクしていたかも含め、まずは事例を丹念に検証していく必要を指摘し、今後の展望としたい。

註

（1）棚橋光男「《人格的紐帯＝縁のネットワーク」の科学》のためのメモ」（『後白河法皇』講談社選書メチエ、一九九五年）。
（2）村井章介「はしがき」（『「ひとのつながり」の中世』山川出版社、二〇〇八年）。
（3）拙稿Ａ「室町幕府奉行人諏訪氏の基礎的考察」（『長野県立歴史館研究紀要』十一、二〇〇五年）、同Ｂ「諏訪社に残された足利義政の願文」（『年報三田中世史研究』十四、二〇〇七年）、同Ｃ「小笠原長時の外交活動と同族間交流」（『史学』八二―一、二〇一三年）。
（4）末柄豊「細川氏の同族連合体制の解体と畿内領国化」（石井進編『中世の法と政治』吉川弘文館、一九九二年）。
（5）羽田聡「足利義材の西国廻りと吉見氏―一通の連署状から―」（『学叢』二十五、二〇〇三年、五四頁）。
（6）今谷明「大内義興の山城支配」（今谷『守護領国支配機構の研究』法政大学出版局、一九八六年）、設楽薫Ａ「足利義材の没落と将軍直臣団」（『日本史研究』三〇一、一九八七年）、同Ｂ「将軍足利義材の政務決裁―「御前沙汰」における将軍側近の役割―」（『史学雑誌』九十六―七、一九八七年）、今岡典和「足利義稙政権と大内義興」（上横手雅敬編『中世公武権力の構造と展開』吉川弘文館、二〇〇一年）、萩原大輔「足利義尹政権考」（『ヒストリア』二二九、二〇一一年）など。
（7）拙稿「小笠原一族の展開」（『甲斐源氏―列島を駆ける武士団―』山梨県立博物館、二〇一〇年）。
（8）長江正一『三好長慶』（吉川弘文館、一九六八年）、井原今朝男「室町期の代官請負契約と債務保証」（地方史研究協議会編『生活環境の歴史的変遷』雄山閣、二〇〇一年。のち井原『日本中世債務史の研究』東京大学出版会、二〇一一年、再録）。
（9）河村昭一「南北朝室町初期の若狭守護代小笠原氏について」（『兵庫教育大学研究紀要』第二分冊　言語系教育・社会系教育・芸術系教育、一九八八年）。
（10）井上寛司「島根大学附属図書館架蔵石見小笠原文書について」（『山陰地域研究』二、一九八六年）、佐伯徳哉「戦国期石見小笠原権力と地域社会」（『古代文化研究』一、一九九三年）。
（11）建武四年七月二十五日「小笠原貞宗代桑原家兼軍忠状」（「庵原文書」『新修島根県史』史料編一）。
（12）『小笠原長清公資料集』櫛形町、一九九一年、三八頁。

(13)「小笠原友之進所持文書」、「小笠原弥右衛門所持文書」（『萩藩閥閲録』巻八十一・九十四）。
(14) たとえば伊那郡中澤郷を本貫とする中澤氏が出雲国淀本荘に西遷した事実は知られているが、『駒ヶ根市誌』（古代中世編、一九九〇年）では出雲中澤氏の領主制の展開を詳細に触れている点で貴重である。
(15) 観応三年正月日「小笠原元清軍忠状」（『大日本史料』六―十五）で見知証人としてみえる小笠原蔵人（若狭小笠原氏）、建武四年七月二十五日「小笠原貞宗代桑原家兼軍忠状」（註11）にみえる小笠原長氏（石見小笠原氏）が北朝方として参戦している例を挙げうる。足利高氏（尊氏）が「早相催一族、合力候者本意候」（元弘三年五月十六日「足利高氏書状」『新編信濃史料叢書』十二、以下『新叢書』十二と標記）とした小笠原氏に対する軍事動員が、信濃一国にとどまらない、他国に渡る同名氏族に対する極めて広範な合力であったことがうかがえるのである。南北朝期の守護の軍勢催促が管轄国の国御家人を対象とすることは一般に認知されているが、他国に併存する同名氏族への軍事動員についてはこれまで研究がないといえるので今後の検討を必要とする。
(16) 註（6）とおなじ。
(17)「小笠原文書」（『新叢書』十二）。
(18) 今谷註（6）前掲書、二七四頁表1参照。
(19) 註（3）拙稿A。
(20) 今岡典和「御内書と副状」（『日本社会の史的構造』古代中世、思文閣出版、一九九七年、六一八頁）。
(21)・(22)「林文書」（『新修島根県史』史料編一）。
(23)「庵原文書」（『新修島根県史』史料編一）。
(24) 文亀元年八月十二日「小笠原定基宛斯波義雄書状」、同日「小笠原貞忠宛斯波義雄書状」（「小笠原文書」『新叢書』十二）。
(25)「小笠原文書」（『新叢書』十二）。
(26) 伊藤冨雄「佐竹宗三と赤沢宗益」二（『伊那』三九二、一九六〇年）。井原今朝男「蜷川貞相の法楽和歌と領主間ネットワーク」（『日本史研究』五一五、二〇〇五年）。
(27) 註（3）拙稿B。同様に奉公衆京都小笠原稙盛が戦国大名武田氏に追われた信濃小笠原長時に対して援助を申し出ている事例、長時が奥州の紛争解決に稙盛の子で信長家臣小笠原秀清を紹介した事例なども同名氏族による調停工作と考えられる（註〈3〉拙稿C）。

(28)　家永遵嗣「足利義高・細川政元政権と今川氏親・伊勢宗瑞」（家永『東京大学日本史学研究叢書一　室町幕府将軍権力の研究』東京大学日本史学研究室、一九九五年、三九九頁）。

(29)「笠系大成」（『新叢書』十二）によれば、文亀元年八月十二日卒とある。

(30)(31)「早雲寺文書」『戦国遺文後北条氏編』十六、以下『戦北』と表記）。

(32)　この周辺の背景については註（28）家永論文に詳しい。

(33)　文明五年十一月二十一日「足利義政御教書案」（「小笠原文書」『新叢書』十二）には「小笠原関安芸守殿」とみえる。また、永享十二年七月二十九日「結城陣番帳」には「二十二番」に於曽・下枝・下条・標葉など小笠原同名氏族とともに関氏が参陣したことが知られる（『信濃史料』八、一三七頁。以下『信史』八と標記）。

(34)　たとえば永正五年十月十九日・永正六年三月二十六日「伊勢宗瑞書状」（『戦北』十八、二一）。

(35)　永正四年八月十六日「佐竹宗三書状」（「小笠原文書」『新叢書』十二）。

(36)『信史』、『新叢書』いずれも未所収を掲げる（写真版は東京大学史料編纂所影印叢書『小笠原文書』二〇〇八年、一四七・一五二頁参照）。

「某書状」

佐竹常陸介舜方出家法名宗三

普光院殿（足利義教）御代、弓射佐竹と被レ食候、和泉守元久が子也、道のしうしん（執心）につゐて、此間中心底申届けられ候ハゞ、可レ為二祝着一候、出家の間書状のうち書不レ仕候、心得申され候、かしく、

明応八年三月十三日

もりきく五郎大夫とのへ

「佐竹宗三書状」

雖下連々可二申入一候上、尓レ今罷過候、背二本意一存候、近年濃州在国仕候、折節好便之間、乍二率尓一令レ啓候、必罷下可レ令レ申候、可レ得二御意一候、恐惶謹言、

三月十三日　　　　　　宗三（花押）

小笠原左衛門佐殿

なお宗三の故実は「佐竹宗三聞書」（『続群書類従』二十三下）に詳しい。

(37)・(38)「小笠原文書」（『新叢書』十二）。

(39) 佐竹七郎あて永正六年三月十四日「室町幕府奉行人奉書」によると、「於二信州小笠原左衛門佐一忠節之様」とあり、七郎（基房）が定基のもとで合戦に参加し、前将軍義澄から恩賞を約されていることが知られる（「佐竹藩採集文書」五『室町幕府文書集成』奉行人奉書篇下、思文閣出版、一九八六年）。

(40)・(41)・(42)「小笠原文書」（『新叢書』十二）。

(43) 註（6）設楽論文Aがこの点について詳細に考証する。

(44) 註（6）萩原論文八二頁の別表参照。なお「文安番帳案」（『蜷川家文書』一、八二頁）に一色太輔（視元）とともに一色宮内少輔（材延）がみえる。

(45) 山中淳子『室町幕府御料所支配の研究』京都大学大学院文学研究科博士論文、二〇〇二年、の別表。

(46) 福田豊彦「室町幕府の奉公衆体制」（福田『室町幕府と国人一揆』吉川弘文館、一九九五年、一一四頁）。

(47) 註（46）福田論文、一〇四頁。これによれば文安から明応までの各番帳に遠山氏の名前がみえる。また、遠山氏庶流に苗木氏がいる（「遠山荘」『講座日本荘園史』五、東北・関東・東海地方の荘園、吉川弘文館、一九九〇年、四一八・九頁）。

(48) 註（47）参照。

(49) 年未詳六月二十四日「一色材延書状」（「小笠原文書」『新叢書』十二）。

(50)（永正六年ヵ）八月二十七日「小笠原長隆書状」（「小笠原文書」『新叢書』十二）。

(51) 古川元也「故実家大和宗恕管見」（『年報三田中世史研究』三、一九九六年）。

(52) 笹古真義氏からの聞き取り調査による。
(53) 村井秀夫・松尾信一「獣医関係巻物に関する研究I　長野県駒ヶ根笹古家の安西流安驥巻物について」(『信州大学農学部紀要』十一、一九七四年)。「安西流馬医巻物」(『日本農書全集』六〇、農山漁村文化協会、一九九六年)。『信州「知の森」の文化資産―信州大学の文化財―』(信州大学、二〇一三年、五九頁)。
(54) 「安西流馬医巻物　解題」(註〈53〉『日本農書全集』二九八頁による)。
(55) 年未詳五月十九日「足利成氏書状」(「芹沢文書」佐藤博信『戦国遺文古河公方編』、東京堂出版、二〇〇六年、六七頁、以下『戦古』と略記)には、上杉廳鼻和四郎の名前が見える。廳鼻和は現在の深谷市周辺。廳鼻和上杉氏については湯山学「庁鼻和(深谷)上杉氏考」(湯山学『関東上杉氏の研究』岩田書院、二〇〇九年)参照。
(56) 「阿保文書三」(『戦古』、六四六)。
(57) 矢数道明「後世派医学(金元李朱医学)の特質について」、同「田代三喜」(いずれも矢数『近世漢方医学史―曲直瀬道三とその学統―』名著出版、一九八二年)。
(58) 「芹沢文書」(『戦古』、一二三九)。
(59) 「神奈川県立公文書館所蔵豊前氏古文書」(『戦古』、八六九)。
(60) 萩原龍夫「旧利根河畔の中世文化」(『駿台史學』二二、一九六八年)。
(61) (天正二年)十二月二日「芳春院周興・昌寿連署書出写」(「国会本喜連川文書」『戦古』、一四二〇)。
(62) 「足利高基書状」(「伊達文書」『戦古』、五一六)。
(63) 「足利高基書状」(「由良文書」『戦古』、五三九)。
(64) 「足利高基書状写」(「常総文書二」『戦古』、五四四)。
(65) 「足利高基感状」(「赤松文書」『戦古』、五八一)。
(66) 「足利高基巻数請取状」(「鑁阿寺文書」『戦古』、六一八)。
(67) 「足利義氏感状」(「野田千弘文書」『戦古』、八六六)。

(68)「足利義氏書状」(「阿保文書三」『戦古』、九九八)。
(69)「足利義氏書状写」(「簗田文書」『戦古』、一〇二八)。
(70)このほか、甲斐国武田氏の奉行として安西氏、相模国北条氏の取次として安西氏の名前がみえる。東国を中心に活動していたことはうかがえるが、同族であるかという相互の関係については不明である。
(71)医療をめぐる曲直瀬道三と小笠原長時との関わりについては註(3)拙稿C参照。
(72)「寺尾氏の遺した文書一通」(『信濃』五十六—一〇、二〇〇四年、のち田中大喜編著『上野新田氏』戎光祥出版、二〇一一年、所収)。
(73)松本市文書館の写真版による。福島紀子「龍雲山広沢寺の文書と文書整理」(『松本市史研究』十四、二〇〇四年)。なお広沢寺伝来「小笠原系図」が朝経(宗益)などを掲載する「京都赤沢系図」であることは興味深い。
(74)註(1)。
(75)註(46)。
(76)川岡勉『室町幕府と守護権力』吉川弘文館、二〇〇二年、八頁。
(77)百瀬今朝雄「応仁文明の乱」(『岩波講座　日本歴史』七　中世三、一九七六年、一九一頁)。ここで百瀬は、将軍権力が守護だけでなく「幕臣、寺社本所領内の武士たちまで、遵行実現に協力させる体制」として「地域的合力体制」を措定する。

【付記】平成二十四年度信濃史学会総会で「小笠原長時の立場」と題し報告する機会をいただき、十六世紀後半の小笠原氏の同名氏族間ネットワークについて述べた。十六世紀前半の小笠原氏、特に長棟以前については研究が乏しく、エアポケット状態となっている。改めて本稿を草し、同名氏族関係を確認することを心がけた。なお、史料調査・写真掲載に便宜を図っていただいた信州大学付属農学部図書館、長江寺、島根県川本町教育委員会の方々には厚く御礼申し上げる。

Ⅲ　小笠原長時の外交活動と同名氏族間交流

村石正行

はじめに

本稿は、信濃国守護小笠原長時と小笠原同族との交流を明らかにするものである。

信濃守護家小笠原氏についての体系的な研究に市村咸人氏(1)、小林計一郎氏(2)、南北朝以降の守護制度を論じた佐藤進一氏(3)の研究がある。

小笠原氏の本格的全国展開は承久の乱後に長清が阿波国守護職、長経が阿波国麻殖保地頭職、大井朝光が伊賀国虎武保地頭職を獲得してからで、特に戦国時代に至るまで阿波国にはその一族が盤踞した(4)。また京都には南北朝期に幕府奉公衆として勤仕する氏族があらわれるなど中世後期には小笠原同名氏族が各地に分派した。このうち比較的史料で追える京都小笠原氏の動向については、古くは堀内千万蔵氏・小山愛治氏の研究がある(5)。さらに二木謙一氏は故実の家という側面で詳細な研究をおこない(6)、室町期から登場する小笠原弓馬故実が京都小笠原氏、ことに室町時代中期の持長以降の系統により継承されていったのであり、長時・貞慶・秀政といった信濃（府中）小笠原氏の系統に由来する江戸時代の諸礼法と相伝過程が異なることを明示した。水野哲雄氏は戦国期幕府論のなかで故実家小笠原備前守

家と諸勢力との交流から、将軍近臣化の過程を明示した。(7)

いっぽう信濃小笠原氏のなかでは、長時の息子であり織田信長の家臣となり旧領回復をめざした貞慶については比較的史料が多く、研究が進んでいる。(8)このような研究蓄積に比べると長時についての専論はなく、その実像は不明である。長時が府中の領内統治で出した文書は現存せず、「笠系大成」(9)や家臣溝口・二木氏らの家記、武田氏関係史料(「高白斎記」「甲陽軍鑑」等)などの記述によるしかない。流浪期の長時発給文書は「笠系大成附録」に案文二通が知られ、(10)原本では京都小笠原氏の菩提寺禅居庵に一通、(11)本山寺(高槻市)に帰国を祈願した願文一通が残され、(12)書状としては醍醐寺に一通、(13)出家後の「小笠原正麟書状」(14)が一通知られるのみである。

長時の活動時期は①信濃在住期、②おもに在京した時期(流浪期1)、③三好家没落後に越後・会津に逗留した晩年期(流浪期2)と大まかに分類できるだろう。本稿では、比較的史料の追える流浪期1・2を中心に論じ、ここから長時の実像を考えたい。

一、京都における小笠原長時

(1)小笠原長時と京都小笠原氏

ここでは長時が京都小笠原氏と交流していた点を確認する。天文十九年(一五五〇)、足利義輝が正式に将軍位を継承した際に長時は進物を贈った。このときの媒介が、京都小笠原氏の嫡流で奉公衆の稙盛である。

【史料一】「小笠原稙盛書状案」(15)

御代替之御礼申入候、勢州申談、具馳走、被レ成二御内書一候、弥重存候、次近年不慮御所被二取退一之由、無二勿体一候、就二其国之諸侍中一、被二御下知申請一事候者、重而可レ被二仰上一候、此旨勢州も以二別紙一被レ申候、猶自二我等一熟可二申入一由之間、何時も蒙レ仰候者、聊不レ可レ存二疎意一候、只今可二申沙汰一心中候へ共、御存分不二存知一候条、無二其儀一候、委細半竹斎可レ被レ申旨可レ得二御意一候、恐惶謹言、

（天文十九年）八月十四日　（小笠原）稙盛在判

（小笠原長時）御屋形人々御中

（朱書）「包紙」

「御屋形　人々御中　備前守稙盛」

【史料一】は江戸時代中期の小倉藩譜代家臣により書写された「笠系大成附録」に収められる。[16]この案文には「御屋形者長時君也、備前守稙盛者小笠原氏也」と附註される。[17]稙盛は「其国の諸侍中につき、御下知申請せらる事候ば、重ねて仰上らるべし」と述べ、信濃国衆について将軍の下知が必要な場合は重ねて仰っていただきたい、と信濃における紛争解決に尽力する旨を長時に伝える。[18]信濃守護家が、幕府奉公衆である在京同族と任国支配をめぐり交渉していたことがうかがえる。なお稙盛の書状を持参し長時に口上した「半竹斎」は、「笠系大成」によれば「使半竹斎は長慶に通ずる、或いは範竹か」とあり、三好長慶に関わる半俗の使僧である。[19]三好氏と京都・信濃両小笠原氏が関係を有していたことが明瞭である点をまず指摘したい。

次の願文も長時と京都小笠原氏との関係を示すものである。

【史料二】「小笠原長時願文[20]」

如二前々一至二于本意一者、蟻崎万疋之所、無二相違一可レ致二寄進一之状如レ件、

天文廿一年壬子

六月吉日　　　　大膳大夫長時（花押）

建仁寺摩利支天

長時は天文十七年（一五四八）には塩尻峠で武田晴信に敗れ、府中林城（松本市）から追われ[21]、流浪生活に入った。清拙正澄の開山建仁寺禅居庵は京都小笠原氏の菩提寺で、信濃小笠原氏との関わりも深い[22]。小笠原氏の摩利支天信仰は禅居庵末寺である信濃国開善寺（飯田市）にも見られる[23]。禅居庵と小笠原氏との関係は十四世紀中頃までには成立した[24]。府中を追われている長時が蟻崎（松本市）の寄進を約した【史料二】は、在京同族のつてで帰国祈願したものである可能性が高い。

（2）小笠原長時と三好長慶

次の「醍醐寺文書」所収の【史料三】は長時の数少ない書状原本として知られながら、『信濃史料』をはじめその後の自治体史でも年代・人物比定していないため、その位置づけが明確ではない。そこで本章で改めて内容を検討しておこう。

【史料三】「小笠原長時書状[25]」

御書謹而拝見仕候、如二尊意一、其以来逢不二申上一候、背二本意一候之事、迷惑候、随而筑前守難儀相煩候之条、萬事咲止存候処、道三薬致二相当一、如レ形得二滅気一、先以御心安可レ被二思召一候、殊御祈念之由、蒙レ仰候、

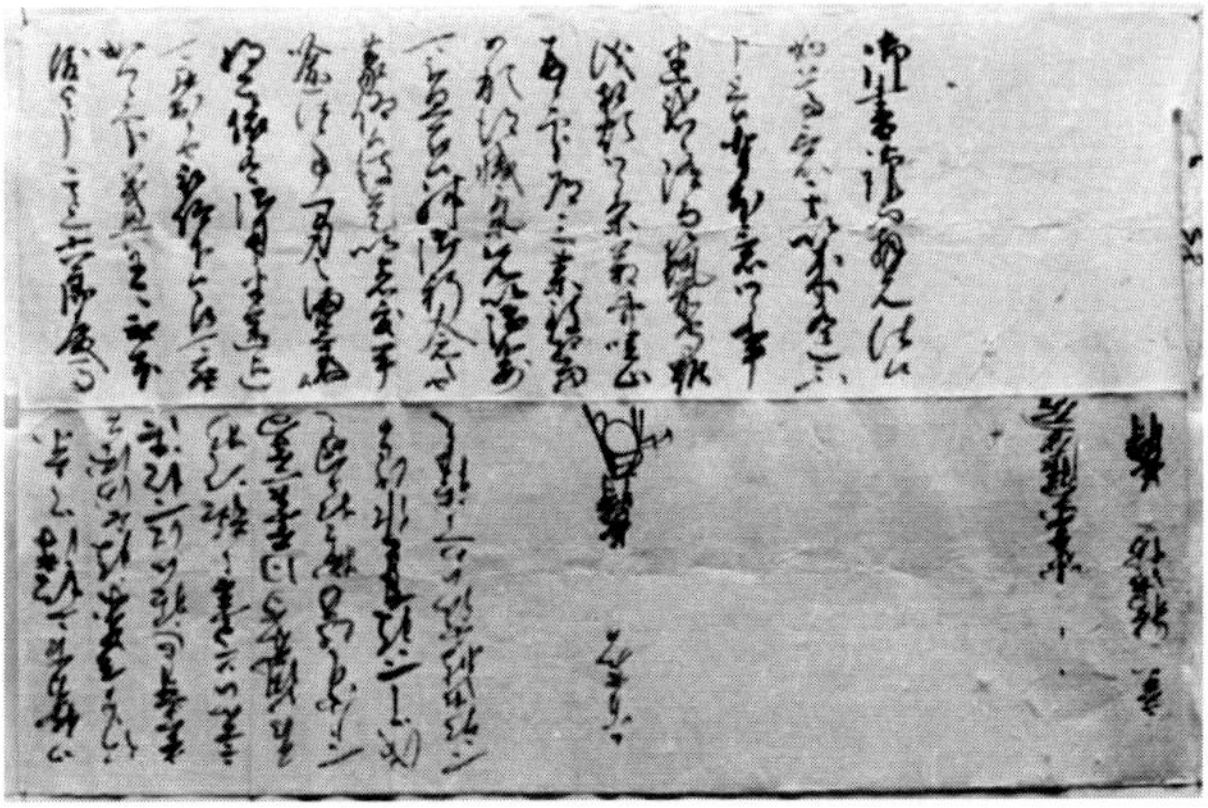

写真　「小笠原長時書状」（史料３　醍醐寺三宝院文書）

彼是以急度平癒仕候事、一身之満足存候、将亦依レ有二御用一半途迄可二罷出一之由、被二仰下一候、即可二罷出一候処、義興于レ今無二本復一与申、其上六郎殿馬御稽古不レ得レ隙候之条、何も年来致二無沙汰一候間、貴寺迄祗候仕、可レ得二御意一候、尊書之趣、次之折節筑前守・同奈良一右衛門尉可二申聞一候、此方拙者相当之儀候者、可レ致二奉公一候、此旨可レ預二御披露一候、恐々謹言、

六月廿九日　　長時（花押）

（墨引・切封端書）
「・ー　小笠原大膳大夫入道　　長時
宰□　□（相法カ）橋御坊　」

『信濃史料』では文中の「義興」について周防国守護大名大内義興を宛てている。しかし義興は享禄元年（一五二八）に没しているから長時との接点はあり得ない。

内容は醍醐寺僧からの書状に対する長時返書である。長時は次のように記す。「筑前守」が重病となったが、「道三」の調薬治療により回復の兆しがみえご安心下さい、特にご祈祷をしていただいている由をうかがい、きっと「筑前守」は全快するでしょう、長時一身の満足です、醍醐寺の方へ出かけようとしたが「義興」の方から、まだ（筑前守が）本復していないと言うので、また「六郎殿」の馬の稽古に私も忙しいのでそちらに伺えずにいた、お手紙の内容は今度ついでの際に「筑前守」「奈良一右衛門尉」に伝えておきます、私の方で何かできるのであれば取次ぎますのでよろしく披露願いたい、といった内容である。

大病を患った筑前守とは誰だろうか。この史料から長時が醍醐寺と交流を持っていたことがうかがえるから、これは信濃在国中ではなく長時が在京している時代の文書と推定することができる。長時の在京時代の人脈から考えると、筑前守を官途とする武将は三好長慶が挙げられる。長慶は筑前守叙任が天文十七年（一五四八）ごろ[26]、永禄三年（一五六〇）一月二十一日から修理大夫に転任している[27]。さらに、義興は長慶の長男義興を指すものと推定できる。義興は永禄三年一月二十一日に父に代わり筑前守に任じられている。文中で「義興」と「筑前守」とを使い分けているから、ここでは筑前守は息子義興ではなく長慶本人だろう。

「細川両家記」弘治四年条は「二月三日に細川の晴元御曹司芥川城において元服、長慶御馳走也。六郎殿と号」すと記す[28]。細川晴元が長慶と対立し度々戦闘を繰り返したが、天文二十一年（一五五二）両者の和議となり、長慶の居城芥川城で晴元の子聡明丸が人質になった。この聡明丸が弘治四年二月に元服し、六郎を名のった。この六郎こそ長時が馬術指南を連日行っていた相手その人である。二木氏は長時の家系を「弓馬故実家」とする系譜は江戸時代捏造されたもの、と指摘する[29]。しかし【史料三】から、守護家の長時自身が京兆家嫡子に馬術指導を行い得る人物であったことが判明する。このことは京都小笠原氏だけでなく、長時あるいは信濃小笠原氏もまた弓馬故実の摂取を綿々と行っていたことを推測させる[30]。

奈良一右衛門尉は、第二章で触れる永禄四年足利義輝の三好邸御成の際に加地権介《久勝》・三好弓介・三好下野守《政康》・三好日向守《長逸》とともに幕府奉公衆へ酌をした人物として見える。彼らは三好同名衆である。

以上、この書状から長時が三好家内部と深く結びついていたことがわかる。なお長慶に調薬している人物は、医学者曲直瀬正盛（道三）である。[31]

長慶が筑前守を名のるのは天文十七年から永禄三年の間であるから、この文書の年紀の上限は、細川聡明丸が六郎を名のる弘治四年（一五五八）二月以降、下限は長慶が修理大夫に転ずる永禄三年（一五六〇）一月以前となるから、この文書の年紀は永禄元年もしくは同二年六月二十九日と推定することができる。ちなみに長慶の動向を見ると、永禄二年六月には摂津国へみずから軍勢を率い攻め入っているが、[32] 永禄元年六月九日からの白川口合戦では、長慶は出陣せず松永久秀を大将にし、三好長逸らが出陣している。[33] 長慶が「難儀相煩」ったとする長時の書状の記述に従えば、長慶はおそらく出陣も難しい身体状態だったと思われる。[34] 状況的に考えるとこの書状は永禄元年のものと推定しておきたい。

「醍醐寺文書」を注意深く見ると、このときの長慶の病に関して長慶の周辺と醍醐寺とのやりとりを示す文書がいくつか残され、このとき長慶の病は比較的早く回復したことがうかがえる。この時の幕府からの醍醐寺への取次は奉公衆大和晴完である。[35]

①六月二十二日「大和晴完書状[36]」によれば、「三好筑前守一昨日より傷寒」、「熱気指相煩」ったことが記され晴完が護摩祈祷を醍醐寺側に依頼している。

②六月二十四日「大和晴完書状[37]」には長慶が「撫物」を所望したとある。患部に相当する人形の部位を撫でて祈祷をおこなったのだろう。

③六月二十八日「大和晴完書状[38]」では晴完が自ら芥川城へ幕府の使者として下向していること、その際「筑前守得㆓大験㆒候間、諸人満足仕候、程々御祈念之験存計候」とあり、醍醐寺での祈祷の効果が現れ、芥川の長慶周辺が満足している様を伝える。それは二十九日付の長時の書状（【史料三】）に「一身之満足存候」とあるが如くである。

④さらに七月七日「大和晴完書状[39]」でも護摩修法がおこなわれたことを感謝し、長慶が「徐々本服」した、「驗而其證申入」れると伝える。さらに「以㆓小笠原主人㆒御書届遣候」と「小笠原主人」が書状を届けると記すのである。一連の流れからこの史料に見える「小笠原主人」とは長時を指すと考えて相異あるまい。幕府奉公衆で申次である晴完[40]にとり、同じく奉公衆である小笠原稙盛の同族で宗家である長時がまさに「小笠原主人」であろう。【史料三】で長時が「此方拙者相当之儀候者、可㆑致㆓奉公㆒候」と述べているように醍醐寺側と三好家との間の取次を行っており、長時が長慶側の交渉担当者として活動していることがうかがえる。「笠系大成」は「長慶《(三好)》は長清《(小笠原)》二男長房の九代、信濃守義長阿州三好邑に住し、以て称号となす、義長の孫筑前守長輝の二男、薩摩守長基の長子也、時に天下権を執り、永禄七年七月四日卒す、法諱眠室、公にすすめて聚光院と号す、将軍義輝卿に謁し、長慶先祖正統を忘れず、長時を摂州芥川に招き、厚くこれを接待す」と記す。長慶が阿波国に移住した小笠原氏の末裔であるとする。戦国期の阿波には小笠原姓を称するものが多い[41]。それらの系譜については判然としない部分もあるが、三好氏自身が小笠原流を強く意識していたことは事実である。一連の醍醐寺文書は、これまで系譜類でしかうかがえなかった長時と長慶との同族関係が具体的に確認できる史料であることを強調したい。

二、三好長慶政権と小笠原長時

この章では三好・松永政権についての今谷氏の研究(42)をもとに、三好政権のなかに長時の動きを位置づける。天文十九年（一五五〇）七月、三好氏に京を追われていた新将軍義輝に対し、長時は代替りの進物をおこなった。伊勢貞孝がこれを将軍に披露した。翌八月、貞孝と通じた奉公衆小笠原稙盛が、長時に書状をもたらした。天文二十一年一月、義輝は長慶と和議をなし入京した。このとき細川晴元の子聡明丸が長慶のもとで人質となったことは先に触れた。しかし翌年一月、和議は決裂し長慶は義輝・晴元の軍勢と戦う。三好一族の芥川孫十郎が敵対したため、長慶は京から一時芥川へ拠点を移す。敗北した義輝は近江朽木へ逃れた。

「笠系大成」によると、長時が長慶のもとで賓客待遇をうけるようになるのは弘治元年（一五五五）ごろであるとする。しかし天文十九年段階で、長時は三好縁故の半竹斎と既につながりを持っているので、三好氏との関係は弘治元年以前から構築されていたはずである(43)。

永禄二年（一五五九）三月には、幕府年始の儀に長時が自ら出仕、太刀・馬を進上している。

【史料四】「雑々聞検書(44)」

一、信濃小笠原御礼被二申入一、長慶執二申之一、氏綱《(細川)》御対面已後、小笠原《(長時)》一人御対面、御太刀・神馬進上、仍御盃拝領儀、懇望被二申之一、既甲斐武田、先年御礼被二申上一時、大館殿《(晴光)》依二御取合一項《(頂)》戴候間、以二其例一有レ意之由、以二長慶一貞孝《(伊勢)》へ被レ申レ之間、今日モ御盃頂戴、仍御太刀ニテ御礼被レ申二入之一、

【史料四】では長時の将軍対面の際の様子が記される。武田信虎が大館晴光の仲介で将軍から御盃を頂戴した。長時は義光流の同族である甲斐武田氏のこの例をひきあいにしてこれを懇望、長慶と伊勢貞孝を介して御盃頂戴が実現したのである。

永禄四年三月三十日には、三好長慶の懇請で京都立売の三好邸に将軍義輝の異例の御成が実現した。この出来事についてみてみよう。

【史料五】「永禄四年三好亭御成記(45)」

三月卅日未刻御成（中略）一、御相伴衆勧修寺(勧修寺尹豊)一位殿、広橋(広橋国光)大納言殿、飛鳥井(飛鳥井雅教)中納言殿、藤宰相(高倉永相)殿何へも馬・太刀にて御礼有、右京太夫(細川氏綱)殿へ千疋、一腰、貞孝、大奥州(大館晴光)、上民(上野信孝)何も馬・太刀、竹内(竹内季治)三位殿、小笠原備前守(小笠原稙盛)、進士美作守(進士晴舎)殿、馬・太刀、此外之御供衆へ以二三向一被レ給レ之云々、馬・太刀不レ被レ遣レ之、（下略）

【史料五】は和議のなった長慶のもとを将軍義輝が訪れるという、いわば三好家の政治的絶頂ともいえる出来事を記したものである。ここで幕閣随行者と三好家との献盃が繰り返された。御成を成功させた三好家から、小笠原稙盛など将軍随伴の近臣に特別に礼物が進上された。

この儀式の五日後、大館晴光を奉者として義輝の御内書が上杉謙信へ発せられた。ここに謙信は長時帰国のために奔走するよう命じられたのである。

【史料六】「足利義輝御内書(46)」

小笠原大膳大夫帰国事、無二異議一様馳走可レ為二神妙一候、猶晴光(大館)可レ申候也、

(永禄四年)壬三月四日（花押）(義輝)

長尾弾正少弼とのへ

この文書がいささか唐突とも思えるこの時期に発給された経緯についてはわからないが、御成のタイミングから勘案すると、長時と通じる三好氏の手引きがあったとみるべきではなかろうか。三好氏膝下の寺院に出された同月付の【史料七】は、復帰に対する長時の強い意識が垣間見えるものである。

【史料七】「小笠原長時願文」(47)

信州於二本意一者二千疋之地寄進可レ申候、弥御祈念頼入候、恐々謹言、

永禄四年辛酉　閏三月吉日　長時（花押）

本山寺

別当床下

本山寺は松永久秀の祈願寺で三好氏との関わりも深い。長時はこの寺の別当に信濃への復帰祈願を依頼したのである。同日付の子喜三郎による書状によれば、「今度下国身上儀に付き、存分の儘候ば、其相応の地に随い寄進申すべく候」とあり、これが実際に「下国」する際のものと判断される。喜三郎は貞慶の通称だがこの時点で貞虎の諱を名乗っている。父と兄長隆らとともに天文二十一年までに上杉謙信のもとへ赴いていることから、この名は景虎の偏諱と考えられている。(48)兄長隆はその後も越後国にとどまり、(49)小笠原家は越後国と一定の関係を保ち続けた。「笠系大成」では、この年貞慶が越後に下向した記録はないが、小笠原氏の信濃帰国を実現するため、御内書とともに貞慶が越後へ下った可能性は高い。

永禄七年（一五六四）の長慶没後も長時は摂津国に居留していた。翌年五月、三好義継・松永久秀らが将軍義輝を殺害し、義栄を擁立する。長時は翌九年、義栄に対し同族赤沢篁斎を使者として馬と太刀を献じ、義栄からの返礼があった。(50) 永禄十一年九月、長時は越後から戻った貞慶とともに広橋大納言国光邸で宴席に列した。(51) しかし織田信長が義昭を奉じて入京すると、芥川城が信長軍によって攻撃され、長時の妻らが捕らえられ人質となった。(52) 長時ら三人は落城直前に再び上杉謙信のもとを訪れ旧領への復帰を強く望んだ。(53) 長時の弟信定は畿内に残留し、三好勢とともに足利義昭の将軍就任を阻止するため出陣した。(54) 信定は桂川合戦で戦死している。(55) 長時は、元亀二年（一五七一）には再上洛し仕丁五郎のもとで寓居し、山科言経と対面した。(56)

以上、信濃を舞台とした紛争の解決と信濃国守護復帰をはかろうと試みた長時の一連の動きを述べた。三好氏を中心に小笠原氏が同名氏族関係を利用しながら活動している姿が浮き彫りになったといえる。

三、織田信長政権における小笠原氏の立場

長時の子貞慶は父と異なり信長の家臣となった。その活動はあくまで小笠原氏の信濃復帰を前提としたものである。(57) 粟野俊之氏ら先行研究が指摘しているように、長篠合戦直後から信長家臣としての貞慶の活動は活発となり、(58) 特に武田勝頼包囲網形成を呼びかける北関東、南東北大名への信長の使者としてのみ関わるからである。(59)

貞慶は天正六年（一五七八）以降越後担当使者として信長による対上杉景勝包囲網の形成にも関わった。(60) 問題なのは、貞慶のこうした一連の活動と長時の活動とが符合するものかどうかということである。そこでこれま

でほとんど触れられてこなかったこの時期の長時の動きを見てみよう。

まず天正六年、謙信死後の御館の乱で長時は景虎方の使者としてあらわれる。御館に景虎方の本庄清七郎・北条景広が入り臨戦態勢をとると、十月二十四日に景勝が攻撃を加え、景虎勢は館際まで追い詰められた(61)。劣勢になった景虎は、長時を使者にたて、御館の守備を厳重にすることを「横目」の者、すなわち前線に交錯する境目の武士たちに伝えたこと、本庄を琵琶島善次郎に遣わし、昼夜の警備・普請を油断なくおこなうことを伝えた(62)。謙信死後も、下越地方に有力与党を有する景虎が蘆名氏との連携を模索していることにも注目したい(63)。

蘆名盛氏のもとに長時が身を寄せたことは「笠系大成」によって知られる伝記である。また会津入りしたのは謙信没直後ととらえられてきた(64)。しかし長時が謙信死後もしばらく越後にとどまっていたことは前述の通りである。しかし御館の乱で景勝が景虎を滅ぼすと、後ろ盾を失った長時は会津へ活動拠点を移した。近年、会津における小笠原父子の活動に新たな視点を加える史料が発見された。長時が田村清康にあてた書状である。

【史料九】「小笠原長時書状(65)」

雖二未申通候一、一筆令レ啓候、仍今度彦七郎(小野彦七郎)方同心候而被二罷越一候、宗林斎(小笠原)(66)固ク被二成置一付而、雖二斟酌候一、今般別而京都ニ候同名備前守(小笠原秀清)同前相定候間、其分別相極候、互之為、可レ然様、其取成憑入候、又自今以後可二申談一覚悟ニ候、御同意為二本懐一へく候、随而貞慶其元ニ在留中、入魂、於二入道一快然ニ候、向様夏中、与レ風参、以レ面萬々可二申承一候間、不レ具、恐々謹言、

六月三日　　正麟（花押）

田村右衛門大夫(清康)殿御宿所

信長に帰属した貞慶は家督相続のため天正七年（一五七九）に会津の長時の元を訪れ、父から家伝文書のほか什物を受け継いだことは系譜上では知られていた。[67]【史料九】の書状では長時が貞慶の田村逗留に関し清康に謝している。清顕時代の田村氏は佐竹・盧名・二階堂氏などと対立し軍事的緊張にあったが、[68]天正六年ごろ盧名、佐竹と一時的に和睦し同盟関係を持った。しかし翌年清顕の娘と伊達政宗との婚儀が成立すると、[69]田村氏は伊達氏と連合し、ふたたび佐竹・蘆名氏などと対立に至る。

書状の内容は難解である。旧稿では史料紹介の速報性もあり、内容理解や比定に留保した部分もあり十分な紹介になっていない。そこで改めて解釈すると、おおよそ大意は次のようであろうか。彦七郎が同心し長時のもとへやってきた、（田村家臣）小笠原宗林斎がこれを強く止めたので、自分は斟酌したけれども、今般京都にいる小笠原同名備前守（秀清）がこのことについてすでに定めているので、自分（長時）もよくよく分別を決めた、互い（田村と蘆名か）のためしかるべきよう、その取りなしをよろしく頼みます、今後は相談する覚悟だから、ご同意いただければ本望である、貞慶がそちらに在留中は懇意にしてもらい自分は心地よい、詳しくは直接お会いしてお話しいたします、などと記されている。

人物について比定する。本文中の彦七郎は、伊達氏の記録により田村庶子田村顕定の一族小野彦七郎と推定できる。[70]宛所の右衛門大夫は「田村系図」によると清康に比定できる。清康は顕定の娘をめとっている。[71]いずれも清顕一族である。「笠系大成」によれば、長時が会津若松に在留中、貞慶は三春城主田村清顕を頼ったとある。

時期を特定するため、貞慶の活動について追ってみよう。貞慶は天正三年（一五七五）頃から織田信長の家臣として活動し、天正七年から八年の六月ごろまで会津の長時を訪ねた。長時が会津に身を寄せたのが天正七年頃、それ以降で貞慶が会津を訪れたのは天正七〜八年と天正十年冬であること、長時は天正十一年二月に没するから、この文書の年号は天正七年もしくは八年と比定できる。「笠系大成六」天正七年条には「貞慶若松に来て長時に謁し、長時の使、家宝名剣文書等悉く貞慶に授く也、明年庚辰夏五月下旬或曰五月中旬、又曰六月下旬、若松を出で畿内に赴く」とある。【史料九】には「貞慶其元ニ在留中」とあり、この書状が貞慶逗留後に記したものと受け取れるので、年次は天正八年六月と絞ることができる。長時は「入道快然」と記す。出家し正麟を名のっていた長時が、貞慶を親しく遇した清康に対し満足の意を表した、というのである。田村・蘆名両家は当時対立関係にあった。蘆名家に居留していた長時は、小野彦七郎の内応に関わりがあった。彦七郎が蘆名氏へ内応したことは、元和八年の記録に「田村領小野の城代は清顕の伯父にて御座候、謀反申され会津へ附き申され候」とあることに合致する。[72]長時は在京奉公衆小笠原秀清の名を出し、彦七郎の取り扱いについて秀清の決定に自分も心を決めたから、今後相談したいと述べている。田村家中は伊達政宗と愛姫の婚儀で伊達派と蘆名派とに路線対立が引き起こされ、これにより小野の内応も惹起した。この状況下に田村のもとを訪れた貞慶の動きは、天正三年以降の流れで捉えれば信長の外交戦略、特に景虎没後の対上杉工作の一環と考えるべきだろう。すなわち①貞慶の伊達氏に対する越後出兵要請、②景虎方だった長時の会津入り、蘆名氏の景勝諸将への誘因工作、③田村・伊達両氏間の融和と後述する小笠原宗林斎の取次、その直後の貞慶の田村訪問、などといった謙信死後の奥州における貞慶の活動が一定の意味を持ってくる。さらに【史料九】から想像すれば、田村・蘆名間の紛争解決に貞慶とともに長時が関わったのではないか。その解決の糸口として同族の京都小笠原氏を引き合いに出し紹介したのではなかろうか。同族の奉公衆を通じて中央にコネクションを有する小笠原氏が奥州の大名間と中央との交渉に介在したのである。[73]田村家にも同名宗林斎がおり、【史料九】でみた同族長時との交流を持つほか、彼が伊達との取次となっていることも注目される[74]。長時が景虎の死後蘆名家へ身を寄せることになるのは、小笠原氏の有した人的基盤としてのネットワークを地方大名に期待されてのことではなかったか。

六月十七日に盛氏が逝去すると、両家の対立は先鋭化する。その後の長時の活動を記す一次史料はない。いっぽう貞慶と田村家の関係は信長死後も続く。貞慶は豊臣秀吉の意を受け、田村宗顕に対し清顕死後の内紛に端を発する争乱の和議斡旋の書状を送っている[75]。天正十六年（一五八八）のこの貞慶の動きは、秀吉による「奥州戦国に対する介入の一環」と評価できよう。藤木久志氏の述べるように、この年の秋の「南奥州の和」すなわち豊臣氏の下知による「和与の成立」が「戦国争乱の停止命令」であるとするなら、ここで貞慶は秀吉の上使として命を執達したことに他ならないのであり、紛争調停者としての役割を引き続き期待されていたことになろう[76]。

以上、長時や貞慶の田村家との接触は、京都小笠原氏ともども信長・秀吉政権の外交政策の文脈のなかで同名氏族が相互に連携をはかりつつ行動していた証左ととらえられよう。

結語

本稿でまず明らかにしたことの第一は、旧守護小笠原長時が、三好氏・上杉氏・蘆名氏といった諸大名のもとで活発な外交活動をおこなっていたことである。そこから読み取れるのは、従来の長時像に見られる「流浪」や「助けを求め」て国を転々とした、といった一面的な長時の姿ではない。

長時がこのような活発な外交関係を構築できた理由は何だったのか。第二に述べたことは、このような豊富な外交活動で有効な手段となったのが故実だったということである。長時が単なる流浪の旧守護でなかったことは、外交だけでなく長慶を通じ細川京兆家の六郎の馬術教育係を務めたことからもうかがえる。すなわち故実相承者として長時が相応の期待をされていたのである。同様に貞慶も信長政権期には奥州・越後担当使者として勝頼・景勝包囲網の形成に関わり、故実伝授もおこなっている。地方戦国大名が中央の故実摂取を盛んにしていた事例は枚挙に暇ない。京都小笠原氏についても同様である。(77)

第三に、小笠原氏の活発な外交を支えたのが同名氏族であった。室町・戦国期の在京・在国の同族間ネットワークについては、在京赤沢氏と信濃赤沢氏の交流などに着目した井原今朝男氏(78)の研究があり、筆者も奉行人諏方氏について検討した。(79)特に井原氏は、再版荘園制の議論のなかで、室町期の東国荘園が何故再編成され得たのかという観点で、同族関係の紐帯を重視する。文明期信濃国山科家領を例に取り、細川氏内衆一宮氏の出自が阿波小笠原氏であり、信濃守護小笠原氏との「親族的ネットワーク」によって一宮氏が代官となり都と信濃との年貢収納を信用保証することで確保したことを論じた。(80)この論証で、同名氏族間交流が特定の意図をもって構築されたことを明示した点で意義深い。

室町幕臣集団の多くが鎌倉幕府以来の東国御家人の系譜を引く氏族である。(81)信濃でも諏方氏や小笠原氏など、在京・在国の同族が同時期存在し、折に触れ交渉を重ねていた。本稿で指摘したように、三好氏や奉公衆小笠原氏が長時との同族意識を保持しながら外交を重ねていたということも重要である。長時は御館の乱以前では景虎方で使者となり御館の乱後から会津において田村・蘆名・伊達氏間の紛争に関わる外交に関与している。折しも貞慶が会津の父のもとを訪れているし、奥州の紛争解決に京都小笠原氏を介して長時が一定の関わりがあったことから、小笠原同族間のネットワークは密接に機能していたと考えるべきであろう。このように、地方において小笠原氏の持つ同名氏族間ネットワークに紛争解決の大きな役割が期待されていたと考える。長時自身も、小笠原氏の当主として京都を中心に活動する同族との接触、さらに同族を通じて将軍権力や信長との結びつきを強く希求し信濃復帰をめざしたといえる。将軍権力のもとで守護復帰を目指した長時は、旧来の守護大名としての性格を脱しきれなかったということでもあり、独自の所領回復には至らなかった。信長に近づき信濃本領回復をめざした貞慶だったが、武田滅亡による漁夫の利を得たのは木曽義昌であった。小笠原氏が信濃府中を奪還するのが、信長没後の混乱における貞慶の直接的軍事行動によるのは皮肉といえる。

残された課題もある。まず、在京同族が地域紛争を収束させる役割を期待されていたのは、小笠原氏に限ったことなのだろうか。

【史料十】「天文二年信州下向記[82]」

（前略）六日丁丑晴、諏方信濃守《長俊》堅桐まで罷越し小笠原長□《棟》と対談の儀これある由申す（下略）

この史料は、醍醐寺理性院厳助が伊那文永寺に下向した折の日記である。諏方（高遠）頼継と小笠原長棟の抗争のなか厳助が旅を進めるのだが、このとき「諏方信濃守が長棟と対談した」との伝聞を記す。諏方頼継は紀伊守を官途とし[83]信濃守を名のっていない。後日の日記抄[84]で厳助は頼継について「諏訪高遠」と記すことから、この対談は頼継と長棟による直接会談を指すのではないのだろう。醍醐寺は幕府祈祷寺院で、厳助自身、幕府の枢要との関わりは深い。彼にとって「諏方信濃守」といった場合、奉行人を世襲した京都諏方氏嫡流[85]の官途を指すはずだろう。高遠・小笠原氏の和睦は実際には天文八年（一五三九）に成されるが、この日記で重要なのは、戦闘状態の両者を仲介したのが同名氏族の奉行人諏方長俊と想定できることである。幕府奉行人である在京同族が本貫国の担当となり紛争解決の一翼を担ったのである。京都諏方氏がしばしば信州使節に任命され信濃国諏方氏を訪れたのはこうした文脈でとらえるべきだろう。そしてそこには、いわゆるタテの「主従関係」だけでなくヨコの「同族関係」のネットワークが如実に存在している。このような在京と在国の同名氏族間のネットワークには、先に述べたように政治的な思惑、ことに同族の奉行人・奉公衆などを利用し在地の紛争解決を有利に運ぼうとする在国氏族の意図がかいま見える。長時を中心に小笠原氏はその人脈を利用し活発な同族外交を繰り広げたといえる。受け入れる地方大名にも、小笠原氏の同族や経歴、あるいは故実家としての側面など自家にとってのメリットも多分にあったろう。

旧守護小笠原氏が旧来の室町殿体制のなかでの信濃復帰＝守護「復権」をめざしたことは、結論的には小笠原氏が旧来の守護大名の域を脱し得なかったと評することもできよう。しかし、川岡勉氏が「室町期守護は単なる地域権力ではない。守護は国家と地域社会の接点に位置することによって、中世後期の社会構成上きわめて重要な機能を果たす」と後期室町幕府体制を「室町幕府―守護体制論」と位置づけたように、(87)むしろ筆者は、室町幕府による地域支配のあり方と在地社会とを総体的に考える上で、川岡氏のこの指摘は地域と中央とを結ぶ同族交流を考える際に改めて意味を持ってくる重要な論点であると考える。その意味で同名氏族が地方と中央（奉公衆や奉行人、京兆家被官など）とに併存し相互交流をおこなっていたのは信濃にとどまる問題ではないと考えるが、この点についての考証は今後の課題としたい。

註

（1）市村咸人『建武中興を中心としたる信濃勤王史攷』一九三九年。『下伊那史』第六巻、一九七〇年など。
（2）小林計一郎『信濃中世史考』吉川弘文館、一九八二年。
（3）佐藤進一『室町幕府守護制度の研究』上、東京大学出版会、一九六七年。
（4）長江正一『三好長慶』吉川弘文館、一九六八年。
（5）堀内千万蔵「室町時代の京家小笠原氏」（第一次『信濃』六―九、一九三七年）。小山愛治『信濃史源考』六、歴史図書社、一九七六年、初出は一九四〇年。
（6）二木謙一「室町幕府弓馬故実家小笠原氏の成立」（二木『中世武家儀礼の研究』吉川弘文館、一九八五年、初出論文は一九六九年）。
（7）水野哲雄「室町幕府武家故実家京都小笠原氏の展開」（『九州史学』一四二、二〇〇五年）。
（8）主なものとして中川治雄「小笠原貞慶の中興をめぐって」（『信濃』二十四―五、一九七二年）、粟野俊之「小笠原貞慶考」（粟野『織豊政権と東国大名』吉川弘文館、二〇〇一年。初出論文は一九九〇年）がある。平山優『天正壬午の乱』は、天正十年以降の信濃国衆の動向と、北条・徳川・上杉ら大名権力とのせめぎ合いを体系的に論じる。このなかで貞慶の深志回復にいたる動向も描かれる。ただし本稿では小笠原氏の深志回復運動を小笠原同名氏族と長時とのネットワークを軸として論じるため、各氏の論旨と異なる。
（9）『新編信濃史料叢書』十二（信濃史料刊行会、一九七五年）。以下『新叢書』と略記。
（10）「書簡并証文集」（『信濃史料』十一巻、四六四～四六五頁。以下『信史』と略記）。
（11）小笠原長基も貞宗三十三回忌を禅居庵で執行している。「笠系大成四」（『新叢書』十二、一二一頁）。
（12）「本山寺文書」永禄四年閏三月吉日（高槻市しろあと歴史館『三好長慶の時代』二〇〇七年、所収）。
（13）『信史』十二巻、三四七頁。
（14）長野県立歴史館蔵。拙稿「小笠原長時の書状一通」（『長野県立歴史館研究紀要』十四、二〇〇八年、以下旧稿と略記）。

(15)『信史』十一、四六六頁。
(16)「笠系大成解題」(『新叢書』十二、二頁)。付録は本編の典拠を掲出した史料編といえる。
(17)『信史』十一、四六七頁。
(18)同様の事例として、松尾小笠原氏が足利義尹(義材)に勤仕する石見小笠原氏から「於二洛中一相応御用等御座候者可レ被二仰付一」と「家中御取乱」の小笠原家の紛争解決支援を申し出された例がある(『新叢書』十二、四十三・四頁)。
(19)「笠系大成六」天正六年条(『新叢書』十二、一五六~七頁)。「溝口家記」の長時条には三好長慶が「範竹と云半俗を被レ遣御頼候」とある。
(20)建仁寺禅居庵文書(『信史』十一巻、五二四頁)。
(21)「笠系大成六」、天文十九年十二月条(『新叢書』十二、一五四頁)。
(22)長禄二年(一四八五)、府中の小笠原清宗と惣領光康の対立時、幕府から光康への命に書状を副えたのが同族で細川被官の赤沢政吉であったが、その副状には「委細禅居庵より可レ有二御申一候」とあり、光康と同族赤沢氏とを取り次いだのが禅居庵であった。(長禄二年)十月二十日「細川持賢書状」・同日「赤沢政吉書状」(『新叢書』十二)。以上は拙稿「諏訪社に残された足利義政の願文」(『年報三田中世史研究』十四、二〇〇七年)。
(23)飯田市美術博物館展示図録『中世信濃の名僧―知られざる禅僧たちの営みと造形―』二〇〇五年。
(24)祢津宗伸「小笠原貞宗開善寺開基説成立の背景」(祢津『中世地域社会と仏教文化』法蔵館、二〇〇九年、初出論文は二〇〇八年)。
(25)年未詳六月二十九日「小笠原長時書状」(「醍醐寺三宝院文書」『信史』十二巻、三四七頁。読みは改めて写真版により補訂を加えた)。
(26)長江正一『三好長慶』(吉川弘文館、一九六八年)、九六頁以降。
(27)永禄三年一月二十一日「正親町天皇口宣案」(『後鑑』四、七〇〇頁)。
(28)「細川両家記」(『群書類従』二十、六一五頁)。

(29)　二木謙一「弓馬軍陣の作法」(二木『中世武家の作法』吉川弘文館、一九九九年)。

(30)　小笠原定基(松尾小笠原氏)が石見国の同名長隆と書状のやりとりをしている(註〈18〉前掲書)。足利義尹が大内義興と共に上洛した際に長隆も在京勤仕したこと、長隆が安西播磨守の手ほどきで馬医術の「指南」をうけたこと、長隆が松尾小笠原氏に対して「我等事、御一家端」と同族意識を有し、「一度御国へ遂二参上一」げたいと念願していることなどがわかる。さらにこの書状を定基へ持参し口上したのが安西氏でもあることから、書状を通じた同名氏族間交流とともに、松尾小笠原氏が在京する同族を介して学問摂取していたことも知られる。

(31)　矢数道明『近世漢方医学史』名著出版、一九八一年。『寛政重修諸家譜』によれば長慶と道三との関係について「天文十五年光源院義輝に謁し、愛重せられ細川晴元、三好長慶、松永久秀等もあつくこれを遇す」と記す。【史料三】は具体的にこれを裏付けるもので、長慶が直接道三の治療を受けていたことが判明する。

(32)　「細川氏綱淀城入事」(「足利季世記」『改定史籍集覧』十三、二一六～七頁)。

(33)　「惟房公記」(『続々群書類従』五、永禄元年五月十九日条、四五二頁)、「公方勝軍地蔵エ出張之事」(「足利季世記」『改定史籍集覧』十三、二一四～五頁)。

(34)　三好長慶みずから署判する裁許状が天文二十四年(一五五五)から永禄二年の五年間にわたり集中的に発給されており(今谷明「三好・松永政権小考」〈今谷『室町幕府解体過程の研究』岩波書店、一九八五年〉)、しかも永禄二年十月以降この裁許状が一転して姿を消してしまう(今谷「落日の室町幕府」『戦国期の室町幕府』角川書店、一九七五年)。さらに、弘治四年(永禄元年)に限ると長慶の裁許状は一通も残されていない。それまで盛んに陣頭指揮を執っていた合戦に長慶自身が出陣することがこの時期ほとんどなくなっていた(註〈26〉長江前掲書、二三〇頁)。長慶が晩年病的であったのは、例えば連歌の席での様子が「屍」の如きであり(「載恩記」『続群書類従』三十二下、六一三頁)、人目はばからず「懐旧ノ涙頗リ」に号泣し(「足利季世記」永禄四年五月六日条、『改定史籍集覧』十三、二二〇頁)、「長慶病中ニテ万事思慮ナ」く、弟安宅冬康をも殺害する(「足利季世記」永禄七年四月九日条、『改定史籍集覧』十三、二三一～二頁)といった一連の記述からうかがえる。

(35)　奉公衆四番組の大和晴完が醍醐寺への祈祷依頼を取り次いでいることも注目される。晴完みずからも軍信太現修法の護日取を相伝する故実家であった（「大和忠左衛門」『萩藩閥閲録』巻一一八、「大和四郎左衛門」『萩藩閥閲録』巻六十五）。木下聡「大和晴完室町幕府奉行人奉書解説」（柴辻俊六・丸島和洋・生駒哲郎編『史料集「柴屋舎文庫」所蔵文書』日本史史料研究会、二〇一一年、二十五頁）参照。晴完がその職能から、醍醐寺への取次役となったのだろう。

(36)「醍醐寺文書」函二十四、九十四─二（『東京大学史料編纂所写真帳』中、六十七頁）。なお『醍醐寺文書聖教目録』二では（1）・（2）・（4）の一連の書状の差出人を「大宮晴元」に比定している。これは見返しのウワ書に「大宮晴元」とあることによる。しかし官務家の大宮氏は壬生家との対立で没落している（飯倉晴武「大永七年壬生・大宮両家和睦状の成立と大宮家の没落」〈飯倉『日本中世の政治と史料』吉川弘文館、二〇〇三年〉）。「大宮」は晴完の官途である（大和）宮内大輔を略記したものだろう。実名の晴元も後掲註（37）の差出は「晴完」と読め、花押も（1）・（2）・（4）と同一であることから本稿では一連の文書の差出を「大和晴完」と特定した。

(37)「醍醐寺文書」函二十四、九十四─一（『東京大学史料編纂所写真帳』中、六十六頁）。

(38)『大日本古文書　醍醐寺文書之八』一七七八、一〇三・一〇四頁。

(39)「醍醐寺文書」函二十四、九十一（『東京大学史料編纂所写真帳』中、六十三頁）。

(40) 大和晴完については伊藤正義「大和宗恕小伝」（『論集日本文学　日本語』三、角川書店、一九七八年）、古川元也「故実家大和宗恕管見」（『年報三田中世史研究』三、一九九六年）。

(41) 註（26）長江前掲書、一八二～一八五頁。

(42) 註（34）と同じ。

(43) 長時は天文二十一年（一五五二）、同族の草間氏の館に滞留した後、長尾景虎（以下謙信）のもとへ赴いた（「笠系大成六」、天文二十一年条『新叢書』十二）。謙信が初度の上洛を行ったのが翌年第一回川中島合戦を終えた直後のことである。このとき謙信と本願寺証如との面会仲介をとったのが長慶であった（『本願寺天文日記』天文二十二年十一月十三日条）。この謙信の上洛と長時の関係は明らかではないが、その後の長慶と長時の関係を考えれば、謙信を長慶に引き合わせたものとして長時が関与した可能性がある。このように考えると長時もこの時謙信と同道して上洛し、そのまま三好家に滞留した可能性が高くなる。同時期信濃国衆で有力な一向宗門徒高梨政頼も謙信上洛前に証如に面会している（『信史』補遺編上、三八八頁）。これらの事実は、川中島合戦が小笠原や高梨など武田氏に圧迫された信濃衆が謙信に救援を求めたことに端を発するとされる従来の考え方に、再考を促すものといえよう。

(44)『信史』十二巻、二三九頁。また「伊勢貞助記」にも同様の記載がある（『後鑑』永禄二年三月条）。

(45)「永禄四年三好亭御成記」（『続群書類従』二十三下、二三四～四九頁）。

(46)『信史』十二巻、三四六頁。

(47)註（12）前掲書。

(48)平山優『天正壬午の乱』（学研、二〇一一年、四四頁）。

(49)「笠系大成六」小笠原長隆の項（『新叢書』十二、一六一頁）。

(50)「笠系大成六」（『新叢書』十二、一五七頁）。

(51)「言継卿記」永禄十一年九月一日条（『史料纂集　言継卿記』四、二六六頁）。

(52)「言継卿記」永禄十一年十月一日条（『史料纂集　言継卿記』四、二七三～四頁）。

(53)「謙信公御代御書集」永禄十一年七月条。

(54)「正統記」（『後鑑』四、八二七頁）。

(55)「笠系大成六」小笠原信定の項（『新叢書』十二、一五七頁）。

(56)「言継卿記」元亀二年三月十八日条（『史料纂集　言継卿記』四、四八五頁）。

(57)（天正三年）二月二十六日「河尻秀隆書状案」（「書簡并証文集」『信史』十四巻、八十六頁）。この時期、小笠原氏と同様に信濃を追われた村上国清もまた信長から誘引されている（天正三年七月二十日「織田信長朱印状写」）。信長が信濃出兵にあたり信濃の旧族を利用していることは興味深い。

(58)註（8）粟野論文。粟野氏は、小笠原氏領を包摂する山城国富野郷が御料所であることから、この地を将軍義昭から給与された人物として貞慶を想定し、かかる点から京都における貞慶の活動を縷々推論する。しかし『兼見卿記』で貞慶として人物比定されている小笠原民部少輔は貞慶ではなく、京都小笠原秀清であり、また貞慶の在京活動や義昭との接点をうかがわせる直接史料がないことなどから、この富野郷は奉公衆京都小笠原氏の所領と捉えるべきではないだろうか。

(59) 貞慶は小山・佐竹・田村ら関東・南奥州の大名の取次となっている（奥野高広『増訂織田信長文書の研究』吉川弘文館、一九八八年）。信長は上杉家に対しては、共通の敵勝頼を「雖二若輩候一、信玄掟を守、可レ為二表裏一之条、無二由断之儀一候」（天正二年六月二十九日付「織田信長朱印状」『上越市史』別編一、五五一頁）と注意を促し、武田氏挟撃を呼びかけた。

(60) ①大津長昌の書状を伊達政宗へ届け越後口への出兵要請を伝達（【天正六年】十月十五日「大津長昌書状案」『信史』十四巻、三七四頁）、②本庄氏や信濃高梨氏ら景勝家臣を内応させるための信長の工作に関与（【天正九年】十月十五日「織田信長書状案」『信史』十五巻、四十八頁）、③揚北衆色部長真に日取・幕張故実を伝授（天正九年六月十日「小笠原貞慶伝授状」『上史』二一四三・二一四四）。なお揚北衆については同時期信長の工作による新発田重家の対景勝謀反が発覚している（天正九年六月十二日「織田信長朱印状」『上史』別編二、二一四五）。

(61) 天正六年十月二十四日「上杉景勝書状」（『上史』別編二、一七〇七）。

(62) （天正六年）霜月三日「上杉景虎書状」（『上史』別編二、一七一三）。

(63) （天正六年）五月二十九日「上杉景虎書状」（『上史』別編二、一五二三）。また蘆名盛氏の養子盛隆は景虎の死後、景勝と対立し、越後・会津境目の領主小川荘小田切氏を通じて揚北衆の取り込みをはかるなど阿賀野川流域への進出を試みている。小田切氏は上杉氏の配下だが「蘆名家ニモ奉公」（「文禄三年定納員数目録」『新叢書』十二、二八二頁）していた両属武士の典型である（藤木久志「境界の世界・両属の世界」（藤木『戦国史をみる目』校倉書房、一九九五年））。

(64) 「笠系大成六」天正六年条（『新叢書』十二、一五六頁）。

(65) 註（14）旧稿。

(66) 宗林斎は「田村ノ家臣小笠原宗林斎」とみえ、伊達政宗と田村清顕娘との婚儀について伊達家から内容を取次いだ（「性山公治家記録」天正七年十月廿一日条、『三春町史』七、二二九頁）。なお貞慶が田村家を訪れたのが天正七年秋であるので関連がうかがえる。「伊達天正日記」天正十六年九月六日条（『三春町史』七、二二一三頁）にも郡山田村衆のなかに「僧林斎」が見える。宗林斎は田村月斎などとともに天正十六年（一五八八年）の田村内紛を経て伊達家臣となっている。また【史料九】により宗林も小笠原氏の同名氏族と推定できる。「小笠原清順譲状」（『新叢書』十二、十一頁）によれば信濃小笠原氏が陸奥国白河郡石河荘地頭職を得ていることから、この地に入部した一族との関連が想起される。

(67)「笠系大成六」天正七年条（『新叢書』十二、一五七頁）。

(68)大石直正「戦国大名会津蘆名氏」（『東北大名の研究』戦国大名論集二、吉川弘文館、一九八四年、二九〇・九一頁）。

(69)『福島県史』一、四四四～四四六頁。『三春町史』一、四四五～四四八頁。

(70)二本松藩士木代建達の記録「奥陽仙道表鑑」によると天正十二年（一五八四）に岩城常隆が赤沼城を攻撃した際、田村方小野隆信・清忠、大越信貫らとともに小野彦七郎が戦功をあげた。小野田村家の系図「坂上田村将軍由緒」によると、田村顕定が小野氏の祖である（『三春町史』七、四〇一～四〇二頁）。

(71)註（66）前掲書、四二五頁。

(72)「仙道会津元和八年覚書」（『二本松市史』三、一三八頁、一九八一年）。

(73)『兼見卿記』天正九年二月十一日条によれば小笠原秀清が信長の上洛の報を兼見に伝え、ついては信長家臣の馬揃えの儀に参加するため、兼見から武家装束の借用を依頼した。京都小笠原氏も信長傘下となっていた。

(74)（天正六年）十一月二十一日「伊達輝宗書状」（仙台市博物館所蔵）に宗林斎がみえ、伊達政宗と田村愛姫の婚儀について輝宗の意を取り次いでいる。

態令レ啓候、仍彼祝言之事、年中被レ立レ輿之由、自二清顕一承候、本望之至候、因レ茲路次番・日限等之事、今度申届候、其元取成任入候、書余国丹（国分政重カ）任二才覚一候、恐々謹言、

拾月廿一日　輝宗（花押）

宗林斎（小笠原）

(75)天正十六年六月十七日「小笠原貞慶書状」（「青山文書」『福島県史』七、五八九頁）。

(76)藤木久志「関東奥両国惣無事令の成立」（藤木『豊臣平和令と戦国社会』東京大学出版会、一九八五年、五十三・四頁）。

(77) 奥州と京都小笠原氏との文化摂取の観点では入間田宣夫「八条流馬術の受容と戦国社会―大崎領・伊達領の場合―」（大石直正・小林清治編『陸奥国の戦国時代』高志書院、二〇〇四年）が小笠原稙盛流馬術の相承について述べる。
(78) 井原今朝男「蜷川貞相の法楽和歌と領主間ネットワーク」（『日本史研究』五一五、二〇〇五年）。
(79) 「室町幕府奉行人諏訪氏の基礎的考察」（『長野県立歴史館研究紀要』十一、二〇〇五年）。
(80) 井原今朝男「室町期の代官請負契約と債務保証」（井原『日本中世債務史の研究』東京大学出版会、二〇一一年。初出論文は二〇〇一年）。
(81) 家永遵嗣『東京大学日本史学研究叢書一　室町幕府将軍権力の研究』東京大学国史研究室、一九九五年。
(82) 「天文二年信州下向記」（『新叢書』十、五十一頁）。
(83) 「大祝諏方氏系図」（諏訪市博物館蔵）。
(84) 天文十四年五月十三日条（「厳助往年記」『改定史籍集覧』二十五）。
(85) 註(79)と同じ。
(86) たとえば諏方貞通（『増補続史料大成　斎藤親基日記』文正元年五月十二日条、一三九頁）など。
(87) 川岡勉『室町幕府と守護権力』吉川弘文館、二〇〇二年、八頁。

【付記】写真掲載に格段の便宜を図っていただいた総本山醍醐寺に対し厚く御礼申し上げます。

【追記】なお、本稿に関わる論文として、拙稿「小笠原貞慶発給文書の基礎的考察」（『信濃』六十七―十二、二〇一五年予定）、同「信濃小笠原氏の故実と由緒の創出」（山梨県立博物館監修・西川広平編『甲斐源氏』戎光祥出版、二〇一五年）を挙げる。本稿と併せて長時・貞慶・秀政三代の活動をまとめたものとなり、ご参照いただければ幸いである。

Ⅳ

小笠原貞慶の中興をめぐって

中川治雄

はじめに

中世の信濃府中はいうまでもなく信濃の守護小笠原氏の支配下にあったが、天文一九年に小笠原長時が武田晴信に林本城を追われてから武田・織田・木曾氏の支配下におかれた。この間、中央においては、織田信長・豊臣秀吉によって天下の統一が着々と進められ、織豊政権の確立をみるのであるが、この過程にあって、小笠原貞慶がどのようにして旧領を回復し、徳川家康の譜代となり得たかを追究してみたい。

一、小笠原貞慶の生いたち

1　貞慶の出生

『寛永諸家系図伝』によれば、次のように記されている。

「長時—貞慶、三男、正嫡たり、母ハ家の女房、御奈良院の御宇、天文十五年八月十二日、信州林の館にて生る。

童名小僧丸、永禄元年十一月十三日、十三才にして曩祖氏神新羅の宝前におゐて元服加冠、喜三郎と号す。」また、『信府統記』には「貞慶は其前天文十四年乙巳信州林ノ館ニテ生ル、長時―三男、童名喜三郎、、父長時当城没落ノ時ハ九歳ナリ。」とあり、生年が異なっている。さらに、『赤羽記』には「長時の下女手習という女に手付け、長時牢浪の後男子を生む。定義である。」と書れている。『当代記』には、「此小笠原貞吉は二才の時、深志を穿人して、（下略）」とあり、父小笠原長時が林城から逃れた天文一九年における貞慶の年齢がこれまた一致していない。これを『諸寺過去帳』の「文禄四年五月十日卒。年五十」の記録を根拠にして逆算すれば、天文一四年に出生したことになる。また、年齢についても、『信府統記』の九才説は長時没落を『甲陽軍鑑』の天文二二年の桔梗ヶ原の合戦説を無批判のままとったための誤りであって、天文一九年の林落城の時は六才であった。

2　長時と貞慶

貞慶は長時の三男であったが、兄弟の中でもとりわけ「器量」がすぐれていたために父長時の寵愛を一身に集めて育った。『寛永諸家系図伝』は、「永禄五年糾方的伝す。師範ハ長時、貞慶ひととなり、気質すぐれて才智人にこへたり。これにより長時鍾愛をくハへていとけなきよりかたハらをはなれしめす、家法を悉くこれに伝ふ。」とその様子を述べている。また、後に父長時と会津において対面した折には、「父子の親愛あさからず、長時これを幸として、家の文書、重代の旗ならび透通の劔政恒、鶯守家甲破等の太刀授受の礼をいたしして是を領せしむ。」とあるように、長時は小笠原家の家法、即ち弓馬兵法の一切を永禄五年に「糾方的伝」し、さらに会津において「お家重代の家宝」を授け、小笠原家の総領として認め小笠原家の再興を貞慶に托したのである。一方、貞慶自らもこの事を深く自覚していたことは勿論である。即ち「長時運つきて数代の本領をはなれ、三〇余年の間流浪せしを、貞慶少年よりいきどほりをふくみ、日月にあふき信心をこらして天照大神・八幡新羅にいのり奉る」というように、幼少から小笠原家再興を心に期していたのである。

以上のことから、貞慶が小笠原家中興の祖となり得たのは、生来「気質」にすぐれ、「才智」にたけていたこと、つまり「器量」と「信仰心」、さらには小笠原家という守護の流れをくむ「家筋」が一体となったためであると考えられる。以下、この角度から追究したい。

3　貞慶と京都

長時没落後の貞慶の足どりをたどってみたい。その概要を知るものとしては、『信府統記』『小笠原歴代記』などがある。

『信府統記』には、長時没落後暫くの間信州に居、その後一族共に上京して三好長慶を頼り、その計らいで一五年間摂津の芥川城に三好・松永の乱まで逗留していたことが知られる。乱後は「長時ハ越後ニ下リ謙信を頼り、貞慶ハ畿内ノ国々或ハ関東・奥州・越前・越後・佐渡等ヲ俳徊シテ家再興ノ計策ヲ廻ラセリ。」とあるように、諸国をめぐり家再興のために奔走していたことが述べられている。

『小笠原歴代記』にも「信長上洛之砌、芥川没落、長時五十一歳。而越後御下着。」、さらに、貞慶については、父と共に「摂津芥川十五年滞留之間、洛陽為家」ていたことが記されている。小笠原家は弓馬兵法の家柄であるから、京にあって「将軍義輝公へ長時弓馬ノ師範」（『信府統記』）とあるように、京にいる長時に従っていたものであろう。

これらの事情を裏づける具体的な史料としては、『言継卿記』がある。その永禄一一年九月一日の条に、「(上略)次武者小路広大(広橋大納言国光)妾カカエル所へ罷向酒有之、信乃国小笠原牢人(長時)三好方頼之住芥川、子源三郎参会」とある。即ち、この文書から小笠原長時・貞慶父子が同族の三好氏を頼って芥川城に逗留し、将軍や公家との交わりをもっていたことが推測できる。ところが、この月の二八日から摂津芥川城は織田信長に攻められ、三〇日に落城してしまった。翌一〇月一日には長時の妻は織田軍に追われ、郡山において捕えられ、長時は越後の上杉輝虎のもとに逃れた。貞慶は『信府統記』にみられるように、諸国を徘徊することになるのである。

二、信濃回復への道

1　信濃回復の動き

天正三年、貞慶は三一才を迎えた。この年の二月二六日、信長の武将河尻秀隆から府中回復の決意を促す書状がとどけられた。

「(上略)随而今度信長以直札被申入候之間仰調尤存候。必来秋者、到信州表出勢可有之由候之条、早速御還補之事勿論候。別而其許御才覚此時候。将亦信濃境目有事候之間、向後相応之儀不可存如在候。」(書簡并證文集)

即ち、来秋には信長自ら信濃に向って出陣する。そうすれば「還補」は当然である。今こそ決意を固める時であるというのである。

さて、この天正初期の信濃をとりまく情勢をみると、まず三方原の合戦がある。元亀三年一二月二二日のこの合戦には、府中からは武田信玄に属して山家氏が出陣している。武田氏は甲斐・信濃を拠点として東は北条氏に当り、南下して今川氏の分国を抄略し、駿河・遠江を勢力下に治め一挙に上洛をとげようとして徳川氏と争ったのである。また、北に境を接する越後には上杉氏がいた。上杉氏は京都・関東公方家の勢力回復のため関東に侵入し、北条氏を圧して関東公方を擁し、信濃の武士の復帰を企てて武田氏と信濃でしばしば争った。

東国においては北条氏が伊豆・相模を根拠にして関東一円をおさえ、上野・下野・武蔵において両上杉氏と争い、さらに下総の里見氏と戦い、上野・武蔵・駿河に武田氏と争った。なかでも、上杉・武田の両雄はともに上洛を目的としてい、武田氏は先ず西上を企てて徳川・織田両氏と対したのである。このような情勢の中に河尻秀隆から小笠原貞慶に信濃回復の呼びかけがなされたのである。

2　信長の信濃出陣と貞慶

信長の信濃計略の動きは上洛の野望に燃える武田信玄が遠江進撃を開始した元亀三年一〇月にはじまる。即ち、一一月一九日付の武田信玄から朝倉左衛門督に宛てた書状によれば、「去月三日出甲府、同十日当国へ乱入、敵領不残撃破、号二俣地取詰候。」と甲府を発って遠江に乱入して激しくこれを攻めたことが知られる。そしてさらにその目的は、「対信長為当敵、干戈動候。」とはっきり当面の敵である信長と干戈を交えることであった。中原に旗を樹てるためには避けられない運命にあったのである。このために信長は武田信玄と断ち謙信と同盟を結ばざるを得なかったのである。

一方、信長も一一月二〇日に謙信に書状を送り、武田信玄と一戦をまじえる決意を表明した。即ち「就越・甲和与之義、被加上意候条、同事ニ去秋以使者申届之処、信玄所行、寔前代未聞之無道者、不知侍之義理、只今不顧都鄙之嘲哢次第、無是非題目候、」と述べている。つまり、信玄は前代未聞の無道者であって侍の義理を知らないというのである。そればかりか、さらに続けて、「信長与信玄間之事、御心底之外ニ幾重も遺恨更不可休候。然上者、雖経未来永却候。再相通間敷候。」と信玄に対する遺恨の深さのなみなみならぬものであることを記している。

また、このとき富山城を中心とする一向一揆の渦中にあった謙信に対しては、「敵陣廿日・卅日之間ニ可相果候趣ニ付而者、押詰可被決事尤ニ候。若又来春迄も可続之様ニ候ハヽ、先々差赦、被納馬候而信上表御行可然候半。左候ハヽ従此方信州伊那郡其外成次第ニ可発向候。遠州者家康与此方加勢之者共一手ニ備、信玄ニ差向候者、彼是以敗軍案之図ニ候。」と信長と相呼応して一挙に信濃に攻め信玄をうつことを呼びかけている。それには謙信が越中の一揆にこだわっていては困るのである。信長は一向一揆を軽くみているわけではないが、その本質をよく知っていたのである。つまり、一向一揆は農村に根づいているために粘りはあるが、機動性に乏しいのである。したがって謙信がたとえ撤退しても、一揆が追撃して来ないということをこれまでの体験から見ぬいた上での勧告であろう。

しかし、翌一二月二二日、徳川・織田連合軍は遠江の三方原で武田軍に撃破され、徳川家康の居城にまで迫られている。その後、三河まで侵略され、翌天正元年二月中旬には家康の属城野田城もとられるが、信玄が野田城攻略中に病んで帰国の途の四月一二日に伊那郡駒場において倒れるという信長・家康にとってまたとない好機が訪れ、ここに貞慶が信濃を回復する兆が徐々に具体化してくるのである。

しかし、信長は直には信濃への出陣はしなかった。信玄の死後「近年五畿内並江北越前之儀付而取紛候。」と、主として将軍義昭・朝倉・浅井・長島一向一揆、三好・松永あるいは本願寺と対していた。その後再び武田勢の動きが活発になったため、甲信の本格的な攻略にかかったのである。

天正の初期における貞慶の動向についてみると、信長に属し本意達成のため種々の画策をめぐらして東奔西走の活躍をしていることがわかる。

3　信長の誘い

すでにみたように、天正三年二月二六日に「早速御還補之事勿論候。別而其許御才覚此時候。」と信長に誘われて以来、彼は信長に属したものと思われる。信長はこの頃盛んに上杉氏、あるいは上杉氏に属していた北信の雄村上国清や上野の小山秀綱等に書を送り甲信出兵を促しているが、このとき小山秀綱への使者として貞慶の名がみえる。天正三年一一月二八日付の小山秀綱宛の信長の書状がそれである。それには「向彼国（信濃）令出馬、可加退治候、此砌信長一味為天下、為自他尤候歟。（中略）委曲、小笠原右近大夫可有伝達候。」とある。即ちこの文書によれば、信濃へ出馬し、武田勝頼を退治するから、そのときには信濃に味方しろ、天下のためにも、秀綱のためにも最もよいことである。細かいことについては小笠原貞慶が伝達するというのである。これらのことは、貞慶が信濃の動向やそれをとりまく東国の情勢を相当的確に把握していたものとみられるし、信長との関係も密であったことを物語るものであろう。

さらに、天正五年極月二三日には北条氏政に敵対する常陸の佐竹義重の党梶原政景から「自何来春至于東八州可為御発向間御肝要至極候。（中略）至テ御発向者、速関左可属御手義無疑候。」と貞慶の関東出兵を要請している。また、同国の水谷勝俊・太田道誉（資正）からも援軍を求めている。しかし、貞慶は果してこの天正五年段階において援軍を送るだけの軍事力をもっていただろうか。

貞慶の名の見える文書にあたってみると、「委曲、小笠原右近大夫可有伝達候。」とか、また、天正九年一〇月一五日に信長が越後に出陣しようとして富田知信に送った書状には、「猶貞慶可申候也。」と書かれている。さらに天正八年三月二三日、越中にいる貞慶に信長の将柴田勝家が越中の武将の帰属を促すよう要請した手紙にも、「其国有御滞留」と記されている。これらからは血生ぐさい戦場に武器をとって活躍する姿は感じられない。「器量」のすぐれた貞慶であったから信長に属し各地をめぐり、その才智を生かして画策をめぐらしていたものであり、また、それと同時に諸国の情勢を深く洞察し、小笠原家再興の機会をうかがっていたものと考えられる。

三、府中回復

1　金松寺入り

まず最初に小笠原貞慶が府中に足跡を記したのは信長が甲信を平定した天正一〇年三月のことである。貞慶は天正一〇年三月二日に深志城代馬場美濃守信春が信長に降ったのを機に飛驒から安曇郡の金松寺に入った。しかしこのときは信長の計略の先鋒となって功績をあげた木曾義昌（信玄の女むこ）に旧領を安堵して安筑二郡を加増し、貞慶の入府は認められなかった。

信濃国筑摩・安曇両郡之事、一色宛行候訖。全可令領知、次ニ木曾郷《ママ》之儀任当知行ニ聊不可有相違之状如件。

天正十年

三月廿七日　　　　　　　　信長印

木曾伊与守殿

また、二日後の三月二九日には甲斐・駿河・上野・信濃の知行割がなされた。これにも「安曇・筑摩……木曾新知ニ被下」と規定されている。

このような情況の中で貞慶は金松寺から府中の譜代衆「百騎」ばかりと「雑兵六七百」を率いて上諏訪法花寺に滞陣していた信長に謁するために上諏訪に向ったが、木曾義昌の戦功は抜群であったこと、また、それらを勘案して国割がなされた後であったために、「御礼不罷成」ということで拝謁すらできず、やむなく「上方へ御上り被成」と京都にわずかの家臣を伴ってのぼり、捲土重来を期することになった。ところが、その機会は幸運にも同じ年の七月にやってきたのである。

2　小笠原貞種の入府

天正一〇年六月二日、信長は明智光秀のために京都本能寺に、子の信忠は二条城に囲まれて自殺し、織田政権は瓦解した。このため信濃は再び群雄の蚕食下におかれることになった。高井・水内の両郡は上杉氏の掌中に陥り、安曇は上杉輩下の市川治部少輔に与えられた。府中深志には越後にいた小笠原洞雪（貞種、貞慶の叔父）が上杉景勝の手兵二百騎（『笠系大成』には二千騎）の援を得て深志城に入った。上杉氏が洞雪を城主に据えたのは、小笠原氏の譜代の多い安筑両郡を抵抗なくその勢力下に組み込む手段であったかと思う。

即ち『二木家記』には、「松本の城へ御越被成候時、両郡の侍、国主と奉迎候。」と述べ、『岩岡家記』には、「此砌、貞慶公御本意をと望候へとも、被成御座候処知れ不申候故、先々洞雪様越後ニ御座候故、是をと申談合にて、則ニ二木市右衛門御迎に参り、洞雪様越後衆御共にて、岡田迄御着被成候。深志へ取掛被申に付、木曾殿ハ城をあけ木曾へ退被申候。」といっているのは、この間の事情を物語っているといえよう。

激動の世にあって小笠原氏を「国主と迎え奉った」その根本原理は何であったかを考えてみると、おそらく小笠原氏の権力ではなく、守護家としての「家筋」ではなかったろうか。「家筋」は新しい秩序形成の積極的な原理ではないにしろ、必要なものである。つまり権力による統合あるいは統一は強制的であり力の均衡の上に成りたっているために不安定である。武士が同格あるいは同格以下の家筋に服従することは権力の前に服従することを意味するものであって、権力の前に服従することは武士としての意地がそれを許さなかったのであろう。それに対し家筋＝権威による総合は自発的であり安定的である。小笠原氏の復帰もこのような武士社会の新しい原理によって将来されたものであろう。まさに新秩序形成の原理の一つの典型というべきであろう（坂田吉雄著『戦国武士』）。

３　貞慶の深志回復

つぎにいかなる方法で貞慶が深志回復を実現したかについて考えてみたい。

第一には恩賞による懐柔策。第二に小笠原洞雪及びその重臣に対する失望。第三にはより高い権威による高い秩序を求めていたことがあげられる。

まず、恩賞による懐柔策についてみることにする。本能寺の変後の不安定な情勢をみてとった貞慶は徳川家康の武将である石川伯耆守数正の取成によって府中への還住を試み、戦国武将の常とう手段である恩賞をもって、まず小笠原譜代を誘った。天正一〇年六月一二日のことである。

「今度石伯御取成故、家康以御光入国之行、偏、其方覚悟候。然者、於本意者、後庁之名字可為相続候。知行之儀者、洗馬ニ而堀廻三千貫出置候。弥忠節専用候。委曲溝口新介可申者也。」（三村文書）

この文書は後庁勘兵衛あてのものであるが、本意をとげた暁には後庁の「名字」を相続させること、知行については洗馬の地に三千貫を安堵する旨を約束し忠節を促しているのである。さらに二日後の一四日には、「今度入国之儀付、条〻其方肝煎之儀、不残次第候。就其、当家奉行ニ相加へ候上者、始末少も疎略有間敷候。」と入国に対しその忠功を賞し奉行人に列している。そして貞慶が深志城に入った七月一九日には約束に従い洗馬三千貫の地を安堵した。七月二日には河辺与三左衛門に対して、「我等今度其地へ趣（赴）度候。如前代勤仕頼候。」（松本河辺文書）と忠勤を促し、七月一〇日には百瀬石見守に二百貫の恩賞をもって誘っている（玉証鑑所収）。

天正一〇年三月、飛騨越えをして安曇の金松寺にあらわれたときには二木氏すら貞慶の存在を知らないほどであり、小笠原旧臣との疎通が十分になされていなかったために府中回復は達成出来なかったが、器量にすぐれていた貞慶はこの事情を察して今回は積極策に出たものであろう。

次に、小笠原洞雪の重臣に対する府中の武士の失望があげられる。洞雪は上杉景勝の兵二百騎を率いて深志城に入ったが、「梶田・八代上を蔑にして邪曲の事多く予望に違ひければ、」（二木家記）といっているように、上杉から派遣された梶田・八代の重臣等が洞雪を無視して勝手な政治を行なったために小笠原を国守として府中に安定政権を樹立しようとする譜代から洞雪やその背後の上杉勢は信望を失う結果となったのである。

第三に小笠原嫡流である貞慶の所在をつきとめた小笠原譜代が積極的にその還住を計ったことが考えられる。『二木家記』に、二木一門、征矢野甚右衛門等の譜代が起請文を認めて有賀又右衛門、平沢重右衛門を使者にたて三河の家康のもとに牢人していた貞慶に還住の決意を促したことがみえる。

以上みたようにこの三つの条件が揃った結果、貞慶は三河—伊那下条—箕輪の経路で塩尻に着陣し、ここで安筑の譜代衆が「御礼申上」「御譜代衆不残御供」して天正一〇年七月一六日に深志城を陥れ、翌一七日に松本城に入り、その後深志を改めて松本とした。また、譜代衆は進んで妻子を人質として深志城に送り忠誠を誓いここに小笠原中興の第一歩がしるされたのである。

四、府中平定

1　深志城回復後の情勢

貞慶は深志を回復した翌年の一一年に筑摩郡の日岐に在城していた犬甘半左衛門にあてた手紙の中で、「去年之事に大海をつヘニてうちたる躰候。只今ハ分別を以可申付候。」とその当時を回想している。

天文一〇年七月に深志城に入ったものの、深志から北の嶺間・筑北・川手筋、あるいは仁科方面は上杉氏の勢力下にあった。したがってこの段階での小笠原政権では家臣団の編成も不十分であり、徳川家康との関係も希薄であって、これらの勢力が一揆を結ぶか、上杉の助けをかりればいつでも倒せる状態にあった。家康も小笠原貞慶を無視し、貞慶が入府した翌月の八月三〇日に木曾義昌に安筑二郡を安堵している有様である。これは家康の木曾を味方につける策略の意味もあろうが、それにしても貞慶が深志城に居るのを知りながら木曾氏に安堵状を出していることは小笠原貞慶を無視しているとしか考えられない。

この外、九月五日には武田の旧臣水上六郎兵衛に筑摩郡小松郷を、また、岩間善九郎には「信州野溝・平田・村井庄之内六百俵、名田被官等事」と安堵している。したがって家康との君臣関係が結ばれたのは貞慶が子の幸松丸（後秀政）を人質として三河の家康のもとに送った天正一〇年一二月以降のこととみてよい。その結果が「只今ハ分別を以可申付候。」という貞慶の自信となったものと考えられる。

2　反小笠原勢の征討

次に、「大海をつへ ニてうちたる躰」といった全く心もとない状態の中で貞慶はどのようにして旧領を平定したかをみてみよう。父長時が天文一九年春からの林城攻防戦において武田晴信に城を明け渡さなければならなかった最大の原因は小笠原譜代の離反であった。このことは傲慢さをもった長時の人間性に起因する面もあるが、確固たる主従関係をつくり得なかった在地支配の希薄さにあった。貞慶はこれらの事情をよく認識してい、家臣団の育成とその支配に異常なまでの熱意を示した。

イ、日岐城の攻略

日岐氏は仁科氏の一族で安曇郡の日岐、筑摩郡の犀川ぞいの川手筋に勢力を張り、下生野の大城を本城として同小屋・山城・山中の上花見城などいくつかの支城をもっていた。この日岐城を攻めたのであるが、このとき日岐城には日岐盛直が在城し、また、穂高内膳盛棟もいたとみえて、丹波守盛武の妹である内膳の妻がとりことなった。そこで小笠原出雲守頼貞が妻に死別したので、この内膳の妻を頼貞に嫁がせ、越後に退いていた穂高内膳盛棟と丹波守盛武の帰属をはかったが、内膳の妻は「此頃、違背之士悉殺之、丹波守亦帰死」といってこれに応じなかったという。「違背之士悉殺之」といっているように、貞慶の反小笠原勢に対する態度は非常に厳しいものがあった。例えば、日岐域攻略においても、天正一〇年八月一〇日に犬甘氏が日岐盛光の処遇について降服をすすめるか否かについての下知を求めたのに対して、貞慶は「日岐事、条々申分候。雖然押詰、取出之支度入念」と答え、どんなに種々申しひらきがあったとしてもどこまでも「押詰」めることを指示し、そのために砦の備えを入念にするように申付けている。日岐氏と穂高氏は天正一一年八月五日に許されてそれぞれ所領を安堵されている。

ロ、赤沢氏等の成敗

貞慶は謀叛人に対しても徹底的な処罰をした。それは赤沢・古厩氏の例である。赤沢氏は小笠原氏の同族であり、貞慶からも望まれて嶺間・小県方面に備える重要地点である刈谷原城主に任命されていた。しかし、彼は小笠原氏と同族であっても、天文一七年の塩尻峠の合戦に武田方に降った武将であって、水内郡長沼城に在番を命じられ、武田の一翼を担った経歴をもっていた。したがって刈谷原城に在城を命じられた後、塔原城主海野三河守・小岩嶽城主古厩因幡守らと計って逆心を企てるために隠謀をめぐらしたが発見し切腹を命じられた。

古厩・塔原氏も天正一一年二月一三日松本城に誘い、子刻に「意逆《ママ》之者共成敗申付候。」と一族「上下廿人」の処罰を行なった。しかもこのとき逃れた因幡守の子古厩平三については「かけおち候得共、定而たつね出候へく候。」と一族の処罰を徹底的に行ない、古厩平三は後に細野郷で討たれた（御書集貞慶書状案）。

ハ、沢度氏の処遇

仁科・小谷方面は上杉氏と境を接する重要な地点であるから貞慶はここをしっかりと固めなくては領国支配は確立

しない。そこでここにいる沢渡氏を帰属させるために「沢渡九八郎も召執候。仁科之仕置何も思ふ様ニ候。小谷へは細萱をつかわし候。是も一著候。」とのべているように、沢渡氏を捕えている。

つまり沢渡氏に対してはまず武力で臨み、しかる後に所領を安堵して恩をかけるという手段を用いている。

五、家康との関係

この時代の武士社会の構成の特色を『甲陽軍鑑』（品四十）に「もろが入道や云はく、国三ヶ国をも持給う大将の下奉公人その色々多し。」として次の七つに分類している。「一譜代衆、二先方衆、三先方衆の中の忠節人、四降参の侍、五旗下、六味方、七牢人」そして五の旗下について、「国半国から一ヶ国二ヶ国の大将を云う」と規定している。この旗下について坂田吉雄氏はその著書『戦国武士』において、これらの武士社会構成員の中で時代的に最も特異な存在であるとともに、時代の進展に最も大きな関係を持っていたのは旗下であった。旗下は相互的な契約の関係にあることによって征服被征服の関係にある降参の侍と異なっており、保護被保護の関係にあることによって相互的な援助の関係にある味方とも異なっている。したがってまたそれは家来として土地を恩給ないしは安堵されて絶対的な支配下にあるその他の奉公人とは本質的に異なった地位にあると述べている。

さて、貞慶と家康との関係はこの旗下的関係にあったといえる。信長の勢力が信濃から駆逐され、南からは徳川氏、北からは上杉氏、東からは北条氏等の列強がそれぞれ蚕食の手をのばしている時に貞慶も府中を回復したのである。したがって独立して小笠原領国を確立するだけの力を持たない彼はこの中のいずれかの大名の援助を得なければ領国経営はおろか貞慶自らの存在さえも危ぶまれたのである。一方、徳川らの大名からすれば小勢力は結局のところ敵ではなかったのであるが、大勢力であっても時と人の犠牲なくして小勢力を滅ぼし得たのではない。したがって大勢力としては小勢力を征服するためにむだな軍事力を費すよりも、表面は契約の関係として実質的に小勢力を支配し、それによって急速に自己の勢力を伸ばす方がはるかに賢明である（『戦国武士』）。

このような両者の関係は貞慶の「器量」によって貞慶の子秀政を人質として家康に指出すことによって成立した。天正一一年二月一二日付の日岐在城の犬甘半左衛門に宛てた手紙に家康との関係について次のように記している。

「（上略）次一昨日家康より御鷹之鴈など態給候。近日御出馬之条、弥諸境目如存分可申付候。我等申分何も御同心候。幸松当月七日下著之義必定之由申来候。」

家康から鷹のひながとどけられたこと。近日のうちに家康は信州経略のために甲府に向って出馬すること。したがってこちらも諸境目を存分に固めること。貞慶からの申し分にはことごとく同心してくれたこと。家康との交渉が非常にスムーズになされ、人質として指出された幸松（秀政）も今日七日には京都から三州の家康のもとに必ず下著することなどが述べられ、家康との間柄に安心し切った様子が感じられる。さらに一〇日後の二月二二日付の同じく犬甘氏宛の手紙には、「せかれもはや三州下著候。」と三河到着を知らせ、「とかくニ腹を切候共、家康御前一すじより外当方には覚悟無之候。」と家康に対する絶対的な忠誠を誓い、主と仰いでいることが知られる。つまり、ここに『甲陽軍鑑』のいう「旗下」的関係が成立したのであり、貞慶自身は家康の権威をかりて犬甘以下の奉行を安心させ自己の家臣団の統率を進めたものといえる。なお、貞慶の家康に対する旗下的関係は麻績・青柳の合戦における戦功に対して与えられた感状によっても裏づけられる。

〔小笠原系図〕

去月廿八日、至麻績・青柳被及行、二曲輪迄攻入、随一之者数輩被討捕之由、注進喜悦候。定而落去不可有程候。弥無油断可有御馳走事肝要候。恐々謹言。

卯月三日　御諱

小笠原右近大夫殿

〔書簡并證文書〕

去ル四日、信州之内麻績・青柳城二之廓迄責寄、能者数輩討取、注進之段、神妙之至ニ候。弥可抽忠信者也。

四月十九日　家康花押

小笠原右近太夫とのへ

徳川家康と羽柴秀吉は三月六日に断交し、貞慶が麻績・青柳城に上杉氏と一戦を交えていたときには尾張の小牧山に戦っていた。したがって麻績城の攻防戦は貞慶が安筑から上杉氏の勢力を駆逐し小笠原政権の安定をはかるだけでなく、家康対秀吉の覇を競う争いの一環としての意味をもつものであった。

以上のことは、次の天正一二年卯月二三日家康から小笠原貞慶にあてた手紙によって知ることができる。

（上略）此表近日任存分候。近々至長沼（久手）羽柴可令敗北条、必今度可討留之候。可御心易候。次景勝可令蜂起候哉、不可有差功、乍去、其表各被相談、無之由断被及行事肝要候。（下略）

つまり、近々長久手に秀吉を敗かし、今度は必ず討留める覚悟であるとその決意のほどを示すと共に、家康にとっては背後からの上杉氏の勢力を恐れて、貞慶に上杉氏の南下を圧えさせていることがわかる。

戦国の争乱は単なる武家社会の秩序の破かい分裂ではなく、新秩序を確立するための争である。つまり統一体としての主従関係に支えられた近世封建社会の確立をめざすものである。そしてその媒介となるものは絶対的な権力であり、弱肉強食の論理である。弱者がこの社会に生きるためにはより確かな権力者が誰であるかを見極める「器量」（才智）が働かなくてはならない。この点、貞慶はこれまでに「人にこへたる才智」をもって時代の本流に乗って、あるときは信長、またあるときは家康に属してお家再興のために努力してきたがいかなる理由からか家康を離れて秀吉のもとに走ることになったのである。

六、貞慶と秀吉

貞慶が秀吉のもとに属したのは全国統一をめざす秀吉が畿内および西国を平定して関白となり、家康等の大名に一歩先んじた天正一三年一一月のことである。

その契機は石川伯耆守数正が家康に叛き、貞慶の人質を拉して三河岡崎城から秀吉のもとに奔ったことにある。秀吉はこの間の事情を「対天下、家康表裏相構候儀條々有之付而、今度石川伯耆守為使、相改人質以下之儀申出候処ニ、家康表裏重々有之段、彼家中者にも依存知、家康宿老共之人質不出付而、石伯去十三日足弱引連尾刕迄罷退候事。」（秀吉から真田安房守宛の一一月一九日付の書状）つまり、天下は秀吉に対して家康は表裏を構えて従わない。その証拠が数々あるが、離反を家中の者が知っているから家康の宿老どもは一人も秀吉に人質を出していない。そこで石川数正が秀吉に走ったというのである。原因は不明であるが、この時に石川数正は「信州小笠原人質召連」れていったのである。貞慶もおそらく「一信州甲刕両国之義、小笠原・木曾伊予守相談、諸事申合、無越度様才覚尤候事。」（同前）と信州と甲州の支配を小笠原氏と木曾氏にまかせ、「無越度様才覚」しろと命じ、徳川の勢力下にあった甲州と信州の支配権を小笠原・木曾両氏にゆだねている。このときにおそらく貞慶も秀吉に属したものであろう。それはまた石川数正が秀吉に走ったのと期を一にするのである。

貞慶が家康から離れた理由は明確ではないが、秀吉自ら「対天下」といっているように、この七月に関白になり姓も藤原と改め豊臣政権の確立期に入ったときであり、各地の武将が人質を出して絶対服従を誓っている趨勢の中にあって貞慶も秀政を人質とし、自らは府中において小笠原政権の安定を策したものであろう。

この結果、天正一三年には貞慶は家康に属する保科正直を高遠城に攻めている。この戦で家康が保科に与えた感状には、「今度小笠原右近大夫企逆意」と書かれている。その後、天正一四年にはいり、五月には家康は秀吉の妹をめとり、六月には秀吉の生母を家康に対し人質として岡崎城へ送り、ここにおいて和睦が成立した。このため秀吉は天正一四年八月九日に信濃の小笠原貞慶の持分に対しては、「小笠原方へも家康より被申越候内儀之事、申遣候。弥下々之者小笠原持分江猥ニ無之様かたく政道以下家康可申出候事。」（武徳編年式秀吉書状案）と家康の家臣である小野惣兵衛に猥に攻入ってはならないと命じている。さらに天正一四年一一月四日の上杉景勝にあてた書状には、「関東之儀、家康と令談合、諸事相任之由被仰出候間、被得其意、可心易候。」と関東の経営について家康と話し合った結果、その支配の全権をまかせたことを述べ、つづいて「真田（昌幸）・小笠原・木曾両三人儀も先度其方上洛之刻、如申合候、徳川所へ可返置由、被仰候」（上杉家文書）と三人の武将の家康への帰属を知らせている。そして翌年の天正一五年三月一八日には「信州真田・小笠原、関白様御異見にて出仕候。」（家忠記）と豊臣秀吉の命令によって駿府の徳川家康に拝謁し、その結果、信濃は再び家康の支配するところとなったのである。

このことは、小笠原貞慶の領国支配の質的な変化を意味するものであると考えられる。つまり、一国または半国を独立して支配する「旗下」的性格から所領を安堵され、それに伴う軍役負担を義務づけられることによって身分的に従属することになり、強固な封建体制の中に組み込まれていくことを意味するものである。その後、貞慶は秀政に家督を譲り謹慎の意を表わし、秀吉のとりなしによって家康の嫡子岡崎三郎信康の女が貞政（秀政）に嫁し、家康の怒りも解け、ここに家康の譜代衆に加えられ、小笠原家の中興がなされたのである。

Ｖ

中世の小笠原文書と「勝山小笠原文書」の成立

福嶋紀子

はじめに

『松本市史』歴史編Ⅰ（原始・古代・中世）の刊行にあたって編さん室では、市域関連の文献史料の蒐集に取り組んだ。文献史料は、『信濃史料』の刊行により、長野県関係のほとんどがすでに紹介されているが、刊行後長い年月を経過しており、この間に市域関連の新しい文書も発見されている。『松本市史』歴史編Ⅰには、現在判明している範囲の新出史料を含めて写真版で入手し、可能なかぎり付録として掲載した。『信濃史料』にすでに掲載されている史料も、各地の史料所蔵者を訪れ、原史料を直接見せていただくことができた。

市域にかかわる史料の所蔵先とは、「諏訪御符礼之古書」や「守矢満実書留」を所蔵する茅野市神長官守矢史料館、「前右大将家政所下文」などを所蔵する諏訪大社下社、「日本書紀」写本などを所蔵する前田育徳会尊経閣文庫と「勝山小笠原文書」を所蔵する東京大学史料編纂所など数箇所におよぶ。こうした作業のなかで、すでに活字として紹介されている文書についても、史料そのものの存在意義の見直しをする必要性があることを痛感した。本稿では、特に活字として紹介されている文書を原文書と対照するなかで気が付いた、中世史料の問題点について検討してみたい。

先にあげた史料群のなかで、特に市域を初めとして、信濃国全体に大きな関わりを有するものが、東京大学史料編纂所の所蔵する「勝山小笠原文書」である。南北朝期以降に、信濃国守護職をつとめた小笠原氏が、中世から近世へという時代の転換のなかで、家伝の文書をどのように扱い、後世に伝えたのかを検討することで、現在のこる小笠原文書群が、どのような経緯を経て形成されたのかについて考えてみたい。

一、小笠原文書の伝来

小笠原氏は建武政権により信濃守護に任命されるが、建武政権の崩壊後も足利尊氏から信濃守護に任命され、本拠である伊那から、国府があった松本市域に進出してきた。小笠原氏は、通常は京都にいて、信濃には一族の者が守護代として派遣されていたと考えられる。

中世の小笠原氏は信濃守護としての側面の他に、京都における活躍を前提とした武家故実の家としての重要な面を有している。現在は礼儀作法の小笠原流で知られているが、中世の武士にとって重要であった武家の作法・故実を相伝する家として、特に代々の将軍に重用され、信濃随一の名族と称されていた。小笠原貞宗が後醍醐天皇に仕えて礼法の書を著わしたことに始まり、室町幕府の諸礼をつかさどって以後、中世のみでなく江戸時代にいたっても、礼法の名家としての名は広まる。現在残る小笠原関連文書のうち、多くの部分が武家故実に関連する家伝書で占められているのはこうした事情による。これについては、『松本市史』歴史編Ⅰの後藤芳孝委員の叙述に詳しい。

こうした武家礼法に関する故実書を除いて、中世の小笠原氏の動向を示す文書は、越前（福井県）の勝山藩に入った小笠原家に伝来し、「勝山小笠原文書」とも呼ばれている。越前勝山藩の小笠原家は、信濃を本拠とした中世の小笠原家のうち、伊那郡松尾を拠点とした松尾小笠原の系統で、小笠原信嶺が徳川家康に仕えて以後、天正十八年（一五九〇）に武蔵本庄に封ぜられ、その子信之が下総古河に、その子政信は同関宿に移封。さらに貞信が美濃高須を経て、元禄四年（一六九一）に越前勝山藩に二万三千石で封ぜられて以後、幕末まで八代一八〇年間同地を領した。

同家に伝わった小笠原氏関連文書は、明治に入って小笠原長育氏の手により折本形式の古文書手鑑として編纂されたと伝えられている。この中に北条早雲書状を含むことから、いったん小田原の早雲寺を経て、北条早雲書状を除いた文書が、現在東京大学史料編纂所に所蔵されている。総点数は一八〇点余り。元弘三年五月十六日の足利尊氏書状を初めとして、南北朝から室町期の足利将軍歴代の御教書、下文、感状、書状等を中心に、諸家との往復書簡等も収録し、わが国における代表的な武家文書のひとつである。

中世に信濃守護となった小笠原家は、松尾小笠原の他に、府中小笠原家がある。中世の小笠原氏の分裂についでは次節でふれるが、府中小笠原氏の系統は、小笠原貞慶の後秀政が天正十八年に下総古河に封ぜられ、信濃国飯田・同松本を経て、寛永九年（一六三二）に豊前小倉に移封され、同地を領して幕末にいたる。府中小笠原の系統には、中世の小笠原氏に関する文書は伝来していない。小倉藩では第二次長州征伐により、明治三年に政庁を錦原の地に移転して豊津と改名して以後、小笠原忠忱氏が藩史編纂の一環として、中世小笠原氏をも含んだ家譜を編纂し、「豊前豊津小笠原家譜」として伝えている。さらに府中小笠原の系統では、小笠原氏の家臣溝口政則・二木重持によって、元禄十一年（一六九八）から宝永二年（一七〇五）にかけて編纂された小笠原氏の系譜である「笠系大成」を伝来する。

二、小笠原家の分裂と家伝文書の争奪

室町期に信濃小笠原氏が家督をめぐって三家に分裂し、戦国期を通じて抗争を続けたことについては『松本市史』歴史編Ⅰの第三編第三章「小笠原氏のもとで」（後藤芳孝委員執筆）、第三編第四章「戦国争乱のなかで」（笹本正治委員執筆）に詳しい。さらに笹本委員は、抗争のなかで小笠原家家伝の文書が争奪の対象となり、三家の間を転々としていたことについても触れている。その様子を簡単にまとめる。

内紛により分裂した小笠原家は、伊那松尾の光康の系統の小笠原氏と、府中の持長の系統とに別れる。その後松尾の光康が養育していた宗康の子政秀が成人すると、鈴岡に勢力を築いた。これにより、光康・持長が没した寛正二年（一四六一）の頃の小笠原氏は、松尾の家長、鈴岡の政秀、府中の清宗の三家に分裂していたことになる。小笠原文書がこの三家の間で争奪されるようになった最初は、応仁元年（一四六七）に小笠原政秀が、伊那郡の伊賀良から府中の小笠原清宗を攻めたことに始まる。

そもそも「勝山小笠原文書」のもととなる中世の小笠原文書は、府中井川の館に本拠をおく府中小笠原氏の系統に伝来してきた。清宗が没すると、子の長朝は政秀と諏訪氏との連合を防ぐことができず、母や一族と一緒に家に伝わった文書などを携えて更級郡牧之島城（信州新町）に難をさけた。政秀は一旦府中を手中におさめるが、周辺国人層の反発が強く、妥協策として長朝を自分の養子とすることで和睦した。これにより府中の地は長朝に返したが、宗家としての面目を保つため、府中小笠原家に伝来してきた小笠原貞宗以来の文書類を長朝から譲り受け、鈴岡に持ち帰

った。ここで家伝の文書は府中小笠原家から鈴岡小笠原家に移動することとなった。

伊那郡のなかでも松尾と鈴岡とに分立していた小笠原家は、鈴岡に対する諏訪氏の後押しもあって次第に対立が深まり、松尾小笠原家を定基が継ぐと、明応二年（一四九三）鈴岡の政秀を攻めた。政秀が没すると定基は、府中小笠原家から強引に譲り受けてあった家伝の文書を奪い取った。しかし政秀の妻は府中の長朝に支援を求め、長朝は定基を攻めた。このため定基は、鈴岡の小笠原家から奪った文書を携えて甲斐に走り、武田氏のもとに身を寄せた。一説によればこの時、政秀の妻は家伝の文書を携えて、実家の下条氏のもとに逃れたともいわれている。

府中から鈴岡の小笠原家に譲られた文書は、ここで松尾の小笠原家に奪われたことになる。しかし府中の長朝のあとを継いだ長棟は、天文三年（一五三三）前後に松尾小笠原氏を倒し、政秀にわたって以来の小笠原文書を奪い返した。ここにいたって小笠原文書は、約七〇年ぶりに府中小笠原家に戻った。長棟の後に家督を継いだ長時は、武田信玄の府中侵攻により、天文十九年以降、諸国の武将を頼る流浪の身となった。天文十九年から天正十一年（一五八三）にいたる三〇年あまりの間に、長時が家伝の文書をどのように扱ったのかは判然としない。しかし天正七年（一五七九）長時が会津若松の蘆名氏のもとに身を寄せている間に、子の貞慶は長時のもとを訪れ家伝の文書宝物を譲り受けている。

以上の文書争奪の経緯については、全て、府中小笠原の系統である小倉の小笠原関連の記録のみにみられる記述である。

さてここで、小笠原三家が争奪した家伝の文書とは、どのような内容の文書であったのであろうか。先に触れたような経緯をたどれば、小笠原貞宗以来の中世文書をも含む家伝の文書類は、その後府中小笠原の系統に伝えられたことになろう。ところが、中世の小笠原家の動向を示す文書類は、勝山小笠原家に伝来している。

小笠原家の分裂以後、戦国争乱のなかで争奪されたのが、どのような文書であったのかについて示す記事が「笠系大成」のなかにみられる。小笠原持長の事績についてふれているなかで、府中小笠原の持長と鈴岡小笠原の宗康の争いについて、「而掠奪代々書籍及家宝名剣、悉与宗康、已令継家緒、（到于此当家累代之書籍財宝悉為宗康之有、持長・清宗・長朝・貞朝四代失之、）」とある。持長が文書を奪われて以来、長棟の代に文書類が府中小笠原家に戻るまでの間、四代にわたって文書類を保有することができなかったという。さらに、豊前小倉の小笠原家に伝わる「御当家末書」巻十一の「旧記御家信州ニ而事実之事」（『福岡県史』近世史料編）によれば、鈴岡の政秀が府中に侵攻して長朝を養子としたのちの様子について、「其後ハ政秀ことの外長朝を慕ハれ深切成しか、長朝より家伝の法式を追々相伝を得られ、書物をも授けられしなり、政秀ハ長基の相伝にて家法に通達有しゆへ、小笠原左衛門佐定基徹泉斎其伝を得ん迚、多年居城伊奈郡松尾より鈴岡に行通ひ、家法を習い受られし也、しかるに定基欲心を起し、政秀の領地を押領し書物をも奪取らんト巧有し処」とある。武家故実の家としての小笠原家にとって、家法である礼法の書を相伝することは、師資相承の礼法の伝授についで重要な事柄でもあった。ここでは定基が奪ったのは、家法を伝える礼法の書であったことを示していると考えられる。

いずれも府中小笠原の系統からの言葉であるが、これをもちいるとすれば、貞宗以来の礼法の書を相伝することによって、故実の家である小笠原家の宗家としての面目を保とうとしていると考えられる。さらに近世になって府中小笠原の家臣、溝口氏が記した「溝口家記」などでは、松尾の定基が府中に侵攻したときに、政秀の妻が相伝の文書をもって下条氏のもとに逃れたため、文書類はひとつも失うことなく伝えることができたと強調している点や、礼法の宗家としての立場を府中小笠原の側で主張している点などから、戦国期の府中小笠原家の置かれた立場を知ることができよう。

時期を明確に限定することはできないがいずれかの段階で、故実書以外の中世の小笠原文書は、松尾小笠原の系統に留まったまま、府中小笠原のもとには戻らなかったのであろう。しかし中世文書の伝来の有無が問題となるのは、戦国時代の争奪のなかではなく、むしろその後の近世になってからであったと考えられる。

三、越前勝山藩の家譜の作成と「勝山小笠原文書」の成立

越前勝山の小笠原家に伝来した中世文書は、先にふれた「勝山小笠原文書」のほかに、写本の「勝山小笠原古文書」二冊と、中世の小笠原家から始まる歴代の事績をのべた「越前勝山小笠原家譜」二冊、などと関連を有しながらまとめられた。これらの史料とあわせて考察することで、「勝山小笠原文書」の成立の事情について検討してみたい。

現在東京大学史料編纂所の所蔵となっている「勝山小笠原文書」は、四綴りからなる文書群である。厚手の台紙に貼り込まれた折本の形式で、元弘三年五月十六日の足利尊氏書状を最初として、天正三年七月十九日の武田勝頼書状にいたるまで、重厚な装丁で保存されている。貼り込まれている史料は、早雲寺に渡った数点の北条早雲書状などの史料以外は原文書が基本であるが、折本の形式の「勝山小笠原文書」を作成する段階で、文書の天地、袖と奥の余白の部分に多少手が加えられ、裁断されているようである。

序文や後書きの類の注はなく、文書史料のみによって構成されており、「勝山小笠原文書」がどのような背景によって編纂されるにいたったかは、ここからはうかがえない。

これに対して、写本の「勝山小笠原古文書」は、表紙の見返しに「従五位　小笠原長育」の署名があり、副題として「証状・感状録」と記されている（以後、「勝山小笠原文書」と紛らわしいので、これを「証状・感状録」と呼ぶこととする）。これは「勝山小笠原文書」を年代順にならべ、各人の事績とあわせて文書を書写した冊子本の写本である。この写本の後書きによれば、「于時天保二年次辛卯夏六月也」とあり、天保二年にこの写本の作成のうごきがあったことが知られる。同様の記載は「越前勝山小笠原家譜」にも、「（前略）尊氏将軍以後感状及累代先公肖像之讃、校正誤謬、且拠寛政二庚戌年後所達官庁之書、補脱漏謄写、以蔵公之文庫也、于時天保二辛卯年六月也」とみえる。これらによって、この両者の成立は天保二年（一八三一）であったことが判明するが、「家譜」の注記にあるように、それ以前の寛政二年（一七九〇）、藩主小笠原長教の頃から、藩の文庫蔵に納めるために関連文書の整理の作業が始められていたと考えられる。

近世以前の小笠原文書は、小笠原貞信が勝山に入封した元禄四年（一六九一）以来、約一〇〇年後の寛政年間にいたって本格的な整理の手が加えられるようになった。この頃収集して蔵に納められた文書類は、次第にその内容の検討が始められ、編纂事業が進められていった。

「証状・感状録」には、この編纂作業の一端について次のように記されている。「従尊氏将軍至義澄将軍之間、世々先公所拝受感状、載系譜、襄以五十二通為五軸、今又以六十二通為一軸、凡六軸然、先公暦代之次第有錯簡、不与系譜合、於茲拠感状謄写之附、其次第至一百十四因、校系譜感状録、及六軸所載之次第、可知其実也、于時天保二年次辛卯夏六月也」。天保二年の段階では、それまで錯簡があって十分な整理がなされなかった一一〇余通の文書群について、既に系譜に載る五二通の文書を五軸に仕立て、さらにこれに追加される六二通の文書を一軸として、計六軸の感状録を作成したとしている。

また、同じく「証状・感状録」では、この整理作業の段階で判明した文書の錯簡について次のように記している。「義尚将軍より家長公へ感状二通、同四通、合六通之内写五通、享和三年差出四通之内、一通不相見段、書上候、其後得与相改候処、八月廿七日義尚より、小笠原赤沢一族中と有之感状加候得者、都合六通に相成候、是にて御家譜と致全備候、後年御改等有之者、其段可申上欤、又享和三年申上候通一通不相見段、可申上欤、評議之事」。これによれば、寛政年間から始まった整理作業では、享和三年（一八〇三）に家譜と照合して、不足する文書の「差出」が命じられていたようである。これによって家譜と対応する文書の収集と、文書についての一応の検討が終わったが、家譜に引用されている文書一通がいまだ不明のまま、享和三年の文書の編纂は閉じられている。

以上のことから、寛政二年から享和三年にかけての越前勝山藩における文書の整理作業は、概ね家譜の作成を目的として行なわれたものであったことが判明しよう。寛政二年に着手された文書の整理作業は、いうまでもなく江戸幕府の系譜編纂のなかでも最大の事業であった「寛政重修諸家譜」の編纂に関連して、越前勝山藩が行なった編纂事業であったと考えられる。今に残る「越前勝山小笠原家譜」は、この時期の藩主である長教の代を最後としている。

「証状・感状録」や「勝山小笠原文書」と、家譜との関連について検討してみたい。天保二年編集の「証状・感状録」には、各人の事績に対応して関連文書を引用するなかで、文書ごとに注が加えられており、これには「一巻物、在譜四通之内、尊氏将軍御直筆、貞宗公へ」、「一巻、在譜一通、直義将軍ヨリ、貞宗公へ」など、各々の文書が家譜の記述とどのように対応するかを明記している。「勝山小笠原文書」では、部分的に付箋があり、将軍足利義教から小笠原政康にあてられた文書に「在譜十九通之内」などと記されているものが見られる。この二点の資料集は、家譜の記述を基盤として作成されたものということができよう。

「越前勝山小笠原家譜」の成立が「寛政重修諸家譜」の編集と関連があるとすれば、現在のこる家譜は寛政年間にその原型が作られ、その後の改訂を経て、天保二年に現在の形となったという経緯を経たことになろう。元禄四年（一六九一）に藩が確立して以来、多くの年月を経過していない勝山藩にとって、この家譜の作成がおそらく初めての編纂事業であったと考えられる。「勝山小笠原文書」は、寛政二年の幕府に提出する家譜が作成された段階で、その原型となるものが編集されていたのである。ところが、「勝山小笠原文書」は「証状・感状録」に見られるような「家譜」との明確な対応はなく、いうなれば古文書手鑑の体裁となっている。「寛政重修諸家譜」作成の段階で、伝来の古筆を集成したものであろうか、寛政段階の「家譜」には、その後さらに手が加えられた。

享和三年の「改」で収録することができなかった不明文書は、その後の整理で判明し、天保二年の「証状・感状録」作成の段階で、これを採録している。この時不明であった一通とは、「勝山小笠原文書」所収の長禄二年（一四五八）と推定される八月二十七日付足利義政御内書である。ところが、この文書について「証状・感状録」では、足利義尚から小笠原赤沢一族中にあてられたものとしている。現在のこる「証状・感状録」をみると、各文書の発給者の花押は、本来「判」と書かれていた部分に新たに紙を貼って、該当すると考えられる将軍の花押を載せている。「証状・感状録」が作成されて以後のある段階で、「判」とあった部分に手が加えられたのである。

同様の錯誤は、「証状・感状録」で足利直義から小笠原宗長にあてられたとされている文書五通に関しても見られる。五通とも本来は、足利義教から小笠原政康（治部少輔入道）への書状に比定されるべきものであるが、これが「一巻物、在譜五通之内」として「越前勝山小笠原家譜」の宗長の項に対応している。同じく「判」の部分は切り取られ、直義の花押が載せられている。本来「勝山小笠原文書」では、小笠原貞宗にあてた足利尊氏書状が、年代的には一番古いものであるが、「家譜」と「証状・感状録」ではこれをさかのぼる時代にこの五通の文書を位置付けている。寛政段階で「家譜」の原型が作成されたのちに、伝来の文書を各々の事績に対応させたのが、「証状・感状録」であったとすれば、寛政以後、天保年間にいたる間に相伝文書の人名比定に手が加えられたことになる。

「勝山小笠原文書」は、このように勝山小笠原家による家譜の編纂と有機的な関連を有しながら編纂された。ところが先にも触れたように、室町期以降、小笠原家は三家に分裂して家伝の文書を争奪している。本来中世の小笠原家に伝来して争奪の対象となっていた文書は、「勝山小笠原文書」として現在見ることのできる小笠原関連文書だけではなかったはずである。「勝山小笠原文書」は寛政二年、享和三年、天保二年と数度の編集の手を経ながら、勝山藩の文書手鑑として精選されていった。当然のことながらここでは、自藩の歴史的経過の記述が中心であり、他家の史料は編集の対象ではなかった。こうした事実は、歴史史料を扱う際の常識ではあるが、通常中世文書を使用する際、近世の伝来の状況にまで踏み込んで検討することは少ない。

これ以外の小笠原氏関連文書は、江戸幕府が編纂した「後鑑」や、「足利将軍御内書並御奉書留」などに分散的に収録されているものもある。いずれも「勝山小笠原文書」と同様、近世の編集の手を経ていることを考慮して使用する必要があろう。

おわりに

現在、史料集などで目にすることができる中世の史料は、ここで扱った小笠原文書のように、かならずなんらかの編集の手を経て残されてきている。現在にいたるまでの間に、軸装されていたり、装丁されていたり、保存のための加工が施されているものがまま見られる。こうした保存処理が、何の意図もなくなされたとは考えがたい。

天保年間に作成された「証状・感状録」に見られるように、ある意図をもった編集が近世になされたとすれば、現在目にすることができる中世文書の大半は、その伝来の経緯から洗い直して検討することが必要となろう。各種の史料集の刊行により、中世文書の利用はかつてに比べて一段と便利になった。しかし、個々の史料のもつ意義は、活字として翻刻された史料の面のみで測ることはできない。

歴史編Ⅰの編集の過程のなかで、「勝山小笠原文書」の検討を通じて、史料のなかから時代としての中世のみを切り取って検討するのではなく、中世から現代にいたる伝来の過程のなかで、各々の史料がたどった軌跡そのものも史料批判のなかに盛り込むことの必要性を痛感した。

なお、本稿は平成八年十一月に長野市で行なわれた、国文学研究資料館史料館の「史料管理学研修会」の後、国文学研究資料館史料館に提出したリポートをもとに、大幅に加筆して作成したものである。

第4部

信濃小笠原氏の一門

I　信濃国佐久郡大井荘・伴野荘地頭 小笠原流大井・伴野両氏について

桜井松夫

一、はじめに

大井・伴野両氏は、ともに甲斐国巨摩郡加賀美荘（現南アルプス市若草・櫛形）の加賀美や小笠原を本領とした清和源氏の流れで、小笠原長清をその祖とする。長清は、はじめ平知盛に家礼として属していたが、頼朝の挙兵を知ってからは母の病気に事寄せて下国を願い出し、ようやくのことで許されて頼朝方に参陣した（『吾妻鏡』治承四年十月十九日条）。以後頼朝の厚い信任を受け、平氏追討のために西国に従軍したのをはじめ、奥州藤原氏の征伐や承久の乱にも従軍して多くの戦功を挙げた。

こうして、長清は頼朝と同族の一流として鎌倉幕府の確立と発展のためにつくすと同時に、自身も多くの所領を獲得し、その末流は江戸期に至るまで多くの諸流を残す礎を作ったのである。十余人を数える長清の子どもの中で、六郎時長が信濃国佐久郡伴野荘を、太郎朝光が同郡大井荘を譲られて、それぞれ伴野氏、大井氏を称したといわれている(1)。

その端緒となった長清の伴野荘大井荘の地頭職の獲得は、明確な徴証を欠くために年代が不明であるが、後述するように文治元年（一一八五）以前と推測することができる。それ以来いくたびもの政権の交代、戦乱相剋の渦に巻き込まれながらも、信濃の名族として中世に威をふるい、武田信玄に侵略されるまで佐久の覇権を握ってきたのである。しかも両氏は、海野氏や村上氏のような開発領主の系統をひくものではなく、鎌倉政権によって移植された氏族である。両氏と同じように、鎌倉政権によって地頭職に補任され信濃に来住した武士団は、北条氏系をはじめとして工藤氏・二階堂氏・薩摩氏・島津氏などをあげることができるが、これら多くのものの中で大井・伴野両氏は、最も長い命脈を保ち続けた武士団である。そのかげには長い命脈を保たせ得た所領の支配・拡大やその発展のあゆみが見られるはずである。

両氏・両荘の研究については、元文元年（一七三六）吉沢好謙の『四鄰譚藪』を嚆矢とし、多くの研究[2]がなされてきた。しかし、これらの研究は大井・伴野両氏の佐久入部とその発展に焦点をあてた論考とはいい難く、地方史の一環としての研究や部分的な取り上げかたをしたものが多い。そこで、これら先学の業績に学びながら、大井氏と伴野氏の中世における発展の様相を明らかにしたいと思う。

両氏・両荘に対する明確な史的解明を困難にしてきた理由として、古文書・古記録の極めて少ないことがあげられる。そうした条件については、今も全く変わっていないので、推論が多いことをあらかじめお断りしておきたい。

二、地頭職補任の年代と大井・伴野両氏の独立

小笠原長清が、大井・伴野両荘の地頭職を得たのはいつなのであろうか。両荘ともに明確な徴証を欠くことは前述

した通りであるが、その年代については次のように考えられる。

伴野荘　伴野荘については『吾妻鏡』文治二年（一一八六）十月二十七日条に「信濃国伴野荘乃貢送文到来――（中略）――地頭加賀美二郎長清」と記されているから、文治二年十月以前のことであったといえる。

もっとも、文治二年三月十二日条（『吾妻鏡』）の「関東知行国々内乃貢未済庄々注文」によると、当時信濃国には、上西門院領伊那郡伴野荘と院御領佐久郡伴野荘の二荘があったことが知られ、長清が地頭となった伴野荘は伊那とも佐久とも記されていない。このために、この文治二年十月条の伴野荘が佐久か伊那かの論議を生んできた。しかし、市村咸人氏は「伴野荘を伊那とする原拠史料は存在しない」と述べておられるし[3]、また、下伊那史[4]においても「小笠原氏の鎌倉時代伊那来住については、現在のところ確実な史料がなく」と記されている。これらの所説に従ってこの伴野荘を佐久についてのものであると考えたい。

大井荘　大井荘について明確に大井氏が地頭であったことを記したものは、嘉暦四年（一三二九）三月日付の「守矢文書」諏訪上社五月会御射山等の頭役結番を定めた幕府下知状案までひきさげられる。

大井荘の地頭のこれ以前の期間については、これまでの研究では二つの見解に分かれる。一方の見解は最初は北条時政で、時政失脚後のいつかの時代に大井氏に移ったとするもので[5]、他は、ずっと大井氏であったとする見解である。両者の見解は『尊卑分脈』の大井朝光の項の「大井太郎・信濃国大井知行」という注記から朝光以降の大井氏の大井荘地頭については一致している。時政が大井荘の地頭であったとする前者の見解の根拠は、おそらく『吾妻鏡』の文治四年（一一八八）六月四日の条にあると思われる。しかし、

八条院領

信濃国大井庄

（以下十か庄庄名略）

以上、件庄領年貢―（中略）―子細庄家皆存知歟。委捜可レ令二計沙汰一。益頭庄事も彼辺同時と思食て被レ仰二能保朝臣一候き。時政地頭にて他人沙汰不レ可レ入之様に聞召しかば―（下略）―

この中にみられる「時政地頭にて」なる記事は駿河国益頭庄にのみかかわるものであって、大井荘など十一か荘全体にかかわると解読すべきではなかろう（石井進氏の御教示による）。従って、大井氏の地頭がどこまでさか上り得るかの問題にしぼられることになる。

前述、信濃国大井知行の大井太郎なる人物の史料上の初見は『吾妻鏡』承久三年（一二二一）六月十八日条であろう。これが大井朝光に比定されるので[6]、承久年代の地頭は大井氏であったと見て間違いあるまい。

なお、『吾妻鏡』の記事に見られる某地頭の大井荘の乃貢緩怠の事実と長清系が大井氏を称したことを関連させて考えるならば、さらに遡って考えられるように思われる。

長清系が地頭となった伴野荘と大井荘に関する乃貢緩怠の事実を『吾妻鏡』中より摘出すると、次の四つがあげられる。

(イ)　文治二年（一一八六）三月十二日条

「関東知行の国々の内、乃貢未済の庄々の注文」の中に佐久伴野荘・大井荘も記され、「下家司等を召して催促を加え給うべきの由と云々」。

(ロ)　文治二年十月二十七日条

「信濃国伴野荘の乃貢送文到来す。二品（頼朝）則ち御書を副え京都に進ぜ令め給う。地頭加賀美次郎長清、日者《ごろ》頗る緩怠すと云々」。

(ハ)　文治四年（一一八八）六月四日条

「八条院領　大井庄（他十庄の庄名略）
以上　件の庄領の年貢―（中略）―委しく捜りて計沙汰せしむべし」。

(ニ)　文治四年九月二十二日条

「信濃国伴野庄の乃貢の事、御闕怠毎度尋ね下さるに依り、向後此儀有るに於いては殊に其沙汰有るべきの由。地頭小笠原次郎に仰せらるるの間、之を弁償せしむ、仍って其趣を帥中納言の許に仰せ遣わさるると云々」。

この(イ)(ロ)(ニ)の記事から伴野荘について、長清は「日者《ごろ》頗る緩怠すと云々」―(ロ)―とか、「御闕怠毎度尋ね下さる」―(ニ)―のように乃貢を再三緩怠し催促を受けている状態であった。また、地頭名は記されていないが、これと同様に大井荘の乃貢も緩怠されていたことが知られる―(イ)(ハ)。

①前述したように大井氏以前に大井荘地頭に補任された者は現在のところ考えることができないし、②後述するように岩村田周辺は義仲勢力の中心人物であった根井行親の本拠地であり、塩田荘や伴野荘と同様早い時期に新しい地頭が補任されたとも考えられ、③その大井荘某地頭の年貢納入の闕怠は川ひとつ隔てた隣りの伴野荘と通じていると考えてくると、すでに文治二年段階で長清が大井荘の地頭も兼ねていたのではないかとも考えられる。ともかく、承久の乱の恩賞地でないことは確かであるし、それ以前に大井荘を長清が受領する可能性の最も高い機会は、義仲・根井の勢力壊滅と関連した時期であろう。

さらにもう一歩推測を進めるならば、(ロ)から長清が伴野荘の乃貢を文治二年十月に頗る緩怠し、その三月にもすでに乃貢未済の事実が記されて(イ)いるのであるから、長清の年貢納入義務の発生は文治元年の収穫にかかわるものであったと考えられる。そしてまた(イ)の記事から長清かも知れないと推測した某地頭の大井荘も伴野荘と同様なのである。

この文治元年(一一八五)に小笠原長清が伴野荘(あるいは大井荘も)の地頭職を得たとみると、比企能員の信濃国目代の就任が文治元年十二月以前[7]、島津忠久の塩田荘地頭職の補任が文治二年の正月八日[8]であるから、長清の伴野・大井両荘の地頭職の獲得は比企氏や島津氏と同じ頃か、もしくはやや早い頃となって、信濃において頼朝によって補任せられた地頭の最も早いものということになる。寿永二年(一一八三)三月頼朝と義仲が不和になって以後、寿永二年の十月宣旨の獲得、元暦元年(一一八四)正月の義仲の敗死、同年八月の信濃国の知行国主、文治元年三月の平氏一族の滅亡という頼朝の権限拡大の過程の中で、どの時期に補任されたかははっきりしないが、義仲政権崩壊後の信濃統治の尖兵として頼朝から佐久に送り込まれたことは事実であろう。

次に長清が地頭職を獲得してから時長(伴野氏)朝光(大井氏)に所領が護られ、それぞれが独立した所領経営をするようになったのはどの頃であろうか。

『吾妻鏡』承久三年六月十八日条の大井太郎が朝光に比定されることは、註(6)で述べた通りである。朝光が大井を知行し、大井を氏称していることは、この承久三年にはすでに大井荘の所領経営にあたっていた証拠を示すものであろう。

そうすると文治初年に長清が伴野・大井両荘の地頭職を獲得してから、この承久年代までのおよそ三十年間、どの

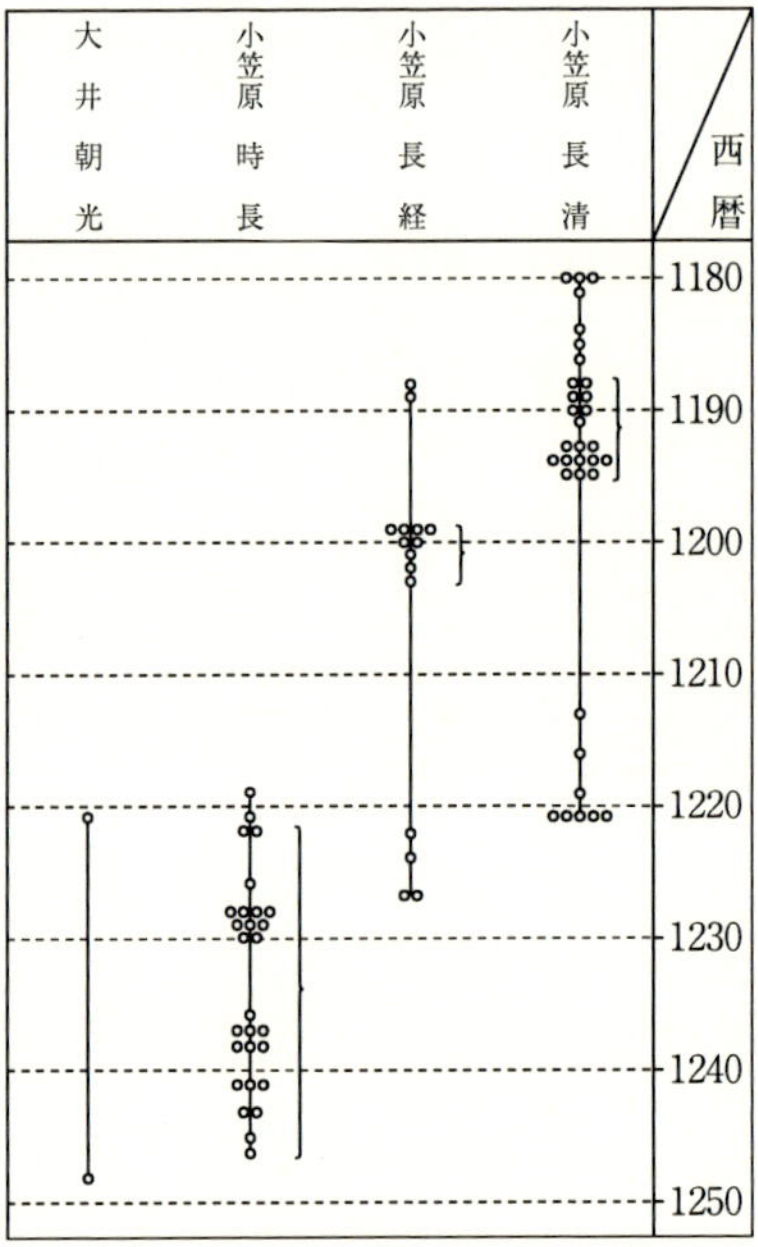

第一図

ような過程で時長や朝光に伝領されてきたかを問題にしなければならなくなる。この三十年間を解明するために、この時期の長清とその子どものうち長経・時長・朝光の四者について『吾妻鏡』などの諸史料[9]から、動きをさぐってみると次のようなことがみられる。

上の図は、四者に関する記録のみられる年次を○で示したものである。

第一に伴野氏の祖とされる小笠原六郎時長は、承久元年（一二一九）から、朝光は前述の通り承久三年からあらわれて、ともに承久年代からの活躍を知り得る。従って両氏がそれぞれ独立して佐久の所領経営にあたった年代は承久期からそう遡らせることはできない。おそらく建保年代の末か、承久の頃のことと推測される。また長清に関する最後の記録[10]は承久の乱に関するものであるから、長清から時長・朝光に譲与されたと考える事は至当であろう。

次に｝を付した部分は、特に頻繁に将軍の随兵や流鏑馬・犬追物などの射手を勤めた年代であるが、そこには明らかに画期がみられる。頼朝時代には長清が、頼家時代には長子長経が重用されたが、実朝時代には比較的疎外されていたように見られ、執権政治の段階に入って再び時長が射手としての高名をあらわすようになる。このことは両荘の地頭とは直接の関係はないのだが、時長や朝光が幼少であったと推定される元久年間から建保年間の頃までのおよそ十五年間、長清と長経が並存して所領経営に携わったとみられる期間がある。長経が阿波の国の守護になったのが承久の乱の戦功によるもので、承久三年以後と考えられているから[11]、それ以前は父長清とともに甲斐国の本領をはじめ、両荘の経営にも関与したこともあったのではなかろうか。

以上、文治元年以前に長清が大井・伴野両荘の地頭となり、時に長経をも加えて所領経営にあたってきたが、長清が六十歳に近い頃時長と朝光に両荘をそれぞれに譲り、建保末か承久頃、しかも両者はそう隔たらない時期に独立して佐久の所領の経営にあたるようになったものとみられる。そして大井氏は岩村田に、伴野氏は野沢に居館を構えたが、その年代は定かではない。「大井氏居館址」の項で後述するように、弘安二年には岩村田に大井氏の居館址が築かれていたのは確実とみられるので、伴野氏もまたこの頃より以前に野沢の地に居館を構えたものであろう。

三、所領拡張の過程

（一）小笠原氏入部前の佐久武士団

小笠原長清が入部する以前あるいは入部したころ一一八〇年前後の佐久の状勢はどうだったのだろうか。武士団を中心にして考えてみたい。

① 保元平治の乱
② 義仲挙兵の頃
③ 建久元年（一一九〇）十一月頼朝入洛随兵

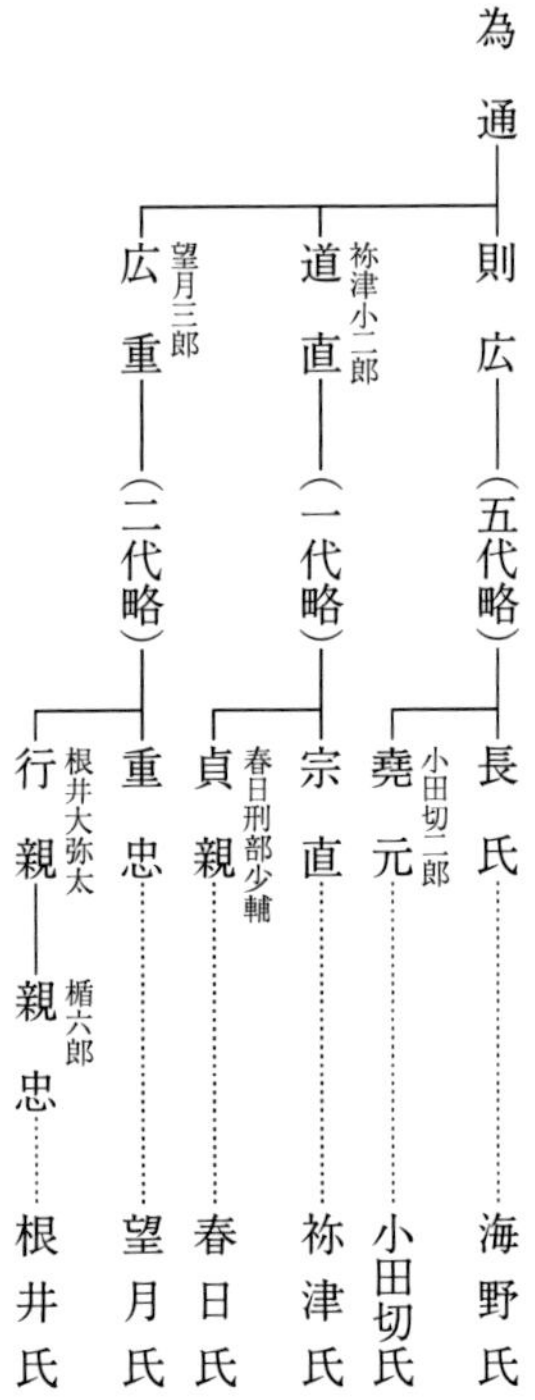

滋野氏三家系図（『群書類従』所収）

④　建久六年三月の頼朝東大寺供養随兵
⑤　承久の乱
⑥　暦仁元年（一二三八）二月頼経入洛の随兵

右の六つの時点で知り得る佐久の武士と思われるものをひろい出してみた。この典拠としたもの[12]の中には戦記物を含んでいるので、当時の佐久武士を同じ条件でひろいあげたとはいえないけれども、およその佐久の状勢は示すものであろう。小笠原長清の入部の頃の佐久武士は、根井・平原・野沢・望月・平賀・志賀・小諸・矢島・桜井・春日・小田切・宿屋・志津田・安原・河上・高野・湯原・布施・甕十九氏を数えることができる。

この十九氏を系譜の上から三つに分けることができる。その第一は滋野氏系である。『群書類従』所収の「滋野氏三家系図」によって佐久地方における分派の状況を略示すると、右図のようになる。海野氏・祢津氏は小県郡の東御市に本貫の地を有したが、他の望月・小田切・春日・根井の四氏は佐久に分派したことが知られる。系図中の細密な点については疑義を持つところもあるが、滋野姓一族が佐久各地に分派した点については認めてよいと思われる。この他『姓氏家系大辞典』によると小諸氏も滋野氏系とされ、また、最近の横沢瑛氏の矢島氏に関する研究[13]から、矢島氏もまた滋野一族の分派とみることが、最も当を得たみかたであると思われる。さらに与良清氏は志賀氏・平原氏も滋野党であるとの見解を示されている。[14]根井・望月両氏を中心に佐久盆地に最も大きな勢力を形成していたことが看

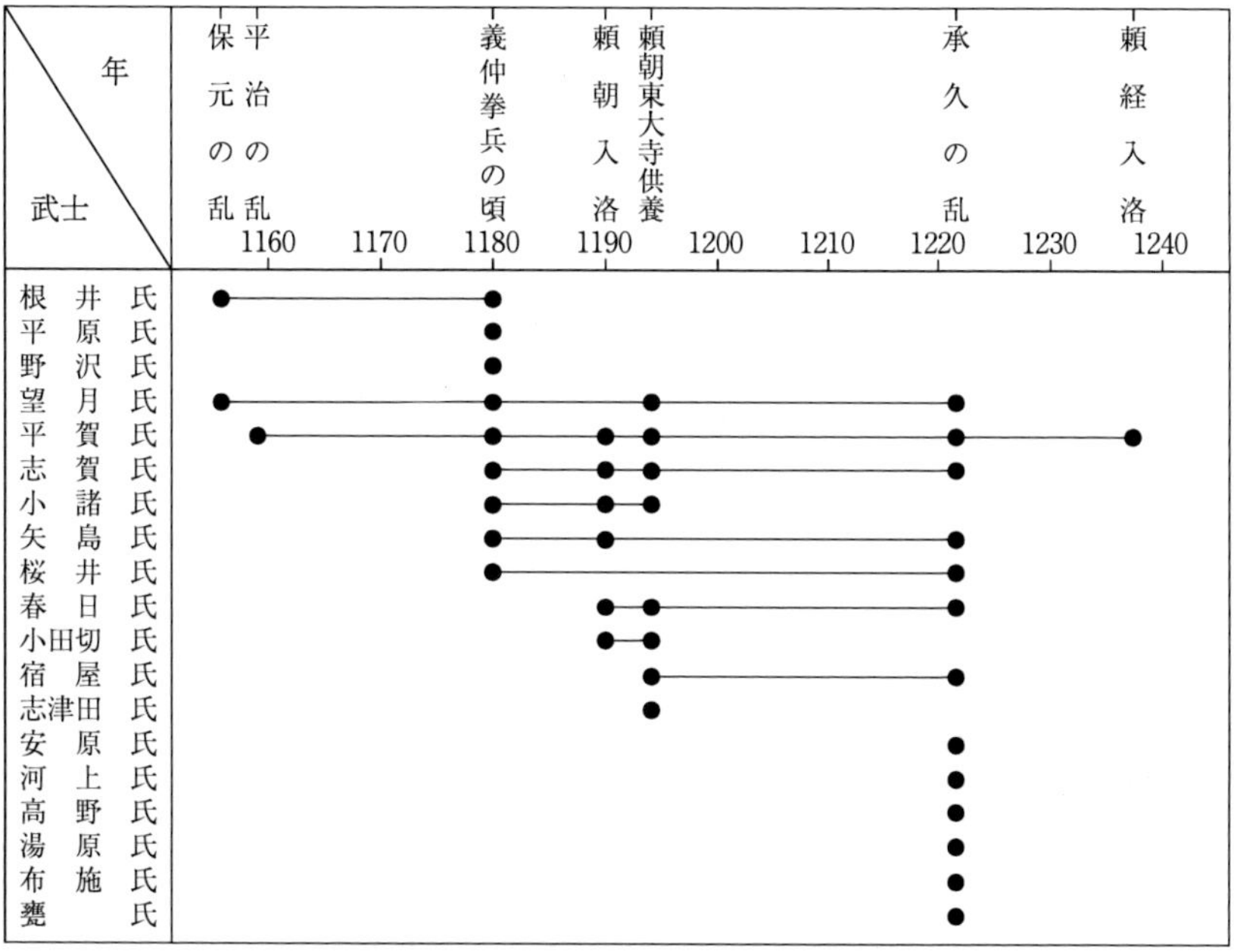

第二図　小笠原氏入部前後の佐久武士団

取される。

第二は清和源氏系平賀氏である。『尊卑分脈』によると、義光の子盛義が平賀冠者とも刑部四郎とも号したとされている。盛義から平賀を領したのであろう。平治の乱には義朝に属し、以仁王の令旨も平賀氏に伝えられたと記されているので、佐久における雄族であったことは疑いをいれないところである。

その他の諸氏は系譜を明らかにすることはできないが、佐久盆地とその周辺には『倭名類聚鈔』や『延喜式』によって知られる美理・大井・刑部・青沼などの諸郷や長倉・塩野・望月などの諸牧が早くから展開していたのであるから、そうした平賀氏などより、もっと古い時代から佐久に土着していた者の中で武士化した者もいたのであろう。

平氏政権から義仲の麾下に属し、さらに鎌倉開府から将軍の専制政治、執権政治へと変転した政治的・社会的条件の激動する中で、佐久武士も例外なくその波をかぶり、その対応のしかたにもさまざまの型が見られた。その対応の結果を如実に示すものが第二図であるといえる。第二図は前記六つの時点で、佐久武士がどの時点で史料にあらわれているかを・で示したものである。

・第一の型は義仲から頼朝へと政権が交代したのを契機として、それ以後は諸種の史料にあらわれてこなくなる根井・平原・野沢の三氏である。おそらく再起不能の状態まで勢力を消失してしまったのであろう。

・第二の型は義仲政権に馳せ参じた点は第一の型と同様であるが、その後鎌倉政権のもとにうまく移行し御家人となることができた武士で望月・志賀・小諸・矢島・桜井の各氏がそれである。それに義仲の麾下には参じなかったが鎌倉幕府の御家人となった点の共通性から平賀氏をこの型に加えておく。

・第三の型は鎌倉幕府の確立後御家人としてあらわれてくる春日・小田切・宿屋・志津田の各氏で、義仲の時代以前は不明である。

・第四はこの図では承久の乱のみしかあらわれてこない武士である。布施氏は後の建長二年の閑院殿造営役を負担しているから、第三の型に加えるべきであって、残った安原・河上・高野・湯原・甕の五氏である。これらの五氏は御家人として扱われていたかどうかも定かではないし、また武士団とはいえない程度の小さい範囲の所職しかもたない微力な武士が含まれていたのかもしれない。

これらの四類型の中で小笠原氏との関係を考えるとき、最も問題とすべきは、第一の型で諸記録から消滅していった根井・平原・野沢の三氏である。

清和源氏平賀氏を除く根井・平原・野沢・望月・志賀・小諸・矢島・桜井の各氏は、その総力を挙げて義仲の陣営に参加した。おそらく、そうすることによって自己の勢力の発展拡大を賭けたのであろう。その結果は空しく潰えて根井・平原・野沢の三氏は完全に没落してしまったのである。

根井氏は本曽義仲の四天王のひとりとして勇を振るった根井行親である。その居館の址は佐久市根々井の集落の西方、亀田地籍にあったとされ(15)、そこには現在正法寺がある。

平原氏も野沢氏もかつての居館址を比定することは困難であるが(16)、平原氏は現小諸市平原に、野沢氏は現佐久市野沢に住したことは間違いなかろうと思う。

大井氏が所領を支配するための根拠地とした岩村田は、平原と根井の中間の高地にあって佐久平原を四周に見渡すことのできる中心地であり、伴野氏が根拠地とした野沢は、これまた没落した野沢氏の根拠であったろうし、千曲左岸平野部の上手に位置している。没落した三氏の地域と、大井・伴野両氏の根拠地とが完全に一致することは、さきに述べた両氏入部の目的を裏書きするものといえる。『平家物語』や『参考源平盛衰記』から義仲陣営に参加した武士の名を拾う限り、その挙兵の中心的兵力は信濃の東信地域と認められる。中でも塩田氏・長瀬氏・海野氏・根井氏などの勢力は大きかったものと推測されるが、海野氏以外は何れも没落してしまった。そして代りに塩田荘に島津氏、依田荘に茂木氏、佐久に大井・伴野両氏の入部をみるに至るのである。島津氏も茂木氏（八田氏系）もともに頼朝とは乳母の関係で特殊な関係を持っていた氏である。また小笠原長清は、平氏を西征中、頼朝が範頼にあてた書状の中で、「いさわ殿・かゝみ殿《(長清)》、ことにいとをしく申させ給へく候。――（中略）――たた二郎殿《(長清)》をいとをしくて、是をはくゝみて候へきなり(17)」。と述べている通り、頼朝からの信頼は極めて厚かったとみられる人物である。こうした人たちを地頭として東信地区に送り込んだということは、頼朝政権の信濃統治の意図を十分に示すものとみてよいと思われる。

ただ、海野氏だけは後世も没落していない。それは次のような事情によるものではなかろうか。寿永二年三月義仲

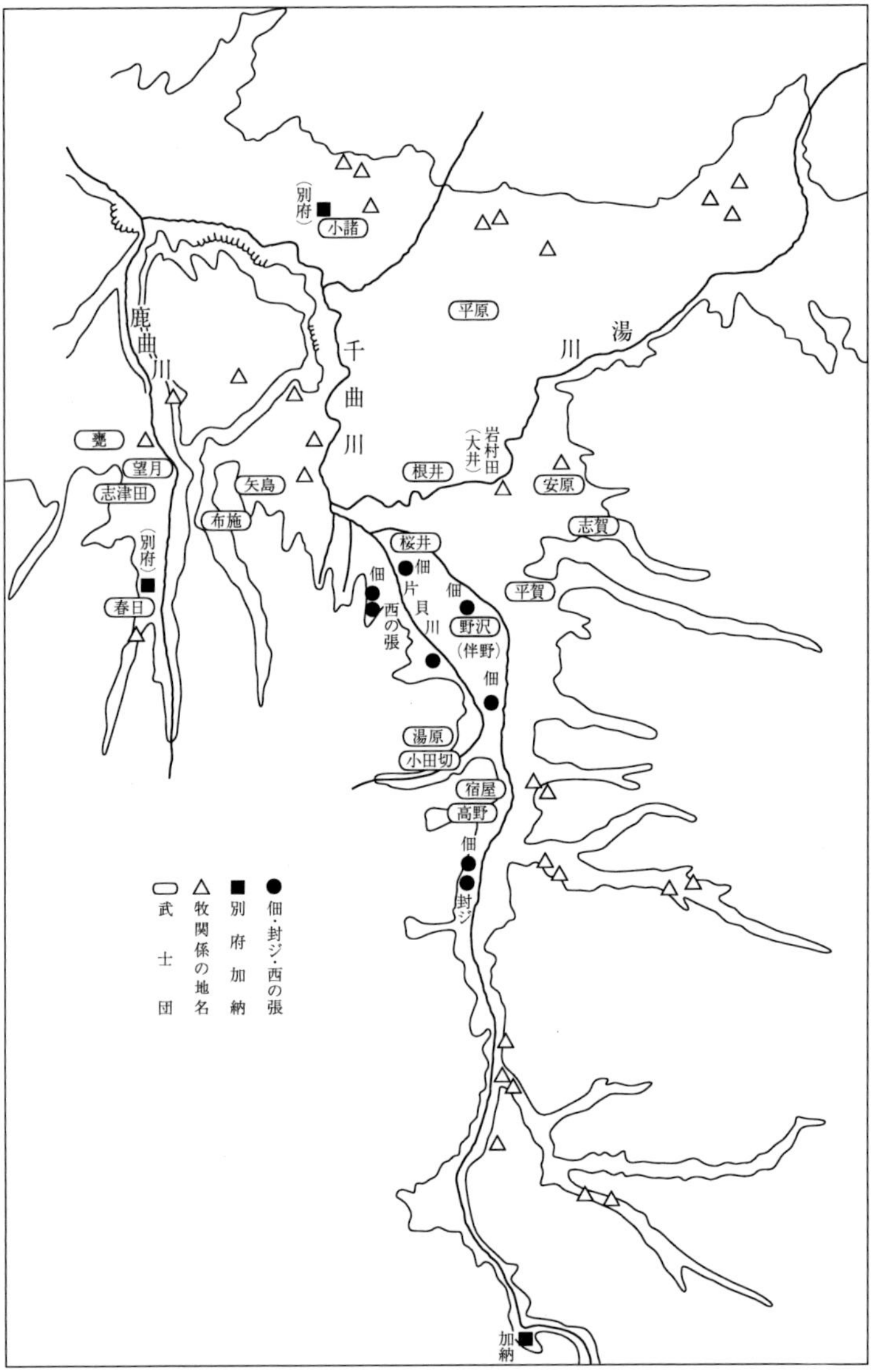

第三図　佐久武士団（鎌倉初頭の頃）と地名

と頼朝が不和になった際、義仲はその息義高を頼朝に預けた、この義高の付人として海野氏は鎌倉方に参じたのである[18]が、義仲・頼朝両者の完全な敵対関係に入る以前に頼朝の配下に属したという点で、没落を免れ得たのであろう。義仲政権の壊滅、小笠原長清の入部、時長・朝光の佐久支配という状勢のうつりかわりの中で、佐久の武士団は新しい競合の時代を迎えることになるのである。なお、佐久の武士団の本貫の地については第三図を参照されたい。

（二）小笠原氏入部の頃の両荘の荘域

小笠原氏が地頭として大井・伴野両荘に入ったときの地頭分の所領や得分権の内容を考えてみることができればよいが、何の手がかりもなく、全く知ることができない。そこでその支配権が何らかの形で及んだであろう両荘の荘域を考察することとする。

大井荘については、与良清氏は「岩村田付近を中心とした地域と思われる」と述べ[19]、市村咸人氏も『勤王史攷[20]』に「岩村田・長土呂あたりが原始的の大井庄であろう」と述べておられる。また、伴野荘について市村氏は、飛地が広範にあることを述べたあと「中世の荘園が散在的飛地的なりしことを示現する実例である[21]」と書かれ、建武二年の『大徳寺文書』「伴野荘郷々年貢注文案」に見られる荘域をほぼそのまま挙げておられる。両荘について二・三指摘したい点があるので、以下具体的に考えてみたい。

両荘ともに立券手続や成立の事情等は記録がないため全く不明であるが、寄進により成立したことは先ず間違いないと思われる。両荘荘域を考察するための史料は、最も古くて嘉暦四年の「上社頭役注文」であるから、どのように少なく見積っても一五〇年以上は経過しており決して当初の荘域を示すものとはいえない。

そこで、第一に（一）小笠原氏入部前の佐久武士団の項で考察した佐久武士団の本貫の地、第二に地名、第三に鎌倉末から建武の中興期にかけての文書内容の検討の三点から総合的に考察する方法をとることとする。第一の点については すでに述べたので、第二の地名からの考察にうつる。

主として『長野県町村誌』東信編を用い、本書に記されていない地域は市町村役場にある小字図を用いて、佐久地方について、

①牧関係の地名

②別府《べっぷ》・加納《かのう》

③佃《つくだ》（「伴野荘年貢注文案」にみられる佃所在地）

④その他特殊地名若干

をひろい出した。これを表にしたのが第一表であり、そこを図にのせたのが第三図である。

これらの地名を取り上げたのは、次のように考えるからである。『延喜式』四十八によって知られる通り、九世紀初頭には、佐久地方に望月・塩野・菱野・長倉等の牧が知られ、それが、文治二年三月の『吾妻鏡』記載「関東知行国々内乃貢未済庄々注文」の中に、左馬寮領として続いており、なおこれらの牧の中には、ずっと後まで存続した牧がある。このことは上述四牧が大井・伴野の両荘とは別の領有関係で成立しており、その範域を追うためには、牧関係の地名の残存が考察の素材を提供していると思われる。次に別府は「別の徴符の略で、国衙領の中にある領主のもとで開発が進められ、従来の国衙からの徴符とは別の徴符により納税したことを意味する箇所」と言われる。(22) かのうも、べっしょも別符と同意のものだといわれている。(23) これらは別の徴符により、開発の領主の何らかの私権の発生を

意味するものと考える。また「伴野荘年貢注文案」にみられるつくだは、荘領の内であることは確かである。

史料のない両荘の荘域を考察するひとつの手がかりとして、このように考えて地名を取り上げたのであるが、そのほとんどが明治初頭に残っていた地名であること、官牧の他に私牧や領主の館付近にあった放牧地等もあったであろうことなどの点については留意してみなければならない。

第一表　佐久の地名（荘域考察のための）

（旧）町村名	牧関係の地名	別府 加納 佃	その他
長倉村	長倉牧・小　牧・野馬垣		
新子田村	野馬久保		
猿窪村	野馬窪		
御代田村			
塩野村	乗　寄		
八満村	牧　留・古　牧		
加増村			
小諸町	野馬取		
菱平村	馬瀬口・飼　場		
諸村		別　府	
御馬寄村	駒　寄		
布施村	御牧ガ原		
桑山村	御牧ガ原・駒　込		
春日村	駒　込・牧　寄	別　府	
望月町	御牧ガ原・厩　尻		
瀬戸村	馬瀬口		
入沢村	牧　・牧　平		
大日向村	馬瀬口・馬　留		
海瀬村	牧　・駒　寄		
小海村	馬　洗・馬洗川端・馬ツナギ		
南相木村	牧　場・場止馬		
秋山村	駒　寄		
居倉村	槇　寄		
海の口村		加　納	
畑村		（佃）	封　ジ
大沢村		（佃）	
臼田村		（佃）	
小田切村	駮　馬		
野沢村		（佃）	
桜井村		（佃）	
小宮山村		（佃）	西の張

（　）のついた佃は大徳寺文書（建武2年10月21日付）伴野荘年貢注文にのっている佃である。

第二図をみるとまず、牧は三つの地域にひろがっている。一つは浅間山から三方が峯の山麓にひろがる一連の菱野・塩野・長倉の諸牧、次は望月牧を中心とする千曲川左岸の現佐久市浅科・同望月・御牧ヶ原一帯、三つめは関東山地の西麓で主に現佐久市（旧臼田町）入沢以南の峡谷地帯である。このうち三つめ

の関東山地西麓の峡谷地帯の中には、佐久武士団特に伴野・大井・平賀各氏の軍馬養成の牧場を含んでいたものと推測せられる。

伴野荘内の佃は現佐久穂町（旧八千穂村）の畑地籍を上限とし、小田切に発する片貝川流域と立科山麓末端の小さなやとに広がり、現佐久市日向集落から流れ出す小河川以東で終わる。

別符・加納は三か所しか拾えないので、十分な根拠にはなり得ないが、いずれも外縁部である。

その他として挙げた「西の張」（西の庁か）は、佐久市小宮山にあって、佃分布範囲の最西端にあたる、封ジは佃地名最南端の畑地籍で、千曲の氾濫原よりやや高い段丘面にある（佐久穂町上畑）。「封ジ」は現在「ふうじ」と呼ばれているが、これは後世になって別の音読みをしたものであって、本来は「ほうじ」と呼び、荘域の四至を示す牓示のあったところかと思われる[24]。

次に鎌倉末から建武の中興期にかけての文書により検討をしてみたい。

この期の文書で、郷村名や領有関係のわかる文書が三点ある。

(A)　嘉暦四年「上社神事頭役注文」

(B)『諏訪大社文書』嘉暦四年三月日付「上社造営所役注文」

(C)『大徳寺文書』建武二年十月二十一日「伴野荘年貢注文案」

であるが、これに『大徳寺文書』伴野荘の違乱にかかわる「某注進状」（信濃史料五の二二八所収）から日向を付加した。

史料(A)には、

a平賀次郎入道女子知行分　（三番五月会）
b高橋七郎左衛門尉女子知行分　（〃）
c陰谷四郎六郎知行分　（〃）
d大井荘内次郎入道知行分　（九番五月会）（十三番御射山）
e佐久郡伴野荘内　（九番御射山）
f平賀又三郎知行分　（十一番五月会）
g平賀彦三郎知行分　（〃）
h同《(平賀)》女子知行分　（〃）

の八者の知行分には、下地の郷村が記されていない。また史料(B)では領有関係が明記されていない。史料(C)は伴野荘全域の注文であるから、cの不明郷村と史料(B)の領有関係不明の一部分は史料(C)によって補足することができる。dは岩村田を中心とした地域、afghは平賀を中心とした地域であろう。cについては不明である。この他に、耳取・前田原・市村・森山の四ヶ郷は下社に勤仕したことが、長享二年『春秋宮造宮之次第』によって知られる。

これらのことを付加して、(A)(B)(C)の史料から郷村名と領有関係を示したのが第四図である。

詳論は次の所領拡大の項に譲るが、一見してわかるように、大井荘領と伴野荘領の集中した地域と交錯した地域がみられる。湯川以北には大井荘領、臼田から伴野・懸沢までは伴野荘領、平賀を中心とした湯川下流以南には国衙領が集中している。

さて、これまでの、第一小笠原氏入部以前の佐久武士団の根拠の地、第二地名による荘域の考察、第三鎌倉末から

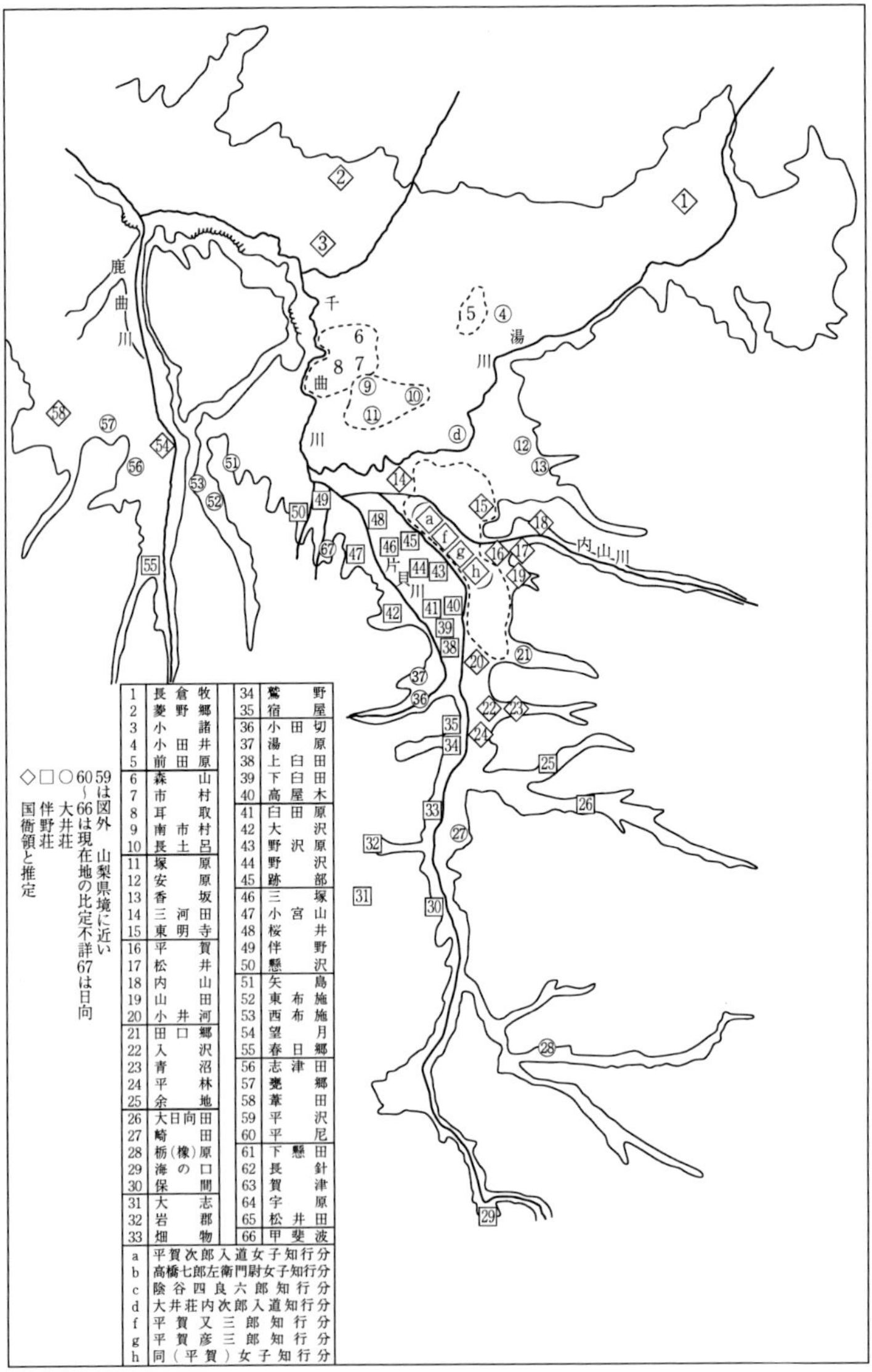

1	長倉牧	34	鷲野
2	菱野郷	35	宿屋
3	小諸	36	小田切
4	小田井原	37	湯原
5	前田原	38	上臼田
6	森山	39	下臼田
7	市村	40	高屋木
8	耳取	41	臼田原
9	南市村	42	大沢
10	長土呂	43	野沢原
11	塚原	44	野沢
12	安原	45	跡部
13	香坂	46	三塚
14	三河田	47	小宮山
15	東明寺	48	桜井
16	平賀	49	伴野
17	松井	50	懸沢
18	内山	51	矢島
19	山田	52	東布施
20	小井河	53	西布施
21	田口郷	54	望月
22	入沢	55	春日郷
23	青沼	56	志津田
24	平林	57	甕郷
25	余地	58	葦田
26	大日向田	59	平沢
27	崎田	60	平尼
28	栃（橡）原	61	下懸田
29	海の口	62	長針
30	保間	63	賀津
31	大志	64	宇原
32	岩郡	65	松井田
33	畑物	66	甲斐波

a	平賀次郎入道女子知行分
b	高橋七郎左衛門尉女子知行分
c	陰谷四良六郎知行分
d	大井荘内次郎入道知行分
f	平賀又三郎知行分
g	平賀彦三郎知行分
h	同（平賀）女子知行分

59は図外　山梨県境に近い
60〜66は現在地の比定不詳67は日向
○　大井荘
□　伴野荘
◇　国衙領と推定

第四図　鎌倉末期の佐久地方の領有関係

建武中興期にかけての文書による荘域の検討を通して、換言すれば第三図と第四図を重ねることによって、不思議と一致した結論が得られるので、小笠原氏入部の頃の荘域の結論にうつることにする。

大井荘の四至

東限　湯川中流部
南限　湯川下流部から千曲合流点付近まで
西限　千曲川
北限　現小諸市の柏木や八満は旧市町村名では北大井村・平原・御影新田・和田は南大井村で、大井地名の残った所である。ところが、長享二年の『春秋之宮造宮之次第』には、前田原・森山・市村・耳取が平原荘と記されている。平原荘という荘名の初見は、右の長享二年（一四八八）で次は天正年代までくだり、下社関係の文書にのみ記されているだけである。室町期に至って立荘されたものか、それとも私称の類いであるか不明であるが、新しく立荘されたと見る証拠に乏しいので、大井荘領と解したい。このように考えると浅間山・牙山山麓まで続くが、前述の牧の関係もあり、結論的には問題を残して後考を待つことにしたい。

伴野荘の四至

東限　千曲川
南限　佐久穂町（旧八千穂村）上畑、封ジ付近
西限　片貝川流末か、日向から流れる小河川のあたりまで
北限　千曲川

・立科山麓の山間部についての境は不明である。

寄進の当初は、おそらく右の集中的な地域であったろうと思われる。その後、開発の進行、在地領主の私権の拡大がみられ、院や八条院へ寄進されて、荘領の交錯がおき、飛地的な散在所領を形成するに至ったものと思われる。小笠原氏入部の頃、右に記した荘域と多少のずれはあったかもしれないが、佐久武士団の没落傾向・地名の分布・初期荘域の検討の関連から、桜井・高野・小田切氏などの小領主を抱え込みながらも、ほぼ右記の範囲を支配したものと考えられる。

(三)　所領の拡大の過程

大井・伴野両氏が所領を拡張していったと考えるのは次の二つの前提からである。そのひとつは、小笠原氏入部のころ存在した多くの佐久武士団のほとんどが勢力を減退され消滅していった事実である。室町期末まで残ったのは望月氏一氏だけである。ふたつめは、平野部にも開発が行なわれたであろうことはもちろんであるが、次第に千曲川上流部の峡谷に開発が進められたことが認められる点である。しかも、この地帯が大井・伴野両荘の所領交錯の地域と一致しているのである。

まず、佐久武士団の滅亡の傾向についてであるが、第五図を見られたい。鎌倉初頭には十九氏の武士団あるいは武士が存在したことを前に述べた。鎌倉政権にうまく移行し御家人の列に加わった武士も、一二五〇年前後であらわれなくなり、残った小諸・布施・春日・小田切の四氏も南北朝争乱の初頭頃まで、平賀氏は文安三年（一四四六）大井氏の攻撃を受けて消滅したのであろう[25]。このようにして望月氏を残すのみとなってしまった[26]。

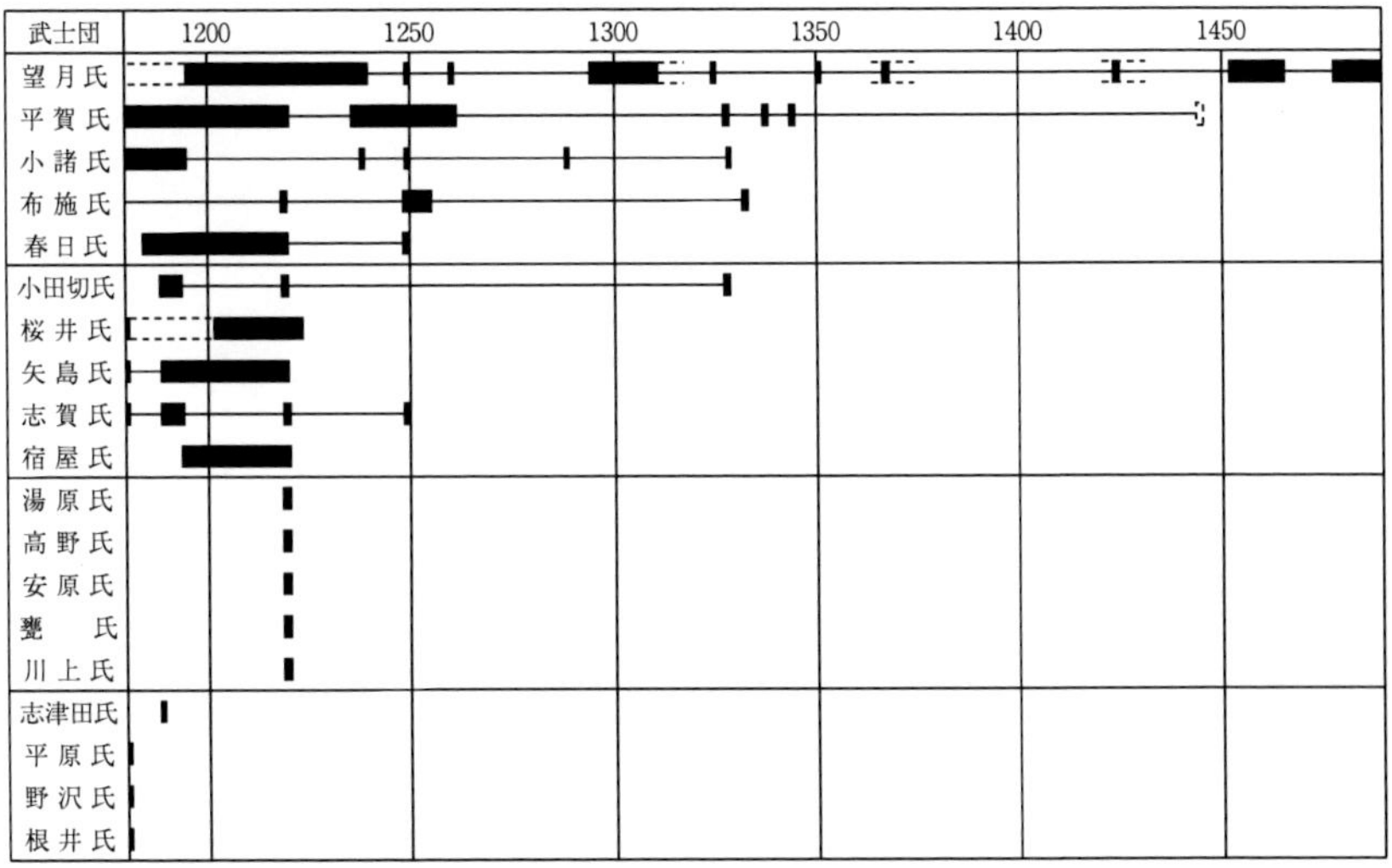

1.『吾妻鏡』や『信濃史料』所収の史料中確実と思われるものを選んで確認できる年代を帯であらわした。
2. 一族中兄弟父子何人かあらわれる場合は連続してあり、ひとりの場合も同じ一本の帯であらわしてある。

第五図　佐久武士団の消滅傾向

次は開発の進行が認められる点についてである。前述の義仲挙兵前後の武士団の根拠の地と、嘉暦四年から建武四年まで、主として前に示した史料(A)(B)(C)の郷村名とを海抜によって表示したのが第二表である。双方の比較に用いた史料の性質も異なるし、必ずしもこの時点で郷村が成立したことを意味するものではない。しかも、当時の耕作技術からみて、南面傾斜地と北面傾斜地との若干の差はあろうが、高度をもって、ほぼ当時の稲作限界を代置させることができると考える。もちろん盆地内平野部での開発も進行したであろうから、七五〇〜八〇〇m以下は問題の外としても、①平安末〜鎌倉初頭にかけては七七〇m以下の地域が開発居住の地であったと認められる。②それが鎌倉期を経過して、ほぼ九〇〇mラインまで、あるいはそれより若干高い地域まで開発が進行しつつあったこと、この二点は第二表からうかがうことができる。(C)の史料によると、野沢千三百貫文、桜井八百余貫文等であるのに、保間は本畠二百五十貫文、平沢村は四貫文（右肩に八貫と加筆）、下懸田・大石・岩郡（八郡）は「案内知ら

海抜／年代	1180～1221 佐久武士団の根拠の地	1329～1338 古文書にあらわれた郷村名
1200		平　沢(59)
	川　上( )	
1100		海の口(29)
1000		大　石(31)
		栃　原(28)
900		菱　野(2) 松　井( ) 保　間(30) 八　郡(32)
		青　沼(23) 大日向(26) 崎　田(27) 余　地(25)
800	春　日(55) 志津田(56)	小田井(4) 東明寺(15) 平　林(24)
	安　原(12)　湯　原(37) 布　施(52)(53)　志　賀( ) 高　野(34)　平　原( ) 甕　(57)　小田切(36)	香　坂(13)　市　村(7)　内　山(18)　畑　物(33) 田　口(21)　長土呂(10)　臼　田(38)(39) 入　沢(22)　岩村田(d)　宿　屋(35) 小　井(20)　芦　田(58)
700	平　賀(16)　桜　井(48) 小　諸(3)　矢　島(51) 野　沢(44) 根　井( )	塚　原(11)　大　沢(42)　臼田原(41)　日　向(67) 三河田(14)　小宮山(47)　高屋木(40)　山　田(19) 跡　部(45)　懸　沢(50)　野沢原(43)　松　井(17) 三　塚(46)　伴　野(49)　倉　沢(47)

第二表　郷村名の初見の年代と海抜の関係

ず」という状況から推しても、畑作を主とした開発進行地であったといえる。
以上二つの前提を持った上で、大井・伴野両氏の所領拡張の経過を考えてみたいのであるが、史料の関係で、
第一段階を　既述の小笠原氏入部の頃
第二段階を　嘉暦四年（一三二九）から建武二年（一三三五）までの鎌倉末期から建武の中興期まで
第三段階を　文安三年（一四四六）から延徳元年（一四八九）までの室町時代の中頃
にとらえ、史料としては前述(A)(B)(C)の史料の他に、第三段階に(D)『諏訪御符礼之古書』を用いた。以下それぞれの荘について、郷村別に述べることにする。以下郷村名の下に付した数字は、第四図に示した郷村の番号である。

・長倉(1)
第二段階まで史料(B)により、長倉の牧であったことが知られる。第三段階に至ると史料(D)により、上社頭役拾五貫～二〇貫を勤仕するようになるから、牧から農耕への転換をしている。第三段階の長倉は阿江木氏に支配されている。阿江木氏の初見は文安二年（一四四五）三月五日で、北佐久郡望月町布施の熊野神社造立の大檀那としての阿江木右衛門入道道永である〈信濃史料〈以下、信史と略称〉八の二〇二所収〉。その後、長倉の領主として、享徳三年（一四五四）阿江木越後守、寛正三年（一四六二）阿江木入道沙弥常栄、文明八年（一四七六）阿江木新左衛門尉光康、文明十四年（一四八二）阿江木源朝康、文明十八年（一四八六）阿江木源遠経と続くが、頻繁な交替がみられる。このことから布施から長倉に移ったとも考えられるが安定していたとは言い難い。

寛正六年（一四六五）七月二日の『親元日記』〈信史八の五二三所収〉によれば、当時の阿江木越後入道は大井刑部少輔の被官であったことが知られる。大井刑部少輔は政光であり、越後入道は阿江木越後守・入道沙弥常栄と同

一人であろう。従って、長倉は大井氏所領となり被官阿江木氏を代官としたものと考える。

なお、『四鄰譚藪』の大井持光（政光の先代）の項に、持光の「一族衆」の中に阿江木氏の名があげられ、座次は蘆田氏が一番、阿江木氏が二番、元旦式例の埦飯《おうばん》を六日に勤めたことが記されている。[27] 阿江木氏が大井氏の被官となった傍証となろう。

・小諸(3)

『吾妻鏡』建長二年三月一日「閑院殿造営所役注文」の「小諸太郎跡、同次郎跡」は、小諸が、小諸氏の本貫地であったことを示すものであろうし、史料(A)により、第二段階でも「一番　御射山左(右か)頭　佐久郡小諸、小諸太郎」と記され、小諸氏の領有が知られる。

第三段階では、長禄三年（一四五九）源徳増丸、文正元年（一四六六）大井尾張守光頼が上社頭役を勤仕し、紀伊守光次に続く。

旧『北佐久郡誌』や『小県郡史』には、大井光長の子時光大室（小諸市諸か）に住すとして早くから大井氏の小諸進出を説いておられるが、その原拠はおそらく、吉沢好謙の『信陽雑誌』（『新編信濃史料叢書』第四巻所収）や『四鄰譚藪』巻の四「大井又太郎光長」の項であろう。この江戸期の書物を除いては、鎌倉中期に大井氏の小諸領有の証拠は管見の限りでは認め得ない。小諸氏が第二段階以後その名を留めなくなるので、それ以後大井氏の支配下に入ったものと考える。小諸氏滅亡の契機となったのは、おそらく中先代の乱ではなかろうか。

・長土呂(10)

史料(A)「一番五月会右頭」の項から、長土呂郷が薩摩五良左衛門尉の知行地であったことが知られる。

薩摩氏については、伊藤冨雄氏の研究(28)があり、それによると、薩摩五郎左衛門尉は工藤氏の流れで（安積氏を称したこともある）親宗であること、坂木・南条・北条・浦野荘西馬越郷等に一族が分布したこと、建武二年に親宗の父、刑部左衛門入道が村上氏に抗して戦ったこと、「時行に応じて兵を信濃の所領に挙げたのである。薩摩氏は此の時に亡びたと見え、爾後杳として史上に消息を絶つ」ことを挙げておられる。

まことにすばらしい論考であるが、そこで問題となるのは、大井氏所領の心臓部である岩村田のすぐ脇に薩摩氏がいつどのような理由で所領を持つに至ったかである。

この二つの問題ともに解明する史料を見出し得ないが、参考として『大徳寺文書』中年月日不明の文書「信濃国伴野庄諏訪上社神田相伝系図」に記されている薩摩五郎左衛門尉をあげることができる。この神田相伝系図は、伴野六郎時長の妻（大中臣氏）と光時の母とが所有していた四町五反の神田が、光時、伴野出羽守妻（長泰妻であろう）、伴野七郎時朝妻（伴野四郎朝時妻であろうか）、薩摩五郎左衛門尉母の四者に分譲されている。そしてその母からさらに一部を五郎左衛門《（親宗）》と女子比丘尼に分与されたことを示している。薩摩親宗母が伴野に関係を持ったのは伴野氏の女子が薩摩氏に嫁したからで、その時期は、長泰、朝時と同年代であれば、時直の女子にあたり、譲与を受けて薩摩氏に嫁したとする筋も考えられるから、霜月騒動の前後にあたるであろう。また長土呂知行の原因についてもわからないが、霜月騒動で安達方の自害したり討たれたりした者の数は五百余人にのぼるともいわれるから、あるいは大井系庶子の中でひとり霜月騒動に加わり、それが没収されて薩摩氏が入ったということが考えられるかもしれない。

・安原(12)　香坂(13)

承久の乱に「安原殿」と称された武士がいたことは前述した。[29]安原氏は京方に属していた。承久の乱において京方に属した佐久武士は、平賀氏・志賀氏・安原氏の三氏のみであるが、この三氏は湯川東方で岩村田の対岸にあたる。従って、この時期大井氏の勢力はここまで及んでいなかったと思われる。

それが第二段階に至ると、史料(A)により安原・香坂は大井又三良入道の知行であったことが知られる。大井又三良は『尊卑分脈』によると、大井光長の四男に「大井又三郎行氏」とあるので、この人の入道後であろう。史料(D)によると第三段階では、安原光久（寛正四年・一四六三）、安原光氏（応仁二年・一四六八）、安原光安（文明十二年・一四八〇）があらわれるが、大井行氏の後裔で、安原氏を名乗ったものであろう。

・平賀(16)

平賀氏が第一段階で、佐久における雄族とみられることは前にふれておいた。平賀氏一族の中で次ページの略系にみられる通り伊勢・伊賀国の守護や武蔵・駿河・相模各国の守に任ぜられた者が多く、京都・武蔵・鎌倉などに在住した証拠もみられるので、この中の誰が本貫地平賀の経営にあたったかは混然としていて判明しない。惟義は頼朝東大寺供養の際、六条若宮奉幣御使や石清水社参の前驅をつとめるなど、頼朝の厚い信任を得ていたが、元久二年閏七月北条時政室牧の方の奸謀が露見し、京都において誅せられ、承久の変においては京方に属して敗北するなど、かなり勢力をそがれたのであろうが、第二段階においては第四図に示した通り、かなりの領域を支配していた（ａｆｇｈ）。

その根拠地である平賀が第三段階では史料(D)により大井氏の知行地に変わった

・康正元年（一四五五）代官大井伊豆守光本

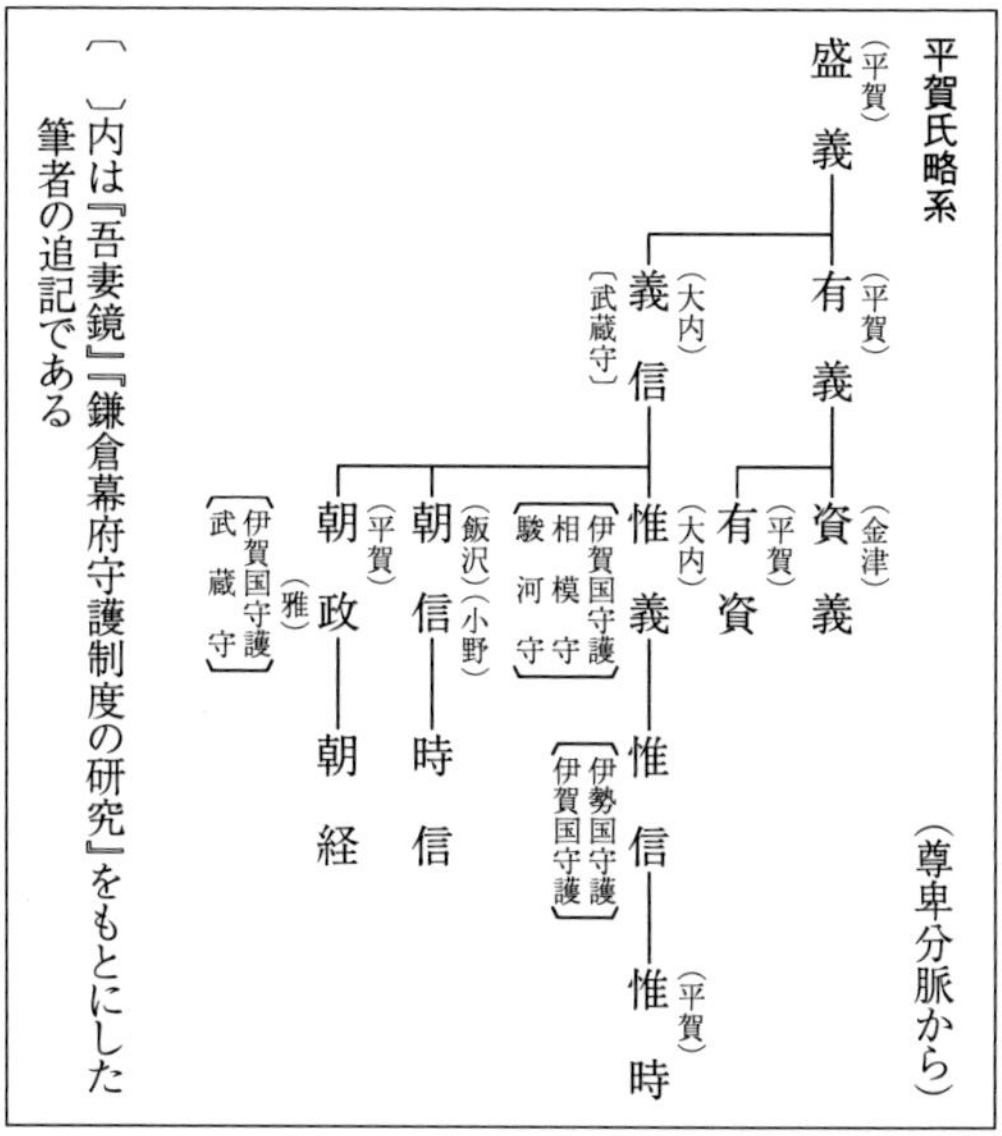

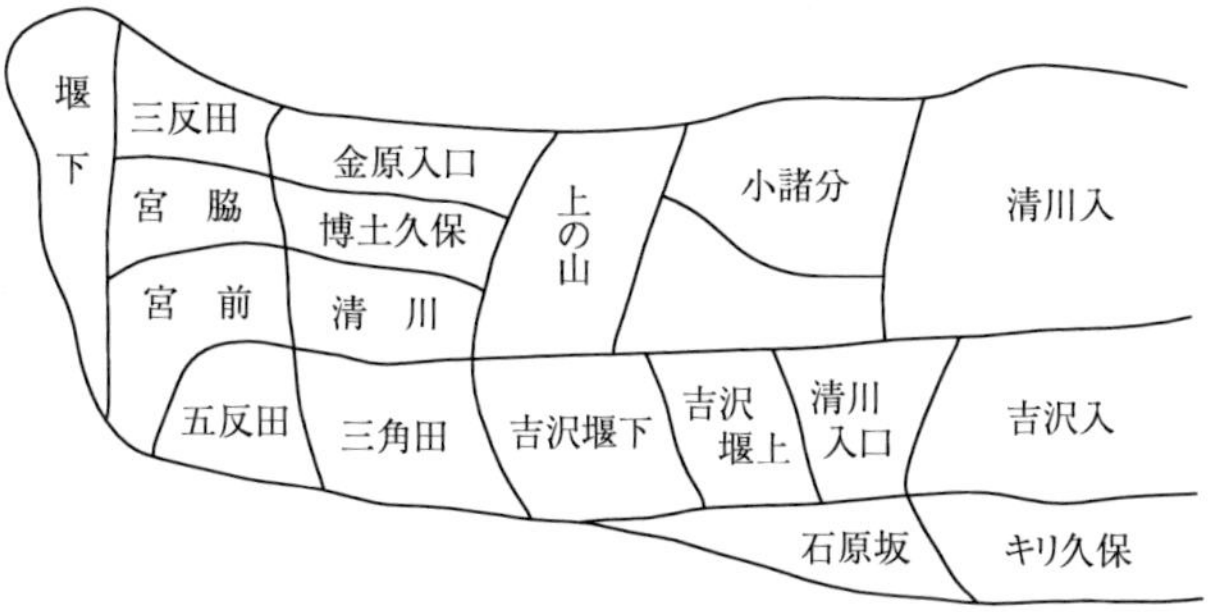

図　常和西部地名

・寛正二年（一四六一）代官
大井清河美作守光繁
・文正元年（一四六六）代官
大井吉沢之政家
・文明五年（一四七三）代官
大井小二郎光広（文明十七年まで同人）、特に文明五年・同十二年には「大井殿知行」と明記されている。

地字名を調べてみると、平賀南二kmほどの常和地区に、上図のような、清川・吉沢両氏にかかわる地名が残り、ここが光繁・政家の根拠地であったであろう。現在、ここは「清川」の集落名もそのまま残っている。

しかも『四鄰譚藪』「大井持光の項」（註〈27〉参照）には清河は大井氏の一族衆、吉沢は旗本衆とあり、清河は元旦式例で五日大井宗家に垸飯を献じている。

平賀が大井氏所領に転化するのは、註（25）に記した大井氏と平賀氏の戦乱の結果であろう。その発端となったのは、大井氏の所領侵略とみられ、平賀氏の最後の抵抗であったろうが、空しく消滅してしまった。

・内山(18)

第二段階史料(A)では、誰が地頭であるかははっきりしない。第三段階では史料(D)により、小田河外記・須江善孝・依田光俊と系譜不明の武士もみられるが、『四鄰譚藪』により内山は一族衆、依田衆は旗本衆であるから、大井氏所領下に間違いないと思われる。

・矢島(51)

第一段階に矢島は滋野氏系矢島氏の根拠の地であることを前に述べた。第二段階では、史料(A)一番五月会右頭の項から大井六郎入道が頭役を勤仕している。大井六郎入道とは『尊卑分脈』により、光長の第六子光盛であろう。

第三段階では、史料(D)により、

矢島沙弥栄春　　文安五年（一四四八）
大井山城守光政　康正元年（一四五五）
矢島山城守光友(30)　康正二年（一四五六）～延徳元年（一四八九）

が知行したことが知られ、大井氏一族で、大井姓・矢島姓ともに名乗ったものとみられる。なお、この大井矢島氏に寄子九郷があったが、その郷村名は不明である。

・湯原(37)

第一段階で、承久の乱に湯原氏がみられ、以降消滅したことを述べたが、第二段階では、前記矢島と同様大井光盛の所領であった。

・布施(52)(53)

布施氏については本貫地のあったことに言及したが、第二段階史料(A)では西布施・東布施に分割せられ、西布施は大井三郎が地頭であったと思われる。大井三郎は大井行光の第一子朝行であろう。東布施の地頭は不明である。また、当時東布施と西布施をどこで分けたか不明であるが、現在の通称では、布施の谷の中央を流れる布施川を境にして分かれているという。

・甕（茂田井）(57)

承久の乱に甕中三があって、その後甕氏は不出。第二段階では西布施と同じく大井朝行の知行したところである。

・葦田（芦田）(53)

第一段階は不明。第二段階では史料(B)により上社造営役を負担しているが、地頭は大井氏ではなかったであろう。第三段階史料(D)にもあらわれず不明であるが、この頃『四鄰譚藪』によると、大井持光の配下となり、座次は一番、元旦の垸飯は四日に勤めているから、大井氏の勢力下に組み入れられたものと見られる。

『満済准后日記』永享七年（一四三五）正月廿九日条（信史八の五〇所収）によると、この日以前に大井持光と芦田下野守の合戦があって、この正月頃一旦落居したことが知られる。満済は、足利将軍義教と小笠原正透とが談合し大井氏に越後の守護長尾邦景を小笠原正透と共に合力せしめて、芦田氏を討たせようとしたこと、その底意は関東管領足利持氏のうごきから、碓氷峠や佐久を確保し、信濃を小笠原正透と大井持光との合力により義教の意の通りに動かそうとしたこと等を耳にしている。続いて二月十七日、義教の御教書が発せられ、大井芦田両氏の和睦が命ぜられている。このような変化の事情はよくわからないが、この合戦と和睦の結果芦田氏は、大井氏に対し家臣の礼をとることになり、家臣の筆頭におさまったのであろう。こうして芦田地域にも大井氏の力が及ぶようになったと思われる。

なお、小田井(4)・南市村(9)・塚原(11)・田口(21)・崎田(27)・栃原(28)・小田切(36)・志津田(56)については、詳しいことはわからない。崎田や栃原は入部以後の開発地であろう。

十五世紀末か十六世紀初頭に大井氏はなお、依田窪上流地域の武石・長窪・和田にも侵出するが詳論は別の機会にゆずることにする。

以上で、大井氏の所領の拡張については終わる。次に伴野氏について述べる。

伴野氏が第一段階において支配したであろう範囲について前に述べたが、それと、史料(C)によって第二段階とくらべると、余地(25)・大日向田(26)・海の口(29)・保間(30)・大志(31)・岩郡(32)・春日(55)等が伴野荘の荘域として拡張されている。また、臼田原(41)・野沢原(43)などは内部的に増加したところであろう。これらの増加拡張された地域は、春日を除いてそのほとんどが開発によるものであったと思われる。

ところが第二段階と第三段階史料(D)とをくらべると拡張はみられないばかりか、むしろ実質的には縮小しているかとさえ思われる。伴野氏がこのように発展し得なかったのは、一にかかって霜月騒動により一族に大きな打撃を蒙ったことによるのであろう。

伴野氏にとっては重大な事件であるから、ここで霜月騒動と伴野氏の関係についてふれておきたい。

霜月騒動については、古くは一九四六年に多賀宗隼氏が「北条執権政治の意義」・「秋田城介安達泰盛」（『鎌倉時代の思想と文化』所収）で論じられ、最近では石井進氏が、神奈川県史だより（資料編2）に『霜月騒動おぼえがき』として明解な考証を加えられておられるので、ここでは伴野氏との関係のみに限定する。

『熊谷直之氏所蔵梵網戒本疏日珠抄紙背文書』四点（『神奈川県史資料編』古代・中世編（2）所収一〇一六号〜一〇二〇号）による「安達泰盛乱自害者注文」の名簿では伴野出羽守（出羽守とも伴野三郎ともあり）は、一〇一六・一八・二〇号に、小笠原十郎が一〇一六号に、小笠原四郎・伴野彦二郎は一〇二〇号に記されている。『尊卑分脈』を参考にして人物比定をすると、伴野出羽守は長泰、小笠原四郎は長泰の弟泰直、小笠原彦二郎は盛時か？　小笠原十郎は時泰であろう。この文書が知られる以前は『千曲の真砂』巻八「前山城」の項（『新編信濃史料叢書』八の二〇八）に、源姓伴野略系を記し、長泰の付記に「父子五人一所に鎌倉油井浜に於いて誅せらる」とあるのを根拠に考えられてきた。そして誅せられた者としては、長泰・泰直・盛時・長直の四者のみを記している。この四者は『尊卑分脈』の記す所と一致している。『千曲の真砂』『尊卑分脈』『紙背文書』の異なる点は『紙背文書』によって時泰も自害したこと、『尊卑分脈』には泰直が「伊《（伴か）》野に於いて誅せられ了んぬ」と記しているが、『紙背文書』によってそれは伴野彦二郎（盛時か）「信濃に於いて自害」であったことが知られる。

本稿の末尾に記した伴野系図を参照していただきたいが、時長の第一子時直系では盛時を信濃に残して長泰と舎弟泰直・第二子長直が鎌倉にのぼっていた。また、時長の第二子長朝系では、その系を継ぐ時泰が鎌倉にあってこの戦乱に参加した。長泰の第三子泰行が自害していないことは諸史料の一致するところである。幼少であったがためにこの災から免れることができたであろうか。以上のごとく推測せられるが、長泰・泰直・盛時・長直・時泰の自害により伴野の系は庶流を残すのみとなってしまった。

以上が霜月騒動（弘安八年十一月）における伴野氏の概況である。この結果、伴野氏は所領支配に多大の影響が生まれるに至った。史料(A)と史料(C)を比較してその概況を示すと、

先ず史料(A)から、

・五番御射山左頭

伴野庄大沢(42)　鷹野郷(34)　駿河守跡

・七番御射山左頭

伴野庄三塚(46)　小宮山(47)　両郷　遠江守跡

・□《十二番御射山》左頭

伴野庄桜井(48)・野沢(44)・臼田(38)(39)丹波前司跡

とあって、伴野庄の中心かつ平坦部のほとんどは駿河守・遠江守・丹波前司各跡職として領有されている。信濃史料編者によって駿河守に「北条基時か」と注記してあるように、この三者はおそらく北条氏であろうことは、つとに伊藤冨雄氏の指摘[31]するところで、疑いないと思われる。霜月騒動の罪により、没収せられて北条氏の領有に帰したものであろう。

これともう一頭役分が伴野荘の勤仕で、

・九番□《御射山》左頭

佐久郡内伴野庄内

とだけあって、郷村名が記されていない。この史料(A)は写しであるから、筆写の際脱漏したかと思われるが、罪科によっても全所領を完全に没収されることは、極めて稀であっただろうから、この九番御射山頭役の中に残った伴野氏の所領が含まれていたものと推考される。従って史料(C)によって知られる伴野荘内郷村から前述の北条氏所領分を除いて、伴野氏支配の可能性のある郷村は、

海の口(29)・保間(30)・大志(31)・岩郡(32)・畑(33)・大日向(26)・余地(25)・跡部(45)・伴野(49)・懸沢(50)

であってほとんどが峡谷部か、もしくは流末である。これらすべてが伴野氏の領有であったかどうかはわからない。ともかく、こうした事態によって、伴野氏の小笠原惣領としての地位も失われ、弘安八年（一二八五）から北条氏滅亡まで（元弘三年・一三三三）の五十年近い年月を冷飯を食わねばならなかったのである。

文治二年当時院御領であった伴野荘は、元徳二年（一三三〇）二月花園上皇によって、山城大徳寺に領家職を寄進されている[32]。その後建武二年と推定される『大徳寺文書[33]』によれば、伴野荘の出羽弥三郎（長房）が、濫妨を働き、大徳寺が訴えたので、後醍醐天皇は綸旨をくだし、信濃国目代をして弥三郎を糺弾せしめたことが知られる。伴野長房は、建武年間に入り北条氏の圧制下からようやく逃れ出た時点で所領所職の拡大押領を策したものと察せられる。

建武期に至って、かつての北条氏が地頭職を領有した郷村が、直ちに伴野氏に移行したかどうかは明らかでない。

以上が大井氏は第三段階に至るまで所領の拡張が甚だしかったのに対して、伴野氏が停滞した理由と考える。

ただ一か所、春日郷(55)は、滋野氏系春日氏が開発した本貫の地であったであろうが、ここを伴野荘内に組み入れている。建長二年三月の「閑院殿造営役注文」では、裏築地二本を負担し、布施氏と同程度であったが、その後消息を

絶つに至る。しかしまた、春日郷を伴野氏が領有した証拠もない。第三段階に至って史料(D)に春日貞重の名がみえるが安定していないし、代官鷹野氏や長城通光の名も見えることから、おそらく伴野氏支配下となり、代官をして支配せしめたものと思われる。

ここまで、所領の拡張過程について縷々述べてきたが、以下所領拡張過程を総括的に考えてみたい。第一に所領の変化を第一段階（推定）・第二段階・第三段階に分けて第六図に図化した。

次にこれらの所領の比であるが、各氏の田積をあらわす史料はない。そこで参考として『吾妻鏡』建長二年の「閑院殿造営役負担」の多寡と、「上社頭役負担」の多少とによって、凡その傾向を把握したい。

『吾妻鏡』建長二年三月一日条から、造営箇所と負担分とを抜き書きすると、

築　地		
十　本	左衛門陣北、在二垣形二本一	小笠原入道跡(34)
五　本	曲小路上平門南二本、同北三本、在二垣形二本一	大井太郎
五　本	右衛門陣南、在二垣形二本一	平賀兵衛尉
三　本		小諸太郎跡
		同　次郎跡
裏築地		
一　本		志賀七郎跡
二　本		布施左衛門跡

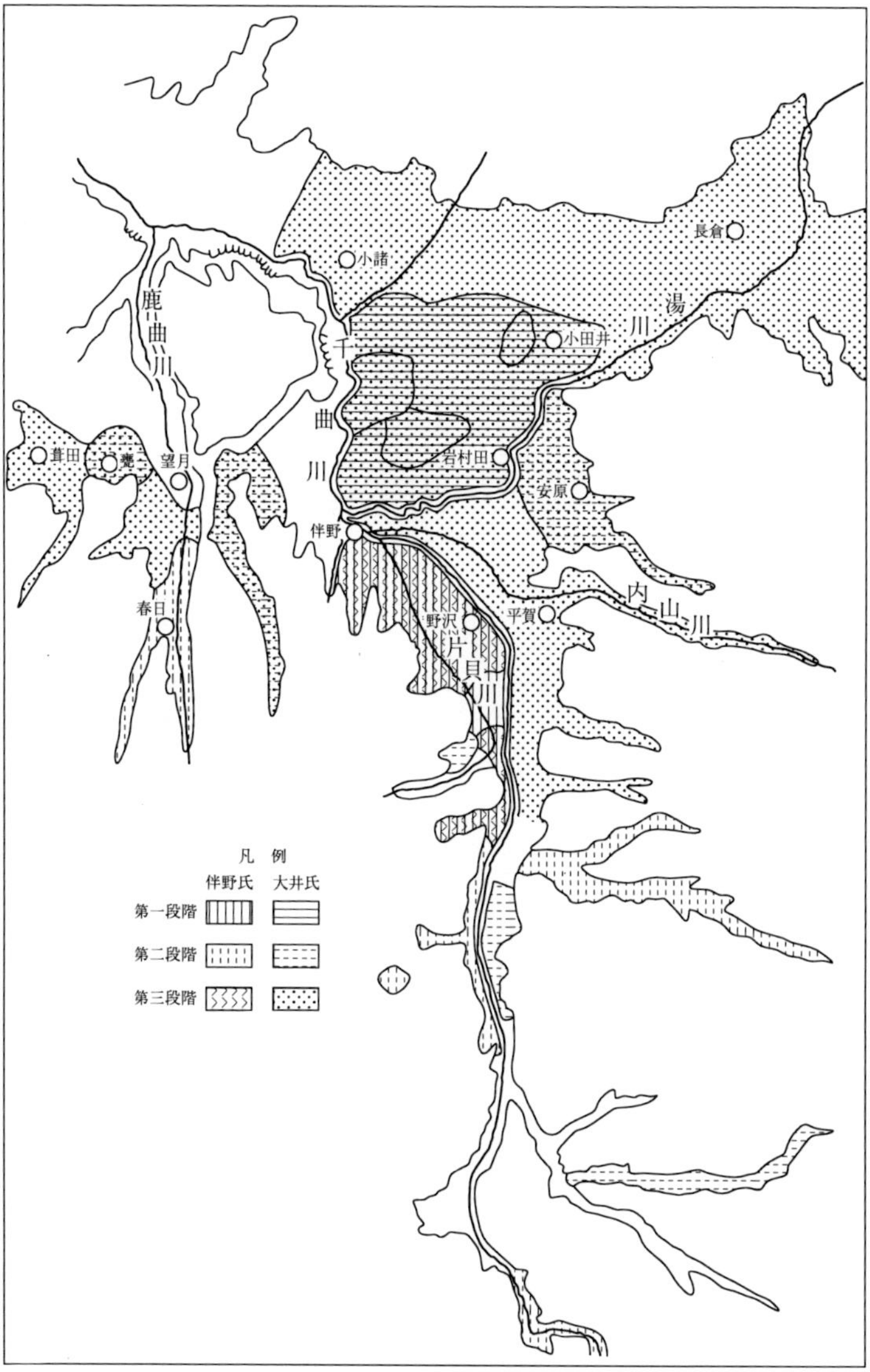

長倉
小諸
湯
川
小田井
鹿
曲
川
千
曲
川
岩村田
茸田
甕
望月
安原
伴野
内
山
川
春日
野沢
平賀
片
貝
川
凡　例
伴野氏
大井氏
第一段階
第二段階
第三段階

第六図　所領の拡張過程

河堰　西鰭　　　　　　　　　　　　　　　　　　望月四郎兵衛尉
　六　丈
　裏築地用意分
　　二　本　　　　　　　　　　　　　　　　春日刑部蓁跡

である。某跡、某人々に、某輩の一族衆を表示したものまで含めて、御家人のうち二五〇人に大小さまざまの負担を課しているから、多少もれた武士があっても、ほぼ佐久武士の負担力を示していると見られる。

次の上社の頭役は全体が十三番で構成され、各番とも五頭に編成されているから、都合六五頭となる。その内、佐久関係の勤仕は十六頭である。これの内訳を示すと、

・大井荘関係分　　　　　　　七頭
　内大井氏一族分　　　　　　　　　　四頭
　薩摩・小田切・岩間氏分　　　　　　一頭
　地頭名不明分　　　　　　　　　　　二頭
・伴野荘関係分　　　　　　　四頭
　内北条氏と推定される分　　　　　　三頭
　地頭名不明分（伴野氏と他氏か）　　一頭
・平賀郷関係分　　　　　　　三頭
　内平賀氏一族分　　　　　　　　　　一頭

高橋・陰谷氏と地頭名不明分　　二頭

・その他　　二頭

内小諸太郎分　　一頭

地頭名不明分　　一頭

となる。

上社の頭役負担中には望月氏の支配分が記されていないので、閑院殿造営役からも望月氏を除くと、ほぼ同条件で比較できる。建長二年当時の負担は、築地総数二十八本中伴野・大井両氏負担分は十五本、約半分ということになる。しかし、この十五本の中には「小笠原入道跡十本」が含まれており、註(34)で述べた通り、小笠原氏の信濃以外の所領分が含まれている可能性もあるから、実際には半分弱から三分の一強の負担であったと思われる。

これに対して嘉暦四年段階では、上社頭役注文の表面上は、全十六頭中大井氏関係四頭、伴野氏関係一頭、計五頭で三分の一弱という数値になる。けれども、北条氏と推定される分三頭は旧伴野氏所領であったことは当然であるし、大井荘内地頭名不明分中小田井・東布施・塚原・志津田の郷などは大井氏知行下であったかもしれないし、さらに下社勤仕のために、ここにはあらわれない前田原・耳取・市村・森山が大井氏支配下の可能性もある。この分を含めると九〜十頭分となって、鎌倉後期には大井伴野両氏で、望月氏関係の鹿曲川流域中、下流部を除く佐久全体のほぼ六割を支配したということになる。

このような所領の拡張を、両氏はどのようにして成し得たか。それは不明のことではある。しかし、前に言及した通り、鎌倉期初頭の佐久武士団の滅亡傾向と千曲川上流峡谷部の開発傾向が認められる限りにおいては、両氏が鎌倉幕府法の限界内で他の者の所職を侵し、一方では開発による所領拡大をはかったことは疑いのない事実であろう。

元弘の変以後南北朝の争乱へとうちつづく戦乱に対応することは、両氏の起伏を握る重大なことではあったが、ここでも大井氏は小笠原氏と結びついて守護代となり、佐久以外にもその威をふるうほどに成長した。それは武蔵称名寺領太田荘に対する高梨経頼の乱妨を停止させるべく命をうけてその任にあたるとか(35)、大塔合戦の仲裁の任にあたるとかの所行にみられるところである(36)。これに対して、伴野氏は文和二年（一三五三）伴野長房は義詮に属して京都神楽岡で楠木正成と戦い(37)、伴野氏一族であると思われる伴野十郎は、滋野氏一党と共に宗良親王・新田義宗方に属して笛吹峠で戦い(38)敗戦を喫するなど、対応のしかたには分裂がみられ、順調に勢力を拡大させることはできなかったとみられる。

十五世紀の中ごろから佐久地方も戦乱の場と化していく。

・永享七年（一四三五）大井持光と芦田下野守と戦う(39)。
・永享十二年（一四四〇）結城合戦
・文安三年（一四四六）大井持光平賀氏を攻めて滅亡させる。
・応仁元年（一四六七）村上氏小県佐久方面への侵出を始める(40)。
・文明九年（一四七七）甲斐の兵の佐久侵入あり(41)。
・文明十一年（一四七九）大井氏と伴野氏と戦い、大井当主（政朝であろうか）は伴野氏に生捕りにされる(42)。
・文明十六年（一四八四）村上氏の来攻を受け(43)、大井城は灰燼となり小諸へ越す。
・永正六年（一五〇九）大井太郎と伴野六郎が戦う(44)。

というように、近隣を攻撃し、近隣の攻撃を受け、同族相争い、戦乱の絶え間のない中で両氏の支配体制も大きく変質していった。それは近隣小領主を併呑して被官化していく過程であり、封建領主への進化の道でもあった。

第三段階前後、換言すれば十五世紀中葉の頃こうした歩みを進めたのは、大井氏では持光↓政光の二代であろう。この段階でも伴野氏は大井氏に比して、被官化した範囲は少なく、霜月騒動の打撃はこの時点でもいやされていない。被官化の実態については所領支配の項でふれることにする。

両氏の支配した郷村の細部については記録がなくて不明であるが、一四五〇年頃には両氏の勢力は佐久全域に及び、信濃に移植された両氏はそこまで成長を遂げたのである。

四、所領支配

（一）居館址

（1）大井氏居館址

大井氏の居館址は、諸書一致して岩村田にあったことを述べている。ところが与良清氏は（新）『北佐久郡志』において、長土呂にある豪族の居館跡も一考してみる必要を説かれている（一五九ページ）。

吉沢好謙はその著『四鄰譚藪』（『新編信濃史料叢書』八の三三七）で「按ずるに古城跡凡そ南北七町余、東西壱丁半或は弐町余、今の荒町此廓内なるべし。中に切通し二ヶ処あり。中央を王城と云い、北をいせならびと云う（いわゆる岩村田の館是なり）。前に御坪という所あり。南を黒岩という。上田軍記にいわゆる黒岩の陣城是也。今十二という

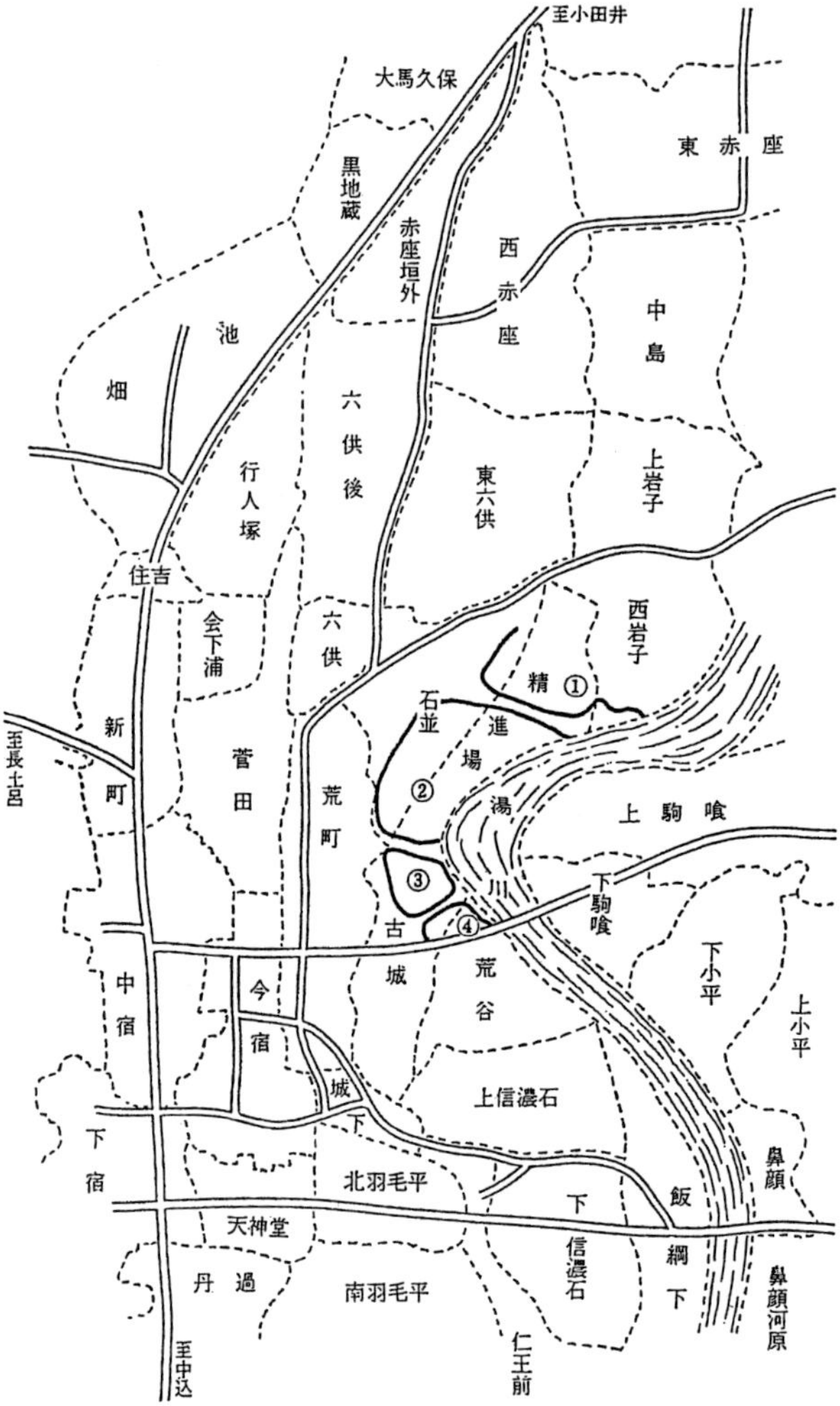

第七図　大井居館趾付近地字図

祠あり。天正年中の大手の橋跡とぞ。中央王城の切通し、精進場という内に穴あり。二重堀あり。井水あり。赤座垣内という所より水を取りたる堰形あり。北にも門台橋台皆残れり。本丸に米穀の砂利出る所あり。大石を覆うたる所あり」と記している。

現在ここが、県指定史跡となり「大井城跡」と記されている。十分な踏査はしてないが、第七図の精進場北半には墓地が多く、切通しがあって、現在は道路となっている。前面には湯川が流れ、その段丘崖端に立地している。②と③の廓の間には堀割あり、ここ一帯の西側は空堀がめぐらされている。

これに対して与良清氏は次のように述べておられる。「山城の形式をそなえた城砦であって―（中略）―南佐久郡野沢町（現佐久市）に現存する鎌倉時代の居館跡に比較すると、むしろ南北朝対立の吉野朝から、室町時代の攻防戦乱にそなえた戦国の時代相を示しているのではなかろうか。野沢の居館跡を参考にすると、岩村田付近では長土呂に発見し得る。長土呂部落の中央部は野沢町の場合と同じく平坦で―（中略）―堀あるいは築地の遺構と思われる跡や堀井の跡を残し」として、「これが鎌倉時代の豪族の居館跡とみられるものではあるまいか。記して後考を」と岩村田、古城の城址に疑問を持たれている。確かに戦乱の防備をそなえた城砦である指摘は首肯される。しかし一方、長土呂にみられる居館址は薩摩氏か大井一族を考えてみる道も残るように思われる。

弘安二年（一二七九）の冬、一遍上人が佐久伴野・小田切・大井のあたりに滞留したことは『絹本著色一遍上人絵巻』によって知られる。その絵詞に「弘安二年の冬、信州佐久郡の大井太郎（大井光長の晩年か）と申ける武士この聖にあひたてまつりて、発心して、一向に極楽をねがひけり―（下略）」とあり、第五巻に「大井太郎の邸を出づ」として絵が描かれている。石井進氏から「この絵巻は当時の状景に対してかなりの写実性があると認められる部面もあ

第八図　一遍上人絵巻第五巻（大井太郎の屋敷）模写

る」とのご示唆をいただき、丹念にみると次のようなことに気付く。

　左に大井太郎の館が描かれている。出入口の脇に烏帽子をかぶり手をかざした男が立っている。老いも相当に進んだかに見える。これが大井太郎で、その前には去り行く上人を追いすがるかのように、白髪で腰のまがった老婆が歩きかけている。その前方には多くの信者を従えた上人一行の人並がつづいている。大井太郎の脇の縁板は二枚ほど外れてあたりに散らかっている。これが絵詞にある「仏法帰依の心ながく絶へはてて念仏誦経の思なかりける」に、夢をみて発心し、聖を請じたてまつり三日三夜念仏を申した大井太郎の姉と「数百人おどりまわりけるほどに板敷をふみおとしなどしたりける」さまである。館のさらに左には山が描かれているが、いちばん右手の山には木がかかれていない。太郎の姉と、上人一行の間には手前から向こうへまっすぐに道が延びている。その左右に岩や崖がみえる。さらに、その向こうには曲がった川の流れが見える。今、岩村田の大井城址に立ってみるとまさしくこの景観が見取られる。左手の木のない山こそ浅間山、曲がりくねった川は湯川、しかもその曲がり具合まで今の姿と似ている。そして道路は岩村田から上平尾へ抜ける道、岩や崖はもちろん地籍古城荒谷の段丘崖、そして前方に広がる雁の列の下の平地は安原・下平尾のあたりであろう。従って、この大井城址が弘安二年当時の大井氏居館であったことに間違いあるまい。

しかし、問題がひとつ残る。与良氏の指摘された通り、大井城址の現状は城砦である。この点については次の様に考える。伴野氏居館址が残ったのは、むしろ戦乱の世にはすでに前山に移転しており、あの居館址には常住してなかったから原形を残し得たのではないか。

大井氏はここに住して、時代の変化とその時代的必要に応じて居館が改築されて、戦国的城砦に造りかえられてきたのだと解する。

（2）伴野氏居館址

伴野氏の居館祉はすでにふれた通り野沢にある。中込の方から千曲川を渡って旧本通りを行くと丁字路にいきあたる。その手前の右手一〇〇mばかり入った所である。『長野県町村誌東信編』によると「東西三十七間（六七m）南北四十一間（七四m）、周囲堤塘にして古濠細流彎曲す。築城年月不詳」とある。現在は四囲に千曲川から揚水した濠の水をめぐらしている点は明治の状況と同じであるが、築地の東面と南面は取り去られていて、東面には小さな堰を残すが、共に原形をうかがうことはできない。幸い西・北面の築地は、ほぼ原形を伝えるものと思われる。西面は中央部に築地が切れて、入口がある。(45) 切れた部分は石垣を下部に積んでいる。現状の断面は第九図上部の図のようである。

堰と築地の間に、犬走り様の平坦部をめぐらしているが、古くはこの部分まで含めた水濠がめぐらされていたのであろうか。館の内部には西南隅に築山がありその脇に大伴神社がある。

居館址のある地籍は、居屋敷である。居館址の付近東・北には大石田・北仁田・北田・下北田・榎田など一面に水田とみられる地字が残り南方には、宮の巻・宮の木・地蔵堂・天満・十二裏など社寺があったことを思わせる地字名

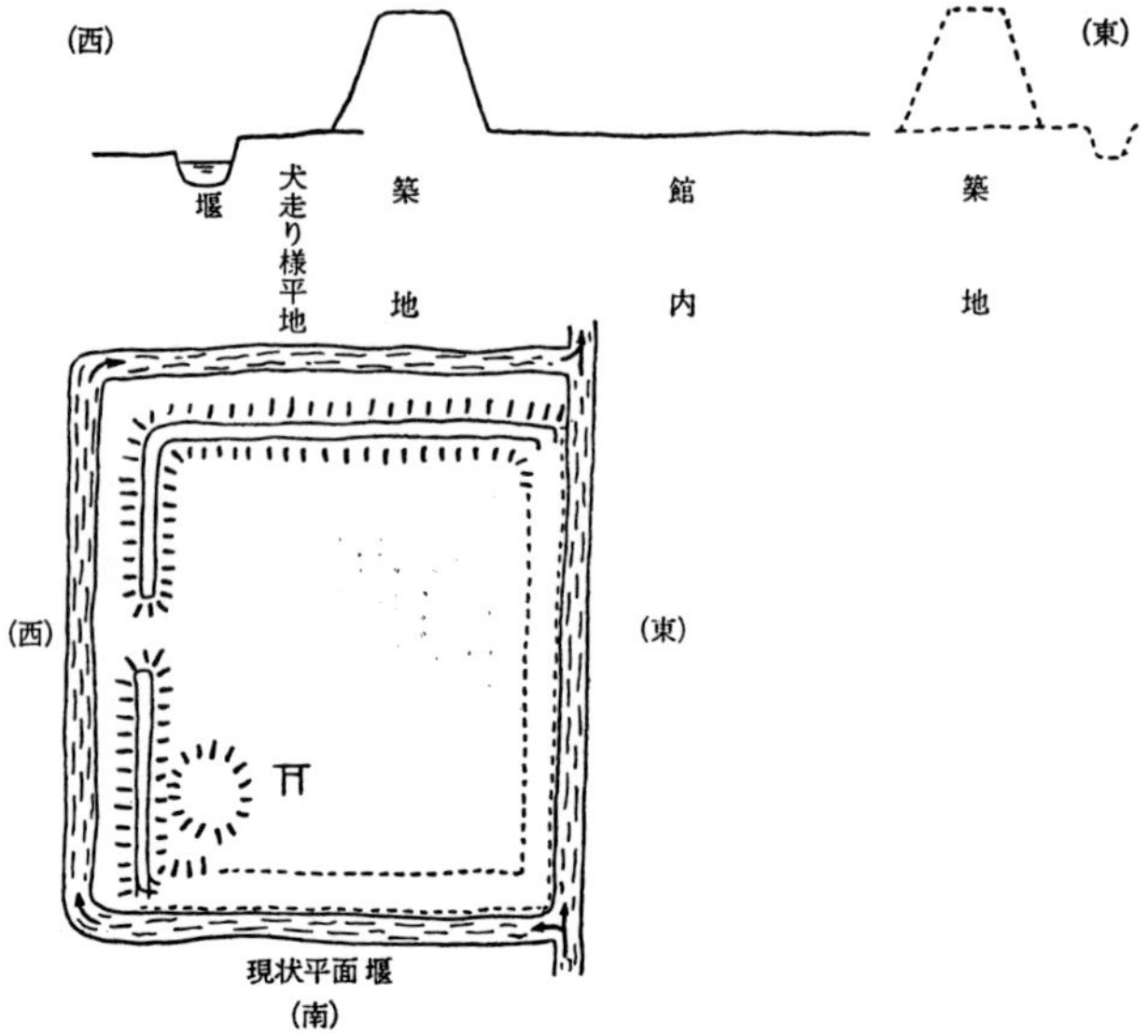

第九図　伴野氏居館址

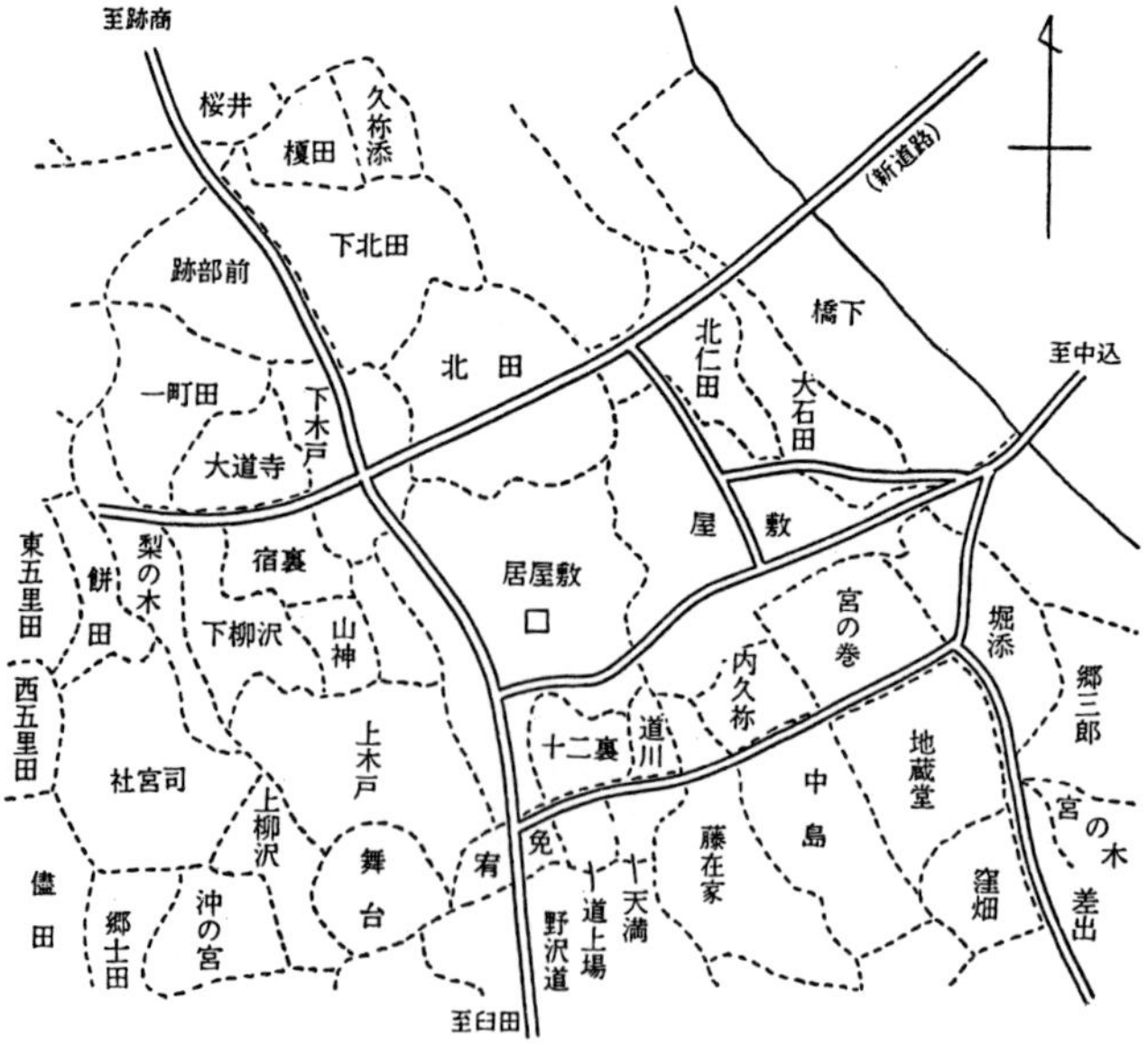

第十図　伴野氏居館址付近地字図

を伝えている。居館の西方は、桜井・跡部から臼田に通じる道路があるが、現在の道よりやや西寄りに下木戸・上木戸があるので、古い道は現在よりやや西手を通り、野沢居館前の下手と上手に木戸を設けていたものと察せられる。また、居館の東方には伴野氏の開基と伝える金台寺がある。

このように、居館を中心に、付近には被官の屋敷、さらに水田が取り巻き、社寺を招き祀り、木戸を上下に設けてその中町を宿とする。居館は水濠と高い築地で囲まれ、入口を一（或は二？）箇所設けてその中に住む。建物はおそらく、一遍上人絵巻の大井居館の如く切妻板葺に草葺を交えた住宅が数棟建っていた。こんな姿が、伴野氏鎌倉中末期の居館の姿であったと思われる。

(二)　所領支配

(1)　大井氏

(イ)大井惣領職の伝領

史料(A)により、嘉暦四年に大井次郎入道が大井氏惣領の地位にあったことは、所領からみて間違いない。後述する通りである。『尊卑分脈』によりみれば（末尾に付した大井氏系図を参照されたい）朝光から数えて五代目は光栄と長行が記されているのみであるが、その光栄の注記に甲斐守とある。ところが史料にあたってみると光栄なる人物は管見の限り見あたらない。諸種の大井系図もここから齟齬がみられるものが多い。大井氏の中で甲斐守を名乗った者は、この前後には見あたらず、ただひとり、大井甲斐守光長がみられる。光長は朝光の後を継いだ光長とは別人で『金沢文庫文書』「小笠原政長挙状案」（信史六の四〇所収）と同文書「足利尊氏御教書案」（信史六の六三所収）とによって、貞和五年（一三四九）三月と翌観応元年三月に信濃国守護代として信濃守護小笠原政長の下知のもとにあったことが知られる。これはまさしく大井惣領であって『尊卑分脈』の光栄にあたる人物である。光栄とは名乗りで「榮」を「なが」とも読むので、光長のことであろう。この光長の確認される貞和・観応よりちょうど二十年前が嘉暦四年で、大井次郎入道がいたわけであるから、大井次郎入道は「三郎二郎」と注記されている行時である。

行時は、時光や光泰から惣領を受けつぐことはまずあるまいと思われるので、その先代は光長の第三子行光であろう。行光は史料上では確認することができない。

末尾に付した、付表を参照していただきたいが確認できる年代は、

大井朝光　承久三（一二二一）～宝治二（一二四八）

大井光長　暦仁元（一二三八）～弘安二（一二七九）

であるから、嘉暦元（一三二九）に大井次郎が入道したとして五〇才と仮定しても弘安年代の生誕となり光長の晩年にあたる。だからこの間に一代おくことによって、ほぼ二五～三〇年間隔の代替りと符合する。

また、『尊卑分脈』大井系図上覧に付記されている光長と光泰・行光等を兄弟とする「閣本系図」の如きことも年代が離れすぎて起こり得ないものと思う。

以上の考察から、鎌倉期は朝光・光長・第三子行光・その第二子行時と惣領職を伝領し光長に引き継がれたと推考される。

五代光長以後、永享五年（一四三五）までの九十五年間大井氏を考察する史料はごくすくない。この間における一つの史料は大井掃部頭なるものが、応安二年（一三六九）と建徳二年（一三七一）の二度相模国瑞泉寺の住持周信を

訪れ、問法したことが『空華日用工夫略集』二に載せられている（信史補上の二七七・二八〇所収）。周信は自身を「生大巳過、死大未来」と説いた老境であったが、掃部頭に「公宜留意、莫作等閑、無我無人無衆生相、如是観時、凡世間苦楽等叓、当下瓦解氷消、不待遣」と説諭しているので、掃部頭は老令ではなかったと思われる。もう一つの史料は大井治部少輔光矩で、応永七年（一四〇〇）の大塔合戦にかかわる傍観と仲裁とが『大塔物語』に記されている。「小笠原長秀京都を立ちて同二十一日（応永七年七月）佐久郡に下着せしむ。大井治部少輔光矩は、一門たるに依って、先ず光矩の館に馳せ越え、御教書を抜き一国成敗の趣を談合せしむ」（信史七の三六三所収）とか「光矩はその勢五百余騎にて途中丸子に控え」とあるから、光矩が大井惣領である事は確実と見られる。持光は、永享七年には芦田《あした》下野《しもつけ》征伐の際は惣領で、それは史料(D)により文安四年まで判明している。従って、図のように光長以後を三十年ごとの代替りとみても、大井掃部頭の前後に約二十年ほどの空白を生むので、光長↓掃部頭↓光矩↓持光と大井惣領職が伝領されたとみる方が、年代的にはよく合うものとみられる。しかし、掃部頭が惣領であったと認める史料はないし、しかも『空華日用工夫略集』以外の史料はみあたらない。少し年代を長くとれば光長―光矩―持光という伝領も考えられないことはないが、やや長すぎる感がするので、後考を待つことにする。

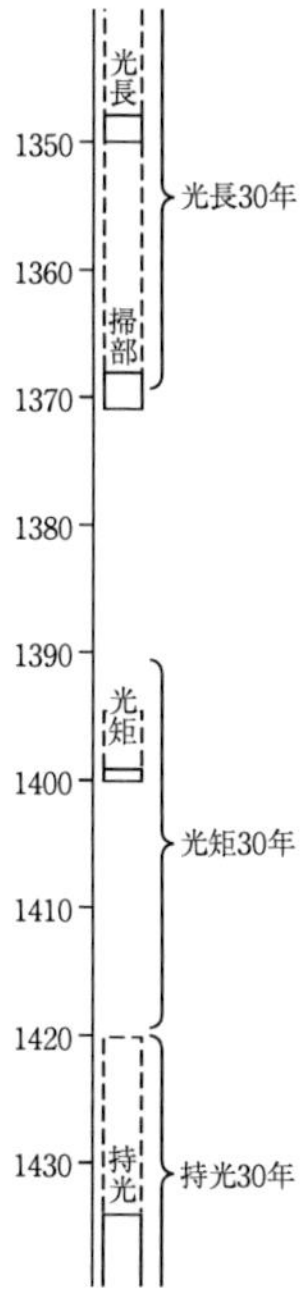

持光以後は史料(D)によって、

大井政光　享徳三年（一四五四）～文明七年（一四七五）

大井政朝　文明十年（一四七八）～文明十五年（一四八三）

大井安房丸　文明十五年から

と続くが、安房丸以後がまたはっきりしない。史料(D)「文明十五年癸卯御射山明年御頭足」の項に「寄子葦田郷十五貫根々井塚原も寄子、岩村田大井源安房丸代初、此年六月舎兄（政朝）死去―（下略）」とあって、政朝と安房丸が兄弟であること、この年兄政朝が早逝したこと、文明十五年から安房丸が岩村田の当主になったことが知られる。安房丸の実名が記されていないが、『群書類従』所収大井系図では政光―政朝―政則となっているから、安房丸は政則であるかと思われる。『蔗軒日録』文明十六年十月の二十三日条「大井以千騎之（ママ）大将今十九歳」という記録(46)もこの安房丸の年令を指すものではなかろうか。

ところが、この安房丸の代となって間もない文明十六年の二月に大井城は村上氏の攻撃を受けて落城する。同月二十七日「大井城・神社・仏宇・民屋・市店一炬の煙となりて」城主は没落にあい、大井殿（安房丸）は小諸へ移る。(47)その後九年を経た明応二年（一四九三）に大井城主として大井玄慶があらわれ、(48)龍雲禅寺を再興するが玄慶と安房丸の関係はどうなのか、玄慶以後は誰につながるのかはわからない。

次はおよそ三十年間置いて大井貞隆があらわれる。大永二年（一五二二）三郎右衛門に所領八貫を宛行ったこと(49)から、天文十二年（一五四三）九月十九日長窪城において武田晴信に生捕られるまで、(50)その消息が知られる。『四鄰譚藪』四では、貞隆について「明応二年（可追考）、長久保氏嫡子を以って大井氏名跡とす」とか、「大井刑部太輔貞隆とあるは長窪左衛門貞隆同人なるべし」として、長窪大井氏が入って岩村田大井氏を継いだように記されているし、まだ今日までの多くはそう理解してきている。しかし、吉沢好謙が長窪左衛門の書として引用した大永三年（一五二三）三月十一日付「蓮華定院文書」をはじめ他の文書にも長窪氏を名乗った文書は、管見の限りみあたらない。むしろ大永三年には「信州大井知行分」なる文言が用いられていて大井城主であったものが、武田晴信に攻められて長窪城で没落するというコースを辿っており、従来の説とは逆の方向が感知される。『群書類従』所収の大井系図では平賀玄信と兄弟ということになっており、貞隆の大井城主となる経緯は明らかでない。

以上、大井惣領職から戦国期の岩村田城主まで、その系譜を考察してきたが、これを要約すると、

朝光――光長――行光――行時――光長―┬―？―光矩――持光――政光――政朝――安房丸……？……玄慶……？……貞隆
　　　　　　　　　　　　　　　　　└（掃部頭）―

となる。

(ロ)　庶子支配

大井氏の庶子所領を示す記録として、『四鄰譚藪』の記事(51)が用いられ、それが『小県郡史』に継承されている。その記すところと史料(A)とを対比してみると、異なる点が多い。いまこれを表示すると、次頁の表のようである。『四鄰譚藪』で光長の七人の男子について記した部分は、史料(A)の嘉暦四年よりもっと古い時代の状況を記したものなのであろうが、両者の記録はみなくいちがっている。従って四鄰譚藪→信陽雑誌→小県郡史と継承されてきた光長→行光の惣領制支配と庶子所領の分割譲与に関する記録は誤伝であろう。

史料(A)によって、大井氏の惣領分庶子分の所領配分を頭役負担の面からみると、

・九番五月会右頭
・十三番御射山左頭　　両頭ともに
　大井荘内…………………大井次郎入道行時

四鄰譚薮		諏訪上社頭役注文　嘉暦四年（史料A）	
人名	所領	人名	所領
彦太郎 時光	号大室	小諸太郎	小諸
弥二郎 光泰	住長瀞（土呂）	薩摩五郎左衛門尉（親宗）	長土呂
三郎 行光	大井惣領		
又三郎 行氏	住耳取	（行氏）又三郎入道	安原・香坂
又四郎 宗光	号森山		
六郎 光盛	号平原	（光盛）六郎入道	矢島・湯原・橡（栃）原
光信	僧		
行光嫡子 太郎 朝行	家督	（朝行）大井三郎か	南市村・崎田・西布施・甕
〃三郎 二郎 行時	号比田井	（行時）大井次郎入道	大井惣領　岩村田他を知行

・一番五月会右頭

大井荘内　矢島・湯原・塚原…………大井六郎入

道光盛

付　（小）北田井・東布施郷等地頭等

・六番五月会右頭

大井荘内　安原・香坂郷…………大井又三郎

入道行氏

南市村・崎田・西布施・甕郷…………大井三郎

除大井三郎寄子分地頭等　朝行か

・十三番五月会右頭

大井荘内　志津田地頭等

付　同荘内　平尼郷…………大井三位房

甕科孫四郎跡已下…………大井光念房

となって庶子と惣領との頭役負担には大きな差がみられる。頭役勤仕の編成には「付」（つけたり）などもみられるところから、各頭「それぞれの組は、大体においてその経済的負担力が同等であったと見ねばならない」ことは、伊藤冨雄氏の指摘[52]するところであって、頭役負担の多い少ないは、所領の大きさを反映しているものとみられる。郷の大小もあったであろうから単純には算出できないとしても、庶子のうち、

光盛は一頭負担五か郷の内　　三か郷
行氏は　〃　六か郷の内　　二か郷
朝行（か）は〃六か郷の内　　四か郷
大井三位房は　　　　　　　一か郷

で、それぞれ、一頭の半分か三分の一くらいしか負担していない。これに対し大井惣領は単独で二頭役を負担しているので、所領は、惣領を一とみると庶子分はその四分の一～六分の一の間程度とみることができる。この比は豊田武氏が『沙石集』の中の「次男ヨリ少シズツ減シテムラナクユヅリケリ」を例にひいておられる[53]のと同傾向がみられる。

大井氏の所領分割でもう一つ看取される点は、惣領分は岩村田とその周辺に集中していたのに対し、庶子分は周辺地区ごとに蓼科山北麓や千曲川上流峡谷部を配分せられた者が多い。これは新たに開発を進めた地域や鎌倉初頭の他の佐久武士団を駆逐した地域がその主な部分を占めていたということになる。

(ハ)　封建領主化への道

十五世紀の中ごろから打ち続く戦乱を通して、大井氏が封建領主化への道を進めたことについては、前に言及した。また個々の例の若干については、所領の拡張の過程でも述べた。ここでは、史料(D)によって、大井氏支配所領についてまとめてみることにする。変動のはげしい時代なので、決して固定したものではないが列記すると、大井氏一族衆には、

(ア)小諸大井氏　光頼→光次
(イ)安原大井氏　光久→光氏(民)→光安

(ウ)平賀清河大井氏　光本→光繁→光広
(エ)矢島大井氏　光政→光友
(オ)この他に岩尾・根井・塚原にも大井氏がいたとみられる。

大井氏被官には、
(カ)阿江木（相木）氏[54]（長倉）　常栄→光康→朝康→遠経
(キ)葦田氏[54]
(ク)依田氏　（岩村田）　忠長
(ケ)藤左衛門尉久長（岩村田）
(コ)手島氏　（岩村田）　収信
(サ)吉沢氏　（平　賀）　政家

なお(ウ)の清河大井氏は岩村田大井氏が平賀を知行し、その代官であることが史料(D)に明記されている。おそらく大井一族衆の(ア)(イ)(エ)(オ)各氏も岩村田大井氏（当時持光～政光代）の被官的な立場にたたせられていたのであろう。

田口・入沢・内山・青沼地区には、田口氏・依田氏・入沢氏・内山氏等がおり頭役を勤めていたが、これらの氏もおそらくこの時代には大井氏の被官的な立場の者であったろうと推測せられる。

大井氏一族衆の中には、さらにその下に被官を抱えていた例が知られる。

小諸大井氏は　穂坂氏を、

安原大井氏は　桑良氏を、
清河大井氏は　文明十七年頃鷹野氏を、
矢島大井氏は　寄子九郷を、
それぞれかかえていた。

（2）伴野氏

(イ)伴野氏惣領

時長―時直―長泰と伴野氏惣領を受けついできたことは、異論のないものと思われるし時長の晩年から長泰まで小笠原氏の惣領であったことも認められるところと思われる（註〈34〉）。

霜月騒動の結果五人が滅びたことについては前に述べた通りである。

その後は、長泰の第三子泰行・その子長房と伝領されたものと思われる。以後、伴野氏についての信頼すべき系譜の記録は見あたらない。

長房が伴野荘で濫妨を働いたことについては前述したが、その後、天龍寺供養随兵として加わったり[55]、山城神楽岡の戦いにも参加しているから[56]、建武二年（一三三五）から文和二年（一三五三）までは消息を知ることができる。鎌倉幕府滅亡後いちはやく自己の勢力拡大につとめ、やがて高師直、足利義詮の配下になったことが知られる。『園太暦』には、山城神楽岡の戦いにかかわる記録に「其後又火有り、伴野出羽守《長房》土御門油小路屋と云々、面々自ら火を放つ」とあって、以後長房の消息は諸記録にあらわれなくなる。

その後、明徳三年（一三九二）に、足利義満の相国寺随兵中に長信がみられる。『相国寺供養記』[57]に、

「伴次郎源長信　赤糸　金刀、白太刀　地紅直垂／馬河原毛　上帯引　貫熊皮垂
　搔副広沢掃部允実綱
　　武舎六秀朝　」

と記されている。この武舎六秀朝は史料(D)にあらわれる代官武舎氏の祖であろう。長房以後文和三年（一三五四）からの約八十年間に伴野氏ではこの長信ただひとりの存在が知られるだけであるが、長信が惣領であったとする確実な証拠はない。

『貞祥寺開山歴代略伝』には次のことが記されている。

①「前山邑洞源山貞祥禅寺は前山の城主伴野左衛門佐貞祥建立之地也―（中略）―

②―時長十代之孫伴野佐渡守光利、家を相続す。嫡子讃岐守光信脱（晩）年剃髪して了然と称す。洞源山中荒山に隠れ居して性（生）を養う。延徳元年己戌三月十日卒す。年八十五才―（中略）―

③―光信之嫡子伴野左衛門介貞祥、今茲大永元年辛巳祖父三十三回并光信七周之辰に相当り、両父追臣甲之為に預め一宇を荒山の西岡に建立す―（下略）」

と。この略伝から前山城主が、光利―光信―貞祥と受けつがれたことがわかり、さらに、

伴野光利　延徳元年（一四八九）没　年八十五才（応永末から寛正頃まで活躍か）
伴野光信　永正十二年（一五一五）没（文明末から永正中頃まで活躍か）
伴野貞祥　大永元年（一五二一）頃から

と推定することができる。

また、前述『蔗軒日録』には「伴野殿の在所をば前山と云う。四方に沼田有り。三方は町、山城なり―（中略）―友埜殿は十九歳也」とある。文明十六年の記録も、前山城主伴野光信とみれば略伝と符合する。ただし光利については、この略伝に従うと応永十二年（一四〇五）生れということになり嫡子光信を六十二歳になって設けたことになるので、ややはなれすぎて信じがたい。文明年間以前に伴野氏の居館が前山にうつされ、光信・貞祥と続いたとみる点は史実を伝えているものとみたい。

長房から光信までの間がはっきりしないが、この間に光信とは別流の伴野上総介の系が二代続く。『親元日記』[58]によると、先代の伴野上野介は永享四年（一四三二）から永享十年（一四三八）まで、次の伴野上総介は寛正六年（一四六五）から文明三年[59]（一四七一）まで存在が知られ、それは弥四郎貞棟である。将軍義政への鵞眼の献上や政所代蜷川親元への近づきがみられるから、両者ともに京都に通じていた人物とみられる。史料(D)には光信も貞棟もあらわれてこない。もっとも、この頃は伴野氏も代官に命じて支配していたであろうし、実際にも伴野・桜井・三塚・小宮山の諸郷は代官名しか記されていないから、伴野氏が上級支配者であったとみて差支えはない。ただ、文明年代には光利―光信系と上総介貞棟とが並存したことになるので惣領の系譜がどうなっていたかはわからない。

伴野氏の惣領職の伝領について、以上述べたことを要約すると、

時長――時直――長泰――泰行――長房――（このあと判然とせず）（三代略か）光利……光信……貞祥
（？）……貞棟

となる。

(ロ)　庶子支配

時長の第二子長朝と、その子泰朝には「阿刀部氏《跡部》」を称したことが『尊卑分脈』に記されている。跡部の地は野沢居館址をめぐる用水よりさらに下流にあり、千曲川に近い。片貝川の水の影響は全く及ばない地域であるから千曲川から揚水した堰による開発地とみなければならない。この地に時長は次子の所領を分与したのであろう。時直とほぼ同年代とすれば一二四〇～六〇年の間の頃のことであろう。

しかし、跡部については不明の点が多い。第一は後述するように跡部は伴野の市跡と推定され、伴野一族の居住の跡は現状では見出し得ない。第二には伴野荘郷々の年貢注文である史料(C)には、跡部郷は載っていない。それでいて史料(B)上社造宮役注文には跡部郷が玉垣一間を負担しているから、鎌倉末に跡部郷がなかったわけではない。阿刀部氏の詳細については今後の研究に待ちたい。

「大徳寺文書」「信濃伴野荘事書」[60]から、下県村に六郎入道女子岡田後家分、鞍《倉》沢村に六郎入道女子分の所領があったことがしられる。これは鎌倉末から建武二年以前の状況を示すものであろうから、伴野氏においても庶子に所領を分与したことを示すものである。

(ハ)　封建領主化への道

史料(D)によって十五世紀後半の伴野氏の伴野荘支配の状況を記すと、伴野氏の被官としては、

(シ)鷹野氏・(伴野中村・伴野下村・小宮山)
　鷹野伊豆入道宥堅→鷹野美作守
・(鷹野・桜井)

鷹野中務入道道中→棟吉→棟信

(ス)野沢氏（野沢）野沢源左衛門尉康門―康則―康致―藤原貞致

(セ)武舎氏（三塚）常光→秀家

(ソ)この他に外記対馬清綱（野沢）、畑物蔵人頭貞幸（鷹野）、倉沢対馬守持長（伴野下村）が一時的に代官となったときがある。

代官とは記されていないが被官衆の一員であったと思われるものに、

(タ)跡部氏（跡部）清家―政家―宗長

(チ)小宮山氏（小宮山）維貞―貞慶

などがある。

伴野氏一族としては、

(ツ)伴野越前守長拠（三塚）

(テ)伴野兵部少輔貞昌（大沢か）

がみられるのみである。

これらの支配関係は、戦乱の続いた時代であったので、決して長く固定された状況でなかったことは大井氏と同様である。伴野被官衆の中で最も大きい力を持っていたのが鷹野氏とみられる。鷹野氏については『蔗軒日録』に「友野殿の執事は鷹野伊豆守」（鷹野伊豆入道宥堅であろう）とあり、代官支配をみても少なくとも宥堅の系と道中の系と二流はある。鷹野氏の本拠は鷹野郷であったと思われるが、伴野・桜井・小宮山まで代官を握りその所領も広かった

とみられる。鷹野氏の所領を示すものとみられる地名が現在も残っていて、

本拠高野町には　高野田
桜井には　鷹の取　（跡部境に近く千曲川よりにあり）
三塚には　鷹の免
小宮山には高の免　（片貝川をはさんだ両岸　三塚・桜井・小宮山の境界付近にあり）

と四か所が数えられる。代官給としての所領であろう。

次に被官衆の氏称であるが、史料(D)には、鷹野氏一族の経高は鷹野橘経高、野沢氏一族の康門は源左衛門尉、同じく貞致は藤原貞致、小宮山氏の一族維貞は滋野維貞と記されてもおり、出自のほどは不明としても、伴野氏の族でないことは確かであろう。跡部氏は前述の長朝系の阿刀部氏の後裔であるかどうか判明しない。

また、この頃伴野氏一族には三つの系統が見られる。一つは前述の前山城主系光信→貞祥の系、二つめは貞棟→貞昌の系で、三つめは三塚の領主であったと思われる長拠（国ママ）→長伝の系である。

伴野氏一族の分派も、被官化された武士層も大井氏と比較すると薄く少ないものである。霜月騒動の傷は、ほぼ二世紀を経過したこの時点でもいやされてはいない。

(二)　伴野市

『絹本著色一遍上人絵巻』には「其年（弘安二年）信濃国佐久郡伴野の市庭の在家にして歳末の別時のとき紫雲はじめてたち侍りけり。抑《お》をどり念仏は空也上人、或は市屋或は四条の辻にて始行し給けり。―（下略）」と記し「信州佐久郡伴野市」のようすが描かれている。

伴野市はどこにあったのであろうか。地名からみると市は春日、高野、跡部などのあったことが知られるが、この絵巻に描かれている伴野市は、発生も古く鎌倉期後半において荘内経済的流通の中心をなしていたものとみられるので、跡部にあったと思われる。

跡部には市の跡を示す地名が広範に残っている。上町屋・下町屋・町屋先・双六・金山・市道などである、位置は、現跡部集落のあるところであって、野沢・桜井・三塚・前山などに通じたばかりか、跡部と野沢の中間から千曲川を渡って上がったところが、越上であるから対岸の大井荘・平賀郷からも通じていたとみられる。上は臼田、下は伴野のちょうどまん中であり、しかも、千曲川のほとりといえる。

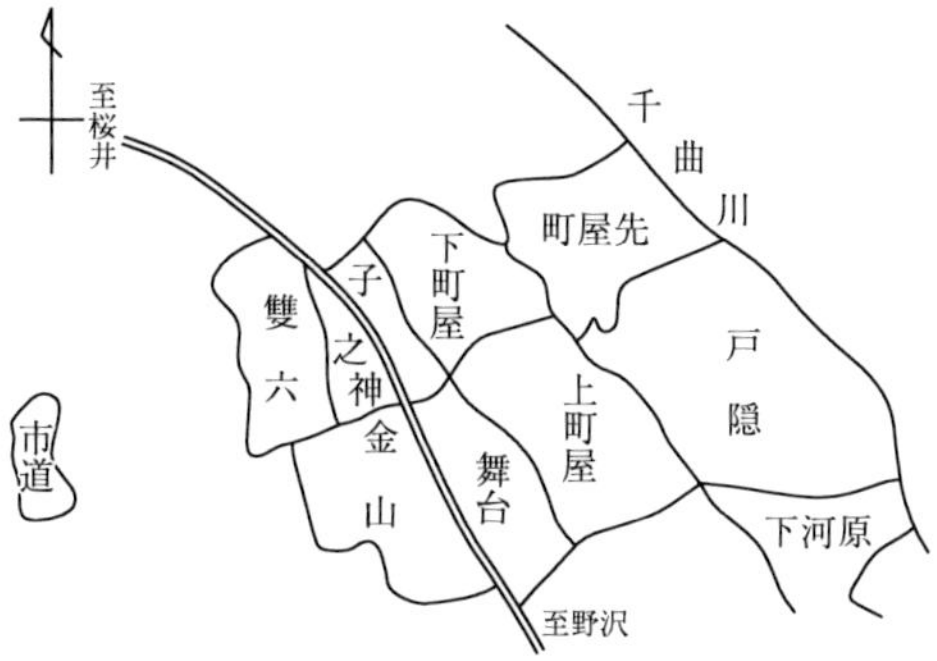

第十一図　跡部市跡と推定される地域付近の地名

この地を伴野市跡と推定する理由は二つある。ひとつは絵巻の景観との関連である。前述の絵巻をみると、掘立柱に草葺屋根の吹通しの粗末な小屋が六棟描かれ、牛が放牧され乞食が座し、犬がけんかし、鳥が群れている。ごくわずかのくねがみられるが、こうした市庭の周辺は一面の平原である。これは跡部の地形に合致する。

つぎは、雙六《すごろく》なる地名である。網野善彦氏は『日本の歴史』[61]において、雙六うちの起こりは古く、鎌倉時代には博奕の一種とされていて、博奕打座がありその道をよく知りよく調練した人がいたことを述べておられる。双六打ちも職人であり、博奕うちも中世における芸道のひとつであった。双六や丁半が子供たちの遊びとなり、博奕が反社会的なものとなるのは南北朝内乱期以後だといわれている。

上・下町屋からやはなれた所に双六なる地名があるのは、網野氏のいわれる「旅をすることなしには生活をたて得ない」人々＝遊手浮食の輩が、佐久盆地交通の要衝であったこの伴野市の周辺に集まり、各種職人の中にまじって博奕も常に行われていた鎌倉中後期のようすを示すものではなかろうか。

また、網野氏は「そのころ（鎌倉後期）になると、各地の地頭・預所たちも、職人たちを呼びよせ、交易を行うため、新たな市をたてるようになる」と述べ、越中石黒荘の天満市・高宮市を地頭が開発した新田や無主の荒野に立て、また、山城国淀漁市を下司が河原に住む荘家人を中心に立てた例をあげておられる[62]。

石井進氏もまた、小早川氏の支配下であった沼田《ぬた》市が沼田川添いにあることをその著『中世武士団』[63]に述べられ、その初見は応長二年（一三一二）であるといわれる。

このような共通性は、伴野市においても見出される。前に述べた通り、伴野氏居館をめぐる千曲から揚水した堰の下手にあり、千曲川岸にある点からみると、前の例と同じように、荒野に新たに伴野氏が開いた市とみられるし、時長の二子長朝が阿刀部氏を称したのも、この市の支配と関連していたのではないかと思われる。

五、両氏の没落

小笠原長清が両荘の地頭職を獲得して以来、ほぼ三世紀半にわたって佐久の覇権を握ってきた大井・伴野の両氏が没落するのは武田晴信の来攻によってである。

これらの状況を簡略に記すと、

天文九年（一五四〇）『塩山向嶽禅菴小年代記』

「四月上旬（勝山記は五月とする）、板垣駿河守大守信虎の命を承り大将となり、信州佐久郡に出張し、臼田・入沢の両城を始めとして、数十城を攻め破る。前山の城を築き在陣す」と

天文十二年（一五四三）『高白斎記』

「九月九日、光台（大井貞隆）御退治の為千塚まで御出陣。十日若神子に御着――（中略）――十六日前山、十七日己未御着陣、申刻長窪の城攻めなさる。十九日光台を生け捕る。」

天文十五年（一五四六）『高白斎記』

「五月小、三己未卯刻内山に向って御門出陣す。六日前山へ御着城――（中略）――十日水の手取らせらる。十四日庚午責め取る。内山本城ばかり残りて。廿日丁未内山城主左衛門尉（大井貞清）、城を明けて野沢へくだる。」（天文十六年五月貞清父子　甲府へ出仕、）

天文十六年（一五四七）『高白斎記』

「七月大、十八日丁卯志賀に向って御門出の御動あり。廿日桜井山まで御着。廿四日卯刻より午刻迄志賀の城へ取り詰めなされ候――（中略）――八月十一日己未志賀父子・高田父子討ち捕らる。十三日城へ御上り。」

以上の如くで、天文九年の来攻により、伴野氏は没落し、大井貞隆（岩村田）は長窪城へ敗退したものとみられる。天文十二年にはその長窪も完全な武田支配下となり貞隆は生け捕りにせられて岩村田大井氏は滅びる。その後、内山城や志賀城に拠った大井貞清父子や志賀氏も、天文十六年には滅びて、佐久一円武田支配が完成するのである。

六、大井・伴野両氏の系図について

（一）大井氏系図

大井氏の系図については諸書に記されているが、それらは何れも疎密があったり、部分的なものであったりして、朝光以降の大井氏の諸流を十六世紀初頭までの三百余年にわたって把握できるような系図はない。そうした諸書の系図について検討を加え大井氏系図として集成された人が小山真夫氏で、それは『小県郡史』の三〇二ページに所載されている。そして、小山真夫氏の集成せられた大井系図が、市村咸人氏の『勤皇史攷』や太田亮氏の『姓氏家系大辞典』にもそのまま引用されている。

『尊卑分脈』『系図纂要』『群書類従』『四鄰譚藪』『千曲之真砂』等の大井系図各種と、小山氏の大井系図とを比較検討すると、次のようなことに気付く。別掲大井系図（一）に点線で区分したうちの、

(A)の部分は『尊卑分脈』から
(B)の部分は『系図纂要』（応仁武鑑）から
(C)の部分は『桃源院寺記』から
(D)の部分は『四鄰譚藪』から

引用して集成されたものとみられる。

『尊卑分脈』より引用した(A)の部分は『尊卑分脈』を全面的に引用し、『四鄰譚藪』に記録されている光長の庶子の

所領地を付け加えてある。この付け加えの部分は史料(A)と比較してみると、くいちがいが多いので信ずるわけにはいかないが、その他の人名や継承の順については『吾妻鏡』「上社頭役注文」等の諸史料と一致するので信じることができるように思われる、行時の子「甲斐守光栄」は貞和観応の頃、守護代をつとめた大井光長に比定されることは前にふれた通りである。栄の字は名乗に「なが」とも読まれるので、光長＝光栄＝みつながとよばれた同一人であろう。

次の(B)の『系図纂要』所収の大井系図から引用された部分はいくつかの問題をもっている。この大井系図を略記すると、

行光——朝行（三郎太郎 又は小四郎）——定光（右衛門佐 永徳三年八・十二死）——懐光（陸奥守 応永二四、十二、七卒）——持光（越前守 永享十二、七、二八討死）

持光——教光（越前守 永享十二、八で 宝徳元、十 従五下）——成光（小太郎 佐渡守）
　　　　　　　　　　　　　　　　└—宗成（民部少輔）
　　└—教長（伊予守）

と記されていて、

①持光の跡は教光か教長であって光照ではない。『系図纂要』大井系図を途中で切って光照を続けることは無理である。

②確実と思われる当時の諸史料から推定される大井惣領職（岩村田城主）の伝領は前に述べた如く、

行光——行時（次郎入道）——光長（甲斐守）——光矩（治部少輔）——持光（播磨守 越前守）——政光（治部少輔）

とみられるから、持光の前後関係が合わず、『系図纂要』大井系図そのものも疑点が感じられる。この疑点をも

う少し詳しく述べると、

光矩→『信陽雑誌』は光矩について次のように記している。「大井治部少輔光矩、或法名玉翁林公、明徳四年癸酉九月卒光矩或作光房、甲斐守光栄男、応永七年塩崎合戦（大塔合戦）・丸子陣」（傍点筆者）[64]と。明徳四年（一三九三）とする光矩の没年は大塔合戦（一四〇〇）より七年も前であるから信じられないが、光栄の子光房は光矩と同一であるかもしれない。

政光→『諏訪御符礼之古書』享徳三年（一四五四）に、「岩村田庄・大井太郎政光・御射山御符之礼三貫三百文、政光は関東出陣之間、頭役五拾貫文―（後略）」（傍点筆者）とあって政光が岩村田城主であったことは確実とみられ、光照でも教光でもない。

持光→『系図纂要』では持光が結城合戦に碓氷峠に戦い「永享十二年（一四四〇）七月二十八日討死」したことが記されているが、実際には生きておったとみられ文安四年（一四四七）岩村田領主として、諏訪上社の頭役を勤仕している。

もし、持光を『系図纂要』大井系図の通りと仮定するならば、大井惣領職（岩村田城主）の伝領は行時の系統である光長―光矩と伝えられ、持光一代に限って朝行の系統に移り、次はまた別流の政光に移ってしまったことになるので、まことに不自然である。持光の先祖にあたる朝行は鎌倉末期南市村・崎田・西布施・甕の地頭だったとみられるので、持光一代のみ岩村田に入って、その後はすぐ別流の支配するところになるとは考えられない。従って(B)の部分は今後さらに検討を要するところであろう。

(C)の部分「桃源院寺記」は長土呂大井氏の系譜を示すもので、大井光泰を祖とする。光泰が長土呂に所領を持ち居住したとする確証は見当たらないし、鎌倉末期薩摩氏が領有したところである。また、この『桃源院寺記』による系図の中で古文書や当時の記録からその実在を証明し得る人物は極めて少ないといえる。

(D)の部分は『四鄰譚藪』その他江戸中期の史書に記述せられたもの[65]を系図化したものと思われる。『四鄰譚藪』は光照について、次のように記している。「大井美作守光照、美作守或ハ大膳大夫信貞按大井氏諱之信。字此人為始。一記云、信貞甲源の氏族にして、左衛門尉信正の子なり、文明三年（一四七一）、城主甲州より入部と云々」と。この記述もまた矛盾にみちたものである。

・文明三年当時、岩村田城主は大井政光である。

・この時期に甲斐源氏から大井城主を迎えなければならない理由は見あたらない。安原・矢島・平賀・小諸等に大井氏の分流がいたし、甲斐の武田氏に佐久が握られるのはずっと後の事である。甲斐の兵が佐久に侵入したとする最初の記録さえ文明九年とみられる。

・確かに甲斐源氏岩崎氏の流に信貞はいる。しかし、『尊卑分脈』の注記によると、信貞は「伊豆守・建武武者所弥五郎・大膳権大夫」であって、光照の年代とは合わない。

・また、この記録には「信」の字にこだわりが感ぜられる。

以上のことを総合すると大井光照なる人物は武田信玄が佐久平定をしたあと、江戸中期までの間に何らかの事実を素材に作り上げられた人物であって、誤伝ではなかろうか。また光照ばかりでなく貞晴・貞家・信直・光忠・信広も当時の記録にはあらわれてこない。

小山真夫氏が集成された大井氏系図も(A)の部分を除いては検討すべき点を多く残しているといえよう。

群書類従所収　大井系図小笠原流

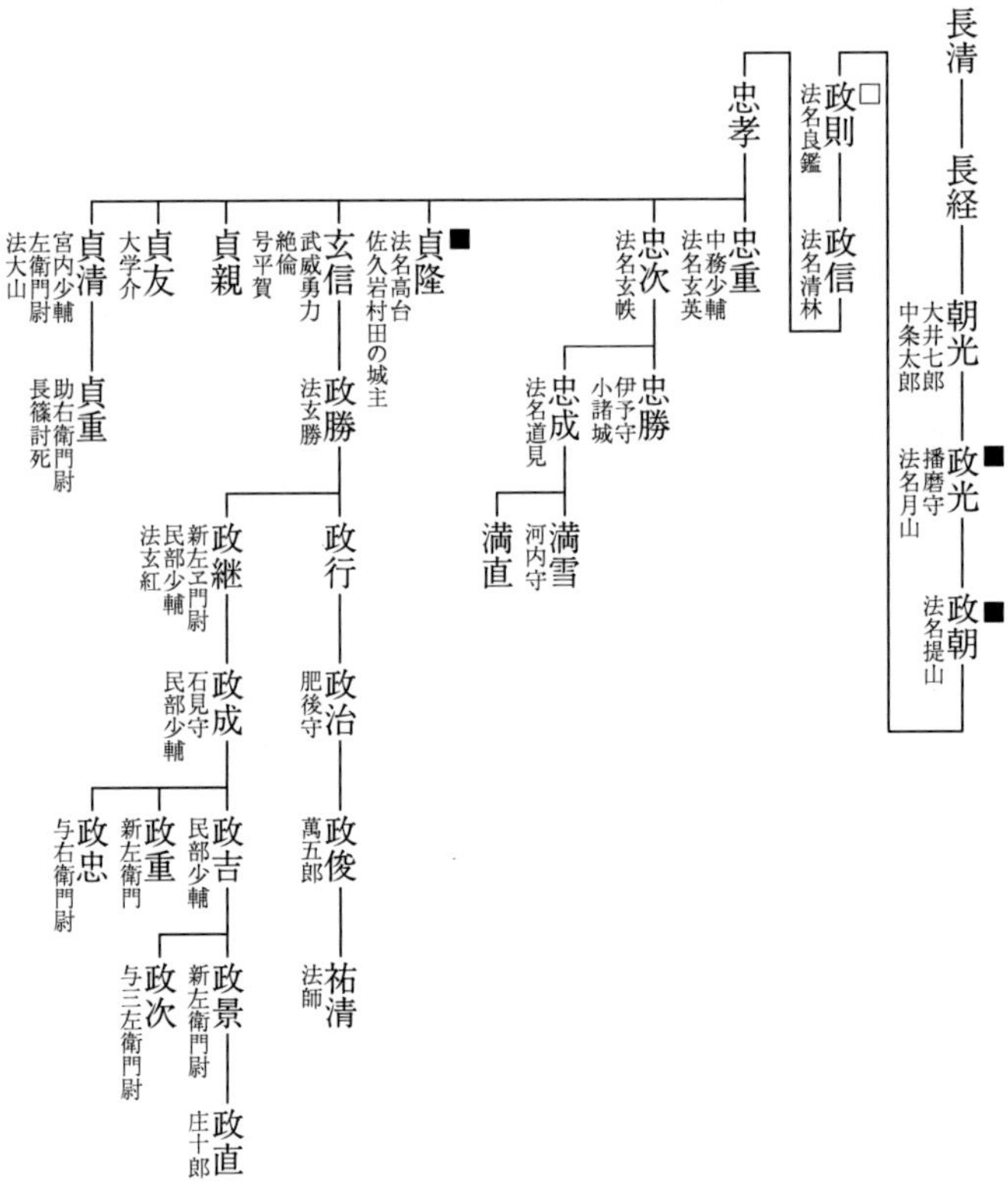

次に、もう一つの大井氏系図は、（二）として記した『群書類従』所収の大井系図である。

この系図を一見して気がつくことは、平賀を号した玄信の流が最も詳しい。このことは平賀氏を攻めて後平賀に入った平賀大井氏の流れをくむものの手によって成った系図と考えられる。

この系図の中で、他の確実な史料からその実在を証し得る人物は、長清―長経―朝光はもちろんのこと、政光・政朝・政則（安房丸か?）・貞隆・貞清である。

問題となる箇所を先に記すと、

①大井氏の祖朝光に政光を直接つないでいることは、光長から持光までの六代を全くとびこし、鎌倉後半から室町前半の大井氏の足跡を無視した点において大井氏

の正系にあまり係りのない傍系のものが、ずっとくだった時期に作成したのではなかろうか。
②政則を安房丸に比定すれば、文明十五年（一四八三）から貞隆が史料に初見される大永二年（一五二二）までの約四十年間に四代の代がわりがみられ、やや短かすぎるのではなかろうか。
③中で最も問題にすべきは、玄信である。平賀玄信（源心とも）は武勇絶倫のものとして知られ、信玄の佐久侵入の際の海の口城の戦にかかわってあらわれる人物である。しかし、『平賀村誌』には、その実在を強く疑われている。その根拠は同書には詳しく載せられているが、中で特に重要だと思われることは「耳取の玄江院にある過去帳に、

『玄信院殿雄山道英大居士

天文五年丙申　十二月二十七日

平賀城主源貞清　遺骸葬満福寺』

とあり、城主を消して『玄信入道』と書き加え、また貞清を消して『貞親』と書き直してある」という。さらに、玄信の墓はすべて江戸時代にたてたものであり、院殿大居士の法号も江戸期のものとしておられる。武勇絶倫の玄信が、油断のために、若い十六才の信玄に一夜の内にやられてしまったとする『武田三代軍記』の記述は、玄信がむしろ信玄のひきたて役にまわった感がするし、信玄と玄信とはいかにも、この話のすじを裏書するような名乗りである。

政光・政朝・政則（安房丸か）の三代は、史料(D)の記録と一致することは前に述べた通りである。

忠次↓忠勝の系は小諸、貞隆は岩村田、貞清は内山に所領を持っていたとみられるから、ある部分は事実を伝えているると思われる箇所もある。

要はこの系図もまた、大井氏の系譜を正確に伝えてはいない。

（二）伴野氏系図

伴野氏の系譜については何れの書もみな『尊卑分脈』によっている。これは鎌倉末か建武期あたりまでしか記されていない。その後の伴野氏の系譜を記したものはごく少ない。ひとつは『系図綜覧』所収「伴野之系図」でもう一つは、瀬下敬忠の筆になる『千曲之真砂』である。

『尊卑分脈』に記された系図は、『鏡』「熊谷文書」（紙背文書）などとも一致する点が多いので信頼のおけるものとして考えてよいと思われる。その後の系図の内、『系図綜覧』所収のものは伴野氏系図（二）として別記した通りで、貞元から書き始められており、その貞元がだれにつながるかはわかっていない。貞守は南佐久郡佐久町（現佐久穂町）佐々木高一氏所蔵の木造釈迦如来坐像の墨書銘に、造立の大旦那としてあらわれる。(66)それは永正九年（一五一二）のことであるから、その四代前の貞元は南北朝期末ころかそれよりやや後の時代の人と思われる。ともかく、この系図の内貞守のみはその実在が他の史料から立証し得る。

次の『千曲之真砂』の系図であるが、著者自身が「諸家秘置家譜聞書或以古老雑談伝語、年代符合する者を考え、記之、見人潤色を請て後編に欲為改正、全非為証文也(67)」と述べているほどであるから、取りあげることを避けた。

伴野氏の南北朝以降の系図についてはこういう状態なので、諸種の史料にあらわれる伴野氏の族を系統づけることは困難である。ただ、伴野氏一族がこの期間にあらわれる史料の人名、場所、事件の三者の関連をみる限り少なくとも二～三の流派が並存したことは確かであって、このことについては伴野氏の所領支配の項で述べた通りである。

なお、伴野氏系図の内、幡豆小笠原氏に関して付言しておきたい。『系図綜覧』では幡豆小笠原氏の系を次のように記している。

時直─┬─長泰─┬─盛時──泰房──泰行──長房──長春──長頼（後略）
　　　└─泰直　└─長直

そして泰房には「城入道合戦敗北之時、所領三州大陽寺荘没落、始而住三州、三州小笠原祖」と注記がなされている。霜月騒動のあと三河国幡豆郡大陽寺荘に住むようになったことが知られる。盛時の後が絶えたのではなく、その後に泰房が幼少にして残り、その系をつないだものとみられる。この泰房の後を泰行・長房・長春としているが、泰行・長房は佐久伴野荘に残ったとみられるので、泰房―長春と続いたのが実際ではなかったろうか。長春の注記に「応永八年四月出家、号三河入道明鎮」とあるのと符合する。『尊卑分脈』盛時項の次に「泰房―長春（幡豆小笠原）」と書き加えてよいと思う。

大井・伴野両氏の系図について、いくつかの疑問点を指摘してきた。しかし、それは指摘したにとどまっており、両氏の系図を総合的に確かなものとして組み立てることはできなかった。現在残存している限られた史料を以ってしては、不明の点が多すぎて不可能だからである。

このような研究の不備を補うために、筆者の管見にふれた両氏の史料の中から、確かと思われる史料のみを選んで両氏族の個々の実存の年代を表示した。それが第三表である。大井氏の族が四〇人、伴野氏族が二四人のみにとどまるが、実際はもっと多かったことは当然の事である。この実存年代の推定と事件との関係が考察の根拠でもあったわけである。この表とても不備なものであるので、今後の研究によって補足訂正されることを望んでやまない。

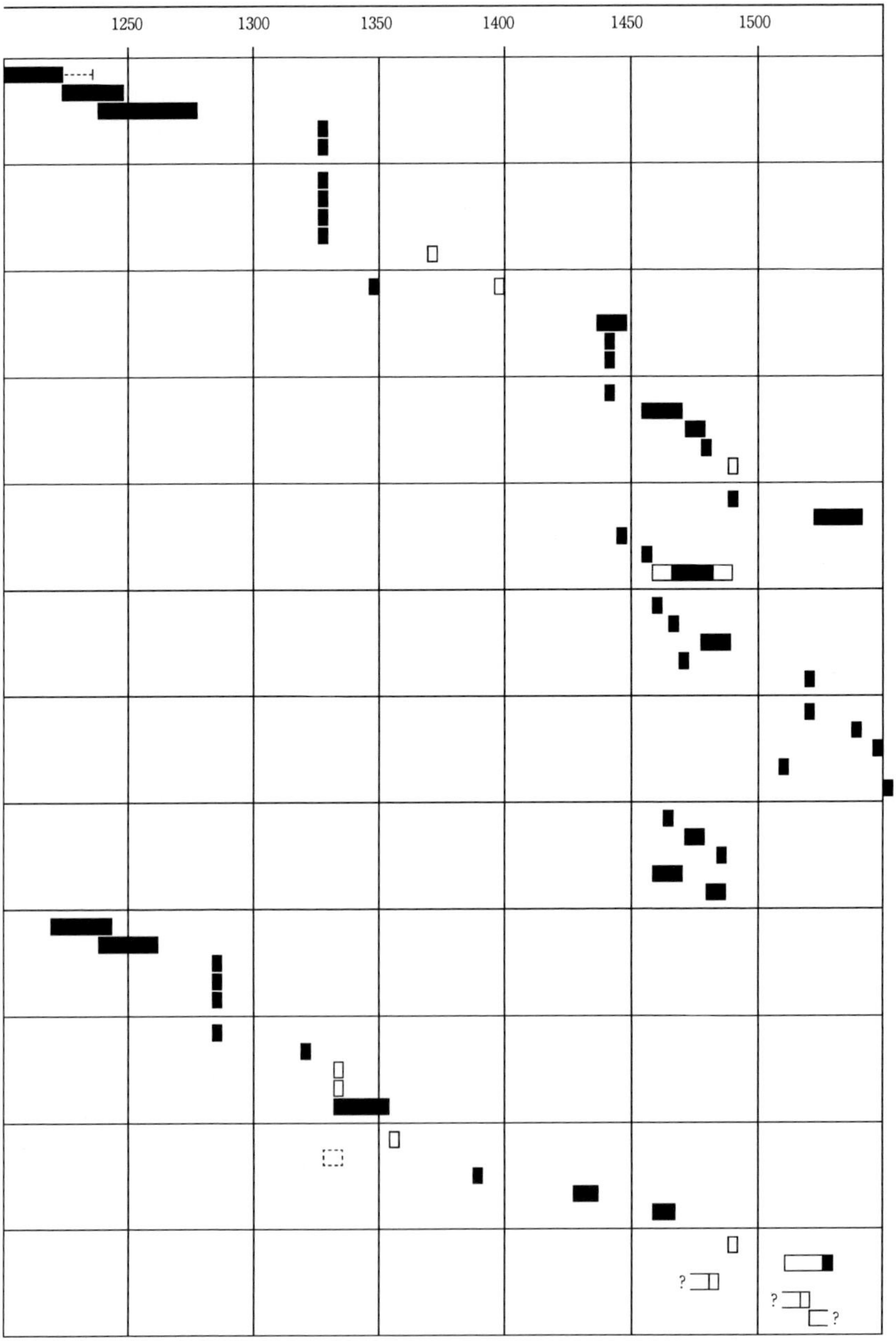
1250
1300
1350
1400
1450
1500
?
?
?

Ⅰ　小笠原流大井・伴野両氏について

Ａは吾妻鏡　Ｂは嘉暦４年諏訪上社頭役注文　Ｃは諏訪御符礼之古書　（　）内の数字は信濃史料巻ページ

番号	姓　名	年　代	備　考	1200
1	小笠原長清	治承 4.10.19（A）～承 3.7.29（A）		
2	大井朝光	承久 3.6.18（A）～宝治 2（金剛三昧院文書）	信濃国大井知行（尊卑分脈）	
3	大井太郎光長	暦仁元 2.17（A）～弘安 2（一遍上人絵巻五）	閑院殿造営役負担	
4	大井次道入道	嘉暦 4.3（五の 71～6）（B）	諏訪上社頭役大井庄中心部	
5	大井三位房	〃（〃）（B）	平尼郷	
6	大井又三郎	〃（〃）（B）	安原香坂地頃	
7	大井三郎	〃（〃）（B）	南市村崎田西布施甕	
8	大井光念房	〃（〃）（B）	甕科孫四郎跡	
9	大井六郎入道	〃（〃）（B）	矢島　湯原　栃原？	
10	大井掃部頭	応安 2.10.23（補上の 277）～建徳 2.28（補上の 280）	？	
11	大井甲斐守光長	貞和 5.3.17（六の 40）～観応元 3.6（六の 63）	守護代	
12	大井治部少輔光矩	応永 7.7～同 10（大塔物語）	長秀佐久を訪う一家の家督	
13	大井越前守播磨守持光	永享 7.1.29（八の 50）～文安 4.7（C）	岩村田	
14	大井河内守	永享 12.7.29（八の 141）結城陣番帳	？	
15	大井対馬守	〃（〃）〃	？	
16	大井三河守	〃（〃）〃	？	
17	大井刑部少輔政光	享徳 3.7（C）～文明 6（九の 124）	岩村田	
18	大井源政朝	文明 10.7（C）～文明 15（C）	岩村田	
19	大井安房丸	文明 15.7（C）	岩村田	
20	大井玄慶	明応 3（十の 7）	龍雲寺再興	
21	大井駿河守康光	明応 2.3.13（九の 533）	岩村田郷	
22	大井刑部大輔貞隆	大永 2.10.23（十の 482）～天文 12.9.19（十一の 208）	大井知行→長窪	
23	矢島沙弥栄春	文安 5（C）	矢島	
24	大井山城守光政	康正元（C）	〃	
25	矢島山城守光友	康正 2（C）～延徳元（C）	〃	
26	大井伊豆守光本	康正 2（C）	平賀	
27	大井清河美作守光繁	寛正 2（C）	〃	
28	大井美作守光広	文明 5（C）～文明 17（C）	〃	
29	大井吉沢之政家	寛正 6（C）～文正元（C）	〃	
30	大井美作入道玄岑	永正 17（十の 455）	瀬渡	
31	大井小次郎隆景	永正 17（十の 456）	瀬渡	
32	大井美作沙弥源昌	天文 7（十一の 135）	青沼郷　鰐口	
33	大井左衛門頭（貞清）	天文 15.5.20（十一の 320）～天文 20.9.20（十一の 496）	内山城主	
34	大井太郎（行満）	永正 6.5.3（十の 272）	伴野六郎と確執	
35	岩尾禅正（行吉）	天文 20.7.20（十一の 493）	岩尾	
36	安原源光久	寛正 4（C）	安原	
37	安原光氏	応仁 2（C）～文明 6	〃	
38	安原源光安	文明 12（C）	〃	
39	大井尾張守光頼	長禄 3（C）～文正元（C）	小諸	
40	小諸紀伊守光次	文明 8（C）～文明 14（C）	〃	
41	小笠原六郎時長	承久 7.19（A）～寛元 4.1.6（A）		
42	小笠原六郎三郎時直	延応元 1.5（A）～弘長元 8.15（A）		
43	伴野出羽守長泰	弘安 8.11（熊谷直之蔵　紙背文書）		
44	小笠原十郎	〃（〃）		
45	小笠原四郎	〃（〃）		
46	伴野彦二郎	〃（〃）		
47	小笠原三郎二郎	元亨 3.10（五の 43）	貞時 13 回忌	
48	小笠原七郎	建武 2（五の 285）	属時行軍	
49	小笠原彦四郎	〃（〃）	〃	
50	伴野長房（弥三郎）	建武 2.2.8（五の 252）～文和 2.6.9（六の 164）	伴野荘濫妨	
51	伴野十郎	正平 7②（六の 139）	属　新田方	
52	伴野貞直	推定元徳 2～建武 4	伴野荘地頭職寄進	
53	伴野次郎長信	明徳 3.8.28（七の 236）	相国寺落慶供養随兵	
54	伴野上総介	永享 4.12.21（八の 519）～永享 10.5.20（八の 519）		
55	伴野上総介貞棟	寛正 6.4.14（八の 519）～文明 3.6.1（九の 68）		
56	伴野兵部少輔貞昌	長享 3（C）	（代官が野沢である）作野	
57	伴野刑部大輔貞慶	永正 6.5.3（十の 272）～享禄 3.8（十の 568）	伴野庄	
58	伴野光利	？　～文明 11 貞祥寺開山歴代位	（前山か？）	
59	伴野光信	？　～永正 11　〃	（〃）	
60	伴野左衛門佐貞祥	大永元（九の 476）～？　〃	貞祥寺開基（〃）	

※次頁に続く。

52の貞直は年次を明記してないが伴野荘を大徳寺に寄進（元徳2）後妙超上人の在任期間建武4年までの間のことである。
54は親元日記（信史八の519）「故伴野上総介御礼申候時－中略－永享4永享10より貞棟の先代とみる。実名不明。
57の貞慶永正6（信史十の272）は信史編者の注記に従う。

58
59 は 洞源山貞祥禅寺開山歴代伝（信史十の477）
60 「今茲大永元年辛己　相当祖父三十三回并光信七周之辰預建立於－字－（下略）」による。

5、8、10、14、15、16、47は実名不明。

七、おわりに

鎌倉幕府によって信濃に移植せられた大井・伴野両氏の発展の具体相を克明に追求したいと考えたのが、本稿の出発点であった。いま稿を終わるにあたってふり返ってみると、まことに不十分なものといわざるを得ない。特に発展の具体相をとらえるための根幹である所領の経営についての社会経済的な考証は皆無となった。そうした史料を欠くために、やむを得ないことであった。

本稿で論及した両荘の荘域、入部定着の時期、所領拡張の過程、大井居館址、惣領職の伝領、大井系図等について先学各位のご教示をいただくことができれば幸甚である。

末筆であるが、東京大学の石井進先生には本稿の作成に関してばかりでなく、中世史研究全般にわたってまことに手厚いご親切なご指導をいただいたことを記して、衷心より深い感謝の念をささげたい。

筆者の気づかない史料をかしていただいたり、史料の解釈や考証の視点についても数えきれないご教示ご指導をいただいて本稿もできたものである。筆舌につくしきれぬご親切なご指導をいただきながら、本稿が不十分なものでしかなかったのは筆者の研究の未熟や不足によるものである。

61	伴野越前守長拠	文明 14（C）	三塚	
62	伴野越前守長伝（国か）	長享 2.7（C）	〃	
63	伴野兵庫助貞秀	天文 4.8.10（十一の 89）	?	
64	伴野左衛門佐（信豊）	天文 18.6.1（十一の 424）～同年 12.16（十一の 439）		

注　2　承久 3.6.18 の大井太郎を朝光とみる（鏡）。
4 を尊卑分脈により行時とみる。
6 は　〃　行氏とみる。
7 は　〃　朝行とみる（[四鄰譚藪〔史．叢八の 349〕に行光正和 2 卒とある）。
9 は　〃　光盛とみる。
25 は矢島千代松丸入道道慶　宮内少輔光友は同一人か。
37 は光氏　光民を同一人とみる。
44 は尊卑分脈により時泰とみる。
45 は　〃　泰直とみる。
46 は彦二郎尊卑分脈には彦三郎とあるが長直かそれとも盛時か不明。
49 は尊卑分脈により長貞とみる。

先生に幾重にも御礼を申し上げてこの稿を終わる。

註

（1）『尊卑分脈』清和源氏「伴野」「大井」の項。

（2）江戸中期のものとして『四鄰譚藪』『信陽雑誌』『千曲之真砂』（何れも『新編信濃史料叢書』に所収）があり『北佐久郡誌』大正四年刊、『南佐久郡誌』大正八年刊、『建武の中興を中心としたる信濃勤皇史攷』市村咸人著、昭和一四年刊、『北佐久都誌』昭和三十一年刊などに研究されている。論文としては、阿部猛「信濃佐久郡伴野荘について」（第三次『信濃』七の五）があり、佐藤和彦「信濃国伴野荘」（『月刊歴史』三六号）ほか多くの論考があってそれらは『北佐久郡誌資料集』の末部に一覧表が載せられている。

（3）市村咸人著『建武の中興を中心とした信濃勤皇史攷』（以下『勤皇史攷』と略称）一一八二ページ。

（4）昭和四十二年刊『下伊那史第五巻』一〇〇ページ。

（5）市村咸人著『勤皇史攷』一一四四ページ。

（6）承久三年六月十八日条（『吾妻鏡』〈以下、『鏡』と略称〉）の大井太郎について『鏡』の索引編者は朝光の子光長に比定している。一方、『信濃史料』は採録していない。『四鄰譚藪』大井朝光の項（『新編信濃史料叢書』八の三四八下）には「朝光も大井に入部あり、いくほどもなく嘉録元年三月十九日於岩村田館卒せらる。時弐拾八歳」なる記事があって、朝光の早逝説を作り上げている。しかし、宝治二年（一二四八）四月六日付「高野山金剛三昧院文書」伊賀国虎武保地頭職寄進状案（『信濃史料』補上の一七四所収）の源朝光は別本付箋により大井朝光に間違いない。

次に光長は前述承久三年の『鏡』の記事を除くと、暦仁元年（一二三八）二月十七日条から建長二年（一二五〇）三月一日条まで『鏡』により、更に佐久落合新善光寺銅鐘銘（『信濃史料』四の三二五所収）と京都歓喜光寺蔵『絹本着色一遍上人絵巻』五とから弘安二年（一二七九）八月十五日まで生存が確認できる。仮に承久三年六月十八日条の大井太郎を光長とすると父朝光の史料上の初見より子の方が早いことになり、承久合戦出陣の推定年令まで加算すると弘安二年には約八十才を数えるに至り、不自然さがある。これを朝光とすると伴野氏を名乗った兄弟の時長と生存年代が合致するし、長清・治承四年（一一八〇）～承久三年（一二二一）、朝光・承久三年～宝治二年（一二四八）、光長・暦仁元年（一二三八）～弘安二年（一二七九）となり自然な代替りとなる。なおまた、『鏡』承久三年六月五日条、山道の討手が大井戸を渡る記事の中の「小笠原次郎（長清）父子八人」とも一致する。よって朝光に比定される。

（7）佐藤進一著『鎌倉幕府守護制度の研究』八八。
（8）「島津家文書」（『信濃史料』三の三七七所収）。
（9）主として『鏡』他に『黄葉記』『明月記』「瀧安寺文書」『承久記』「高野山金剛三昧院文書」各一点ずつの記録。
（10）『勝山小笠原家譜』によると長清は応保二年（一一六二）生で仁治三年（一二四二）没八十一才と記されているが、承久三年以後二十二年間は長清にかかわる記録は見あたらない。長寿であったかも知れないが仁治三年の記録は除外した。
（11）註（7）前掲書一九九～二〇〇。
（12）①は『保元物語』『平治物語』『参考保元物語』、②は『参考源平盛衰記』『平家物語』、⑤は『鏡』『承久記』慈光寺本・流布本、③④⑥は『鏡』。
（13）未刊　昭和五十年度『上田小県誌研究紀要』に収載の予定。
（14）昭和三十一年刊『北佐久郡誌』二の一五六。
（15）一志茂樹著『信濃』昭和二十五年三月「中世の面影を留むる集落の一形態」。
（16）小諸市平原集落の北方「城」地籍に城址があるがこれは後世のものであろう。

(17)『鏡』文治元年正月六日条。

(18)『平家物語』「清水冠者」の項。なおこの項には海野・望月・諏訪・藤沢の四氏が記されている。『鏡』元暦元年四月二十一日条には頼朝が義高を誅殺しようとしたとき、海野幸氏が義高の代りに床に入ってあざむき義高を逃亡させる記事が書かれているので、海野氏が義高の付人であったことは事実と考えてよいであろう。

　望月三郎重隆も義仲に属しながら、頼朝・頼家の二代にわたっては比較的重用されているので、海野氏と同様付人となって早期に頼朝に属したものと解せられる。

(19)昭和三十一年刊『北佐久郡誌』歴史編一六三。

(20)市村咸人著『勤皇史攷』一一四七。

(21)右同書一一九二。

(22)石井進氏講義「日本の中世社会」の記録ノートから。

(23)豊田武著『苗字の歴史』二〇。

(24)現地名「ふうじ」が「ほうじ→牓示」であったとみることは音が変化して「ふうじ」となったものではない。佐久地方には中世地名を現代流の音訓で読みかえている例がいくつも認められる。例をあげると、小井（こい）が越→こしに、志津田（しづた）が雫田→しづくだに、宿屋《（岩）》（やどや）が宿岩→やどいわに、美里在家（びりざいけ）から出た新集落が美里→みさとに呼称されている。「封ジ」もこうした例と同じように古くは「ほうじ」であったものがいつからか「ふうじ」とよばれるようになったと思われる。佃の分布の最南端と一致することも傍証となり得るであろう。よって牓示の跡と思われる。

(25)『平賀村誌』九一、大井氏と平賀氏の戦いがあったことを示す史料は「諏訪大社上社文書」文安三年十二月九日「諏訪頼満注進状案」の余白に記した「此年丙寅佐久平賀乱アリ」の記録があり、これが根拠となっているのであろう。

(26)望月氏の他に『諏訪御符礼之古書』の中には春日、高野など同姓の武士名がみられるが、代官のような下級職を保持しつづけて存続していたのか、あるいは別の系譜の者であるかは定かでない。二百余年を経過しているので、同一系譜としては取り扱わなかった。

(27)　旧刊『信濃史料叢書四鄰譚藪』の巻の四、旧刊の『四鄰譚藪』は上野図書館本を底本としているが『新編信濃史料叢書』の方は楜沢竜吉氏所蔵本が用いられている。座次と元旦式礼に関する部分は前者にはあるが、後者には記されていない。

(28)　第一次『信濃』昭和十二年五月「諏訪上社中世の御頭と鎌倉幕府」。

(29)　承久の乱で安原氏が京方に属したことは、慈光寺本『承久記』（新撰日本古典文庫―承久記所収二〇六）によった。

(30)　史料(D)には康正二年矢島千代松丸、寛正三年・応仁二年・文明元年・文明五年とも矢島山城守光友、文明十一年・文明十六年とも大井矢島入道道慶、延徳元年大井宮内少輔光友といくつかの名であらわれるが、実際には同一人であろうと思われる。

(31)　註（28）と同じ。

(32)　「真珠庵文書」（『信濃史料』補上の二三三所収）。

(33)　『信濃史料』五の二五三～四所収。

(34)　この「小笠原入道跡」と記されている小笠原入道その人は小笠原長経とみられる。それは『群書類従』所収「小笠原系図」によると、長経は仁治三年八月十五日出家、宝治元年十一月卒六十九とあって、造営役が賦課された建長二年より三年前に没しているので、長経跡ということになろう。次に長経跡とは誰をさすのであろうか。

長径は承久の乱の戦功により阿波国守護となり、阿波国麻殖保、美馬、三好を領有し、貞応頃（一二二二～三）阿波に入ったものと思われる。その後鎌倉時代末まで阿波国守護であったことが、佐藤進一氏の研究により推定せられている。そして註（３）・（４）の通り阿波系小笠原氏が信濃に所領を有した確証はない。一方、伴野氏が弘安八年（一二八五）まで小笠原惣領であったことは『尊卑分脈』三の三三六長氏項の「伴野出羽守被誅之後小笠原惣領職管領」の注記によって知ることができるが、伴野氏系がいつから小笠原惣領となったかは明らかではない。伴野氏に惣領職が移ったのは長経の阿波入部か、長経の死去の頃かであろうから、建長二年当時小笠原入道跡は、伴野氏が惣領であったと思われる。

『鏡』では伴野時長の記事は寛元四年（一二二二）を以って終わっており、弘長三年（一二六三）には「小笠原六郎子息一人」なる記事があって、時直の代となっているから、建長二年には時長か時直であろう。ただし「小笠原入道跡」の賦課の対象となった所領は、阿波小笠原の所領も含んだ課役であろう。

(35)『信濃史料』六の四〇・六二所収。
(36)『信濃史料』七の四〇三所収。
(37)『園太暦』六月九日条（『信濃史料』六の一六四所収）。
(38)『参考太平記』三十一（『信濃史料』六の一三九所収）。
(39)『信濃史料』八の五〇・五一所収。
(40)『諏訪御符礼之古書』応仁元年および『四鄰譚藪』四。
(41)『諏訪御符礼之古書』文明九年および『王代記』。
(42)『諏訪御符礼之古書』文明十一年。
(43)「龍雲寺文書」（『信濃史料』九の三一五所収）。
(44)「御内書案」（『信濃史料』十の二七二所収）。
(45)『長野県史蹟名勝天然記念物調査報告』第二十三輯五ページには「門のあった南方は土居が取壊され、又東西に出入口を設けたので、稍旧型を損じたが、外濠によって其昔姿を覗うことができる」と記されているのでこの入口は後世あけられたものであろう。
(46)『信濃史料』九の三二六所収。
(47)註（46）『蔗軒日録』は村上氏の来攻より八ヵ月も後であるにもかかわらず、安房丸敗戦のことについては記していない。しかし、村上氏の来攻と大井の落城のことは『諏訪御符礼之古書』「龍雲寺文書」『太田山実録』などの記録が一致しているので、文明十六年二月の来攻は間違いないと思われる。ではなぜ『蔗軒日録』には記されていないのか。それは『蔗軒日録』の筆者和泉国海会寺住持季弘大叔に信濃国佐久の状況をもたらした者は、佐久慶雲寺住持長宗の使僧瑞知客《しか》なので、瑞知客の信濃出発が村上来攻の二月以前であったか、あるいは瑞知客が大叔に召された際この点にふれなかったかなどとも考えられる。
(48)『龍雲寺開祖天英祥貞禅師行状略』（『信濃史料』十の七所収）。
(49)「大井文書」（『信濃史料』十の四八三所収）。
(50)『高白斎記』。

(51)『四鄰譚藪』四、「大井又太郎源光長」「大井三郎源行光」の項。
(52)第一次『信濃』「諏訪上社中世の御頭と鎌倉幕府」(六)。
(53)豊田武著『武士団と村落』一六一〜二。
(54)史料(D)には阿江木氏・葦田氏ともに「代官」としては記録されていないが、『蔗軒日録』の記事中「大井ノシツシ足田トノアイキトノ」とあるにより被官とみた。
(55)「結城文書」「天龍寺供養日記」(『信濃史料』五の五二八所収)。
(56)『園太暦』文和二年六月九日条。
(57)『信濃史料』七の二三六所収。
(58)『親元日記』寛正六年四月十四日条(『信濃史料』八の五一九所収)。
(59)「御内書符案」(『信濃史料』九の六八所収)。
(60)『信濃史料』五の二二八所収(「大徳寺文書」六四八号)。
(61)小学館『日本の歴史10蒙古襲来』主に二四〜七。
(62)同前書二八六。
(63)小学館『日本の歴史12中世武士団』二八五〜八。
(64)『新編信濃史料叢書』四の一五七上所収。
(65)右同書八の三五三上所収。
(66)『信濃史料』十の三五五所収。
(67)『新編信濃史料叢書』九の二〇九上所収。

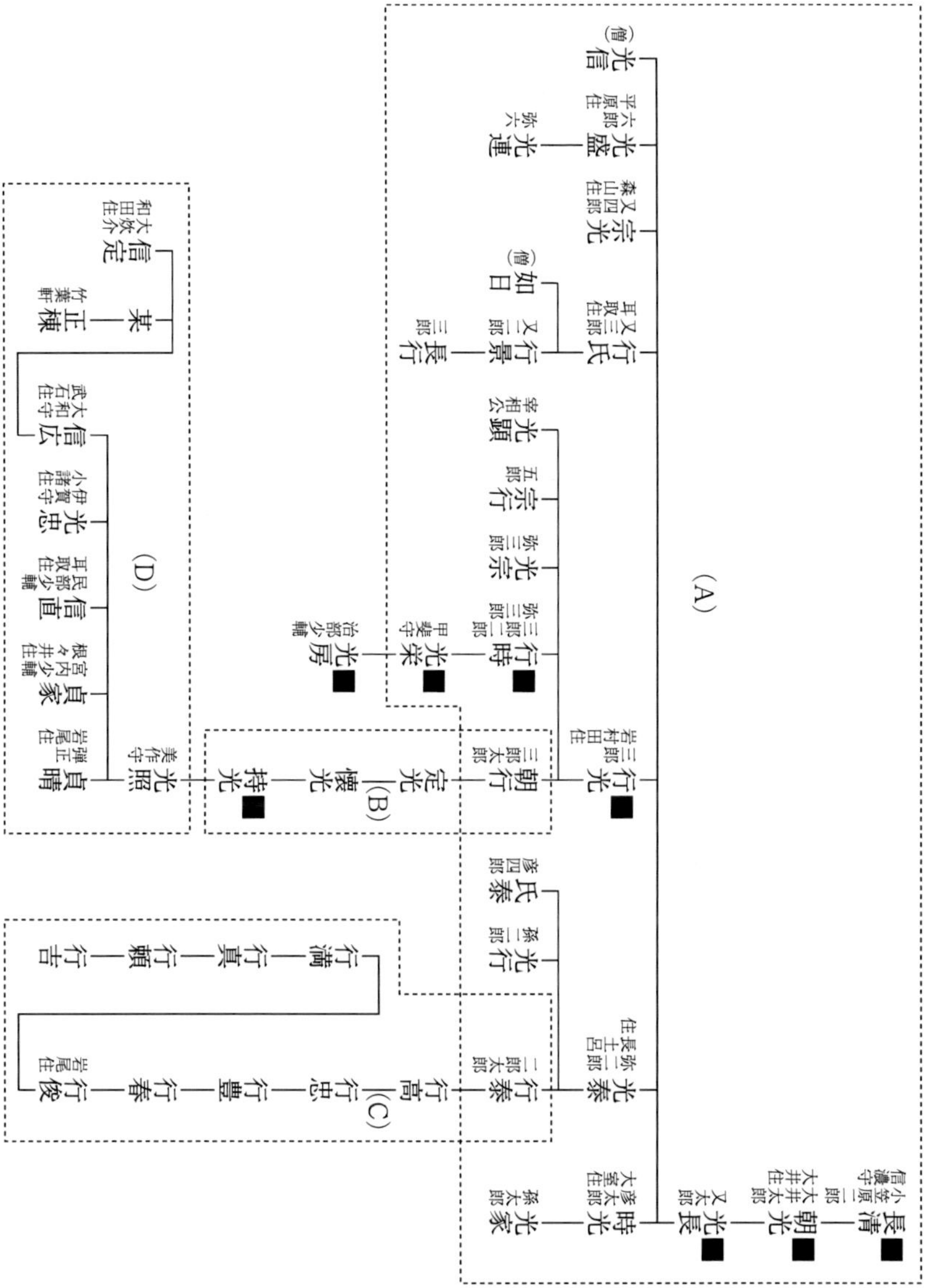

大井系図(一)『小県郡史』三〇二所収
■印は大井惣領＝岩村田城主と推定

伴野氏系図(一)（尊卑分脈）

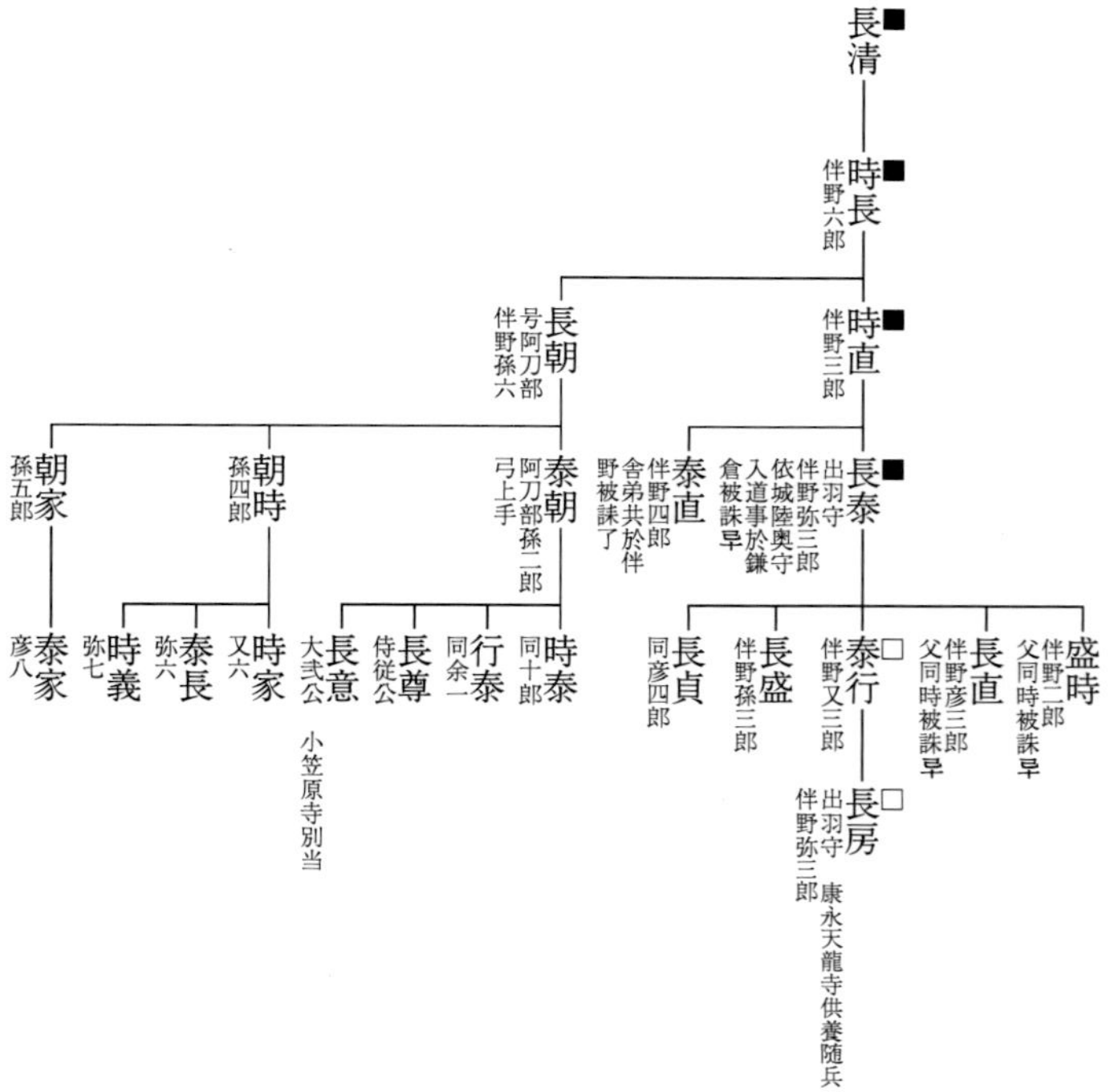

■印は伴野惣領

伴野氏系図(二)（系図綜覧所収　伴野之系図）

（注・寛政重修諸家譜四の四七に同じ）

附録

小笠原氏系図・略年表

花岡康隆編

小笠原氏系図　※『尊卑分脈』『笠系大成』などをもとに花岡康隆が作成。

【鎌倉期】
×…霜月騒動（弘安八年十一月十七日）による死者を示す。
在京…在京活動徴証の存在を示す。

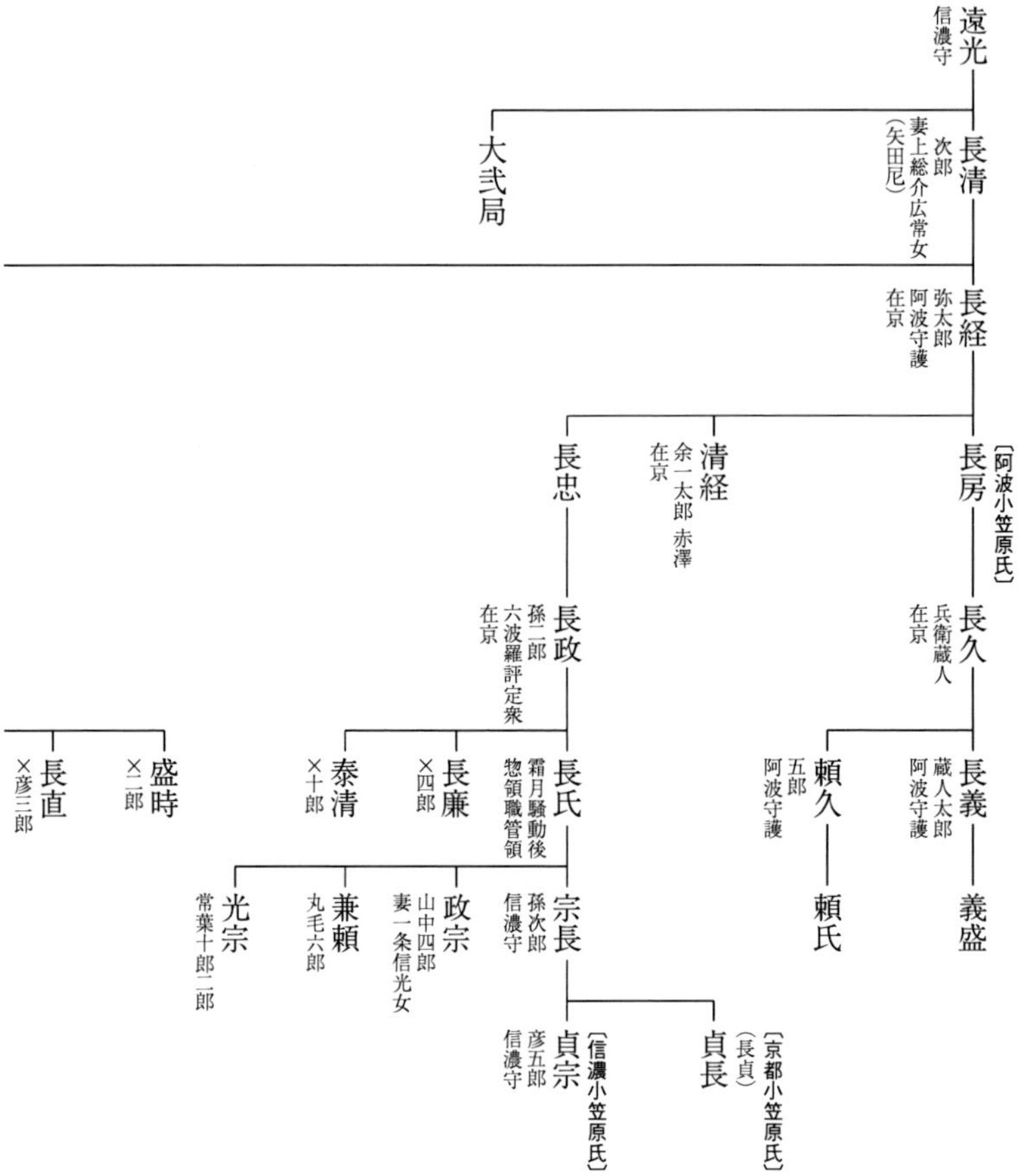

小笠原氏系図

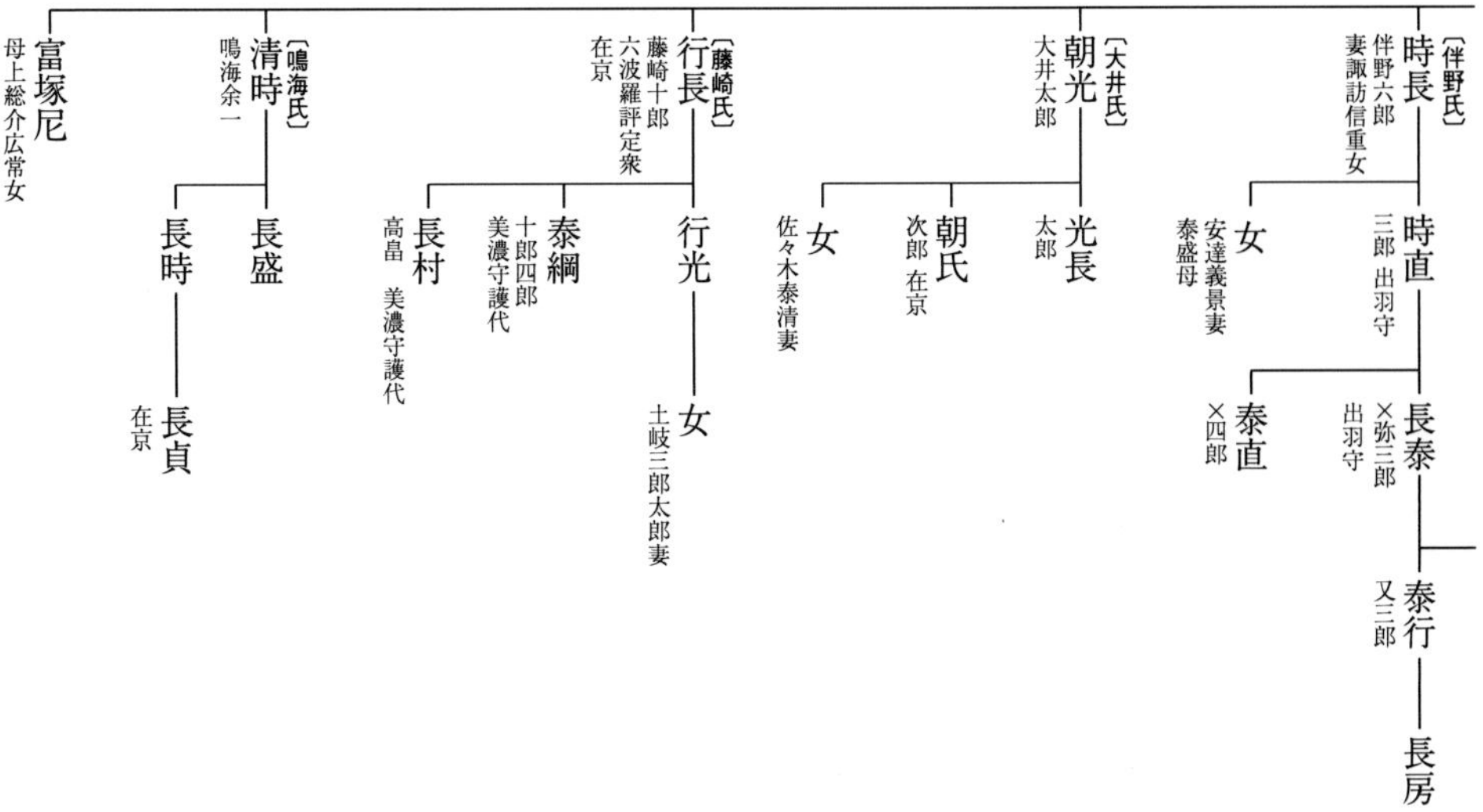
〔伴野氏〕
時長
伴野六郎
妻諏訪信重女
時直
三郎 出羽守
女
安達義景妻
泰盛母
長泰
×弥三郎
出羽守
泰直
×四郎
泰行
又三郎
長房
〔大井氏〕
朝光
大井太郎
光長
太郎
朝氏
次郎 在京
女
佐々木泰清妻
〔藤崎氏〕
行長
藤崎十郎
六波羅評定衆
在京
行光
女
土岐三郎太郎妻
泰綱
十郎四郎
美濃守護代
長村
高畠　美濃守護代
〔鳴海氏〕
清時
鳴海余一
長盛
長時
長貞
在京
富塚尼
母上総介広常女

【南北朝～江戸前期】※点線は養子関係を示す。

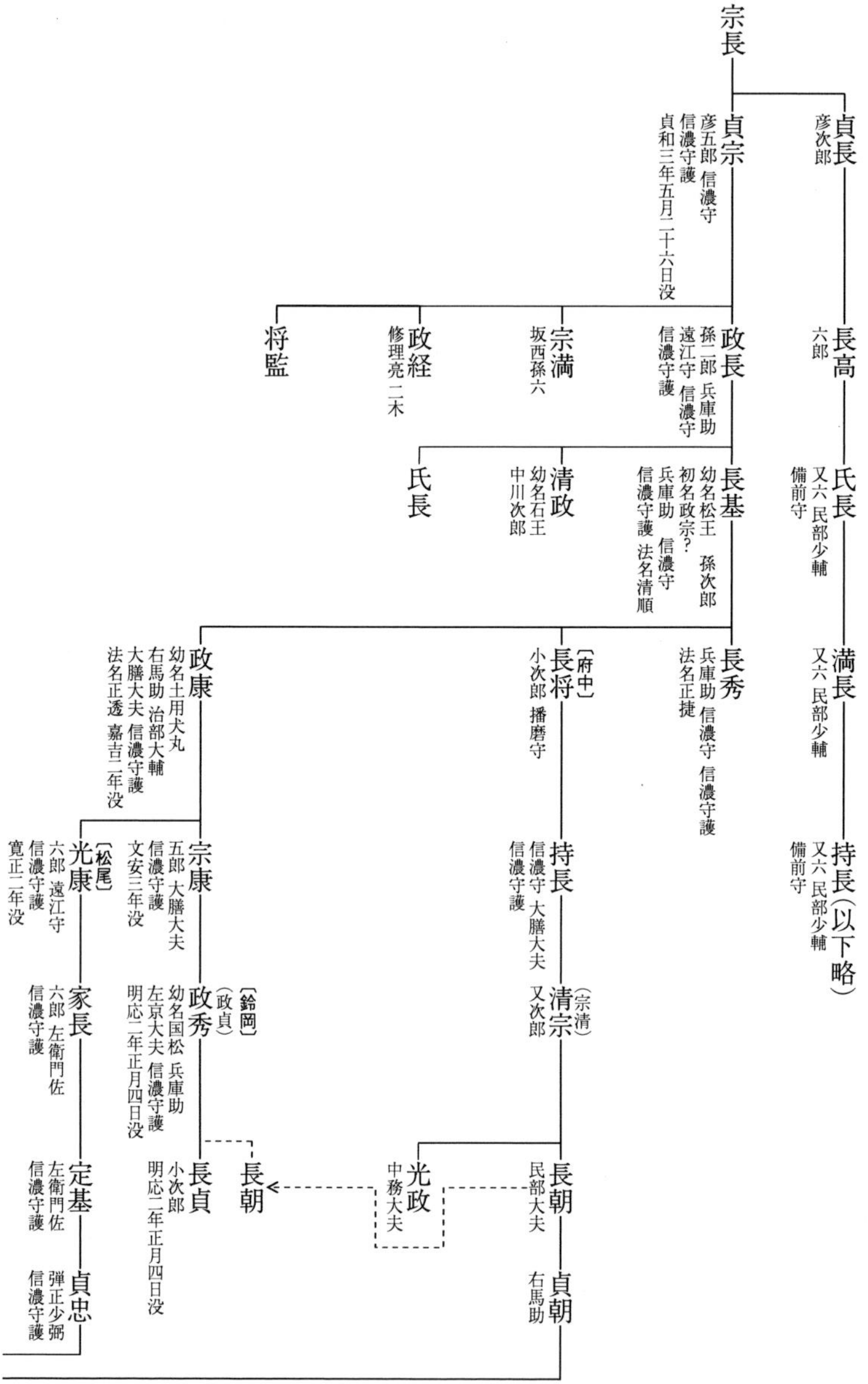

小笠原氏系図

- 長棟
  - 長時　信濃守　大膳大夫／信濃守護／妻仁科盛能女／天正十一年二月二十五日没
    - 長隆　天正九年四月没
    - 貞次
    - 貞慶　初名貞虎　喜三郎／右近大夫／文禄四年五月十日没
      - 秀政　妻登久姫（松平信康女）／天正十八年下総国古河移封／慶長六年信濃国飯田移封／慶長十八年信濃国松本移封／慶長二十年五月七日没
        - 女　万姫　敬台院　蜂須賀至鎮妻
        - 忠脩　慶長二十年五月七日没
        - 忠真　初名忠政／元和三年播磨国明石移封／寛永九年豊前国小倉移封／寛文七年十月十八日没
        - 女　千代姫　保寿院　細川忠利妻
        - 忠知　寛永九年豊前国杵築移封／正保二年三河国吉田移封／寛文三年七月二十九日没
        - 重直　松平重忠養子
        - 貞政　初忠慶
        - 長俊
        - 政房　溝口
        - 昌行　原
  - 信定　永禄十二年正月没
  - 貞種（洞雪斎）
  - 女　藤沢頼親妻
  - 女　村上義清妻
- 信貴　下総守／天正七年／五月／二十四日没
  - 信嶺　掃部大夫　民部大夫／妻武田信廉女／天正十八年武蔵国本庄移封／慶長三年二月十九日没
    - 女　榊原忠勝妻
    - 女 ＝ 信之　酒井忠次三男／慶長十七年／下総国古河移封／慶長十九年四月／二十六日没
      - 政信　元和五年下総国関宿移封／寛永十七年七月二日没
        - ┆ 貞信　寛永十七年美濃国高須移封／元禄四年越前国勝山移封／正徳四年六月十七日没
      - 女 ＝ 高木貞勝
        - 貞信 →
  - 信巨（臣）　慶長五年／信濃国伊那郡伊豆木拝領／旗本伊豆木小笠原祖

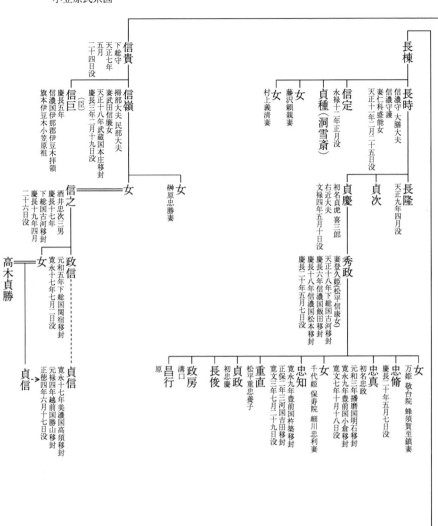

小笠原氏略年表

西暦	年号	事項
一一八〇	治承四	十月　小笠原長清、富士川の源頼朝の陣に参ずる。
一一八一	養和元	二月　長清、源頼朝の仲介で上総介広常の女を妻とする。
一一八四	寿永三	長清、源範頼・義経の軍勢に従って木曾義仲および平家の追討戦に加わる。（～元暦元年）
一一八六	文治二	三月　関東知行国における年貢未納の荘園のうちに長清の所領信濃国佐久郡伴野荘および大井荘がみえる。
一一八八	文治四	七月　大貳局（長清息女）、源頼家の世話係として幕府に出仕する。
一一九五	建久六	二月　長清、源頼朝の上洛に供奉する。
一一九九	建久十	正月　源頼家、小笠原長経以下五名の近習の鎌倉中における狼藉自由を許す。
一二〇三	建仁三	九月　比企の乱。長経、比企能員に連座して処罰される。
一二一三	建保元	五月　和田合戦。大貳局、勲功の賞として出羽国由利郡を賜る。
一二一六	建保四	十一月　大貳局、大日如来・愛染明王・大威徳明王の三像を運慶に造らせ、頼朝の菩提供養を行う。
一二二一	承久三	承久の乱。長清、幕府方の東山道大将軍として子息等を率いて上洛。乱後、勲功の賞として阿波守護職・伊賀国虎武保等を獲得する。
一二二二	承久四	正月　小笠原（伴野）時長、弓始の射手をつとめる。これ以降、伴野氏が小笠原氏惣領として活動する。
一二二七	嘉禄三	二月　阿波守護小笠原長経、熊野悪党が土御門上皇奪取のために来襲したとの報を受けて京都から阿波に下国する。
一二四八	宝治二	四月　大井朝光、伊賀国虎武保を高野山に寄進する。
一二五三	建長五	十二月　法勝寺阿弥陀堂供養。小笠原一門が北門西脇の警護にあたる。
一二七七	建治三	十二月　小笠原長政および小笠原行長、六波羅評定衆に選任される。
一二八五	弘安八	十一月　霜月騒動。伴野長泰をはじめ小笠原氏一門が安達泰盛らとともに討たれる。乱後、小笠原長氏が惣領職を継承する。
一三三一	元弘元	小笠原宗長が幕府による笠置城攻めの軍勢に加わる。また、小笠原貞宗が赤坂城攻めの軍勢に加わる。
一三三三	元弘三	五月、宗長・貞宗父子、足利尊氏より討幕の軍勢催促を受ける。
一三三四	建武元	貞宗、建武政権より信濃守護に補任され、信濃国伊賀良荘を宛て行われる。これ以降、旧北条氏与党人鎮圧のため信濃各地を転戦（～建武三）。

一三三五	建武　二	七月　中先代の乱。貞宗、信濃守護として北条時行方の軍勢と戦う。　○九月　貞宗、足利尊氏より信濃国住吉荘等を宛て行われる。これ以降、足利尊氏に従う。
一三三六	建武　三	十一月　室町幕府の成立。貞宗、信濃守護に補任され、信濃国内外を転戦。
一三四四	康永　三	十一月　貞宗、子息政長に信濃国守護職・信濃国伊賀良荘・甲斐国原小笠原荘などを譲与する。
一三四七	貞和　三	四月　貞宗、足利尊氏より信濃国春近半分を宛て行われる。　○五月　貞宗、京都において死去。
一三五一	観応　二	観応の擾乱。政長、尊氏に与して信濃国内外を転戦（ただし、正月〜二月頃、一時的に直義方に降る）。
一三五二	文和　元	正月　足利尊氏、観応擾乱に勝利する。政長、尊氏より信濃国春近領および闕所地処分権を宛て行われる。 四月　政長、子息等に置文を認める。　○七月　子息政宗（長基？）、尊氏より信濃国春近領および闕所分を宛て行われる。
一三六三	貞治　二	小笠原長基、上杉朝房の信濃守護補任により守護職を失う。
一三七九	康暦　元	五月　長基、京都建仁寺禅居庵において祖父貞宗の三十三回忌仏事を行う。
一三八三	永徳　三	二月　長基（清順）、子息長秀に信濃国伊賀良庄以下の諸所領を譲与する。
一三八四	至徳　元	長基（清順）、村上・高梨氏らとともに信濃守護斯波氏の守護代二宮氏の入部に抵抗する。
一三九八	応永　五	小笠原長秀、信濃守護に補任される。また、信濃国住吉荘および春近領を返付される。
一四〇〇	応永　七	九月　長秀、信濃国人一揆勢に敗れて京都に逃れる（大塔合戦）。
一四〇五	応永　十二	十二月　長秀、舎弟政康に所領を譲与する。
一四一五	応永　二十二	十二月　長秀、幕府より信濃国住吉荘および春近領を返付される。
一四一六	応永　二十三	上杉禅秀の乱。小笠原政康、幕府方に属して関東に出陣。
一四一八	応永　二十五	二月　政康、幕府の命により甲斐守護武田信元の入国を支援する（〜翌年）。　○九月　政康、幕府より信濃国住吉荘および春近領を返付される。
一四二三	応永　三十	十二月　政康、幕府の命により京都扶持衆支援のため上野に出兵する。
一四二五	応永　三十二	十二月　政康、信濃守護に補任される。
一四三六	永享　八	八月　政康、芦田下野守を屈服させる。　○十二月　政康、鎌倉公方持氏と結ぶ村上頼清を屈服させる。
一四三八	永享　十	永享の乱。政康、幕府方に属して関東に出陣。
一四四一	嘉吉　元	結城合戦。政康、幕府方に属して出陣。陣中奉行をつとめる。
一四四二	嘉吉　二	政康、嫡子小笠原宗康に置文をのこして死去する。

一四四五	文安　二	宗康、政康遺跡につき小笠原持長と相論になり勝訴する。その後、信濃国水内郡漆田原において持長と合戦となるも敗れて死亡する。
一四四六	文安　三	幕府、宗康の弟光康を信濃守護に補任する。
一四五四	享徳　三	十二月　享徳の乱はじまる。翌年、小笠原光康、幕府より関東管領上杉氏への協力および成氏と結ぶ府中の小笠原清宗の討伐を命じられる。
一四五六	康正　二	宗康遺児国松、将軍足利義政より所領安堵の御教書を得る。のち、元服して政貞（秀）と名乗る。 この頃までに松尾家・鈴岡家・府中家の三家が分立する。
一四六七	応仁　元	応仁の乱始まる。松尾・鈴岡の両家は東軍に属して美濃などに出陣（～文明十）。〇七月　鈴岡家の政秀、府中家の小笠原宗清を攻める。
一四七九	文明　十一	松尾家と鈴岡家の抗争が開始する。
一四八〇	文明　十二	鈴岡家の政秀、松尾家の家長を屈服させ伊賀良荘の支配権を得る。
一四八一	文明　十三	五月　鈴岡家の政秀、諏訪上社に社参。
一四八九	延徳　元	この頃までに鈴岡家の政秀が府中を制圧し、府中家の長朝を養子とする。
一四九三	明応　二	松尾家の定基、鈴岡家の政秀父子を松尾城に誘い謀殺する。
一五〇一	文亀　元	三月　松尾家の定基・貞忠、府中家の貞朝、駿河守護今川氏親の侵攻を受けた遠江守護斯波義寛より援軍を求められる。
一五〇六	永正　三	九月　松尾家の定基、伊勢宗瑞に三河出兵の援軍を求められる。
一五三三	天文　二	七月　府中家の長棟、伊那に出陣し知久頼元等の軍勢と対陣する。
一五三四	天文　三	この頃までに府中家の長棟が松尾家の貞忠を屈服させて小笠原氏を統一する。長棟は次男信定に松尾の地を与える。
一五三七	天文　六	二月　長棟、塩尻に攻め寄せた諏訪頼重の軍勢と戦う。
一五三九	天文　八	六月　長棟、諏訪頼重と和解する。
一五四五	天文　十四	四月　長時、武田信玄の攻撃をうける福与城の藤沢頼親を救援するため竜ヶ崎城に入るも福与城は陥落する。〇六月　長棟、武田信玄によって塩尻を攻められる。
一五四七	天文　十六	八月　長時、諏訪において武田信玄と対面する。
一五四八	天文　十七	四月～六月　長時、村上・仁科氏・藤沢頼親等とともに諏訪下社を攻める。〇七月　長時、塩尻峠の合戦で武田信玄に敗れる。

一五五〇	天文　十九	七月　長時、武田信玄に林城を攻め落とされる。
一五五二	天文　二十一	十二月　長時、筑摩郡中塔城を没落。
一五五五	天文　二十四	小笠原信定、武田信玄に敗れて松尾から逃れる。かわって旧松尾家の信貴が松尾に復帰する。
〃	〃	長時、一族等とともに信濃を退去。長尾景虎を頼って越後に逃れ、その後、三好長慶を頼って上洛する。
一五六八	永禄　十一	九月　織田信長、三好氏の摂津芥川城を攻める。芥川に住していた長時は三好方に与するも敗れて退去する。
一五六九	永禄　十二	正月、三好長逸ら、将軍足利義昭を本圀寺に攻める。小笠原貞慶、信定、定種は三好方に与して戦う。
一五七五	天正　三	府中家の貞慶、これ以降、織田信長に仕える。
一五八二	天正　十	二月　松尾家の信嶺、信濃に侵攻してきた織田信忠に降る。　〇六月　本能寺の変。府中家の洞雪斎、上杉景勝に属して深志に入る。その後、府中家の貞慶、徳川家康に属して深志復帰を果たす。松尾家の信嶺、徳川家康に属して松尾の地を安堵される。その後、貞慶は後北条氏に従う。
一五八三	天正　十一	二月　長時、会津において家臣の坂西弾左衛門によって殺される。　〇四月　貞慶、徳川家康に従う。
一五八五	天正　十三	十月　貞慶、この頃までに豊臣秀吉に従う。
一五八七	天正　十五	三月　貞慶、秀吉によって徳川家康与力の大名とされる。
一五九〇	天正　十八	徳川家康の関東入部。府中家の秀政、徳川家康に仕えて下総古河三万石を拝領する。松尾家の信嶺、武蔵国本庄一万石を拝領する。
一六〇一	慶長　六	府中家の秀政、信濃国飯田五万石を拝領する。
一六一三	慶長　十八	府中家の秀政、信濃国松本八万石を拝領する。
一六一五	慶長　二十	大坂夏の陣。府中家の秀政・忠脩父子が戦死する。忠脩にかわって秀政次男忠真が家督を継ぐ。
一六一七	元和　三	府中家の忠真、播磨国明石十万石を拝領する。
一六三二	寛永　九	府中家の忠真、豊前国小倉十五万石を拝領する。
一六九一	元禄　四	松尾家の貞信、越前国勝山二万二〇〇〇石を拝領する。

【初出一覧】

総　論

花岡康隆「信濃小笠原氏研究の軌跡と成果」（新稿）

第１部　鎌倉・南北朝期の小笠原氏

Ⅰ　井原今朝男「小笠原遠光・長清一門による将軍家菩提供養」（『金沢文庫研究』三二〇号、二〇〇八年）

Ⅱ　松本一夫「南北朝初期幕府軍事体制の一様態―信濃国の場合―」（『信濃』五七巻一〇号、二〇〇五年）

Ⅲ　藤枝文忠「信濃国における「観応擾乱」事件について（一）（二）」（『信濃』二三巻七・九号、一九七一年）

第２部　室町前期の小笠原氏

Ⅰ　湯本軍一「守護小笠原氏の分国支配」（『信濃』二四巻六号、一九七二年）

Ⅱ　高村　隆「大塔合戦研究序説」（『日本大学史学科五十周年記念 歴史学論文集』一九七八年）

Ⅲ　秋山正典「応永～永享期の関東における信濃小笠原氏の動向とその役割」（『群馬歴史民俗』二六号、二〇〇五年）

第３部　室町後期・戦国期の小笠原氏

Ⅰ　後藤芳孝「小笠原氏の内訌をめぐって」（『松本市史研究』五号、一九九五年）

Ⅱ　村石正行「足利義材政権と小笠原氏―小笠原同名氏族間交流と故実の相承―」（『信濃』六五巻九号、二〇一三年）

Ⅲ　村石正行「小笠原長時の外交活動と同名氏族間交流」（『史学』八二巻一・二号、二〇一三年）

Ⅳ　中川治雄「小笠原貞慶の中興をめぐって」（『信濃』二四巻五号、一九七二年）

Ⅴ　福嶋紀子「中世の小笠原文書と「勝山小笠原文書」の成立」（『松本市史研究』七号、一九九七年）

第4部　信濃小笠原氏の一門

Ⅰ　桜井松夫「信濃国佐久郡大井荘・伴野荘地頭　小笠原流大井・伴野両氏について（一）～（三）」（『千曲』一二～一四号、一九七七年）

【執筆者一覧】

総　論

花岡康隆　別掲

第1部

井原今朝男　一九四九年生。現在、国立歴史民俗博物館名誉教授。

松本一夫　一九五九年生。現在、栃木県芳賀青年の家所長。

藤枝文忠　一九四二年生。元東洋大学文学部非常勤講師。

第2部

湯本軍一　一九二八年生。二〇一三年逝去。元長野県史編纂委員。

高村　隆　一九四九年生。現在、日本大学生産工学部非常勤講師。

秋山正典　一九七六年生。現在、群馬県立文書館嘱託職員。

第3部

後藤芳孝　一九四八年生。現在、松本城管理事務所研究専門員。

村石正行　一九七一年生。現在、長野県松本蟻ヶ崎高等学校教諭。

中川治雄　一九三四年生。元松本城管理事務所研究専門員。

福嶋紀子　一九五八年生。現在、松本大学・信州大学非常勤講師。

第4部

桜井松夫　一九二九年生。元小中学校教諭。

【編著者紹介】

花岡康隆（はなおか・やすたか）

1983年生まれ。法政大学大学院人文科学研究科修士課程修了。
現在、長野県伊那弥生ヶ丘高等学校教諭。
論文に「鎌倉府と駿河・信濃・越後」（黒田基樹編『足利満兼とその時代』戎光祥出版、2015年）、「南北朝期における信濃国管轄権の推移についての再検討」（『法政史学』70号、2008年）、「南北朝期信濃守護小笠原氏の権力形成過程」（『信濃』61巻12号、2009年）など。

シリーズ装丁：辻　聡

シリーズ・中世関東武士の研究　第一八巻
信濃小笠原氏《しなのおがさわらし》

二〇一六年一月八日　初版初刷発行

編著者　花岡康隆
発行者　伊藤光祥
発行所　戎光祥出版株式会社
東京都千代田区麹町一―七
相互半蔵門ビル八階
電　話　〇三―五二七五―三三六一㈹
ＦＡＸ　〇三―五二七五―三三六五
印刷・製本　モリモト印刷株式会社

ISBN978-4-86403-183-7